21世纪高等院校物流专业创新型应用人才培养规划教材

物流质量管理

主　编　钮建伟
副主编　温　薇

内 容 简 介

物流中的质量问题已经成为影响物流企业生存发展的核心因素。本书针对我国物流行业质量管理的实际问题，系统阐述了物流质量管理的内容。全书共 8 章，首先给出了物流质量管理的基本概念和相关术语，系统介绍了物流质量管理的理论发展与实践，深入剖析了统计质量控制理论与方法；论述了物流中的六西格玛管理，详细阐述了物流过程质量管理，并就田口方法、质量功能展开、质量检验中的抽样技术、质量管理体系进行论述。针对目前国内教材侧重理论、缺少实操的不足，本书结合 Minitab 软件，提供了典型质量管理问题的详细解答思路和实际操作步骤。

本书不仅适用于高等院校物流工程、物流管理、工业工程、安全工程、机械制造及自动化等工学专业，同样也适用于管理科学与工程、企业管理、工商管理、信息管理、市场营销学等管理学专业本科生和研究生学习使用，同时可以作为六西格玛管理工程技术人员及物流企业管理人员的参考用书。

图书在版编目(CIP)数据

物流质量管理/钮建伟主编. —北京：北京大学出版社，2016.6
（21 世纪高等院校物流专业创新型应用人才培养规划教材）
ISBN 978-7-301-27068-4

Ⅰ.①物… Ⅱ.①钮… Ⅲ.①物流—物资管理—质量管理—高等学校—教材 Ⅳ.①F252

中国版本图书馆 CIP 数据核字（2016）第 079178 号

书　　　名	物流质量管理 Wuliu Zhiliang Guanli
著作责任者	钮建伟　主编
责任编辑	刘　丽
标准书号	ISBN 978-7-301-27068-4
出版发行	北京大学出版社
地　　　址	北京市海淀区成府路 205 号　100871
网　　　址	http://www.pup.cn　新浪微博：@北京大学出版社
电子邮箱	编辑部 pup6@pup.cn　总编室 zpup@pup.cn
电　　　话	邮购部 010-62752015　发行部 010-62750672　编辑部 010-62750667
印刷者	北京虎彩文化传播有限公司
经销者	新华书店
	787 毫米×1092 毫米　16 开本　19.75 印张　456 千字 2016 年 6 月第 1 版　2024 年 8 月第 4 次印刷
定　　　价	48.00 元

未经许可，不得以任何方式复制或抄袭本书之部分或全部内容。
版权所有，侵权必究
举报电话：010-62752024　电子邮箱：fd@pup.cn
图书如有印装质量问题，请与出版部联系，电话：010-62756370

作者简介

钮建伟，男，河北保定人，1977 年出生，现为北京科技大学副教授、硕士生导师，密歇根大学(安娜堡)访问学者。毕业于清华大学工业工程系，获管理科学与工程(工学)博士学位。现为国际期刊 Human Factors and Ergonomics in Manufacturing & Service Industries 编委、《人类工效学》编委、中国工业工程学会理事、高级会员、中国管理工效学会专业委员会委员。负责主讲《质量管理与控制》《可靠性工程》《试验设计》等本科生和研究生课程。在国内外公开发表学术论文二十余篇，其中被 SCI 和 EI 检索十多篇。作为负责人主持国家自然科学基金课题一项以及企业横向合作项目十余项。主编《单兵装备人机工程建模、仿真与评价》(科学出版社)、《Imageware 逆向造型技术及 3D 打印》(电子工业出版社)、《Jack 人因工程基础及应用实例(Siemens PLM 大学计划教程)》(电子工业出版社)，参编英文学术专著 The Handbook of Anthropometry: Physical Measures of Human Form in Health and Disease(德国 Springer 出版社)。荣获北京科技大学第十三届"我爱我师——我心目中最优秀的老师"称号。

温薇，女，山东济南人，现为北京科技大学高级工程师，毕业于北京科技大学经济管理学院，获管理科学与工程硕士学位。负责物流工程、工业工程专业本科实验。以第一作者发表专业论文十一篇；合编校内实验教材一部；参编著作两部，分别由机械工业出版社和北京大学出版社出版。获北京科技大学第六届、九届实验技术成果奖。

前　　言

　　物流是物品从供应地到接收地的实体流动过程，是根据实际需要，将运输、储存、装卸、搬运、包装、流通加工、配送、信息处理等基本功能实施有机结合的过程。它是一种保证各种物品活动能够顺利进行的服务，而物流质量是衡量物流服务的核心内容之一。我国物流业尚处于初级发展阶段，由于受多方面因素影响，物流质量总体水平较低。与发达国家相比，我国物流质量存在明显的差距，主要表现在：①物流这一新兴的学科引入我国的时间还较短，国内对于物流的研究尚处在起步阶段。20 世纪 90 年代末伊始，物流学科的研究重点是在概念传播、理论学习、学科建设这样一个层次。相比之下，国外对物流的研究已经非常成熟，无论是从理论上还是在实践中都处于前列。②我国物流企业由于种种原因，大多数基础薄弱、服务单一，对于物流企业的质量管理往往不够重视。③信息技术的运用有待进一步推广。没有物流的信息化，任何先进的技术设备都不可能应用于物流领域。条形码技术、数据库技术、电子订货系统、RFID 等技术在我国物流领域并没有得到普及，物流信息网络在我国尚未建立，信息技术在物流领域缺少标准。④从物流过程上说，我国企业物流作业的自动化水平较低，在搬运、点货、包装、分拣、订单及数据处理等环节上，手工操作仍占主要地位。⑤从物流运作的现状来看，2000 年我国工业企业流动资金的周转速度为 1.62 次，而日本制造业的平均周转速度为 15～18 次，沃尔玛、家乐福等知名跨国连锁业资金平均周转速度为 20～30 次。我国的货运空载率高达 60%，而仓储却是美国的 5 倍。世界上几乎所有的发达国家和知名企业都已经清楚地意识到，产品质量是企业占领世界市场最有力的战略工具；质量对于物流企业的生存发展同样如此。因此，我们迫切需要引入世界先进的质量管理方法，为我国物流企业的发展起到其应有的作用。

　　我国物流质量管理相关教材极度匮乏，现有教材往往停留在对质量管理基础理论与工具的论述上，缺少对上述工具方法在物流领域应用的关注，更较少涉及当今知名企业质量管理的案例介绍。为了满足当前物流领域对质量管理的教学与培训要求，依据高等学校教学指导委员会管理科学与工程专业对质量管理课程的教学要求，笔者组织编写了本书。通过对本书的学习，学生可掌握物流质量管理的基本理论、知识体系和方法，并能灵活运用于物流领域的质量管理实践，解决企业中的质量问题，为物流企业提升质量管理水平、提高经济效益、实现企业的可持续发展服务，为培养急需的物流质量管理人才服务。

　　本书在编写过程当中，突出以下特色：①注重内容的系统性、前沿性和国际化。从质量概念出发直至覆盖完整的质量管理体系；追踪理论与实践的热点以使学生具备国际视野。②培养学生的学习创新能力和独立思考能力。本书提供了大量现实生产生活中的鲜活案例，强调理论密切联系实际，引导学生通过现象表面挖掘案例背后隐藏的本质问题。③考虑到国内注册六西格玛绿带、黑带认证考试推荐采用 Minitab 作为质量管理与控制的配套软件，本书提供大量的质量分析例题，结合 Minitab 给出了详细思路与步骤，以期实现紧密贴合学生就业的需求，增强读者参与投身质量管理的实际操作性。正文中所指的附录可从 www.pup6.cn 下载。

本书共分 8 章：第 1 章绪论，介绍了物流质量管理及相关术语，给出了质量管理的发展历程、现代质量管理主要理念，以及物流质量管理的研究对象与主要内容；第 2 章介绍了统计质量控制的统计学基础、统计质量控制的代表性工具方法，其中重点讲述了控制图原理及使用；第 3 章讨论了质量管理中六西格玛的缘起、基本概念、特点，以及六西格玛管理的实施；第 4 章首先介绍现代物流企业运作流程，然后分别从采购质量控制、运输与配送质量控制、仓储与装卸质量控制等方面对物流企业运作过程中的质量管理与控制进行了详细的解释；第 5 章和第 6 章分别介绍了田口方法和质量功能展开这两个质量管理的经典工具；第 7 章既是重点也是难点，首先给出了质量管理中的抽样检验基础，然后重点解释了抽样检验特性曲线，并阐述了计数型抽样检验；第 8 章讲述了质量管理体系的概念与结构、物流质量体系的建立与实施、物流质量体系的审核与认证。

参加本书编写工作的人员有钮建伟、温薇、李帆、王垚、秦洁、郝晶、刘兴国、唐瑭、王昱、周埃乐、吴爽、张雪梅、张义、李蕾等。具体分工如下：钮建伟担任主编，负责前言及前 4 章的统稿与审校；温薇担任副主编，负责后 4 章的统稿与审校。刘兴国负责第 1 章；秦洁负责第 2 章；王垚负责第 3、8 章；郝晶负责第 4 章；李帆负责第 5、6 章；唐瑭、王昱负责第 7 章；唐瑭、王昱、周埃乐、吴爽、张雪梅、张义、李蕾为全书的图文校对付出了辛勤工作。在此，特别感谢北京大学出版社编辑刘丽老师为本书的顺利出版给予的极大的热情和无私支持；同时感谢家人、同事，还有学生，正是他们的帮助和鼓励，才使笔者能够在教学科研之余完成此书；感谢常年在物流领域与质量管理领域进行研究的专家学者和默默耕耘的从业人员，以及其他众多支持我们的朋友，他们为本书提出了宝贵的意见和建议。

由于时间仓促，认识水平有限，不能避免错误的出现，如果阅读时出现错误，敬请读者斧正；书中内容特别是案例部分，已尽力给出资料来源与文献出处，恕无法在此一一致谢。不当之处，还望读者批评指正。

编 者

2016 年 2 月

目 录

第1章 绪论 1
  1.1 物流质量管理及相关术语 3
    1.1.1 质量与质量管理 3
    1.1.2 物流质量与物流质量管理 4
  1.2 质量管理的发展 10
    1.2.1 质量检验阶段 11
    1.2.2 统计质量控制阶段 12
    1.2.3 全面质量管理阶段 12
  1.3 现代质量管理主要理念 12
    1.3.1 全面质量管理的发展 12
    1.3.2 全面质量管理的内容 13
    1.3.3 全面质量管理的工作程序 13
  1.4 物流质量管理的研究对象与
       主要内容 14
  本章小结 15
  习题 15

第2章 统计质量控制理论与方法 18
  2.1 统计质量控制的统计学基础 20
    2.1.1 产品质量数据 20
    2.1.2 统计质量控制常用的
           概率分布 21
  2.2 统计质量控制的老七种工具 25
    2.2.1 调查表 25
    2.2.2 分层法 25
    2.2.3 排列图 26
    2.2.4 因果图 27
    2.2.5 散布图 29
    2.2.6 直方图 30
    2.2.7 控制图 34
  2.3 统计质量控制的新七种工具 35
    2.3.1 系统图 35
    2.3.2 关联图 36
    2.3.3 KJ法 36
    2.3.4 矩阵图 37
    2.3.5 矩阵数据分析法 39
    2.3.6 PDPC法 40
    2.3.7 网络图 41
  2.4 控制图的原理及使用 42
    2.4.1 控制图的原理 42
    2.4.2 控制图的使用 49
  2.5 过程能力分析 50
    2.5.1 过程能力的基本概念 50
    2.5.2 过程能力指数及其计算 51
  本章小结 55
  习题 56

第3章 物流中的六西格玛管理 61
  3.1 六西格玛概述 63
    3.1.1 六西格玛的由来 63
    3.1.2 六西格玛的含义 65
  3.2 六西格玛的实施 71
    3.2.1 六西格玛的组织管理 71
    3.2.2 六西格玛的实施流程 73
  3.3 六西格玛的流程改进模式 83
    3.3.1 定义 83
    3.3.2 测量 84
    3.3.3 分析 85
    3.3.4 改进 88
    3.3.5 控制 89
    3.3.6 DMAIC使用的工具 89
  本章小结 98
  习题 98

第4章 物流过程质量管理 107
  4.1 现代物流企业运作流程 109
    4.1.1 现代物流企业 109
    4.1.2 现代物流业的构成要素 111
    4.1.3 物流运作流程质量控制 112

4.2 采购质量控制 115
　　　　4.2.1 采购系统构成 116
　　　　4.2.2 采购作业中的问题 117
　　　　4.2.3 采购质量改善途径 118
　　　　4.2.4 采购质量指标体系 122
　　4.3 运输质量控制 124
　　　　4.3.1 运输系统构成 125
　　　　4.3.2 运输作业中的问题 128
　　　　4.3.3 运输质量改善途径 131
　　　　4.3.4 运输质量指标体系 134
　　4.4 配送质量控制 135
　　　　4.4.1 配送系统构成 135
　　　　4.4.2 配送作业中的问题 137
　　　　4.4.3 配送质量改善途径 138
　　　　4.4.4 配送质量指标体系 144
　　4.5 仓储质量控制 146
　　　　4.5.1 仓储系统构成 147
　　　　4.5.2 仓储作业中的问题 150
　　　　4.5.3 仓储质量改善途径 151
　　　　4.5.4 仓储质量指标体系 153
　　4.6 装卸搬运质量控制 154
　　　　4.6.1 装卸搬运系统构成 154
　　　　4.6.2 装卸搬运作业中的问题 155
　　　　4.6.3 装卸搬运质量改善途径 157
　　　　4.6.4 装卸搬运质量指标体系 158
　　本章小结 159
　　习题 160

第 5 章　田口方法 164
　　5.1 田口方法概述 166
　　　　5.1.1 田口方法的产生及内容 166
　　　　5.1.2 田口方法的特性 166
　　5.2 三次设计 169
　　　　5.2.1 三次设计的基本思想 170
　　　　5.2.2 参数设计 173
　　　　5.2.3 容差设计 179
　　5.3 质量损失函数 181
　　　　5.3.1 质量功能波动 181
　　　　5.3.2 影响产品质量特性波动的
　　　　　　　因素分类 182

　　　　5.3.3 质量损失函数 183
　　5.4 信噪比 185
　　　　5.4.1 望目特性的 SN 比 186
　　　　5.4.2 望小特性的 SN 比 186
　　　　5.4.3 望大特性的 SN 比 186
　　　　5.4.4 灵敏度 187
　　5.5 田口方法的利弊分析 187
　　　　5.5.1 田口方法的优点分析 187
　　　　5.5.2 田口方法的缺点分析 188
　　5.6 采用田口方法进行试验设计的
　　　　Minitab 示例 189
　　　　5.6.1 创建田口试验设计 189
　　　　5.6.2 分析田口试验设计 190
　　本章小结 193
　　习题 194

第 6 章　质量功能展开 199
　　6.1 质量功能展开(QFD)概述 201
　　　　6.1.1 QFD 的起源与发展 201
　　　　6.1.2 QFD 的概念及作用 202
　　　　6.1.3 QFD 的模式 205
　　6.2 QFD 的基本过程 207
　　　　6.2.1 QFD 瀑布式分解模型 207
　　　　6.2.2 QFD 的分解步骤 208
　　6.3 QFD 中的顾客需求的获取及整理 209
　　　　6.3.1 顾客需求的 KANO 模型 209
　　　　6.3.2 顾客需求的获取 210
　　6.4 质量屋 212
　　　　6.4.1 质量屋结构 212
　　　　6.4.2 质量屋参数的配置及计算 216
　　6.5 QFD 的工作程序 217
　　　　6.5.1 QFD 组织实施的工作程序 217
　　　　6.5.2 QFD 实施的基本过程 218
　　　　6.5.3 建立质量屋需要注意的
　　　　　　　问题 220
　　6.6 QFD 的应用 223
　　本章小结 225
　　习题 227

第 7 章　质量检验中的抽样技术 231
　　7.1 抽样检验基础 233

7.1.1　抽样检验 233
　　7.1.2　批质量的表示方法 237
7.2　抽样检验特性曲线 239
　　7.2.1　接收概率及计算方法 239
　　7.2.2　OC 曲线 240
　　7.2.3　百分比抽样方案的评价 245
7.3　计数型抽样检验 245
　　7.3.1　计数标准型抽样检验 245
　　7.3.2　计数调整型抽样检验 247
7.4　计量型抽样方案 252
　　7.4.1　以不合格品率衡量批质量的
　　　　　计量型抽样方案 252
　　7.4.2　计量型一次抽样方案的设计 253
本章小结 256
习题 256

第 8 章　物流质量管理体系 260

8.1　ISO 9000 族标准 262
　　8.1.1　ISO 9000 的产生和发展 262
　　8.1.2　ISO 9000 标准概述 263
8.2　质量管理体系概述 264
　　8.2.1　质量管理体系的概念 264
　　8.2.2　质量管理的基本原则 266
8.3　物流质量管理体系概述 269
　　8.3.1　物流质量管理体系的组成 270
　　8.3.2　物流企业质量管理体系的
　　　　　建立 278
8.4　物流质量管理体系文件 281
　　8.4.1　质量手册 282
　　8.4.2　物流质量管理程序 283
　　8.4.3　作业指导书 284
　　8.4.4　质量记录 285
　　8.4.5　质量计划 289
8.5　物流质量管理体系的审核与认证 290
　　8.5.1　物流质量管理体系审核 290
　　8.5.2　质量管理体系认证 294
本章小结 299
习题 300

参考文献 303

第1章 绪 论

【本章教学要点】

知识要点	掌握程度	相关知识
物流质量的知识	掌握	物流质量的概念、物流质量的内容、物流质量的分类、物流质量的衡量
物流质量管理及指标体系	重点掌握	物流质量管理的概念、物流质量管理的指标
质量管理的发展	掌握	质量管理发展的阶段
全面质量管理	了解	全面质量管理的发展、全面质量管理的内容、全面质量管理的工作程序
物流质量管理	掌握	物流质量管理的研究对象与主要内容

【本章技能要点】

技能要点	掌握程度	应用方向
质量要求的制定需满足的条件	掌握	在了解对于产品的质量要求的情况下有目的性地进行质量管理
物流质量的衡量	掌握	作为了解与评价物流质量管理的依据
物流质量管理的研究对象与主要内容	重点掌握	作为管理企业物流系统的工具并作为评价企业物流系统的依据

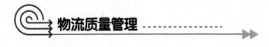

【知识架构】

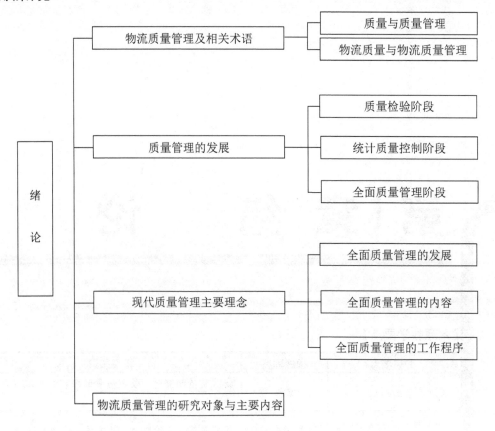

IKEA：物流质量管理带来产品成本的大幅降低

瑞典家具卖场宜家(IKEA)是一家拥有70余年历史的居家用品零售企业。截至2014年1月，宜家家居在全世界的43个国家和地区中拥有349家大型门市，大部分门市位于欧洲，其余位于美国、加拿大、亚洲和澳洲等国家和地区。宜家家居主要销售平整式包装的家具、配件、浴室和厨房用品等商品。宜家家居是开创以平实价格销售自行组装家具的先锋，目前是全世界最大的家具零售企业，现已发展为以家居产品为主的综合性零售企业。

宜家家居一直是西方家庭的首选，而他们选择宜家不仅是因为宜家简约、自然、清新、设计精良等特点，还因为宜家拥有相较其他家居厂商更为突出的价格优势。正是因为宜家将物流质量管理渗透到了理念确立、产品设计、生产包装、仓储运输、安装回收的各个环节，才保证了宜家产品极高的产品质量与极低的物流质量成本。

宜家物流的理念核心是其首创的平板包装技术，绝大部分的宜家产品都被设计成可分拆运输的结构，外包装为平板式，充分利用运输工具的空间，实现商品运输的集装单元化，降低运输成本。平板式的产品相较于其他外形拥有更为方便的产品质量控制与精确的产品质量检测，在仓储与运输过程中由于其规则的外形使其物流损耗能够保持一个非常低的水平。

> 正是这种全过程的物流质量管理，使宜家在同类产品中拥有了非常明显的价格优势。
> **思考题：**
> (1) 宜家将物流质量管理都渗透到了哪些环节？
> (2) 宜家物流的理念核心是什么？

质量问题一直是人们关注的首要问题。离开质量，人们所谈的社会进步、经济发展、人民生活水平的提高等，都只是泡影。世界各个国家和政府都对质量问题给予了高度重视。现代物流的本质是服务。物流企业所有的内部质量管理，最终通过对客户的物流服务表现出来。客户总是希望用最低的代价取得最满意的服务，而物流企业总是希望既获取比较高的利益，同时又能够得到用户的满意。物流质量管理保证了物流作业过程并提供了服务的质量标准和规范。

1.1 物流质量管理及相关术语

1.1.1 质量与质量管理

1. 质量

与通常物理学意义上的质量不同，质量管理学概念中"质量"所能涵盖的特性更为广泛和抽象。在日常生活中一般认为质量就是产品或服务的优劣程度。

一般使用 ISO 9000：2000 族标准中给出的质量定义：一组固有特性(characteristic)满足要求(requirement)的程度。所谓的特性是指可区分的特征，特性可分为固有的和赋予的；要求有指明式的，也有隐含的或必须履行的。

现代质量管理学中关于质量的概念包括对社会性、经济性和系统性三方面的认识。

(1) 质量的社会性：质量的好坏不仅从直接的用户而是从整个社会的角度来评价，尤其关系到生产安全、环境污染、生态平衡等问题时更是如此。

(2) 质量的经济性：质量不仅要从某些技术指标来考虑，还要从制造成本、价格、使用价值和消耗等几方面来综合评价。在确定质量水平或目标时，不能脱离社会的条件和需要，不能单纯追求技术上的先进性，还应考虑使用上的经济合理性，使质量和价格达到合理的平衡。

(3) 质量的系统性：质量是一个受到设计、制造、使用等因素影响的复杂系统。例如，汽车是一个复杂的机械系统，同时又是涉及道路、司机、乘客、货物、交通制度等特点的使用系统。产品的质量应该达到多维评价的目标。费根堡姆认为，质量系统是指具有确定质量标准的产品和为交付使用所必需的管理上和技术上的步骤的网络。

2. 质量要求

只有在了解对于产品的质量要求的情况下才能保障质量管理的有目的性地开展。质量要求是指对产品需要的表述或将需要转化为一组针对实体特性的定量或定性的规定要求，以使其实现并进行考核。生产者应当建立、健全内部产品质量管理制度，严格实施岗位质量规范、质量责任法，承担产品因质量问题引发的法律责任法。产品的生产者、销售者应

严格执行产品质量法的规定及相关法律、法规规定，严禁伪造产品产地、伪造或者冒用认证标志、禁止在生产、销售产品中掺杂掺假、以假充真、以次充好。

🔑 小知识

质量要求的制定一般需满足以下4个条件。
(1) 质量要求应全面反映顾客明确的和隐含的需要。
(2) 质量要求包括合同的和组织内部的要求，在不同的策划阶段可对它们进行开发、细化和更新。
(3) 对特性规定量化的质量要求包括公称值、额定值、极限偏差和允差。
(4) 质量要求应使用功能性术语表述并形成文件。

质量要求应把用户的要求、社会的环境保护等要求以及企业的内控指标，都以一组定量的要求来表达，作为产品设计的依据。在设计过程中，不同的设计阶段又有不同的质量要求，如方案设计的质量要求、技术设计的质量要求、施工图设计的质量要求、试验的质量要求、验证的质量要求等。同时，在制造过程中，不同的阶段也有不同的质量要求。

3. 质量管理

质量管理(quality management)是指确定质量方针、目标和职责，并通过质量体系中的质量策划、质量控制、质量保证和质量改进来使其实现的所有管理职能的全部活动。质量管理是一门以质量为研究对象，研究和揭示质量产生、形成和实现过程的客观规律的科学。

质量管理的发展与工业生产技术和管理科学的发展密切相关。质量管理已成为一门新兴的学科，具有很强的综合性和实用性。它应用了管理学、技术、数学等各门学科的成就和方法。质量管理学的内容包括：质量和质量管理的基本概念、指导思想和原理；质量管理工作的常用方法和工具；有关验收抽样和工序控制的理论；有关质量设计的方法和技术。质量管理学还建立了由内部故障成本、外部故障成本、预防成本和鉴定成本组成的质量成本的概念以及计算方法和评价方法。

📖 资料卡

质量是表征物体某些特性满足人们期望值的能力。相对应的质量管理是指为了使该能力尽量满足要求所采取的一系列方法与手段。

1.1.2 物流质量与物流质量管理

物流(logistics)是指利用现代信息技术和设备，将物品从供应地向接收地准确的、及时的、安全的、保质保量的、门到门的合理化服务模式和先进的服务流程。物流质量管理着重研究物流过程中的质量控制及保证，以使最终交付产品时的产品质量符合客户要求。

1. 物流质量

物流质量是物流商品质量、服务质量、工作质量和工程质量的总称。物流质量是一个双重概念，它不仅仅是现代企业根据物流运作规律所确定的物流工作的量化标准，而且更体现物流服务的顾客期望满足程度的高低。如何衡量物流质量是物流管理的重点。

> **资料卡**
>
> 物流质量的保证首先建立在准确、有效的质量衡量上，主要从物流时间、物流成本、物流效率三个方面来衡量。

全面的物流质量一般包括以下两个方面的主要内容。

1) 物流质量的形成与保证

物流的对象是具有一定质量的实体，具有合乎要求的等级、尺寸、规格、性质、外观质量特性。这些质量是在生产过程中形成的，物流过程在于转移和保护这些质量，以此来实现对用户的质量保证。

但是现代物流过程所追求的不仅仅是单纯地保护好物流对象，实现物流对象的空间位移，还可以采用流通加工等手段改善和提高商品的质量，增加商品附加值。流通加工属于物流活动中一项重要的子活动，它可以提高装卸搬运及运输的效率，适应顾客的多样化需求，弥补生产过程中的加工不足，实现供需双方更好的衔接，从而实现物品使用价值的顺利让渡。由此，在一定程度上，物流过程就是商品质量的"形成过程"。

> **小思考**
>
> 举出几个在流通过程中保护产品质量的小例子。

2) 物流质量的服务特性

物流活动具有极强的服务特性，既服务于现代企业生产经营过程，也要为享受企业的产品和服务的顾客提供全面的物流服务。顾客衡量物流质量的好坏程度，一般会受到以下因素的影响，而企业就必须根据顾客对这些因素的感受，以这些因素作为物流服务质量的标准。

(1) 人员沟通质量。人员沟通质量指负责沟通的物流企业服务人员是否能通过与顾客的良好接触提供个性化的服务。一般来说，服务人员相关知识丰富与否、是否能体谅顾客处境、是否能帮助解决顾客的问题均会影响顾客对物流服务质量的评价。这种评价形成于服务过程之中。因此，加强服务人员与顾客的沟通是提升物流服务质量的重要方面。

(2) 存货可得性。存货可得性是指当顾客下订单(要货)时，物流企业或物流部门所拥有库存的能力(库存物品数量)，它能反映周转库存和安全库存的控制水平，一般用缺货率、供应比例两个指标来进行衡量。

(3) 物流任务的完成情况。物流任务的完成情况是衡量服务质量的主要指标。它又可细分为速度、一致性、快速反应能力、误差处理这四个二级指标。其中快速反应能力是指当客户的需求随时发生变化时企业必须具备处理突发事件的快速反应能力；误差处理是指订单执行出现错误后的处理。如果顾客收到错误的货品，或货品的质量有问题，都会向物流供应商追索更正。物流企业对这类错误的处理方式直接影响顾客对物流服务质量的评价。

2. 物流质量的分类

物流质量一般可以进行以下分类。

(1) 物流商品质量。商品质量指商品运送过程中对商品原有质量(数量、形状、性能等)的保证，尽量避免破损，而且现代物流由于采用流通加工等手段，可以改善和提高商品质量。

在生产企业严格的质量保证条例的要求下,产品出厂即具有本身的质量标准。物流过程中,必须采取一定的技术手段,保证产品的质量(包括外观质量和内在质量)不受损坏,并且通过物流服务提高客户的愉悦性和满意度,实质上是提高了客户对产品质量的满意度。另外,有的产品在交付用户使用后,还需提供持续的服务,如汽车的4S服务。

(2) 物流服务质量。物流服务质量指物流企业对用户提供服务,使用户满意的程度。如现在许多物流公司都采用GPS定位系统,能使客户对货物的运送情况进行随时跟踪。由于信息和物流设施的不断改善,企业对客户的服务质量必然不断提高。

(3) 物流工作质量。物流工作质量是指物流服务各环节、各工种、各岗位具体的工作质量。这是相对于企业内部而言的,是在一定的标准下的物流质量的内部控制。

(4) 物流工程质量。物流工程质量是指把物流质量体系作为一个系统来考察,用系统论的观点和方法,对影响物流质量的诸要素进行分析、计划,并进行有效控制。这些因素主要有:人的因素、体制因素、设备因素、工艺方法因素、计量与测试因素及环境因素等。

3. 物流质量的衡量

如何衡量物流质量是物流管理的重点。物流质量的保证首先建立在准确、有效的质量衡量上。大致说来,物流质量主要从以下3个方面来衡量。

1) 物流时间

时间的价值在现代社会的竞争中越来越凸显出来,谁能保证时间的准确性,谁就获得了客户。

由于物流的重要目标是保证商品送交的及时,因此时间成为衡量物流质量的重要因素。然而,在货物运输中,中国现行运输管理体制在一定程度上制约了不同运输方式之间的高效衔接,减缓了物流速度。由此可见,物流质量的提高还依赖于物流大环境的改善。

案例 1-1

京东"一日四送"的快物流服务

> 根据内部人士透露,京东商城近期正紧锣密鼓地筹备号称"极速达"的"一日四送"服务,届时将实现三个小时商品送达,比之前"211限时达"快出两倍。据悉,京东内部也已定下更高的目标——未来实现100分钟内送达。
>
> 截至2015年3月31日,京东在全国拥有7大物流中心,在全国43座城市运营143个大型仓库,拥有3 539个配送站和自提点,覆盖全国1 961个区县。而且先后推出"211限时达"、隔日达、晚间配送等服务升级措施。
>
> 有电商业内人士指出,京东今年持续发力物流建设,"极速达"等特色配送服务推出,使得京东自建物流为基础构建的"用户体验"不断完善,加上持续的品类扩张,例如最近上线的商超业务,京东正不断构建自己的竞争优势。
>
> 目前,京东"极速达"已在北京试运行。首次引入"极速达"配送服务后,一位网友的晒单资料显示,下午2:20下单4点多就收到商品,配送时间仅1小时55分钟。
>
> (资料来源:腾讯科技.京东在北京试水一日四送 未来挑战100分钟送达[OL].
> [2013-05-09]. http://tech.qq.com/a/20130509/000079.htm)

2) 物流成本

物流成本的降低不仅是企业获得利润的源泉，也是节约社会资源的有效途径。

在国民经济各部门中，因各部门产品对运输的依赖程度不同，运输费用在生产费用中所占比重也不同。从物流业总体费用考虑，有关资料显示，物流费用占商品总成本的比重，从账面反映已超过40%。

 案例1-2

沃尔玛通过物流运输合理化节约成本

沃尔玛公司是世界上最大的商业零售企业，在物流运营过程中，尽可能地降低成本是其经营的哲学。

沃尔玛有时采用空运，有时采用船运，还有一些货物采用卡车公路运输。在中国，沃尔玛百分之百地采用公路运输，所以如何降低卡车运输成本，是沃尔玛物流管理面临的一个重要问题，为此他们主要采取了以下措施。

(1) 沃尔玛使用一种尽可能大的卡车，大约有16米加长的货柜，比集装箱运输卡车更长或更高。沃尔玛把卡车装得非常满，产品从车厢的底部一直装到最高，这样非常有助于节约成本。

(2) 沃尔玛的车辆都是自有的，司机也是自己的员工。沃尔玛的车队大约有5 000名非司机员工，有3 700多名司机，车队每周一次运输可以达7 000～8 000公里。

卡车运输是比较危险的，有可能会出交通事故。因此，对于运输车队来说，保证安全是节约成本最重要的环节。沃尔玛的口号是"安全第一、礼貌第一"，而不是"速度第一"。在运输过程中，卡车司机都非常遵守交通规则。沃尔玛定期在公路上对运输车队进行调查，卡车上面都带有公司的号码，如果看到司机违章驾驶，调查人员就可以根据车上的号码报告，以便于进行惩处。沃尔玛认为，卡车不出事故，就是节省公司的费用，就是最大限度地降低物流成本。由于狠抓了安全驾驶，运输车队已经创造了300万公里无事故的纪录。

(3) 沃尔玛采用全球定位系统对车辆进行定位，因此在任何时候，调度中心都可以知道这些车辆在什么地方，离商店有多远，还需要多长时间才能运到商店，这种估算可以精确到小时。沃尔玛知道卡车在哪里、产品在哪里，就可以提高整个物流系统的效率，有助于降低成本。

(4) 沃尔玛的连锁商场的物流部门，24小时进行工作，无论白天或晚上，都能为卡车及时卸货。沃尔玛的运输车队还利用夜间进行运输，从而做到了当日下午进行集货，夜间进行异地运输，翌日上午即可送货上门，保证在15～18个小时内完成整个运输过程，这是沃尔玛在速度上取得优势的重要措施。

(5) 沃尔玛的卡车把产品运到商场后，商场可以把它整个卸下来，而不用对每个产品逐个检查，这样就可以节省很多时间和精力，加快了沃尔玛物流的循环过程，从而降低了成本。这里有一个非常重要的先决条件，就是沃尔玛的物流系统能够确保商场所得到的产品是与发货单完全一致的产品。

(6) 沃尔玛的运输成本比供货厂商自己运输产品要低。所以厂商也使用沃尔玛的卡车来运输货物，从而做到了把产品从工厂直接运送到商场，大大省了产品流通过程中的仓储成本和转运成本。沃尔玛的集中配送中心把上述措施有机地组合在一起，做出了一个最经济合理的安排，从而使沃尔玛的运输车队能以最低的成本高效率地运行。

(资料来源：百度文库．沃尔玛通过物流运输的合理化节约成本[OL]．http://wenku.baidu.com/link?url=5znBQ-uSmMlv-xJa6YcGXslHaRdx3ZppK2DxkoPlJrlJgUmVrtA2jNEIuo7M3ju-U_o2-CDTPO0lGIXLS-d9tyK-QO7PpDgRYk8pszw_c3O.)

3) 物流效率

物流效率对于企业来说，指的是物流系统能否在一定的服务水平下满足客户的要求，也是指物流系统的整体构建。对于社会来说，衡量物流效率是一件复杂的事情。因为社会经济活动中的物流过程非常复杂，物流活动内容和形式不同，必须采用不同的方法去分析物流效率。

案例 1-3

菜鸟网络：社会化物流基础设施的愿景能否提升物流效率？

菜鸟网络即"菜鸟网络科技有限公司"的简称，马云任菜鸟网络董事长，银泰集团董事长沈国军任首席执行官。该公司旗下"中国智能骨干网"项目，是由阿里巴巴集团、银泰集团联合复星集团、富春集团、顺丰集团、三通一达（申通、圆通、中通、韵达）及相关金融机构共同宣布，启动首期投资达到1 000亿元、预计总投资3 000亿元。菜鸟网络旨在通过新成立的"菜鸟网络科技有限公司"，打造中国未来的商业基础设施。"中国智能骨干网"是规模更大、效率更高、网络更完善、服务更优质的社会化物流基础设施，以及开放、透明、共享的数据应用平台。

"公司定名为菜鸟网络，第一就是想时刻提醒自己，互联网的创新无所不在。在互联网时代，要保持菜鸟心态，才能保持创新性和学习性。"菜鸟网络CEO沈国军表示。在这个跨越发展的互联网时代，没有创新就意味着失败，意味着没有生存空间。不但公司叫"菜鸟"，而且菜鸟网络方面也强调，公司并不是做物流，而是一家基于互联网思考、基于互联网技术、基于对未来判断而建立的创新型企业，旨在利用自身优势支持国内物流企业的发展，为物流行业提供更优质、高效和智能的服务，提升整个物流行业的水准。

与此同时，京东推出号称"极速达"的"一日四送"服务，最快可实现3小时送达。阿里此时大张旗鼓宣布"智能骨干网"启动被业内视为对于京东的反扑。京东、阿里所代表的是两种不同的物流模式。京东以自有业务为主，核心品类在于3C、大家电等，需要对供应链有较强的控制能力。因此选取自建物流。但阿里系不同，以搭建平台为主，可借助成熟的物流体系进行低成本运营。而且，阿里系的订单量与京东也不在同一量级，平台模式较为适合。对于昨日菜鸟网络的启动，京东并没有给出针锋相对的评价，仅指出"前不久在北京等中心城市把货物的配送时间大幅压缩在3小时之内，把物流差异化优势提升到了友商短期内无法企及的高度"。

"阿里巴巴物流体系可能面临的风险是，信息效率和准确性不高。"易观国际高级分析师陈寿表示，阿里的物流项目的愿景目标，具有多重不确定性。

（资料来源：搜狗百科，http://baike.sogou.com/）

4. 物流质量管理及指标体系

资料卡

物流质量管理是指科学运用先进的质量管理方法、手段，以质量为中心，对物流全过程进行系统管理，包括保证和提高物流产品质量和工作质量而进行的计划、组织、控制等各项工作。

物流质量指标体系的建立必须以最终目的为中心，是围绕最终目标发展出来的一定的衡量物流质量的指标。

一般来说，物流服务目标质量指标包括物流工作质量指标和物流系统质量指标两个系列。以这两个指标为纲,在各工作环节和各系统中又可以制定一系列"分目标"的质量指标,从而形成一个质量指标体系。整个质量指标体系犹如一个树状结构,既有横向的扩展,又有纵向的挖掘。横向的主干是为了将物流系统的各个方面的工作都包括进去,以免遗漏;纵向的分支是为了将每个工作的质量衡量指标具体化,便于操作。没有横向的扩展就不能体现其广度,没有纵向的挖掘就不能体现其深度。

(1) 服务水平指标。满足顾客的要求需要一定的成本,并且随着顾客服务达到一定的水平时,再想提高服务水平时,企业往往要付出更大的代价,所以企业出于利润最大化的考虑,往往只满足一定的订单,由此便产生了服务水平指标。由此可见,服务水平越高,企业满足订单的次数与总服务次数之比就越高。

(2) 满足程度指标。服务水平指标衡量的是企业满足订单的次数的频率,但由于每次订货数量的不同,所以仅以此来衡量是不完全的,于是就产生了满足程度指标,即企业能够满足的订货数量与总的订单的订货数量之比。

(3) 交货水平指标。时间的准确性对于物流来说,是衡量其质量的重要方面,因此建立交货水平指标也很重要。它是指按期交货次数与总交货次数的比率。

(4) 交货期质量指标。它衡量的是满足交货的时间因素的程度,即实际交货与规定交货期相差的日数(天)或时数(时)。

(5) 商品完好率指标。保持商品的完好程度对于客户来说是很重要的,即交货时完好商品量或缺损商品量与总交货商品量的比率。宝洁公司在进入中国市场初期,其货物都是通过铁路运输的,由于中国缺乏专业的物流公司,因而其商品完好率很低。也可以用"货损货差赔偿费率"来衡量商品的破损给公司带来的损失,对于一个专业的物流公司来说,由于自身的服务水平有限导致商品的破损,要付出一定的赔偿金额,这部分金额占同期业务收入总额的比率即是"货损货差赔偿费率"。

(6) 物流吨费用指标。物流吨费用指标即单位物流量的费用(元/吨),该指标比同行业的平均水平低,说明运送相同吨位货物费用较低,则此公司拥有更高的物流效率,其物流质量较高。

案例 1-4

物流巨头:物流服务质量的"秘密"

UPS 快递(UPS Express)作为世界上最大的快递承运商与包裹递送公司,同时也是运输、物流、资本与电子商务服务的领导性的提供者。UPS 于 1907 年作为一家信使公司成立于美国华盛顿州西雅图,是一家全球性的公司,其商标是世界上最知名、最值得景仰的商标之一。UPS 在多达 185 个国家和地区经营着国际小包裹和文件递送业务,范围跨越大西洋和太平洋。UPS 通过国际性服务,为 40 亿人口提供服务,这个数字是通过电话网络服务人数的两倍。到 1993 年,UPS 每日为多达 100 万的固定客户递送 1 150 万件包裹和文件。对于如此庞大数量的业务,UPS 依赖先进的科技来保证效率,保持价格的竞争性并提供新的客户服务。技术在 UPS 中的应用已达到了一个令人难以置信的范围,从专门设计的包裹递送运输工具到全球计算机和通信系统。1986—1991 年,UPS 在技术改进上花费了 15 亿美元,并计划在以后的 5 年里再投入 32 亿美元。UPS 立足于递送业,也属于客户满意行业,客户的需求将继续成为公司的驱动力。UPS 今后 5 年的目标将是开拓技术,使 UPS 继续引入新的服务,比如物流服务,为客户提供有关货件的全面信息,并提供培训,使所有雇员清晰地理解 UPS 服务,理解使这些服务成为可能的技术,并且可以与其客户交流这些信息。

联邦快递(FedEx)成立于1971年，是全球最具规模的快递运输公司，为全球超过235个国家及地区提供快捷、可靠的快递服务。联邦快递是一家国际性快递集团，提供隔夜快递、地面快递、重型货物运送、文件复印及物流服务，总部设于美国田纳西州。联邦快递设有环球航空及陆运网络，为全球超过220个国家及地区提供快捷、可靠的快递服务，通常只需一至两个工作日，就能迅速运送时限紧迫的货件，而且确保准时送达。联邦快递集团激励旗下超过2.6万名员工和承包商高度关注安全问题，恪守品行道德和职业操守的最高标准，并最大限度地满足客户和社会的需求，使其屡次被评为全球最受尊敬和最可信赖的雇主。

DHL(敦豪快递)是一家创立自美国，目前为德国邮政集团100%持股的快递货运公司，是目前世界上最大的航空快递货运公司之一。1969年，DHL开设了他们的第一条从旧金山到檀香山的速递运输航线，公司的名称"DHL"由三位创始人姓氏的首字母组成(Dalsey, Hillblom and Lynn)。很快，敦豪航空货运公司把他们的航线扩张到中国香港、日本、菲律宾、澳大利亚和新加坡。在敦豪航空货运公司致力建立起一个崭新的、提供全球门到门速递服务的网络的构想下，在20世纪70年代中后期敦豪航空货运公司把他们的航线扩展到南美洲、中东地区和非洲。2002年开始，德国邮政控制了其全部股权并把旗下的敦豪航空货运公司、丹沙公司(Danzas)及欧洲快运公司整合为新的敦豪航空货运公司；2003年，德国邮政收购了美国的空运特快公司(Airborne Express)，并把它整合到敦豪航空货运公司里；2005年，德国邮政又收购了英国的英运公司(Exel)，并把它整合到敦豪航空货运公司里。至此敦豪航空货运公司速递公司拥有了世界上最完善的速递网络之一，可以到达220个国家和地区的12万个目的地。敦豪航空货运公司的机队大约有420架飞机，机型主要包括空中客车A300型货机和波音757型货机；原有的波音727机队正在慢慢地退出服务。敦豪航空货运公司机队的枢纽机场设在比利时的布鲁塞尔。DHL目前的作业车辆多达76 200部。

TNT快递公司(TNT Express)是世界顶级的快递与物流公司，公司总部设在荷兰的阿姆斯特丹，其母公司TPG在纽约等证券交易市场上市。TNT在世界60多个国家雇有143 000多名员工，为超过200个国家及地区的客户提供邮运、快递和物流服务。TPG集团2003年的营业额为119亿欧元。2001—2003年，TNT连续3年被美国《财富》杂志评为全球最受推崇的货运及快递企业。TNT在供应链管理方面拥有30年的丰富经验，TNT物流是全球第二大的物流服务公司，为汽车、电子、快速消费品及生物制药等行业提供包括仓储、运输、配送、物流加工、物流信息管理等完整的供应链解决方案。TNT与上汽合资成立的上海安吉天地物流有限公司是中国最大的汽车物流企业。利用公司遍布全球的航空与陆运网络，TNT提供全球门到门、桌到桌的文件和包裹的快递服务。特别是在欧洲、亚洲和北美洲等地，TNT快递可以针对不同顾客的需求，提供九点派送、12点派送、NEXT DAY派送、收件人付费快件等服务内容。TNT快递的电子查询网络也是全球最先进的。

(资料来源：搜狗百科，http://baike.sogou.com/)

1.2 质量管理的发展

质量管理的历史十分久远。早在远古时期，人类对原始的器物、工具已经有了质量的意识并会对其进行简陋的检查，但直到近代，才开始进行有意识地、系统地、科学地实施质量管理。随着社会与制造业的发展，人们对质量的要求逐渐提高，质量管理也获得了不断地发展和完善。质量管理学自产生至今经历了3个阶段。

1.2.1 质量检验阶段

20世纪前，产品质量主要依靠操作者本人的技艺水平和经验来保证，属于"操作者的质量管理"。20世纪初，以F.W.泰勒为代表的科学管理理论的产生，促使产品的质量检验从加工制造中分离出来，质量管理的职能由操作者转移给工长，是"工长的质量管理"。随着企业生产规模的扩大和产品复杂程度的提高，产品有了技术标准(技术条件)，公差制度也日趋完善，各种检验工具和检验技术也随之发展，大多数企业开始设置检验部门，有的直属于厂长领导，这时是"检验员的质量管理"。上述几种做法都属于事后检验的质量管理方式。

小知识

科学管理理论，由科学管理之父——弗雷德里克·温斯洛·泰勒在他的主要著作《科学管理原理》(1911)中提出。弗雷德里克·温斯洛·泰勒是美国古典管理学家，科学管理的创始人，被管理界誉为"科学管理之父"。

小思考

科学管理理论的主要内容与核心是什么？

案例1-5

实木家具现状：以次充实，以假乱真

日前，浙江省消费者权益保护委员会联合有关机构，在杭州市开展了实木家具消费评价活动。结果显示，目前杭城实木家具市场主要存在的问题有：标识标签不规范；以次充好，以假乱真；虚假宣传；不提供产品使用说明书；虚假宣传后，80%厂家不肯退货；市场给消费者的承诺不兑现等。

据悉，由浙江省消保委及有关机构人员组成的实木家具市场调查组，近日对杭州市的7家家具市场进行了买样调查，共买取实木家具12个品牌、13件样品。

为验证经销商在销售家具时宣传的是否属实，浙江省消保委托浙江省家具产品质量检验中心，对13件宣称"实木家具"样品的产品使用说明书、材料要求(标识一致性)等进行检测，结果显示，13件样品均没有使用说明；13件样品不同程度地使用了人造板假冒实木。随后，浙江省消保委以普通消费者的身份，以经销商虚假宣传为理由，通过电话方式，要求经销商给予退货的处理，13个产品中，只有3个商家经过多次交涉同意退货。

上述调查结果显示，以次充好、以假乱真的情况比较普遍。销售商用非实木家具冒充实木家具进行销售，以价格便宜、材性差的木材混充较贵的木材，以大面积使用差的木材混充全部是较贵的木材等。

此外，浙江省消保委在市场调查中发现，一些家具市场宣传的"先行赔偿、30天无理由退货"等承诺，看上去给了消费者充分的保障，可是在浙江省消保委调查人员以厂家不愿意退货，让商场退货时，市场却找出诸多理由，为宣传的承诺找出附加条件。

(资料来源：慧聪家居网. 实木家具以次充实 商家狡猾"钻空子" [OL].
http://info.jj.hc360.com/2011/01/170959319167.shtml.)

1.2.2 统计质量控制阶段

1924 年，美国数理统计学家 W.A.休哈特提出控制和预防缺陷的概念。他运用数理统计的原理提出在生产过程中控制产品质量的"6σ"法，绘制出第一张控制图并建立了一套统计卡片。与此同时，美国贝尔研究所提出关于抽样检验的概念及其实施方案，成为运用数理统计理论解决质量问题的先驱，但当时并未被普遍接受。以数理统计理论为基础的统计质量控制的推广应用始于第二次世界大战。由于事后检验无法控制武器弹药的质量，美国国防部决定把数理统计法用于质量管理，并由标准协会制定有关数理统计方法应用于质量管理方面的规划，成立了专门委员会，并于 1941—1942 年先后公布一批美国战时的质量管理标准。

1.2.3 全面质量管理阶段

20 世纪 50 年代以来，随着生产力的迅速发展和科学技术的日新月异，人们对产品的质量从注重产品的一般性能发展为注重产品的耐用性、可靠性、安全性、维修性和经济性等。在生产技术和企业管理中要求运用系统的观点来研究质量问题。在管理理论上也有新的发展，突出重视人的因素，强调依靠企业全体人员的努力来保证质量此外，还有"保护消费者利益"运动的兴起，企业之间市场竞争越来越激烈。在这种情况下，美国 A.V.费根鲍姆于 60 年代初提出全面质量管理的概念。他提出，全面质量管理是"为了能够在最经济的水平上并考虑到充分满足顾客要求的条件下进行生产和提供服务，并把企业各部门在研制质量、维持质量和提高质量方面的活动构成为一体的一种有效体系"。

> **资料卡**
>
> 全面质量管理是以产品质量为核心，建立起一套科学严密高效的质量体系，以提供满足用户需要的产品或服务的全部活动。

1.3 现代质量管理主要理念

随着时代进步，质量管理的理念逐渐发展完善，其核心是全面质量管理。

全面质量管理的基本原理与其他概念的基本差别在于，它强调为了取得真正的经济效益，管理必须始于识别顾客的质量要求，终于顾客对他手中的产品感到满意。全面质量管理就是为了实现这一目标而指导人、机器、信息的协调活动。

> **资料卡**
>
> 全面质量管理(Total Quality Management，TQM)，就是一个组织以质量为中心，以全员参与为基础，目的在于通过让顾客满意和本组织所有成员及社会受益而达到长期成功的管理途径。

1.3.1 全面质量管理的发展

20 世纪 50 年代末，美国通用电气公司的费根堡姆和质量管理专家朱兰提出了"全面质量管理"的概念，认为"全面质量管理是为了能够在最经济的水平上，并考虑到充分满足客户要求的条件下进行生产和提供服务，把企业各部门在研制质量、维持质量和提高质量的活动中构成为一体的一种有效体系"。60 年代初，美国一些企业根据行为管理科学的理论，在企业的质量管理中开展了依靠职工"自我控制"的"无缺陷运动"(Zero Defects)，日本在工业企业中开展质量管理小组(Q.C.Circle/Quality Control Circle)活动，使全面质量管理活动迅速发展起来。

1.3.2 全面质量管理的内容

全面质量管理注重顾客需要，强调参与团队工作，并力争形成一种文化，以促进所有的员工设法、持续改进组织所提供产品/服务的质量、工作过程和顾客反应时间等。全面质量管理由结构、技术、人员和变革推动者四个要素组成，只有这四个方面全部齐备，才会有全面质量管理这场变革。

全面质量管理有三个核心的特征：全员参加的质量管理、全过程的质量管理和全面的质量管理。

(1) 全员参加的质量管理即要求全部员工，无论是高层管理者还是普通办公职员或一线工人，都要参与质量改进活动。参与"改进工作质量管理的核心机制"，是全面质量管理的主要原则之一。

(2) 全过程的质量管理必须在市场调研、产品的选型、研究试验、设计、原料采购、制造、检验、储运、销售、安装、使用和维修等各个环节中都把好质量关。其中，产品的设计过程是全面质量管理的起点，原料采购、生产、检验过程实现产品质量的重要过程；而产品的质量最终是在市场销售、售后服务的过程中得到评判与认可。

(3) 全面的质量管理是用全面的方法管理全面的质量。全面的方法包括科学的管理方法、数理统计的方法、现代电子技术、通信技术等。全面的质量包括产品质量、工作质量、工程质量和服务质量。

另外，全面质量管理还强调以下观点。

(1) 用户第一的观点，并将用户的概念扩充到企业内部，即下道工序就是上道工序的用户，不将问题留给用户。

(2) 预防的观点，即在设计和加工过程中以预防为主为核心，变管结果为管不良因素，消除质量隐患。

(3) 定量分析的观点，只有定量化才能获得质量控制的最佳效果。

(4) 以工作质量为重点的观点，因为产品质量和服务均取决于工作质量。

1.3.3 全面质量管理的工作程序

PDCA 管理循环是全面质量管理最基本的工作程序，即计划—执行—检查—处理(Plan、Do、Check、Action)。这是美国统计学家戴明(W.E.Deming)发明的，因此也称之为戴明循环、戴明环。

> **知识要点提醒**
>
> 全面质量管理一般分为以下 4 个阶段。
>
> (1) 第一个阶段称为计划阶段，又叫 P 阶段(Plan)。该阶段的主要内容是通过市场调查、用户访问、国

家计划指示等，摸清用户对产品质量的要求，确定质量政策、质量目标和质量计划等。

(2) 第二个阶段为执行阶段，又称 D 阶段(Do)。该阶段是实施 P 阶段所规定的内容，如根据质量标准进行产品设计、试制、试验，其中包括计划执行前的人员培训。

(3) 第三个阶段为检查阶段，又称 C 阶段(Check)。该阶段主要是在计划执行过程中或执行之后，检查执行情况，是否符合计划的预期结果。

(4) 最后一个阶段为处理阶段，又称 A 阶段(Action)。该阶段主要是根据检查结果，采取相应的措施。

PDCA 循环管理具有以下特点。

(1) PDCA 循环工作程序的四个阶段，顺序进行，组成一个大圈。
(2) 每个部门、小组都有自己的 PDCA 循环，并都成为企业大循环中的小循环。
(3) 阶梯式上升，循环前进。

1.4　物流质量管理的研究对象与主要内容

物流质量管理是以物流质量为研究对象的质量管理学，依据物流系统运动的客观规律，为满足物流顾客的服务需要，通过制定科学合理的基本标准，运用经济办法实施计划、组织、协调和控制的活动过程。

物流是一个复杂过程系统的集合体，一般分为运输、仓储、配送、包装、装卸搬运、流通加工和信息七大部分。产品从生产、分配、流通直到消费的全过程均有物流参与其中。物流质量管理与一般产品的质量管理区别在于：它一方面要满足生产者的要求，使其产品能及时、准确地转移给用户；另一方面要满足用户要求，即按照用户要求将其所需的商品送到，并使两者在经济效益上求得一致。

质量管理中的主要任务之一是统计质量控制(Statistical Quality Control，SQC)。统计质量控制是介绍运用统计方法去控制生产过程中的产品质量和服务质量的一门方法论的科学。它常用的统计学上的概率分布主要有正态分布、二项分布、泊松分布、超几何分布等。统计质量控制的工具包括"老七种"工具和"新七种"工具。老七种工具是指调查表、分层法、排列图、因果图、散布图、直方图和控制图；新七种工具包括系统图、关联图、KJ 法、矩阵图、矩阵数据分析法、PDPC 法及网络图。

在物流质量管理中，常用的思想方法有六西格玛管理法、田口方法等。六西格玛是运用统计学原理，在生产过程中降低产品及流程的缺陷次数，防止产品变异，提升产品品质。它不仅仅是一种质量控制方法，也升华成一种重要的管理思想，核心是追求零缺陷生产，防范产品责任风险，降低成本，提高生产率和市场占有率，提高顾客满意度和忠诚度。田口方法是在试验设计(DOE)原理的基础上发展起来的，它是一种统计技术和工程技术相结合的技术(方法)，是一种可以在不增加成本甚至降低成本的情况下，突破设计瓶颈或优化过程的最迅速、最经济的方法。

抽样检验是质量管理中一门重要的技术。抽样检验是从一批产品或一个过程中抽取一部分单位产品，进而判断产品批次或过程是否接收的活动。由于存在抽检条件、被检物品自身特性等各种主观因素限制，在实际操作中往往很难或者不必进行全体检验，抽样检验便可以决定是否接收物品。抽样检验可根据被检物品的质量特性分为计数型抽样检验和计量型抽样检验，分别有不同的抽样方案。

物流过程质量管理是以一定的质量标准对物品质量的控制，其目的是在成本可行的前提下，向客户提供尽可能高的物流服务质量。它主要包括采购质量控制、运输质量控制、配送质量控制、仓储质量控制、装卸质量控制等。物流各子系统的运作流程都可用物流工作质量指标和物流工程质量指标来评价管理。

物流质量管理作为一个复杂的管理过程，有其专门的管理体系。物流质量管理体系是在物流质量方面指挥和控制组织的管理体系，它致力建立和实现物流质量方针和物流质量目标。管理体系是建立质量方针和质量目标，并实现这些目标的相互关联和相互作用的一组要素。通常由组织结构、策划活动、职责、惯例、程序、过程和资源所组成。

本章小结

本章主要介绍了质量管理、物流质量、物流质量的分类、物流质量管理及指标体系、质量管理的发展、全面质量管理等基本内容。

质量管理是指确定质量方针、目标和职责，并通过质量体系中的质量策划、质量控制、质量保证和质量改进来使其实现的所有管理职能的全部活动。质量管理是一门以质量为研究对象，研究和揭示质量产生、形成和实现过程的客观规律的科学。

物流质量是指物流商品质量、服务质量、工作质量和工程质量的总称。全面的物流质量一般包括物流质量的形成与保证和物流质量的服务特性。物流质量一般分为物流商品质量、物流服务质量、物流工作质量和物流工程质量。

物流质量管理是指科学运用先进的质量管理方法、手段，以质量为中心，对物流全过程进行系统管理，包括保证和提高物流产品质量和工作质量而进行的计划、组织、控制等各项工作。物流质量管理的指标体系包括服务水平指标、满足程度指标、交货水平指标、交货期质量指标、商品完好率指标、物流吨费用指标。

质量管理的发展经历了质量检验阶段、统计质量控制阶段和全面质量管理阶段。

全面质量管理就是一个组织以质量为中心，以全员参与为基础，目的在于通过让顾客满意和本组织所有成员及社会受益而达到长期成功的管理途径。

关键术语

质量管理(Quality Management)　　　　　　物流质量(Logistics Quality)
全面质量管理(Total Quality Management)　　PDCA(Plan、Do、Check、Action)
统计质量控制(SQC)

习 题

1. 选择题

(1) 物流质量管理是企业全面质量管理的重要一环，其核心是(　　)。
　　A. 物流效率管理　　　　　　　　B. 物流服务质量管理
　　C. 物流工作质量管理　　　　　　D. 产品质量管理

(2) 物流企业质量管理的核心是( )。
 A. 质量保证　　　B. 质量标准　　　C. 质量预测　　　D. 人员
(3) 质量保证的基础是( )。
 A. 质量控制　　　B. 质量预测　　　C. 质量标准　　　D. 人员

2. 简答题

(1) 什么是物流质量？它主要包括哪些内容？如何分类？
(2) 简述质量管理的发展过程。
(3) 全面质量管理包括哪些内容及执行程序？
(4) 简述物流质量管理的研究对象及主要内容。

 案例分析

JC PENNEY 公司物流质量管理的创新

1. 配送中心的基本情况

JC PENNEY 公司位于俄亥俄州哥伦布的配送中心，每年要处理 900 万种订货，或每天 25 000 笔订货。该中心为 264 家地区零售店装运货物，无论是零售商还是消费者的家，该配送中心都能做到 48 小时之内把货物送到所需的地点。哥伦布的配送中心有 200 万平方米设施，雇用了 1 300 名全日制员工，旺季时有 500 名兼职雇员。JC 公司接着在其位于密苏里州的堪萨斯城、内华达州的雷诺及康涅狄格州的曼彻斯特的其他三个配送中心成功地实施了质量创新活动，能够连续 24 小时为全国 90%的地区提供服务。

2. 质量管理创新

JC 公司感到真正的竞争优势在于优质的服务。管理部门认为，这种服务的优势应归功于 20 世纪 80 年代中期该公司所采取的三项创新活动：质量循环、精确至上及激光技术。

1) 质量循环：小改革解决大问题

1982 年，JC 公司首先起动了质量循环活动，以期维持和改善服务水准。管理部门担心，质量服务的想法会导致管理人员企图简单地花点钱来"解决问题"。然而，代之这些担心的是经慎重考虑后提出的一些小改革，解决了工作场所中存在的一些主要问题，其中包括工人建议创建的中央工具库，用以提高工作效率和工具的可获得性。

2) 精确至上：不断消除物流过程的浪费

精确至上的创新活动旨在通过排除收取、提取和装运活动中存在的缺陷，以提高服务的精确性。因此，提供精确的顾客信息和完成订货承诺被视为头等大事。显然，在该层次上讲求服务的精确性，意味着该公司随时可以说出来某个产品项目是否有现货，并且当有电话订货时，便可以告知对方什么时候送货上门。该公司需要提高的另一个精确性与在卖主处提取产品有关。为了确保产品在质量和数量上的正确，JC 公司针对每次装运中的某个项目，进行质量控制和实际点数检查。如果存在差异，将对订货进行 100%的检查。与此同时将对 2.5%的装运进行审计。订货承诺的完成需要把主要精力放在提高精确性上，为此该公司的配送中心经理罗杰·库克曼说道："我们曾一直在犯错误，想在商品预付给顾客之前就能够进行精确的检查。"但问题是，在质量循环中是否已找到了解决办法，或者能够对该过程进行自动化。对此，库克曼感觉到："只有依赖计算机系统，人们才有能力精确地检查。"于是，该公司开始利用计算机系统进行协调，把订购商品转移到"转送提取"区域，以减少订货提取者的步行时间。

3) 激光扫描技术：用科技改进质量管理

第三项质量管理创新活动是应用激光扫描技术，以99.9%的精确性来跟踪230 000个存货单位的存货。JC公司最初在密尔沃基的配送中心是用手工来处理各种产品项目的储存和跟踪的，接着便开始用计算机键盘操作替代手工操作，该举动使产品项目的精确性接近了80%。而扫描技术则被看做既能提高记录精度又能提高记录速度的手段。但是，刚开始启动扫描技术时的结果并不理想，因为一系列的扫描过程需要精确地读取每一个包装盒子上的信息。然而，在某些情况下，往往需要扫描四次才获得一次读取信息。看来，JC公司需要一种系统，能够按每秒三次的速度，从任何角度读取各种包装尺寸的产品信息。于是，公司内部的系统支持小组优化了硬件和软件来满足这一目的。其结果是，该配送中心的四个扫描站耗资12 000美元，削减了每个扫描站所需的16个键盘操作人员。

3. 质量管理创新需要协调员工与技术的关系

"加重工作"的质量循环与"减轻工作"的技术应用之间，会产生一种有趣的尴尬境地。JC公司需要在引进扫描技术的同时，还要保持其既得利益和改进成果。然而，该公司在时间上的选择却是完美的。因为公司在大举扩展的同时将需要增加雇员。于是，该公司便告诉其雇员，技术进步将不会导致裁员。

4. 案例评析

1) 基本特点

(1) 更新质量管理观念：让质量的小改革循环起来。提高管理水平是一个渐进的过程，是从小变到大变，从量变到质变的过程，该公司明确了重点，进行一系列小的质量改进工作，积少成多，积小成大，终于解决了主要问题。而且，这是效率高、成本低的质量管理改进方法。

(2) 在过程中改善质量：追求精确至上的质量管理流程。把物流服务的精确性与物流运作的精确性结合起来，有机地融合到质量管理过程中，不断消除物流过程的浪费和缺陷，不断优化物流过程的程序和运作方法，不断提升服务质量标准，追求质量的改善和完美。

(3) 创新质量管理方法：应用现代技术增强质量管理能力。质量标准是不断发展的，质量管理同样需要发展。如何通过质量管理创新的效益，创造更高水平的管理能力，是企业管理的重要问题。只有运用现代高新技术才能够有效地促进企业质量管理发展。

(4) 协调企业人机矛盾：该质量管理过程已反映出人机的矛盾情况，也借助企业发展的机遇得到较好的解决。

2) 主要启示

质量管理一直以来是我国广大企业关注和重视的问题，创造了许多行之有效的管理方法。但是，质量管理是无止境的发展过程，需要企业在经营活动中不断追求。JC公司在质量管理创新的方法和经验就值得我们学习。

(1) 质量管理是日常管理工作，需要关注小的地方，认真地对待每一个问题，坚持天天改造，实现天天改进。

(2) 质量管理需要有不断更新的观念和方法。面对新环境和新的需要，企业质量管理会有新的改变，只有更新思想，创新方法，才能实现企业质量管理目标。

(3) 积极探索和引用现代技术来推动企业质量管理的发展。

(4) 协调企业内部各部门、各环节、各种资源要素之间的关系，形成企业高效、有序的质量管理运行机制，协调企业外部的相关关系，为企业质量管理创造良好的发展环境。

(资料来源：湖南商学院精品课程. JC Penney公司质量管理创新案例评析[OL]. http://jpkc.hnuc.edu.cn/qywl/Course/Content.asp?c=112&a=129&todo=show.)

第 2 章 统计质量控制理论与方法

【本章教学要点】

知识要点	掌握程度	相关知识
统计质量控制的统计学基础	了解	产品质量数据的特点、统计质量控制常用的概率分布
统计质量控制的老七种工具	掌握	调查表、分层法、排列图、因果图、散布图、直方图、控制图的概念及用法
统计质量控制的新七种工具	掌握	系统图、关联图、KJ法、矩阵图、矩阵数据分析法、PDPC法、网络图的概念及用法
控制图	重点掌握	控制图的原理、种类、绘制步骤与观察分析
过程能力分析	掌握	过程能力的概念、度量标准、过程能力指数的计算、不合格品率、过程能力分析与评价

【本章技能要点】

技能要点	掌握程度	应用方向
正态分布的应用	了解	在统计分析中,假定为正态分布或近似正态分布的情况很多,可以使问题简化,得到较好的分析效果
直方图的分析	掌握	分析直方图的形状可以得到质量特性分布状况,便于分析原因,采取相应的措施
控制图	重点掌握	应用控制图可以调查分析生产过程是否处于控制状态,进而采取措施

【知识架构】

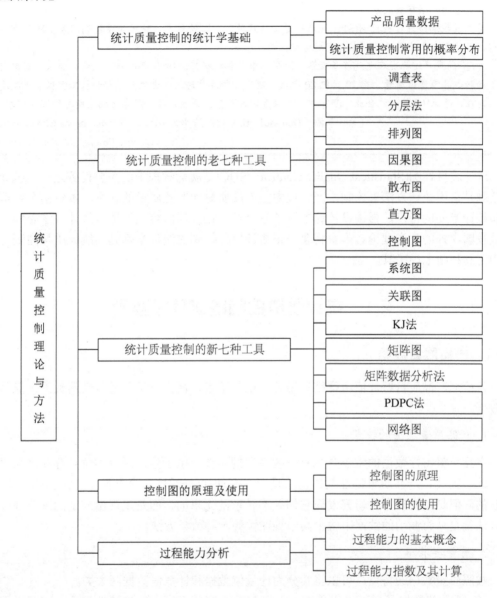

AVX：统计工序控制保证其产品质量

在北卡罗来纳州道-康宁(Dow-Corning)工厂内，一场质量之战已被发动。为了使顾客满意，AVX(一家芯片制造商)的员工开始向缺陷品开战。这家公司的目标是在产品质量的计量和计数数据上都实现零缺陷目标。

AVX 的第一个步骤是对每台机器生产的样品进行评估，以确保工序确定能达到质量要求。同时，所有质检人员都转为承担生产任务，所有工程人员和技工都接受统计方法的培训。工序和产品质量的所有权都交给了被授权的员工，他们建立工作小组来负责生产过程中各种设备。现在6个质量小组已是工厂经营的一个有机成分。

员工授权和统计过程控制(SPC)现在已是工作规范，员工绘制有关统计质量控制图表以跟踪有关趋势，并将之与工序界限及顾客制定规格相比较。

AVX的生产过程现在也是许多世界一流企业中的典型标杆。1980年以前，这些企业只注意用质检员检验成品来保证质量。在20世纪80年代，他们开始注意通过改进生产过程和员工授权来提高质量。现在，像AVX等一流企业，都非常注意收集顾客期望，并在产品和服务上满足所有顾客的要求。

(资料来源：Denissoff, B.A. (1993). *War With defects and peace with quality. Quality Progress*, 26(9): 97-101.)

统计质量控制(Statistical Quality Control，SQC)是质量管理中的主要任务之一。统计质量控制是运用统计方法去控制生产过程中的产品质量和服务质量的科学。本章结合管理专业和统计专业的特点，强调以统计方法统领全章，在具体内容上管理与统计方法兼顾，同时吸收国内外的先进理论。本章将要介绍统计质量控制的统计学基础、统计质量控制的老七种工具和新七种工具。

2.1 统计质量控制的统计学基础

2.1.1 产品质量数据

将检测产品质量特性值所得结果用数字记录下来，便得到了质量特性值数据，简称质量数据。

1. 产品质量数据的特点

产品质量特性数据的特点是具有分散性和规律性。由于生产过程中总是存在产品质量的波动，因此，产品质量特性数据也总是存在波动性(分散性、变异性)，也就是说波动是必然的。但是，经过分析研究发现它们并不是杂乱无章的，而是呈现出一定的规律性。统计方法就是从有波动的数据中找出其中规律性的一种数学方法。

2. 质量要求

按照质量数据的特点，可以将其分为计量值数据和计数值数据两大类。

(1) 计量值数据是指可以用量表、仪器等进行测量而得出的连续性数据，它可以用带小数的数值连续取值。如长度、重量、直径、寿命、强度等即属此类。例如，用游标卡尺测量一批轴的直径，其结果为：21.5，21.2，…，21.8mm。

(2) 计数值数据是不能用量表、仪器等来度量的非连续性的正整数值，它可以用计数的方法得到。如具有某种属性的产品的件数、合格品数、不合格品数、废品数、疵点数、气泡数等均属于计数值。

3. 随机数据分布的定量表示及计算

为了表示一批数据整体的变异情况，除了用频数表和直方图的方法之外，还可以用一些特征数字表示其分布的集中性和分散性，它们都称为统计量。反映分布集中性的特征数字有平均值(均值)、中位数(中值)、众数；反映分布分散性的特征数字有极差、方差、标准偏差。

 知识拓展

统计软件：实现 SQC 的强大工具

要想实现统计质量控制(SQC)的目标，离不开各种统计软件的支持。国际上代表性的可用于 SQC 的统计软件包括 Minitab、SPSS、SAS、JMP、BMDP、R 等。

Minitab：现代质量管理统计的领先者，全球领先的质量管理和六西格玛实施软件工具，更是持续质量改进的良好工具软件。1972 年成立于美国的宾夕法尼亚州州立大学(Pennsylvania State University)。

SPSS：全称"Statistical Product and Service Solutions"(统计产品与服务解决方案)，世界上最早的统计分析软件。

SAS：一个组合软件系统，20 世纪 90 年代初由 EMBL 的 Thure Etzold 博士带领的课题组创建。

JMP：SAS 推出的一种交互式可视化统计发现软件系列，包括 JMP、JMP Pro、JMP Clinical、JMP Genomics、SAS Simulation Studio for JMP 等强大的产品线。主要用于实现统计分析。

BMDP：全称 Bio Medical Data Processing，世界级的统计工具软件，BMDP 第一版诞生于 1961 年，至今已经有五十多年的历史。

R：属于 GNU 系统的一个自由、免费、源代码开放的软件，拥有一套完整的数据处理、计算和制图软件系统。

2.1.2 统计质量控制常用的概率分布

在统计质量控制中，质量数据的分布情况有时可以用表格和图形表示，如频数分布表和直方图；有时可以用定量表示，如平均值、中位数、众数、标准偏差和极差等。但是，在实际应用时还需要了解质量数据分布规律，这就需要借助于概率论与数理统计的方法来加以解决。

 资料卡

在统计质量控制中，常用的连续概率分布有正态分布，常用的离散概率分布有二项分布与泊松分布。

1. 正态分布

1) 正态分布的基本概念

从大量的科学实验和生产实践中，常常可以发现在某种状况下，随机因素所引起的质量特性值波动的分布具有一定的规律。这种分布规律可以用一条理论曲线——正态分布曲线来表示。

设 x 为一正态随机变量，则 x 的概率密度为

$$f(x)=\frac{1}{\sqrt{2\pi}\sigma}e^{-\frac{1}{2}\left(\frac{x-\mu}{\sigma}\right)^2} \quad (-\infty<x<+\infty) \tag{2-1}$$

由于正态分布广为使用,故常常采用记号 $x \sim N(\mu, \sigma^2)$ 表示随机变量 x 服从均值为 μ、方差为 σ^2 的正态分布。在实际应用中,可以用根据测得值所计算出的平均值和标准偏差 s 来代替总体平均值 μ 和标准偏差 σ 进行估算。

2) 正态分布的特征

正态分布的概率密度函数如图 2.1 所示。

由概率的性质可知,分布总和的概率为 1。从正态分布曲线的图形来看,曲线与横坐标轴之间所包围的面积为 1。

在 $x=\mu\pm\sigma$ 范围内,曲线与横坐标轴在之间包围的面积为 0.682 7;

在 $x=\mu\pm2\sigma$ 范围内,曲线与横坐标轴在之间包围的面积为 0.954 5;

在 $x=\mu\pm3\sigma$ 范围内,曲线与横坐标轴在之间包围的面积为 0.997 3。

标准偏差 σ 的大小,决定了分布曲线的形状。σ 越大,曲线越胖,质量特性越分散;σ 越小,曲线越瘦,质量特性值越集中。如图 2.2 所示。

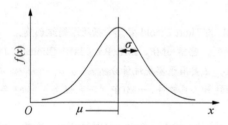

图 2.1　正态分布的概率密度函数

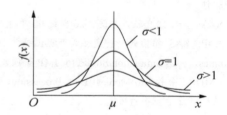

图 2.2　μ 相同,σ 不同的三条正态分布曲线

小知识

那么,正态分布能应用于哪些情况呢?

从概率论的研究可知:通常,如果每一项随机因素对其总体的影响是均匀和微小的,也就是说没有哪一些随机因素起到特别突出的影响,则可以断定这些大量的、独立的随机因素的总和是近似地服从正态分布的。在生产中,按照一定标准制造的产品,其质量特性的计量值所形成的分布符合正态分布规律或近似正态分布规律的情况很多。此外,在统计分析中,假定为正态分布或近似正态分布的情况也很多。

课堂实训

【例 2-1】 随机抽取 20 个零件,测得其重量如表 2-1 所示,在 MiniTab 中检验该数据是否符合正态分布。

表 2-1　数据列表　　　　　　　　　　　单位:克

序　号	重　量	序　号	重　量
1	20.05	6	20
2	19.98	7	20.01
3	20.05	8	19.96
4	20	9	20.01
5	19.99	10	19.96

续表

序 号	重 量	序 号	重 量
11	20.03	16	20
12	19.99	17	20.02
13	20	18	19.99
14	20.01	19	20.02
15	19.97	20	19.99

解：(1) 将这 20 个数据人工排成一列，命名为"重量"，选择"统计→基本统计量→正态性检验"选项，如图 2.3 所示。

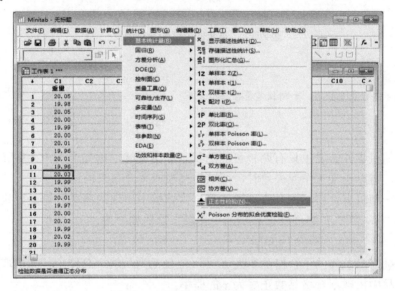

图 2.3 "正态分布检测"对话框

(2) 在"变量："中选择"C1"，其他按照默认值设置，如图 2.4 所示。

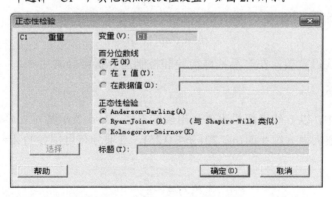

图 2.4 "正态性检验"对话框

(3) 单击"确定"按钮，弹出如图 2.5 所示的对话框。

结果分析：

从图中右上方格中可以看到，Anderson-Darling 统计量的值是 0.335，p-Value= 0.475>0.05，从而接受原假设：数据来自正态总体。

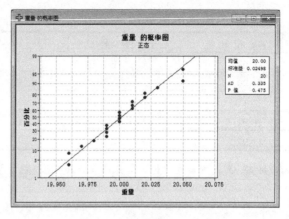

图 2.5 "重量的概率图"对话框

 小思考

如果数据不符合正态分布，如何使其符合正态分布？

2. 二项分布

当一个随机事件的发生只有两种可能的状态和结果时，例如当一个元件和系统满足或不满足要求、可以正常工作或失效时，可以用二项概率分布来描述。

如果某一随机事件在 n 次独立试验的每一次试验中出现的概率 p 都是固定的，它不出现的概率为 $1-p$，那么该事件在 n 次试验中出现 x 次的概率为

$$p(x/n) = C_n^x p^x (1-p)^{n-x}, \quad x=0, 1, 2, \cdots, n$$

如果一批产品总体的不合格品率为 p，那么 $p(x/n)$ 为从这个总体中任意抽取一个样本容量为 n 的产品中出现不合格品数正好为 x 的概率。

以 x 为随机变量，可以得到二项分布的平均值为

$$E(x) = np \tag{2-2}$$

并且其总体标准差为

$$\sigma_x = \sqrt{np(1-p)} \tag{2-3}$$

以上这些公式很重要，在产品抽样检验和控制图分析中经常用到。

3. 泊松分布

在二项分布中，以 p 代表随机事件 x 出现的概率，$1-p$ 表示其对立事件的概率，n 为事件的总数。当 n 很大而 p 很小时（$n \geq 20$，$p \leq 0.25$），二项分布可用参数 $\lambda = np$ 的泊松分布来近似：

$$P(x) = \frac{\lambda^x e^{-\lambda}}{x!} \tag{2-4}$$

式中，e 为自然对数的底（e=2.718 28）；x 为随机变量，它可取值为 0，1，2，$\cdots$，n；λ 为随机变量出现的平均数。如果以 x 为随机变量，泊松分布的数学期望为 $E(x)=\lambda$，方差为 $\sigma_x^2 = \lambda$，标准差为 $\sigma_x = \sqrt{\lambda}$。

4. 超几何分布

假设一批产品的总数为 N，其中 m 件为不合格品，$N-m$ 件为合格品。当检验这批产品质量时，从这批产品中随机每次抽取一件共抽 n 次，而抽出一件后均不放回到这批产品中去。那么共抽取 n 件产品时恰好有 x 件不合格品的概率为

$$p(x)=\frac{C_{N-m}^{n-x}C_m^x}{C_N^n}=\frac{\frac{(N-m)!}{(n-x)!(N-m-n+x)!}\cdot\frac{m!}{x!(m-x)!}}{\frac{N!}{n!(N-n)!}} \quad (x=0,1,2,\cdots,\min(n,m)) \tag{2-5}$$

式中，C_N^n 为 N 件产品每次取 n 件的组合数；C_m^x 为 m 件不合格品中每次抽取 x 件的组合数。如果 $m\leqslant n$，那么随机变量 x 的值可能为 0，1，…，m。实际上，m 和 $N-m$ 往往是未知的，通常要通过检验一定数量的产品来估计。

假设 $p=m/N$，表示第一次抽取一个不合格品的概率。如果取 x/n 为随机变量，那么可求得超几何分布的数学期望值为

$$E(x/n)=p$$

而它的总体标准差为

$$\sigma_{x/n}=\sqrt{\frac{p(1-p)}{n}\cdot\frac{N-n}{N-1}} \tag{2-6}$$

2.2 统计质量控制的老七种工具

老七种工具起源于 1962 年日本科学技术联盟，20 世纪 70 年代备受日本工业界推崇，并很快在日本的工厂企业现场质量管理中发挥了巨大作用。老七种工具是指调查表、分层法、排列图、因果图、散布图、直方图和控制图。

2.2.1 调查表

调查表也称为检查表、核对表等，它是用来收集和整理质量原始数据的一种表格。因产品对象、工艺特点、调查目的和分析对象等不同，其调查表的格式也不同。常用的调查表有不合格品项目调查表、不合格原因调查表、废品分类统计表、产品故障调查表、工序质量调查表、产品缺陷调查表等。

调查表的应用包括以下几个步骤。
(1) 确定调查分析的目的和具体的产品或零件对象。
(2) 设计调查表。调查表的形式多种多样，应根据调查的目的和调查对象的特点，具体进行设计。
(3) 调查、记录产品质量问题。
(4) 分析调查记录结果，找出主要的质量问题，制定改进措施。

2.2.2 分层法

分层法也称分类法、分组法，它是用来加工整理质量数据，分析影响质量原因的基本方法。质量数据在未经加工整理之前，是很难说明问题的，运用分层法就可以使质量数据

所反映的质量问题及其原因清楚地暴露出来，便于有针对性地采取改进措施。在进行分层时，常常按层把数据进行重新统计，作出频数频率分析表。在分层时，要求同一层的数据波动较小，而不同层的数据间的波动较大，这样便于找出原因，从而改进质量。

一般常按下列情况进行分层。

按时间不同分：如按日期、季节、班次等；按操作者不同分：如按性别、年龄、技术等级等；按使用的设备不同分：如按机床的型号、新旧程度等；按原材料不同分：如按原材料的成分、规格、生产厂家、批号等；按操作方法不同分：如按工艺规程、生产过程中所采用的温度等；按检测手段不同分：如按测量方法、测量仪器等。

使用分层法应根据对数据分析研究的目的进行，有时还要注意各种原因项之间的相互影响。当直方图呈现双峰型时常常采用分层法来分析影响产品质量的原因。

分层法的应用包括以下几个步骤。

(1) 确定分析研究的目的和对象。
(2) 收集有关质量数据。
(3) 根据分析研究的目的，确定分层标志。
(4) 按分层标志对质量数据进行分类整理。
(5) 分析分层结果，找出主要问题或主要因素，并结合现场调查制定改进措施。

2.2.3 排列图

小知识

维弗雷多·帕累托(Vilfredo Federico Damaso Pareto，1848—1923)，意大利经济学家、社会学家，对经济学、社会学和伦理学作出了很多重要的贡献，特别是在收入分配的研究和个人选择的分析中。他提出了帕累托法则，又称80/20法则。

排列图又称为主次因素分析图或帕累托图，它是一种从影响产品质量的许多因素中找出主要因素的有效方法。该图最早由意大利经济学家帕累托用于统计财富分布状况。帕累托在分析意大利财富分布状况时发现，少数人占有社会上的大部分财富，而绝大多数人处于贫困状况，即所谓"关键的少数和次要的多数"。帕累托由此而设计出一种能够反映这种规律的图，称为帕累托图。后来，人们发现在许多领域都存在这种规律，并广泛采用了排列图进行问题分析。在质量管理中，影响产品质量的最关键因素往往只有少数几项，存在"关键的少数和次要的多数"这种规律。因此，美国质量管理专家朱兰将排列图引入到质量管理中，以进行产品质量的影响因素分析。

如图 2.6 所示，排列图有两个纵坐标、一个横坐标、若干个直方块和一条折线组成。左边的纵坐标表示频数，如不合格品件数；右边的纵坐标表示频率，如不合格品率；横坐标表示项目(产品质量的影响因素)，需要将项目按照其重要程度的大小从左到右依次排列。直方块表示项目，其高度表示项目的频数(影响作用的大小)。折线由各个因素的累计频率连接而成，称为帕累托曲线。将影响因素按其重要性程度从大到小排列。累计率是指前面所有因素的累计频率。

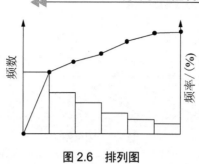

图 2.6 排列图

排列图的作图方法包括以下几个步骤。

(1) 确定分析对象。排列图一般用来分析产品或零件的废品件数、吨数、损失金额、消耗工时及不合格项数等。

(2) 确定问题分类的项目。可按废品项目、缺陷项目、零件项目、不同操作者等进行分类。

(3) 收集与整理数据。列表汇总每个项目发生的数量,即频数。项目按发生的数量大小,由大到小排列。最后一项是无法进一步细分或明确划分的项目统一称为"其他"。

(4) 计算累计频数、频率和累计频率。

(5) 画排列图。

排列图的优点主要有：主次因素分明,简单明了,便于广泛推广；可以帮助人们在质量管理过程中养成用数据说话的好习惯；应用范围广,在企业管理的各个方面都可以使用,如生产、财务、库存等。

知识要点提醒

使用排列图需要注意以下几个事项。

(1) 影响因素的分类应恰当,主要因素不宜过多,否则会影响排列图的效果。

(2) 主要问题如果可进一步分层,则需根据分层类别收集数据,再作排列图,以便找出因素中的子因素(特别是核心因素)。

(3) 如果因素较多时,可将最次要的若干因素合并为其他项。

(4) 左边的坐标应尽可能用金额表示,以增强可比性。

2.2.4 因果图

在使用排列图时,只能确定同一层次质量影响因素之间的主次关系,不能确定各因素之间的因果关系。为分析产生质量问题的原因,可以用因果图来确定因果关系。

资料卡

因果图,又称特性因素图或鱼刺图,是用以表示质量特性与有关质量因素之间的关系图。该图由日本质量管理专家石川馨提出,因此也称为石川图。因果图由质量问题和影响因素两部分组成。

如图 2.7 所示,图中主干箭头所指的为质量问题,主干上的大枝表示主要原因。中枝、小枝、细枝表示原因的依次展开。

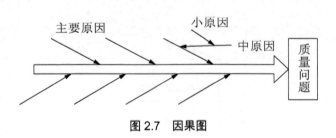

图 2.7　因果图

1. 因果图的作图方法

(1) 确定待分析的质量问题，将其写在图右侧的方框内，画出主干，箭头指向右端。

(2) 确定该问题中影响质量原因的分类方法。对应每一类原因画出大枝，箭头方向从左到右斜指向主干，并在箭头尾端写上原因分类项目。

> **小知识**
>
> 一般对于工序质量问题，常按其影响因素：人(Man)、设备(Machine)、原材料(Material)、方法(Method)、环境(Environment)等进行分类，简称4M1E。

(3) 原因细分，将各分类项目分别展开，每个大枝上分出若干中枝表示各项目中造成质量问题的一个原因。中枝平行于主干箭头，指向大枝。

(4) 将中枝进一步展开成小枝。小枝是造成中枝的原因，依次展开，直至细到能采取措施为止。

(5) 找出主要原因，画上方框作为质量改进的重点。

2. 因果图的功能和用途

应用因果图的主要目的在于它能够全面反映影响质量特性的各项因素，而且逻辑层次分明，既可通过因果分析找出各影响因素间的关系，又可通过因果分析找出解决问题的具体措施。

因果图大体有以下几个用途。

(1) 结果分析。结果分析的特点是已知问题的结果后，沿着"为什么会有这样的结果"的思路，对问题进行逐层分析、解剖，并在因果图上标明相应的原因及对策。结果分析的优点是可以系统地掌握影响产品质量特性的纵向关系；其缺点是容易忽视某些平行因素或横向因素。

(2) 工序分析。工序分析是指按工艺流程把各工序作为影响制品质量特性的平行因素，再对影响工序质量特性的因素进行深入分析，并在因果图中标明相应的原因和对策。工序分析的优点是简单、易行；其缺点是相同的影响因素会出现在不同的工序中，既形成重复，又不易反映出各因素间的相互影响。

(3) 原因罗列。原因罗列是指尽可能列举产生质量问题的原因，各种因素间的相互关系，经分层整理后绘制出因果图。这种方法的优点是经过对问题多侧面地思考与讨论，能比较客观、全面地对各种因素进行深入分析，不至于遗漏重要的原因或影响因素；其缺点是工作量大，故多用于对少数关键的质量问题进行攻关分析。

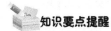
知识要点提醒

应用因果图有以下注意事项。

(1) 问题要提得具体。在应用因果图确定要分析的质量问题时，切忌笼统。问题的提出要有针对性，并尽可能定量化。

(2) 一个问题一张因果图。在应用因果图时，不要在一张因果图上分析两个或两个以上的质量问题。多个质量问题，应画多张因果图。

(3) 具体问题具体分析。在应用因果图确定原因分类时，要具体问题具体分析。前述操作者、机器、材料、方法和环境仅为通常情况下的影响因素分类。在分析具体问题时，应视需要进行调整或另行设定。

(4) 与排列图法联用。在应用因果图时，可先按排列图法进行重要程度排序，再运用创造工程学方法对重点因素进行攻关分析。

(5) 原因分析要集思广益。因果图法是一种发动群众、集思广益，寻找、分析原因的方法。应采用质量分析会等形式，鼓励分析人员独立思考，各抒己见。

(6) 原因分析要深入、具体。在应用因果图进行原因分析时，分析的层次应深入到能采取具体措施为止。

(7) 做好记录。在应用因果图时，所有原因分析均应记录在案，不要遗漏。

(8) 注意落实。画出因果图，确定主要原因后，应到现场进行落实，再制定改进措施去解决。

(9) 验证效果。改进措施实施后，要运用排列图等方法进行验证，检验效果。

2.2.5 散布图

在质量问题的原因分析中，常会接触到各个质量因素之间的关系。这些变量之间的关系往往不能进行解析描述，不能由一个(或几个)变量的数值精确地求出另一个变量的值，称为非确定性关系(或相关关系)。

资料卡

散布图又称为散点图、相关图，它是用来研究两个变量之间是否存在相关关系的一种图形。散布图就是将两个非确定性关系变量的数据对应列出，标记在坐标图上，来观察它们之间关系的图表。

1. 散布图的作图方法

(1) 选定分析对象。分析对象可以是质量特性值与影响因素之间的关系，也可以是质量特性值之间的关系，或者是影响因素之间的关系。

(2) 收集数据。所要研究的两个变量如果一个为原因，另一个为结果时，则一般取原因变量为自变量，结果变量为因变量。通过抽样检测得到两个变量的一组数据序列。

(3) 在坐标上画点。在直角坐标系中，把上述对应的数据组序列以点的形式——描出。一般来说，横轴与纵轴的长度单位选取要使两个变量的散布范围大致相等，以便分析两变量之间的相关关系。

2. 散布图的使用

(1) 确定两变量(因素)之间的相关性。一般地，两变量之间的散布图大致分为六种情形，即强正相关、强负相关、弱正相关、弱负相关、非线性相关、无关。具体如图2.8所示。

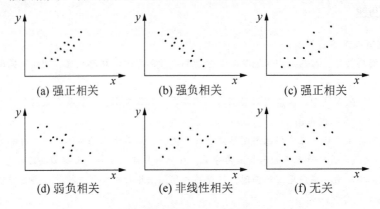

图 2.8 散布图的六种情形

① 强正相关：散点集中在一条直线附近，x 增大，随之线性增大。
② 强负相关：散点集中在一条直线附近，x 增大，随之线性减小。
③ 弱正相关：散点近似在一条直线附近，x 增大，基本上随之线性增大。
④ 弱负相关：散点近似在一条直线附近，x 增大，基本上随之线性减小。
⑤ 非线性相关：散点在一条曲线附近。
⑥ 无关：散点非常分散，x 和 y 两变量之间没有任何明显的相关关系。

(2) 进行变量控制。通过分析各变量之间的相互关系，确定出各变量之间的关联性类型及其强弱。当两变量之间的关联性很强时，可以通过对容易控制(操作简单、成本低)的变量的控制达到对难控制(操作复杂、成本高)的变量的间接控制。

(3) 计算相关系数。散布图只能帮助人们定性地分析两个变量之间相关关系。如果需要更准确地进行相关判断，需要计算相关系数。相关系数用 r 表示，相关系数 $-1 \leqslant r \leqslant 1$，$r>0$ 是正相关，$r<0$ 是负相关。r 越接近 ± 1，相关关系越强；r 越接近 0，越趋于无关。

小思考

相关系数如何计算？

2.2.6 直方图

资料卡

直方图适用于对大量计量数据进行整理加工。它通过对从样本中获得的数据进行整理，从而找出数据变化规律，以便对总体质量分布状况进行判断。直方图主要图形是矩形，矩形的底边相等，为数据区间，矩形的高为数据落入各相应区间的频数。

1. 直方图的作图方法

(1) 收集数据。数据个数一般为 100 个左右，至少为 50 个。理论上讲，数据越多越好，但因收集数据需要耗费时间、人力和费用，所以收集的数据有限。

(2) 找出最大值 $X_{\max}$ 和最小值 $X_{\min}$，计算极差 $R=X_{\max}-X_{\min}$。

(3) 确定数据分组数 K。通常分组数为 10 组左右。设数据个数为 n，可近似取 $K=\sqrt{n}$。
(4) 计算组距 h。通常取等组距即 $h=R/K$。
(5) 确定各组上、下界。只需确定第一组下界值，即可根据组距确定出各组的上、下界取值。确定组界时应使数据的全体落在所有分组之内。
(6) 统计各组频数。统计各组中数据频数，一般采用频数分布表进行累计。
(7) 画直方图。以组距为底边，以频数为高画出一系列矩形，得到直方图。
(8) 必要时计算均值和标准差。

2. 直方图的观察与分析作图方法

直方图的形状代表了质量特性分布状况。通常情况下，质量分布的标准形状是正态分布。如果所绘制的直方图不符合标准分布，则要分析原因，以便采取措施。

运用直方图进行观察分析时，主要有两方面的任务。一是分析所绘制的直方图是否符合标准分布；二是把直方图与质量规格(公差)进行比较，计算过程能力指数。

标准的正态分布是中央有一顶峰、左右对称的形状，不符合这一特征就是属于异常。直方图异常的主要包括锯齿型、孤岛型、偏向型、双峰型、平顶型等几种类型，如图 2.9 所示。

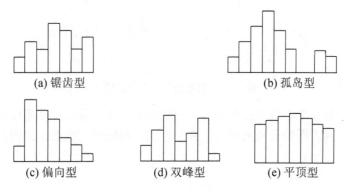

图 2.9 直方图异常的主要类型

3. 直方图与公差界限比较

如果直方图的形状正常，符合正态分布，说明生产过程处于稳定状态。这时，还需要进一步将直方图与公差界限进行比较，以判断过程满足公差要求的程度。将直方图与公差界限进行比较，可以得出直方图符合公差要求或不符合公差要求的判断。直方图符合公差要求的情形主要有四种，如图 2.10 所示，图中的 T 是标准界限，B 是直方图分布范围。

(1) 理想型：直方图分布在公差范围内，其中心和公差中心基本重合，且两边有余量。这种情况比较理想。一方面，这种情况很少出现不合格品；另一方面，没有出现大量能力过剩，造成资源浪费。

(2) 偏向型：直方图分布在公差范围内，但分布中心和公差中心有较大偏移。在这种情况下，如果过程稍有变化，就可能出现不合格品。

(3) 重合型：直方图分布与公差范围完全重合，两边均没有余地。这种情况很危险，下一阶段出现不合格品的可能性很大。

(4) 能力富余型：直方图的分布在公差范围内，且两边有过大的余量。这种情况表明，虽然不会出现不合格品，但能力过剩，造成资源浪费。

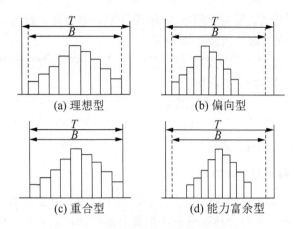

图 2.10 直方图符合公差界限

直方图不符合公差要求的情形主要有两种，如图 2.11 所示。

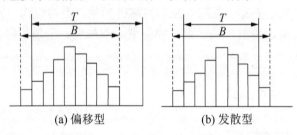

图 2.11 直方图不符合公差界限

(1) 偏移型：分布中心偏移公差中心，一侧超出公差范围，出现不合格品。
(2) 发散型：直方图的分布范围大于公差范围，两侧均超出公差范围，出现不合格品。

课堂实训

【例 2-2】荷兰 Guttentag 公司是萨克孙地区知名的机械加工公司。以下数据为该公司的车床一天中连续加工的 A 工件的一重要尺寸，为了解其分布状况，在 Minitab 中将其制作直方图。

表 2-2　A 工件尺寸数据

20.05	20.03	20.08	20.07	19.99
19.98	19.99	20	20.01	19.98
20.05	20	20	19.99	19.98
20	20.01	19.99	19.98	20.01
19.99	19.97	19.98	19.92	20
20	20	20.01	19.99	19.98
20.01	20.02	20.08	20	19.94
19.96	19.99	20	20.02	20
20.01	20.02	19.99	20	20
19.96	19.99	20.04	20.06	20.04

(1) 把上述数据复制到 Minitab。
(2) 选择"数据→堆叠→列"选项，如图 2.12 所示。

图 2.12　列的选择

(3) 在"堆叠以下列："输入"C1-C5"，在"将堆叠的数据存储在："中选中"当前工作表的列："单选按钮，输入"C6"，如图 2.13 所示。

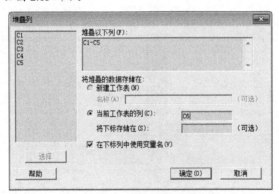

图 2.13　选择表格对话框

(4) 单击"确定"按钮，然后选择"图形→直方图"选项，如图 2.14 所示。

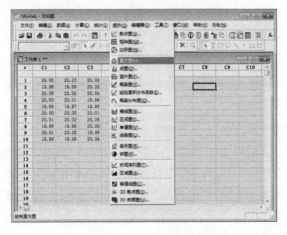

图 2.14　选择"直方图"选项

(5) 选择"包含拟合"直方图，单击"确定"按钮，如图 2.15 所示。

(6) 在"图形变量:"中输入"C6"，单击"确定"按钮，如图 2.16 所示。

(7) 制作的直方图如图 2.17 所示。

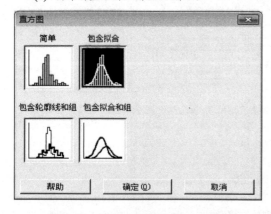

图 2.15 选择"包含拟合"对话框

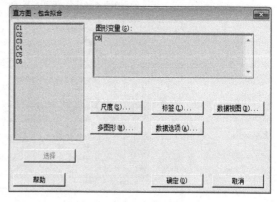

图 2.16 Histograms 显示对话框

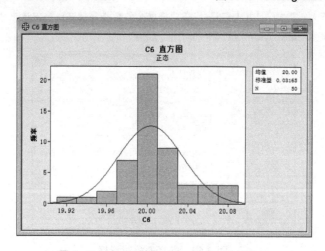

图 2.17 尺寸(C6)的 Histogram 结果显示

2.2.7 控制图

资料卡

控制图(Control chart)就是对生产过程的关键质量特性值进行测定、记录、评估并监测过程是否处于控制状态的一种图形方法。根据假设检验的原理构造一种图，用于监测生产过程是否处于控制状态。它是统计质量管理的一种重要手段和工具。

控制图是一种有控制界限的图，用来区分引起的原因是偶然的还是系统的，可以提供系统原因存在的信息，从而判断生产过程受控状态。控制图按其用途可分为两类：一类是供分析用的控制图，用来控制生产过程中有关质量特性值的变化情况，看工序是否处于稳定受控状；另一类控制图主要用于发现生产过程是否出现了异常情况，以预防产生不合格品。

其详细原理和使用方法见 2.4 节。

2.3 统计质量控制的新七种工具

资料卡

新七种工具包括系统图、关联图、KJ法、矩阵图、矩阵数据分析法、PDPC法及网络图，适用于管理人员决策之用，如怎样收集数据、明确问题、抓住关键、确定目标和手段、评价方案、制订切实可行的对策计划等。

2.3.1 系统图

1. 系统图法的基本概念

系统图又称为树图法，是指系统寻找达到目的的手段的一种方法，它的具体做法是把要达到的目的所需要的手段逐级深入。系统法可以系统地掌握问题，寻找到实现目的的最佳手段，广泛应用于质量管理中，如质量管理因果图的分析、质量保证体系的建立、各种质量管理措施的开展等。

2. 系统图的作图步骤

(1) 确定具体的目的或目标，用简明的语言表达并记录所要达到的目标。

(2) 提出手段和措施。无论是从上向下目标展开式地依次提出下一级水平的手段和措施，还是从下向上达到目标式地提出上一级水平的手段和措施，只要能够针对具体目标，依靠集体智慧，得出有效的手段和措施就行。

(3) 评价手段和措施。要对提出的各种手段进行评价，可以用一些符号或采取打分方式评价手段或措施能否实施，然后作出更改和修正。

(4) 绘制手段、措施卡片，用通俗易懂的语言写在一张卡片上。

(5) 目标手段系统化，即制成互相连接、顺序排列的系统图。

(6) 制订实施计划。根据上述方案，逐项制订实施计划，确定其具体内容、日程进度、负责单位乃至负责人等。

知识要点提醒

在质量管理中，系统图应用范围很广。主要包括以下几个方面。

(1) 新产品开发过程中设计质量的展开。

(2) 企业制订质量保证计划、维护健全质量管理体系，展开质量保证活动。

(3) 对解决企业有关产品质量、成本、交货期等问题进行措施展开。

(4) 展开各种目标、方针、实施措施。

(5) 与因果图结合使用。

小思考

列出几个你知道的应用系统图的例子。

2.3.2 关联图

1. 关联图的基本概念

> **资料卡**
>
> 关联图就是把现象与问题有关系的各种因素串联起来的图形。通过关联图可以找出与此问题有关系的一切要素，从而进一步抓住重点问题并寻求解决对策。关联图是原因—结果、目的—手段等，具有缠绕复杂关系的问题，并将所有的要因全部列出，用自由发言的方式表现出简明的要因，将这些因果关系以理论的原理用箭头连接。并将它们分门别类，使用关键性的动作或结果成为有效解决办法的中心。

关联图法的应用范围十分广泛，它的应用范围主要有：推行 TQC 工作、从何处入手、怎样深入；制定和实施质量保证的方针、目标；研究解决如何提高产品质量和减少不良品的措施；促进质量管理小组活动的深入开展；从大量的质量问题中，找出主要问题和重点项目；研究满足用户的质量、交货期、价格及减少索赔的要求和措施；研究解决如何用工作质量来保证产品质量问题。

关联图可以按照以下类型进行分类，按照目的不同，可分为多目的型和单一目的型。多目的型，有两个以上目的(或结果)的关联图；单一目的型，用于解决单一目的的关联图。按结构不同，可分为中央型、单向汇集和应用型三种。

2. 关联图的绘制步骤

关联图法适用于多因素交织在一起的复杂问题的分析和整理。它将众多的影响因素以一种较简单的图形来表示，易于抓住主要矛盾、找到核心问题，也有益于集思广益，迅速解决问题。

其具体包括以下几种绘制方法。

(1) 提出认为与问题有关的所有因素。
(2) 用灵活的语言简明概要地表达它。
(3) 把因素之间的因果关系用箭头符号作出逻辑上的连接。
(4) 抓住全貌。
(5) 找出重点。

关联图法的使用非常简单，它先把存在的问题和因素转化为短文或语言的形式，再用圆圈或方框将它们圈起来，然后再用箭头符号表示其因果关系，借此来进行决策、解决问题。

2.3.3 KJ 法

1. KJ 法的基本概念

KJ 法又称亲和图或 A 型图法，是由日本学者川喜田二郎于 1970 年前后研究开发并加以推广的方法，其工具是 A 型图解。

KJ 法就是把收集到的某一特定主题的大量事实、意见或构思语言资料，根据它们相互间的关系分类综合的一种方法。把人们的不同意见、想法和经验，不加取舍与选择地收集起来，并利用这些资料间的相互关系予以归类整理，有利于打破现状，进行创造性思维，从而采取协同行动，求得问题的解决。

亲和图不像关联图用逻辑推理来明确因果关系，而是按情理性归类。只适用需要时间慢慢解决、不易解决而非解决不可的问题，不适用速战速决或简单的问题。

2. KJ法的作图步骤

(1) 确定课题。一般选择下列范围的题目：①澄清事实。事物表象处于杂乱无章的状态，希望进行系统整理，了解其规律性。②形成构思。思维处于混乱状态，希望理出头绪、明确思路。③变革现状。希望摆脱现状，建立新理论、新思想。④创立新体系。把已有的思想体系加以分析，创立新体系。⑤策划组织。组成相互理解的小组。⑥贯彻意图。倾听下级的意见，借以贯彻自己的意图和方针。

(2) 收集语言、文字资料。收集时，要尊重事实，找出原始思想。收集的方法有：①直接观察法，即到现场去看、听、摸，吸取感性认识，从中得到某种启发并立即记下来；②面谈阅览法，即通过与有关人谈话、开会、访问，查阅文献；③个人思考法，即通过个人自我回忆、总结经验来获得资料；④头脑风暴法，即通过集体讨论，进行智力激励。

(3) 把所有收集到的资料，包括"思想火花"，都写成卡片。

(4) 整理卡片。对于这些杂乱无章的卡片，不是按照已有的理论和分类方法来整理，而是把自己感到相似的归并在一起，逐步整理出新的思路。

(5) 做标题卡。把同类的卡片放在一起，经编号后扎牢作为一张卡片使用，把该类的本质内容用简练的语言归纳出来，并记录在一张卡片上，作为标题卡。

(6) 作图。无法归类的卡片自成一组。把最终归集好的卡片，按照比较容易寻找的相互位置进行排列，并按照既定的位置，把卡片粘在一张大纸板上，用适当的记号勾画相互关系。

(7) 口头发表。按照已勾画出的图的内容，进行讲解，说明卡片的内容和自己的理解。

(8) 写调查报告。按照构思的内容写文章。

> **知识要点提醒**
>
> KJ法主要具备以下用途。
> (1) 认识新事物(新问题、新办法)。
> (2) 整理归纳思想。
> (3) 选择恰当的矩阵图类型。
> (4) 在成对因素交点处表示关联程度，一般由经验进行定性判断。
> (5) 根据关系程度，确定必须控制的关键因素。
> (6) 针对重点因素作出措施表。

2.3.4 矩阵图

1. 矩阵图的基本概念

矩阵图法就是从多维问题的事件中，找出成对的因素，排列成矩阵图，然后根据矩阵图来分析问题，确定关键点的方法，它是一种通过多因素综合思考，探索问题的好方法。

在复杂的质量问题中，往往存在许多成对的质量因素，将这些成对因素找出来，分别排列成行和列，其交点就是其相互关联的程度，在此基础上再找出存在的问题及问题的形态，从而找到解决问题的思路。

2. 矩阵图的分类

(1) L 型矩阵图。它是一种最基本的矩阵图，它将一组对应数据用行和列排列成二元(A，B 因素的对应)表格形式，如图 2.18 所示。

(2) T 型矩阵图。它是由 A 因素和 B 因素、A 因素和 C 因素的两个 L 型矩阵图组合起来的，如图 2.19 所示。

(3) Y 型矩阵图。由 A 与 B、B 与 C、C 与 A 三个 L 型矩阵图组合而成的，如图 2.20 所示。

(4) X 型矩阵图。把 A 与 B、B 与 C、C 与 D、D 与 A 四个 L 型矩阵图组合在一起的矩阵图，如图 2.21 所示。

(5) C 型矩阵图。把 A、B、C 因素对应关系用立方体来表示，如图 2.22 所示。

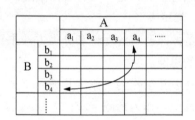

图 2.18　L 型矩阵图

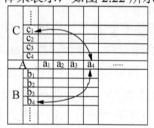

图 2.19　T 型矩阵图

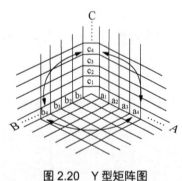

图 2.20　Y 型矩阵图

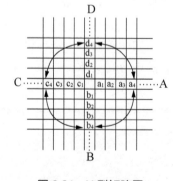

图 2.21　X 型矩阵图

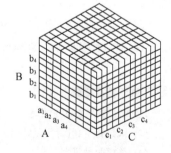

图 2.22　C 型矩阵图

另外，矩阵图可以与系统图结合使用，可以使二者优点相结合，其组合图如图 2.23 所示。

3. 矩阵图的用途

矩阵图的用途很广泛。一般在具有两种以上的目的和结果，并要使它与手段和原因相应展开的情况下，均可应用矩阵图。以质量管理为中心的矩阵图具有以下几种用途。

(1) 在开发系列新产品或改进老产品时，提出设想方案。

(2) 为使产品毛坯的某种代用质量特性适应多种质量要求时，进行质量展开。

(3) 明确产品应该保证的质量特性与承担这种保证的部门的管理职能之间的关系，以确定和加强质量保证体系并找出关键。

(4) 加强质量评价体制并提高工作效率。

(5) 探求生产工序中产生不良现象的原因。

(6) 根据市场和产品的联系，制定产品占领市场的策略。

(7) 当进行多因素分析时，寻求从何入手，需用什么资料，归纳成怎样的形式。

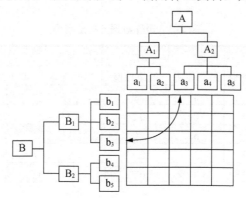

图 2.23　系统图与矩阵图的组合

2.3.5 矩阵数据分析法

1. 矩阵数据分析法的基本概念

矩阵数据分析法是新的质量管理七种工具之一。在 QC 新七种工具中，数据矩阵分析法是唯一利用数据分析问题的方法，但其结果仍要以图形表示。

矩阵数据分析法的主要方法为主成分分析法(Principal Component Analysis)，利用此法可从原始数据获得许多有益的情报。主成分分析法是一种将多个变量化为少数综合变量的一种多元统计方法。

> **知识要点提醒**
>
> 矩阵数据分析法，与矩阵图法类似。它与矩阵图法的不同：不是在矩阵图上填符号，而是填数据，形成一个分析数据的矩阵。它是一种定量分析问题的方法，主要用于市场调查、新产品设计与开发、复杂工程分析和复杂的质量评价等。

2. 矩阵数据分析法示例

下面通过软件系统开发的例子来介绍如何进行矩阵数据分析法。

(1) 确定需要分析的各个方面。通过亲和图得到以下几个方面，需要确定它们相对的重要程度：易于控制、易于使用、网络性能、与其他软件可以兼容、便于维护。

(2) 组成数据矩阵。把这些因素分别输入表格的行和列。

(3) 确定对比分数。自己和自己对比的地方都打 0 分。以"行"为基础，逐个和"列"对比，确定分数。"行"比"列"重要，给正分。分数范围从 9 分到 1 分。打 1 分表示两个重要性相当。譬如，第 2 行"易于控制"分别和 C 列"易于使用"比较，重要一些，打 4 分。和 D 列"网络性能"比较，相当，打 1 分。如果"行"没有"列"重要，给反过来重要分数的倒数。譬如，第 3 行的"易于使用"和 B 列的"易于控制"前面已经对比过了。前面是 4 分，现在取倒数，1/4=0.25。和 D 列"网络性能"比，没有"网络性能"重要，反过来，"网络性能"比"易于使用"重要，打 5 分。现在取倒数，就是 0.20。具体如表 2-3 所示。

表 2-3 矩阵数据分析法示例

行次	A	B	C	D	E	F	G	H
1	重要程度	易于控制	易于使用	网络性能	软件兼容	便于维护	总分	权重/(%)
2	易于控制	0	4	1	3	1	9	26.2
3	易于使用	0.25	0	0.20	0.33	0.25	1.03	3.0
4	网络性能	1	5	0	3	3	12	34.9
5	软件兼容	0.33	3	0.33	0	0.33	4	11.6
6	便于维护	1	4	0.33	3	0	8.33	24.2
	总分之和				34.37			

(4) 加总。按照"行"把分数加起来，在 G 列内得到各行的"总分"。

(5) 算权重分。把各行的"总分"加起来，得到"总分之和"。再把每行"总分"除以"总分之和"得到 H 列每个"行"的权重分数。权重分数愈大，说明这个方面最重要，"网络性能" 34.9 分。其次是"易于控制" 26.2 分。

2.3.6 PDPC 法

1. PDPC 法的基本概念

PDPC 法(Process Decision Program Chart)也叫过程决策程序图法，是运筹学的一种方法，其工具就是 PDPC 图。所谓 PDPC 法，是为了完成某项任务或达到某个目标，在制订行动计划或进行方案设计时，预测可能出现的障碍和结果，并相应地提出多种应变计划的一种方法。这样，在计划执行过程中遇到不利情况时，仍能按第二、第三或其他计划方案进行，以便达到预定的计划目标。该法可用于防止重大事故的发生，因此也称之为重大事故预测图法。

2. PDPC 法主要用途

(1) 制订方针目标实施计划。
(2) 制订新产品开发的实施计划。
(3) 制定重大事故防范措施。
(4) 制定生产质量问题防止措施。
(5) 提出选择处理质量纠纷的方案。

🔑 小知识

过程决策程序图的常见错误：(1) 和系统图混淆。系统图是以目的-手段体系展开事物，是静态的，而 PDPC 图是把展开事项系列从某种状态按时间顺序转移到另一种状态，是动态的。(2) 和箭线图混淆。箭线图处理对象比较确定，精度很高，而 PDPC 图更多用于预测。

2.3.7 网络图

1. 网络图的基本概念

网络图(Network Planning)是一种图解模型，形状如同网络，故称为网络图。网络图是由作业(箭线)、事件(又称节点)和路线三个因素组成的。在工程管理中，经常使用到网络图的概念。质量管理领域引入工程管理中的网络图工具，用于质量管理、质量控制、质量改善等过程的控制。

资料卡

网络图中的一些重要概念：(1)作业：是指一项工作或一道工序，需要消耗人力、物力和时间的具体活动过程。(2)事件，是指某项作业的开始或结束，它不消耗任何资源和时间。(3)路线，是指自网络始点开始，顺着箭线的方向，经过一系列连续不断的作业和事件直至网络终点的通道。一条路线上各项作业的时间之和是该路线的总长度(路长)。

2. 网络图的规则

(1) 网络图中不能出现循环路线，否则将使组成回路的工序永远不能结束，工程永远不能完工。

(2) 进入一个结点的箭线可以有多条，但相邻两个结点之间只能有一条箭线。当需表示多活动之间的关系时，需增加节点(Node)和虚拟作业(Dummy Activity)来表示。

(3) 在网络图中，除网络结点、终点外，其他各结点的前后都有箭线连接，即图中不能有缺口，使自网络始点起经由任何箭线都可以达到网络终点；否则，将使某些作业失去与其紧后(或紧前)作业应有的联系。

(4) 箭线的首尾必须有事件，不允许从一条箭线的中间引出另一条箭线。

(5) 为表示工程的开始和结束，在网络图中只能有一个始点和一个终点。当工程开始时有几个工序平行作业，或在几个工序结束后完工，用一个网络始点、一个网络终点表示。如果这些工序不能用一个始点或一个终点表示，可用虚工序把它们与始点或终点连接起来。

(6) 网络图绘制力求简单明了，箭线最好画成水平线或具有一段水平线的折线；箭线尽量避免交叉；尽可能将关键路线布置在中心位置。

知识要点提醒

截至目前，已经对质量管理中的新、旧七种工具进行了详细的阐述，表 2-4 所示是新、旧七种工具在 QC(Quality Control)中的应用。

表 2-4　新、旧七种工具在 QC 中的应用

质量控制项目		老七种工具							新七种工具						
		排列图	因果图	调查表	直方图	控制图	散布图	分层法	亲和图	关联图	系统图	矩阵图	网络图	PDPC法	矩阵数据分析法
P	选题	●	○	○	○	○			●	○					
P	确定目标	○			○		○					○			
P	现状调查	●	○	●	○		○			○	○	●			
P	原因分析	●	●	○		●				●	●				
P	制定对策		○								○	○		●	●
D	对策实施	○			○	●							○		○
C	效果检查	●		○	●	●		○							
A	巩固措施				○		○				○	●			
A	遗留问题					○	○								

注：●表示特别有用；○表示可用。

2.4　控制图的原理及使用

2.4.1　控制图的原理

1. 控制图概述

资料卡

控制图是用来监视、控制质量特性值随时间推移而发生波动的图表，是通过判别和区分正常质量波动和异常质量波动，来调查分析生产过程是否处于控制状态，以及保持过程处于控制状态的有效工具。

控制图的基本形式如图 2.24 所示。

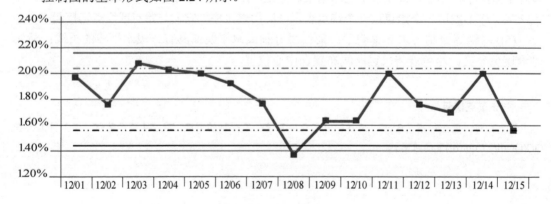

图 2.24　控制图示例

注：■━ 表示转化率；━ 表示UCL；━ 表示LCL；━ 表示CL；━·━ 表示$\mu+2\sigma$；━··━ 表示$\mu-2\sigma$。

由图 2.24 可看出，控制图是在平面坐标系中(纵坐标为样本统计量数值，横坐标为时间或样本号)加入三条具有统计意义的线段而成。中间一条称为中心线，记作 CL(Control Line)；上面一条虚线称为上控制限，记作 UCL(Upper Control Limit)；下面一条线则称为下控制限，记作 LCL(Lower Control Limit)。控制界限的宽度和位置是通过收集相应的数据，借助数理统计的原理，按照一定的公式计算得出的。

2. 控制图的种类

常用的控制图可分为两大类。

(1) 计量值控制图：均值—极差控制图($\bar{x}$—R 图)、均值—标准差控制图($\bar{x}$—S 图)、单值—移动极差控制图(X—R_S 图、I—MR 图)。

(2) 计数值控制图：不合格品数控制图(NP 图)、不合格品率控制图(P 图)、缺陷数控制图(C 图)、单位缺陷数控制图(U 图)。

按用途可以分为以下两类。

(1) 分析用控制图——用于质量和过程分析，研究工序或设备状态；或者确定某一"未知的"工序是否处于控制状态。

(2) 控制用控制图——用于实际的生产质量控制，可及时地发现生产异常情况；或者确定某一"已知的"工序是否处于控制状态。

课堂实训

【例 2-3】 某物流公司对其负责运输的货品某工艺参数进行抽查，每批抽样 5 个，所得的数据如表 2-5 所示，在 Minitab 中画出其控制图。

表 2-5 样本数据

样本	X_1	X_2	X_3	X_4	X_5
1	47	32	44	35	20
2	19	37	31	25	34
3	19	11	16	11	44
4	29	29	42	59	38
5	28	12	45	36	25
6	40	35	11	38	33
7	15	30	12	33	26
8	35	44	32	11	38
9	27	37	26	20	35
10	23	45	26	37	32

(1) 选择"统计→控制图→子组的变量控制图→Xbar-R"选项，如图 2.25 所示。

(2) 选择"图表的所有观测值均在一列中："，在右侧文本框中选择"样品"，在"子组大小"输入"5"，单击"Xbar-R 选项…"按钮，如图 2.26 所示。

(3) 选择"检验"标签页，选择所有检查项目，如图 2.27 所示。

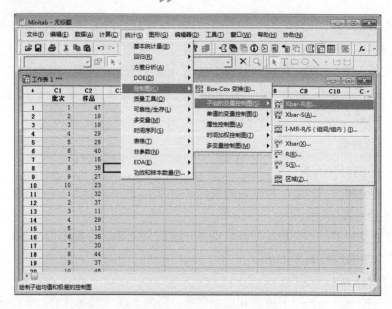

图 2.25　Xbar-R 选择对话框

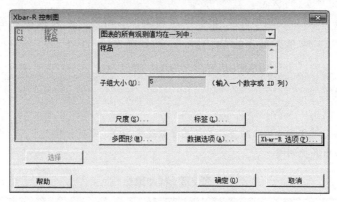

图 2.26　Xbar-R 输入对话框

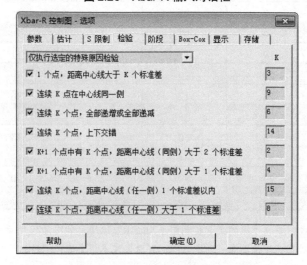

图 2.27　Xbar-R 检查项目选择对话框

(4) 单击"确定"按钮,如图 2.28 所示。

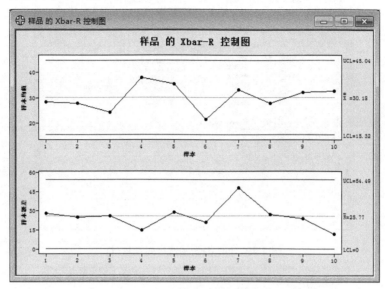

图 2.28 Xbar-R 结果对话框

结果分析:

控制图由上下两张图组成。上图的纵坐标为每批观测值的平均值,下图的纵坐标为每批观测值的极差。控制图属于计量控制图。

课堂实训

【例 2-4】 某物流公司对其负责运输的货品的破损情况进行抽查,所得的数据如表 2-6 所示,在 Minitab 中画出其 NP 控制图。

表 2-6 样本数据

批 号	检验数	不合格品数	批 号	检验数	不合格品数
1	168	16	9	173	14
2	150	16	10	158	10
3	150	13	11	160	7
4	165	11	12	163	12
5	170	9	13	159	12
6	154	12	14	168	16
7	149	15	15	150	16
8	161	16	16	160	17

(1) 选择"统计→控制图→属性控制图→NP"选项,如图 2.29 所示。
(2) 在"变量:"中选择"不合格品数",在"子组大小"选择"检验数",单击"NP 控制图选项…"按钮,如图 2.30 所示。
(3) 选择"检验"标签页,选中所有检查项目,如图 2.31 所示。
(4) 单击"确定"按钮,弹出如图 2.32 所示的对话框。

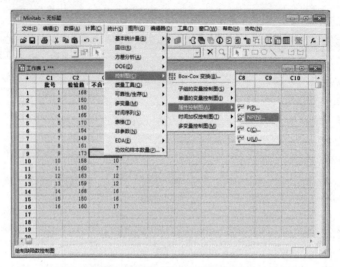

图 2.29 NP 控制图选择对话框(1)

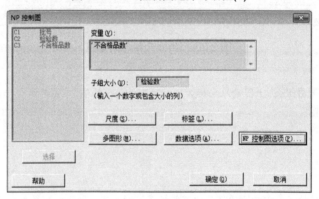

图 2.30 NP 控制图选择对话框(2)

图 2.31 NP 控制图选择对话框(3)　　　　图 2.32 NP 控制图结果对话框

结果分析:

NP 控制图只有一张图,纵坐标为每批不合格品数。NP 图属于计数控制图,用于计件数据分析,要求每批不合格品率服从二项分布。

3. 控制图原理

1) 控制图的设计原理

资料卡

控制图的设计原理可以用 4 句话来概述,即正态性假定、3σ 准则、小概率原理、反证法思维。

(1) 正态性假定。任何生产过程生产出来的产品,其质量特值总会存在一定程度的波动,当过程稳定或工序受控时,这些波动主要来自于 5M1E 的微小变化造成的随机误差。此时,由大数定律可知,绝大多数质量特性值均服从或近似服从正态分布。该假定被称为正态性假定,在此假定下就可以利用正态分布的一些固有特征建立工序控制模型。

(2) 3σ 准则。如果质量特性数据服从正态分布,距分布中心 μ 各为 3σ ($\pm 3\sigma$)的范围内所含面积为 99.73%,如果生产过程只受随机原因的影响,该过程的产品的质量特性数据应有 99.73%的概率落入该范围内,即

$$P(\mu - 3\sigma < X < \mu + 3\sigma) = 99.73\%$$

而如果有比较多的数据落到这个范围之外,则我们有很大的把握认为该点不属于原先的正常分布,由此而判定生产过程出现了某种异常原因。

(3) 小概率原理。所谓小概率原理,即认为小概率事件一般是不会发生的,由 3σ 准则可知,当 X 服从正态分布 $N(\mu, \sigma^2)$时,X 落在 $\mu \pm 3\sigma$。控制界限之外的概率只有0.27%。即

$$1 - P\{\mu - 3\sigma < X < \mu + 3\sigma\} = 0.27\%$$

因此我们有理由认为在正常情况下,X 一般不应该超出控制界限。小概率原理符合人们的推理思维,故又被称为实际推理原理,当然运用小概率原理也可能导致错误,但是导致错误的可能性恰恰就是这个小概率事件。

(4) 反证法思维。一旦控制圈上的点越出界限或其他小概率事件发生,则有理由怀疑原生产过程处于失控状态,亦即生产工序不稳定。此时要及时查找原因;确认生产过程是否发生了显著变化,据此还要进一步分析是什么原因导致了这个变化。

2) 控制图的两类错误

利用控制图进行工序控制的统计判断的基本原则是,当点落在控制界限外面时,表示生产过程发生了异常变化;当点落在控制界限内侧时,则表示生产过程没有发生异常变化。其实生产过程的实际状况与依据上述判断原则所得到的统计结论之间,可能存在如表 2-7 所示的 4 种关系。情况Ⅱ和情况Ⅳ出现的错误分别称为第一类错误和第二类错误。

由于控制图是显著性检验的一种直观表现形式,显著性检验的重要特点是预先给定显著性水平 α 值(犯第一种错误的概率值)。它表明对原假设进行否定可能产生的失误有多大,从而使管理者或决策者能够对其造成的损失做到心中有数。所以在进行显著性检验时,总是尽可能对所提出的假设进行否定。从否定假设中所得到的统计结论的可靠性是可知的,而接受假设只能说承认其成立而已。究竟接受假设的可靠性 $1-\beta$ 有多大是比较难预测的。因为这时所犯的第二类错误 β (否定假设只可能犯第一类错误,接受假设只可能犯第二类错误)的影响因素比较复杂,特别是在非正态总体的检验中,β 的大小往往难以计算。

表 2-7 控制图的两类错误示意图

序号	生产工序实际状态	点的位置	工序统计概率图示	统计判断	判断的正确性
I	工序已经发生变化	在控制界限外	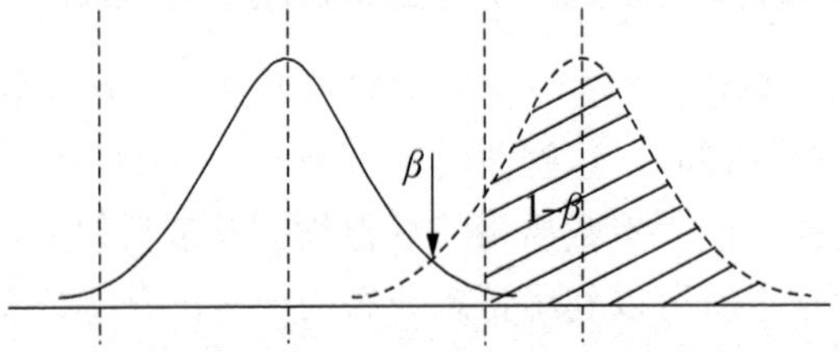	异常	正确
II	工序没有发生变化	在控制界限外	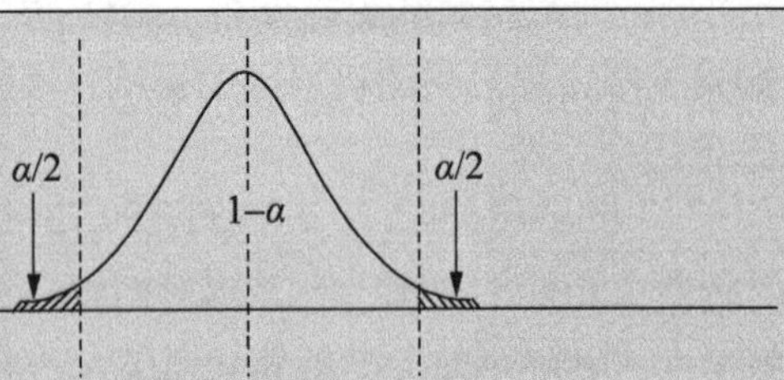	异常	错误
III	工序没有发生变化	在控制界限内	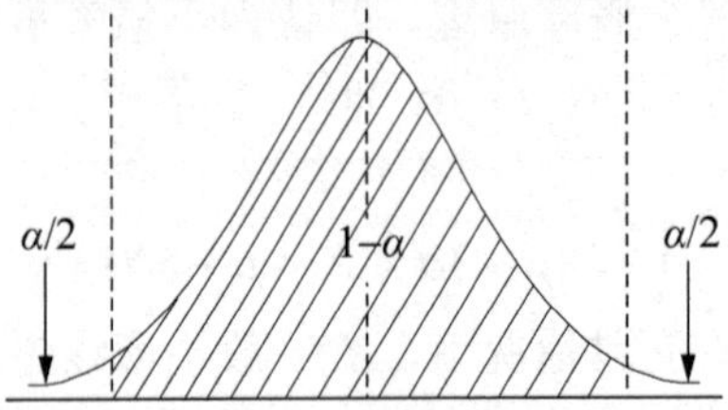	正常	正确
IV	工序已经发生变化	在控制界限内	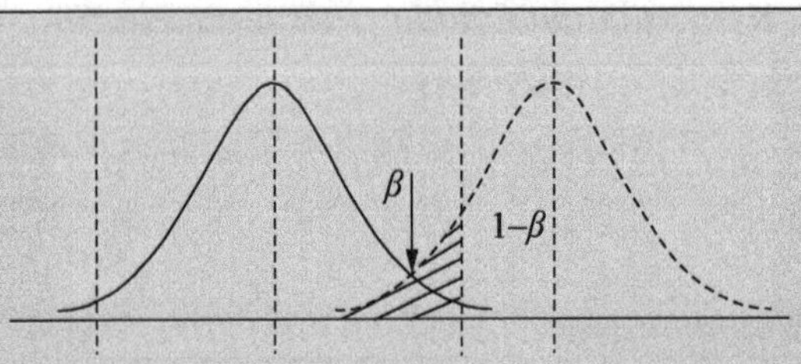	正常	错误

在通常情况下,由于第一类错误 α 的取值比较小,相应的第二类错误 β 取值可能就比较大。因此,在控制图的使用中,为了尽量减少犯第二类错误的可能性,避免对生产过程异常漏判的情形太多,而对界限内点的排列提出一些常见的辅助判断原则,以提高对异常工序状态的检出率。总的思路是,在有些情况下点虽然落在界限内,但当点排列有异常时,也表明工序是不稳定的,同样需要采取必要的防范措施,以减小由第二类判断错误所造成的损失。

控制图是用来区分偶然因素与系统因素的统计工具。显然,控制图的控制界限是一个概率界限,其大小依选定的显著水平 α 而定,而 α 的确定,要综合考虑控制图使用中可能产生的两类判断错误的后果。

> 🔑 **小知识**
>
> 研究表明，能使两种判断错误的总损失为最小的控制界限幅度应是 3σ。由此可见，在一般情况下用 3σ 原理确定控制界限是符合经济原则的，也是比较合理的。

2.4.2 控制图的使用

1. 控制图的绘制步骤

1) 选定质量特性及所用控制图

选定控制的质量特性是影响产品质量的关键特性，这些特性应能够计算(或计数)并且在技术上可以控制。

2) 收集预备数据作分析用控制图，分析生产过程是否处于控制状态

(1) 按要求对所收集的数据进行分组。

(2) 计算统计量数值，中心线和控制界限。

(3) 作出控制图。

(4) 按照前述的判断准则判断生产过程是否处于控制状态。

如果判定生产过程处于控制状态，则可进入下一步的同标准进行比较；如果判定生产过程不处于控制状态，则应采取下列措施：消除降低质量的异常原因，去掉异常数据点，重新计算中心线和控制界限。异常数据点比例过大时，应改进生产过程，再次收集预备数据，计算中心线和控制界限。重新计算中心线和控制界限时，不能去掉对提高质量有利或虽使质量降低但未能消除异常原因的数据。

3) 同标准进行比较

在生产过程达到控制状态后，应检查生产过程是否满足质量要求(例如，可采用直方图与规格进行比较或计算过程能力指数并进行评价的方法)。如果生产过程能满足质量要求，则可将分析用控制图转为控制用控制图，以控制后续的生产过程；如果生产过程不能满足质量要求时，应调查生产过程的相关因素，直到满足质量要求转为控制用控制图为止。

4) 作控制用控制图，对生产过程进行控制

(1) 计算中心线，控制界限。

(2) 按确定的抽样方式、抽样间隔和样本大小抽取样本。

(3) 测量质量特性值，计算统计量数值。

(4) 在控制图上打点。

(5) 按前述的判断准则判断生产过程是否有异常。如果无异常时，可以继续生产；如果有异常时，则应消除降低质量的异常原因，使之不再发生。

5) 中心线和控制限的修正

控制用控制图在使用一段时间后，应根据实际质量水平对中心线和控制界限进行修正。

2. 控制图的观察分析

作控制图的目的是为了使生产过程处于控制状态。

> 📖 **资料卡**
>
> 控制状态是指生产过程仅仅受随机因素的影响，表现为产品质量特性值的分布服从某个确定的正态分布 $N(\mu,\sigma^2)$，而且分布参数(均值 μ 和标准偏差 σ)也不随时间变化；反之，即非控制状态。

判定生产过程处于控制状态可归纳为以下几类准则。

1) 分析用控制图

分析用控制图上的点同时满足下述条件时，可认为生产过程处于控制状态。

(1) 连续 25 点中没有一点在控制界限外或连续 35 点中最多有一点在控制界限外或连续 100 点中最多有两点在控制界限外。

(2) 控制界限内点的排列无下述异常现象(即控制界限内点的排列没有缺陷)。

① 连续 7 点或更多点在中心线同一侧。

② 连续 7 点或更多点呈上升或下降趋势。

③ 连续 11 点中至少有 10 点在中心线同一侧。

④ 连续 14 点中至少有 12 点在中心线同一侧。

⑤ 连续 17 点中至少有 14 点在中心线同一侧。

⑥ 连续 20 点中至少有 16 点在中心线同一侧。

⑦ 连续 3 点中至少有 3 点和连续 7 点中至少有 3 点落在二倍标准偏差与三倍标准偏差控制界线之间。

⑧ 点集中在中心线附近。

⑨ 点呈现周期性变动。

在分析用控制图同时满足了以上两个条件的情况下，就可以判断该生产过程是处于控制状态。

2) 控制用控制图

在使用控制用控制图时，如果控制图上的点出现下列情况之一时，即可判断生产过程为异常。

(1) 点落在控制界限外。

(2) 控制界限内点的排列有异常现象(即排列有缺陷)。

这里，异常现象的判断依据与分析用控制图上点的排列异常现象判断依据相同。在使用控制图进行判断时，如果点恰好在控制界限上，则判为出界。

2.5 过程能力分析

2.5.1 过程能力的基本概念

过程能力(Process Capability，PC)又称工序能力或工艺能力，指过程处于受控或稳定状态下的实际加工能力。通俗地说，它是过程能稳定地生产合格产品的能力，即满足产品质量要求的能力。过程能力是 5M1E 因素的综合反映，控制或提高过程能力就应当从这六个方面着手。如果在生产制造过程中对这些因素严加控制，则过程会处于受控或稳定状态，该过程就具有稳定的过程能力。

资料卡

过程能力一般采用标准差的 6 倍即 6σ 来量度，其计算公式为 $B = 6\sigma \approx 6S = 6\dfrac{R}{d_2}$。其中 d_2 是与样本容量 n 有关的系数。

可见，σ 是表征过程能力的一个关键参数，σ 越大，过程能力越低；σ 越小，过程能力越高。提高过程能力的重要途径之一就是尽量减小 σ，使质量特征值的离散程度变小，在实际中就是提高加工精度和产品质量的一致性。

2.5.2 过程能力指数及其计算

1. 过程能力指数的概念

过程能力指数(Process Capability Index)就是表示过程能力满足产品技术标准的程度。技术标准是指加工过程中产品必须达到的质量要求，通常用标准公差(容差)、允许范围等来衡量，一般用符号 T 表示。过程能力指数 C_P 可以用下式表示为

$$C_P = \frac{T}{B} \tag{2-7}$$

由式(2-7)看出，过程能力指数越大，说明过程能力越能满足技术标准，产品质量越易保证；反之，过程能力指数越小，说明过程能力满足技术标准的程度越低，产品质量越不易保证。所以过程能力指数是衡量过程能力对于技术标准满足程度的一个尺度。

2. 过程能力指数的计算

这里仅讨论计量值指标的过程能力指数的计算。对于计量值指标的过程能力指数的计算，主要有以下几种情况。

(1) 双侧公差且分布中心 μ 和公差(标准)中心 M 重合，如图 2.33 所示。此时过程能力指数 C_P 为

$$C_P = \frac{T}{6\sigma} = \frac{T_U - T_L}{6\sigma} \approx \frac{T_U - T_L}{6s} \tag{2-8}$$

式中：T——公差范围；
  T_U——公差上限；
  T_L——公差下限；
  σ——总体标准差；
  S——样本标准差；
  P_U——超公差上限的不合格品率；
  P_L——超公差下限的不合格品率。

(2) 双侧公差且分布中心 μ 和公差(标准)中心 M 不重合，如图 2.34 所示。这时，分布中心 μ 与公差(标准)中心 M 偏移了一定的距离。虽然分布标准差 σ 不变，C_p 值也没变，但出现了过程能力不足的现象，可能出现较多的不合格品。

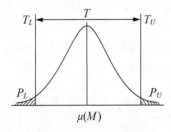

图 2.33 $\mu = M$ 的情况

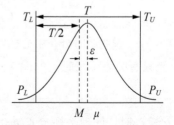

图 2.34 μ 和 M 不重合的情况

令 $\varepsilon = |M - \mu|$，其中 ε 为分布中心对公差(标准)中心的绝对偏移量。

由于正态分布的对称性，一般用 ε 与 $T/2$ 的比值来修正 C_P 值，该比值称为相对偏移量或偏移系数，记为 K，即

$$K = \frac{\varepsilon}{T/2} = \frac{|M-\mu|}{T/2} \tag{2-9}$$

又

$$M = \frac{T_U + T_L}{2}, T = T_U - T_L \tag{2-10}$$

所以，有

$$K = \frac{|(T_U + T_L)/2 - \mu|}{(T_U - T_L)/2} \tag{2-11}$$

此时，过程能力指数需加以修正，设有偏移情况下的过程能力指数为 C_{PK}，计算公式为

$$C_{PK} = C_P(1-K) = \frac{T}{6\sigma}\left(1 - \frac{\varepsilon}{T/2}\right) = \frac{T-2\varepsilon}{6\sigma} \approx \frac{T-2\varepsilon}{6s} \tag{2-12}$$

由上述公式可知：

① 当 $K=0$ 时，μ 恰好位于公差中心，$C_{PK}=C_P$，这是理想状态。

② 当 $0<K<1$，μ 位于公差界限之内，且不与公差中心重合，$C_{PK}<C_P$，这属于一般情况。

③ 当 $K \geqslant 1$，μ 位于公差界限之外，此时，加工过程中的不合格品率等于或大于 50%。由于不合格品率已不能满足加工产品的质量要求，故通常规定此时的 C_{PK} 值为 0。

显而易见，K 值为 0～1，K 值越小越好，$K=0$ 是理想状态。

(3) 单侧公差情况。技术要求以不大于或不小于某一标准值的形式表示，这种质量标准就是单侧公差，如机电产品的机械强度、耐电压强度、寿命、可靠性等只规定下限的质量特性界限。而如机械加工中的形状位置公差、光洁度、材料中的有害杂质含量，只规定上限标准。因此，这种情况下的公差范围是不确定的，公差中心也无法确定。此时应将过程能力指数计算公式加以分解，得

$$C_P = \frac{T}{6\sigma} = \frac{T_U - T_L}{6\sigma} = \frac{T_U - \mu}{6\sigma} + \frac{\mu - T_L}{6\sigma} \tag{2-13}$$

当总体为正态分布，且 μ 和 M 重合时，$T_U - \mu = \mu - T_L$，则

$$C_P = 2 \times \frac{T_U - \mu}{6\sigma} = 2 \times \frac{\mu - T_L}{6\sigma} = \frac{T_U - \mu}{3\sigma} = \frac{\mu - T_L}{3\sigma} \tag{2-14}$$

整理可得

$$T_U - \mu = \mu - T_L = 3\sigma C_P \tag{2-15}$$

① 当只有公差上限时，如图 2.35 所示，过程能力指数为

$$C_{PU} = \frac{T_U - \mu}{3\sigma} \approx \frac{T_U - \mu}{3s} \tag{2-16}$$

若 $T_U \leqslant \mu$，说明此时分布中心已经超过公差上限，故认为过程能力严重不足，规定 $C_{PU}=0$。

② 当只有公差下限时，如图 2.36 所示，过程能力指数为

$$C_{PL} = \frac{\mu - T_L}{3\sigma} \approx \frac{\mu - T_L}{3s} \tag{2-17}$$

若 $\mu \leqslant T_L$ 时，同理，规定 $C_{PL}=0$。

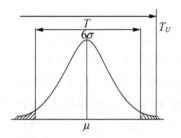
图 2.35 上侧公差情况

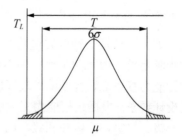
图 2.36 下侧公差情况

3. 过程能力指数与不合格品率

过程能力指数与不合格品率有着极其密切的关系。当过程处于受控或稳定状态时，一定的过程能力指数 C_p 值与一定不合格品率相对应，因此，过程能力的指数的大小，反映出产品质量水平的高低。

(1) 双侧公差，分布中心与公差中心重合。

由图 2.33 可知，在 $\mu=M$ 时，P_L 为低于公差下限的不合格品率，P_U 为高于公差上限的不合格品率，且 $P_L=P_U$，即总的不合格品率 $P=P_L+P_U=2P_L$。

$$P = P_L + P_U = 2P_L = 2P(X<T_L) = 2P\left(\frac{X-\mu}{\sigma}<\frac{T_L-\mu}{\sigma}\right)$$
$$= 2\varphi\left(\frac{T_L-\mu}{\sigma}\right) = 2\varphi\left(\frac{(\mu-3\sigma C_P)-\mu}{\sigma}\right) \tag{2-18}$$
$$= 2\varphi(-3C_P) = 2(1-\varphi(3C_P))$$

(2) 双侧公差，分布中心与公差中心不重合。
首先计算合格品率：

$$P(T_L \leqslant X \leqslant T_U) = \int_{\frac{T_L-\mu}{\sigma}}^{\frac{T_U-\mu}{\sigma}} \frac{1}{\sqrt{2\pi}} e^{-\frac{t^2}{2}} dt$$
$$= \varphi\left(\frac{T_U-\mu}{\sigma}\right) - \varphi\left(-\frac{T_L-\mu}{\sigma}\right)$$
$$= \varphi\left(\frac{T_U-M}{\sigma} - \frac{\mu-M}{\sigma}\right) - \varphi\left(-\frac{T_L-M}{\sigma} - \frac{\mu-M}{\sigma}\right)$$
$$= \varphi\left(\frac{T}{2\sigma} - \frac{\varepsilon}{\sigma}\right) - \varphi\left(-\frac{T}{2\sigma} - \frac{\varepsilon}{\sigma}\right) \tag{2-19}$$
$$= \varphi\left(3C_P - \frac{\varepsilon}{\sigma}\right) - \varphi\left(-3C_P - \frac{\varepsilon}{\sigma}\right)$$
$$= \varphi(3C_P - 3KC_P) - \varphi(-3C_P - 3KC_P)$$
$$= \varphi(3C_P(1-K)) - \varphi(-3C_P(1+K))$$

所以，不合格品率

$$P = 1 - \varphi(3C_p(1-K)) + \varphi(-3C_p(1+K)) \tag{2-20}$$

4. 过程能力分析与评价

过程能力分析是一种研究过程质量状态的活动。由于过程能力系数能够客观、定量地反映过程满足技术要求的程度，因而可以根据过程能力系数的大小对过程进行分析评价。求出过程能力指数后，就可以对过程能力是否充分作出分析和判定，即 C_P 值是多少时，才能满足设计要求。根据过程能力指数的大小及不合格品率的大小，可将加工分为五个等级：特级、一级、二级、三级和四级。图 2.37 中给出了各级加工所对应的质量特性值、公差范围及对应的不合格品率。

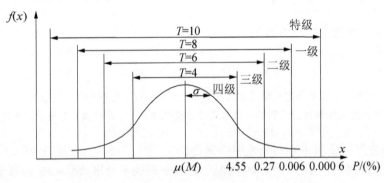

图 2.37 加工类型

🔑 **小知识**

对于机械零件，一般加工要求达到二级加工水平（C_P 为 1～1.33），而精密加工要求达到一级加工水平（C_P 为 1.33～1.67）。

一般情况下，过程能力的判断，可以根据表 2-8 中的过程能力指数评定分级表规定的判断标准来进行。

表 2-8 过程能力指数评定分级表

等 级	C_P（或 C_{PK}）	不合格品率 P/(%)	工序能力评价	处理意见
特级	$C_P>1.67$	$P<0.00006$	工序能力过于充足	即使质量波动有些增大，也不必担心；可考虑放宽管理或降低成本，收缩标准范围，放宽检查
一级	$1.33<C_P<1.67$	$0.00006<P<0.006$	工序能力充足	允许小的外来干扰所引起的波动；对不重要的工序可放宽检查；工序控制抽样间隔可放宽一些
二级	$1.00<C_P<1.33$	$0.0006<P<0.27$	工序能力尚可	工序需严格控制，否则容易出现不合格品；检查不能放宽
三级	$0.67<C_P<1.00$	$0.27<P<4.55$	工序能力不足	必须采取措施提高工序能力；已出现一些不合格品，要加强检查，必要时全检

续表

等级	C_P(或 C_{Pk})	不合格品率 P/(%)	工序能力评价	处理意见
四级	C_P<0.67	$P \geqslant 4.55$	工序能力严重不足	立即追查原因,采取紧急措施,提高工序能力;可考虑增大标准范围;已出现较多的不合格品,要加强检查,最好全检

1) 过程能力指数过大的处置

当 C_p>1.67 时,可以认为过程能力过于充分。过程能力指数太大意味着粗活细做,这样必然影响生产效率,提高产品成本。这时,应根据实际情况采取以下措施降低 C_p。

(1) 降低过程能力。如改用精度较低但效率高、成本低的设备和原材料,合理地将过程能力指数降低到适当的水平。

(2) 更改设计,提高产品的技术要求。

(3) 采取合并或减少工序等方法。

2) 过程能力指数过小的处置

当 C_p<1 时,意味着产品质量水平低,三级加工或四级加工即属于这种情况。这时,要暂停加工,立即追查原因,采取措施。

(1) 努力提高设备精度,并使工艺更为合理和有效,进一步提高操作技能质量意识,改善原材料质量及提高加工切削性能,使过程能力得到适当的提高。

(2) 修订标准,如果设计上允许,可降低技术要求,即用放宽公差的方法处理。

(3) 为了保证出厂产品的质量,在过程能力不足时,一般应通过全检后剔除不合格品,或实行分级筛选来提高产品质量。

3) 过程能力指数适宜

当 1<C_p<1.67 时,表明过程能力充足,一般为一级或二级加工。这时,应进行过程控制,使生产过程处于受控或稳定状态,以保持过程能力不发生显著变化,从而保证加工质量。

本 章 小 结

本章主要介绍了统计质量控制(SQC)的统计学基础、统计质量控制的老七种工具、统计质量控制的新七种工具、控制图原理及使用、过程能力分析。

产品质量特性数据的特点是具有分散性和规律性。反映分布集中性的特征数字有平均值(均值)、中位数(中值)、众数。反映分布分散性的特征数字有极差、方差、标准偏差。在统计质量控制中,常用的连续概率分布有正态分布,常用的离散概率分布有二项分布与泊松分布。

统计质量控制的老七种工具包括调查表、分层法、排列图、因果图、散布图、直方图、控制图;新七种工具包括系统图、关联图、KJ 法、矩阵图、矩阵数据分析法、PDPC 法及网络图。

控制图是用来监视、控制质量特性值随时间推移而发生波动的图表,是通过判别和区分正常质量波动和异常质量波动,来调查分析生产过程是否处于控制状态,以及保持过程处于控制状态的有效工具。控制图的设计原理可以用4句话来概述,即正态性假定、3σ准则、小概率原理、反证法思维。控制图是用来区分偶然因素与系统因素的统计工具。显然,控制图的控制界限是一个概率界限,其大小依选定的显著水平α而定,而α的确定,要综合考虑控制图使用中可能产生的两类判断错误的后果。

过程能力又称工序能力或工艺能力,指过程处于受控或稳定状态下的实际加工能力。通俗地说,它是过程能稳定地生产合格产品的能力,即满足产品质量要求的能力。过程能力指数就是表示过程能力满足产品技术标准的程度。

关键术语

统计质量控制(Statistical Quality Control)   正态分布(Normal Distribution)
帕累托图(Pareto Chart)   直方图(Histogram)
网络图(Network Planning)   控制图(Control Chart)
过程能力(Process Capability)   过程能力指数(Process Capability Index)

习 题

1. 选择题

(1) 在正态分布情况下,工序加工产品的质量特性值落在6σ范围内的概率或可能性约为(   )。

  A. 99.73% B. 95.45% C. 68.27% D. 80.25%

(2) 工序能力不足,进行了全数检验后而造成的直方图形状为(   )。

  A. 对称型 B. 孤岛型 C. 锯齿型 D. 陡壁型

(3) 如果$1.00<C_p\leq1.33$,则可判定工序能力(   )。

  A. 不足 B. 尚可 C. 充足 D. 过于充足

(4) 根据控制图判定工序正常,这时(   )。

  A. 只可能犯第一类错误 B. 只可能犯第二类错误
  C. 第一类和第二类错误都可能犯 D. 不会错判

(5) (注册六西格玛黑带考试真题)(   )工具可以用于解决下述问题:一项任务可以分解为许多作业,这些作业相互依赖和相互制约,团队希望把各项作业之间的这种依赖和制约关系清晰地表示出来,并通过适当的分析找出影响进度的关键路径,从而能进行统筹协调。

  A. PDPC(过程决策程序图) B. 箭条图(网络图)
  C. 甘特图 D. 关联图

(6) (注册六西格玛黑带考试真题)亲和图(Affinity Diagram)可应用于以下场合:(   )。

  A. 选择最优方案 B. 用于归纳思想,提出新的构思
  C. 整理顾客需求 D. 评价最优方案

(7) (注册六西格玛黑带考试真题)在某快餐店中午营业期间内,每分钟顾客到来人数为平均值是8的泊松(Poisson)分布。如果考虑每半分钟到来的顾客分布,则此分布近似为(   )。

A. 平均值是 8 的泊松(Poisson)分布

B. 平均值是 4 的泊松(Poisson)分布

C. 平均值是 2 的泊松(Poisson)分布

D. 分布类型将改变

(8) (注册六西格玛黑带考试真题)对于一个稳定的分布为正态的生产过程，计算出它的工序能力指数 C_P=1.65，C_{PK}=0.92。这时，应该对生产过程作出下列判断：( )。

A. 生产过程的均值偏离目标太远，且过程的标准差太大

B. 生产过程的均值偏离目标太远，过程的标准差尚可

C. 生产过程的均值偏离目标尚可，但过程的标准差太大

D. 对于生产过程的均值偏离目标情况及过程的标准差都不能作出判断

(9) 控制图的控制界限，一般都取( )。

A. 2 倍的标准差 B. 3 倍的标准差

C. 4 倍的标准差 D. 6 倍的标准差

(10) (注册六西格玛黑带考试真题)质量管理大师戴明先生在其著名的质量管理十四条中指出停止依靠检验达成质量的做法，这句话的含义是：( )。

A. 企业雇用了太多的检验人员，对经营来说是不经济的

B. 质量是设计和生产出来的，不是检验出来的

C. 在大多数情况下，应该由操作人员自己来保证质量，而不是靠检验员保证

D. 人工检验的效率和准确率较低，依靠检验是不能保证质量的

2. 简答题

(1) 通常所说的"老七种"质量管理工具包含哪些？

(2) 通常所说的"新七种"质量管理工具包含哪些？

(3) 简述控制图的判异准则。

(4) 控制图的设计原理是什么？

(5) 试述控制图的作用。

(6) 简述过程能力指数与产品质量的关系。

3. 判断题

(1) 控制图上出现异常点时，就表示有不良品发生。   ( )

(2) 过程在稳定状态下就不会出现不合格品。   ( )

(3) 控制图的控制线就是规格界限。   ( )

(4) 过程质量控制的任务就是要保持正常波动，消除异常波动。   ( )

(5) 6σ 越大，说明工序能力越大。   ( )

(6) 在控制图中，只要点都在上、下控制界限内，就说明生产过程处于控制状态。

( )

4. 计算题

某奶制品加工厂对某种奶粉加工的质量要求之一是：每百克奶粉中的含水量不得超过 3 克。目前抽验结果表明，每百克奶粉中平均含水 2.75 克，标准差为 0.05 克。试计算此时的过程能力指数，并作出判断，指出应采取的措施。

统计过程控制案例分析

俗话说宴无好宴。朋友邀我去他家做客吃晚饭,进了门迎面遇上他焦急无奈的表情,才知道主题是咨询。起因是朋友最近回家的时间越来越晚,罪证就在他家门口玄关的那张纸上——朋友的太太是一家美商独资企业的 QC 主管,在家里挂了一张单值—移动极差控制图,对朋友的抵家时间这一重要参数予以严格监控:设定的上限是晚 7 点,下限是晚 6 点,每天实际抵家时间被记录、描点、连线——最近连续 7 天(扣除双休日)的趋势表明,朋友抵家的时间曲线一路上扬,甚至最近两天都是在 7 点之后才到家的,证据确凿——按照休哈特控制图的原则和美国三大汽车公司联合编制的 SQC(Statistical Quality Control,统计过程控制)手册的解释,连续 7 点上升已绝对表明过程发生了异常,必须分析导致异常的原因并作出必要的措施(比如准备搓衣板),使过程恢复正常。显然,我可能给出的合理解释成了朋友期待的救命稻草,而这顿晚饭就是他在我面前挂着的胡萝卜。

显然,朋友的太太比我们绝大多数的企业家更专业(当然,作为同类,我想这也许就是导致我们只能成为管理工具的原因),她清楚地认识到:预防措施,永远比事后的挽救更重要。

顺便说一句,朋友太太厨艺很优秀,属于那种下得厨房、上得厅堂的模范太太——当然,对朋友的在意程度更是显而易见的,否则不会选择抵家时间作为重要的过程特性予以控制——这个过程参数,在她眼里,无疑昭示着忠诚度。饭后上了红酒,席间的谈话就从过程异常的判定开始。

"我们先来陈述一下控制图的判异准则:第一,出现任何超出控制限的点;第二,出现连续 7 点上升或者下降或者在中心线的一边;第三,出现任何明显非随机的图形。显然,目前该过程已经符合其中第一和第二项,确实出现了异常。作为过程控制的责任者,你打算怎么分析呢?"

"还是我们传统的分析方法:因果图。"

"那么,我们寻找的还是这五个方面的原因了:人、机、料、法、环?"

"是的。"

"好。在我们开始分析之前,我想顺便问一下,你是从哪里学会控制图的?"

"除了公司的培训之外,讲述统计过程控制的书籍不计其数,作为在质量领域被广泛应用的技术,以 Statistical Quality Control 为题的书籍虽说不是汗牛充栋,也已经目不暇接。最近从亚马逊书店邮购的这两本,McGraw-Hill Series in Industrial Engineering and Management 的 Statistical Quality Control,还有 Douglas C. Montgomery 的 Introduction to Statistical Quality Control。再比如这本 STATISTICS: Methods and Applications,国内比较好的专著,我喜欢孙静的这本《接近零不合格过程的有效控制:实现六西格玛质量的途径》。不过这些书也很难给出太多新的理论,因为 SQC 已经足够成熟,找来新书也不过看看不断翻新的新的应用范例,或者结合新的技术之后会是什么样子,比如,有没有研发出功能强大的新软件。"

"呵呵,也没必要采用如此先进的控制技术吧?"朋友插嘴道。

"你错了,统计学应用于过程控制,不过代表着 20 世纪 20 年代最先进的质量管理水平。我们采用的控制图方法,一般称为休哈特控制图(Shewhart Control Chart),最早是在 1924 年,由美国贝尔电话实验室休哈特(W.A.Shewhart)博士提出的。当时这一方法并未得到企业的普遍采纳,仅仅在小范围内得到应用。后来,两个意外的机遇使它在全世界名声大噪:一是第二次世界大战期间的 1942 年,美国国防部邀请包括休哈特博士在内的专家组解决军需大生产的产品质量低劣、交货不及时等问题,专家制定了战时质量控制制度,统计质量控制(SQC)被强制推行,并在半年后大获成效。二是休哈特博士的同事,伟大的戴明(W.Edwards Deming)博士,1950 年将 SQC 引入第二次世界大战后的日本,为日本跃居世界质量与生产率的领先地位立下了汗马功劳。质量专家伯格(Roger W.Berger)教授的分析认为，日本成功的重要基础之一，就是对 SQC 的应用——控制图(或者，按照中国台湾的习惯称呼，管制图)已经成为常规技术，名列'QC 老七大手法'之一。"

"因果图也是'QC 老七大手法'之一。别打岔，也许分析出来的结论是环境因素：外面有狐狸精。"她狠狠瞪了朋友一眼。

"在得出结论之前，我们继续分析吧，"我把话题拉了回来："下班回家首先应该是一个稳定的过程。"

"是的，他的德国老板坚持不允许他们加班，所以下了班就应该在规定的时间回家。"

"好的，路线是固定的。"

"对，他在5点的时候关闭计算机，5点一刻在停车场走到自己的车位，45分钟应该到家。驾照已经一年半，熟练程度没有问题。即使稍微有点堵车，或者在附近的报刊亭买杂志，他总是喜欢买那几本电影杂志，因为有免费附赠的 DVD。即使这些事情同时发生在同一个傍晚，我给了他一个小时的控制限范围，绝对够充裕了。"

"听上去是足够充裕了，"我表示同意："而且符合稳定过程的控制要求。唯一的瑕疵是，一小时应该作为规范限而非控制限，规范限相当于公差范围，而控制限则应该更为收缩，而且应该进行过程的初始研究，通过计算得出。"

"那岂不是范围更小？"朋友把绝望的目光投向我，仿佛在鞭挞一个叛徒。

"是的，我把确定控制限的步骤简单化了，"她点头："仅仅根据大致的印象，好像他没有在7点之后回家过，除非这天晚上另有活动，那不属于我这张图控制的范围，比如我们一起在外面吃饭，或者看电影，泡吧。"

"持续稳定的过程是工业企业梦寐以求的，"我插话道："尤其是重复发生的批量生产过程。"

"是的，过程的输出，也就是产品的特性，必须在控制限范围内，因为过程的输出必然存在变差——所谓变差，通俗地讲，就是：即使是世界上最精密的设备，也不能生产出两件一模一样的产品来，它们之间的差异就是变差——不要跟我说你看不出它们之间的差异，那只能说明你的分辨率不够。"

"所以我们希望过程是受控的。换句话说，我们希望过程首先是稳定的，其次，我们希望过程输出的变差范围足够小。"

"过程范围足够小的过程，我们就称之为具备能力的过程，看来，有必要对你回家的时间以 6σ 为目标实施管理。"

"维持过程稳定和维持过程能力，是需要耗费成本的，越是好的过程能力意味着更为高昂的成本。我们确定过程目标时必须考虑经济性，投入取决于风险程度。"我赶紧扼杀了她的新念头。

"是的。"她越来越倾向于听取我的意见了。这是好兆头，她又说："我们在生产线上采用控制图的，都是关键和重要的产品特性，我们希望在发生不合格之前就发现趋势，以避免不合格的实际发生。控制他的回家时间也是一样，发现异常，及时采取措施扼杀任何苗头，不要等到他夜不归宿的时候才恍然大悟。"

我大笑："有这么高的风险么？据我所知，他可是非常在乎你的，不然就不会紧张到要把我请来做客了。"

她也不好意思地笑了："其实，控制图也就是半开玩笑地提醒他，心思专注一点。你知道的，他总像个长不大的孩子，小时候放学不止一次，在小人书摊上看书看得忘了回家，急得妈一路去找，找到了揪着耳朵回去吃冷饭的。"

"那你有没有从自身找原因，譬如最近不大注意打扮了？"看到朋友的窘相，我赶紧转移矛头。

"嗯，这我倒没注意。不过，我似乎也一直没有松懈过取悦他的。"

"也许有别的原因，我知道最近外环线的浦东段在修路，昨天我还在杨高路立交桥附近堵了一个半小时，因为往西的路段只剩两根车道。"

"真的？我以为他编的借口呢。"

"看看，我说了她也不信。"朋友总算可以合理地表达委屈了，如释重负地松了一口气。

"而且外环的维修工程可能还会持续一段时间,听说要一个月左右,"我说:"这段时间内,我们的控制限是不是该重新设定一下?"

"好的,"她有些不好意思:"我把控制限范围整个往上提高一个小时,再放宽一点。不过,等工程结束了,我们就恢复原先的控制限。"

"好的,这让我重新领教了职业质量控制专家的风采,"我看出,我的赞誉使她稍稍有点脸红:"一直以来,质量管理界的经验被给哲学思想的贡献,以我个人的眼光看,是被忽略了,也许没有人看到它们之间的联系。记得金观涛和华国凡合著的《控制论与科学方法论》吗?"

"最近刚刚再版了。"他俩一起点头。我的朋友们都有一个共同点:热爱读书。

"这书首版于1983年,曾经风靡一时——其实在这之前它已经以手抄本的形式在地下广为流传。"

"你的意思是说,你认为统计过程控制的思想,是系统论、控制论的源头之一?"

"至少有一定的关联。从具体的、单一的某道生产过程,我们将控制图获取的信息予以分析,以此来调整输入,这就是一个系统反馈的过程。后来,过程的概念被放大了,比如可以把公司的采购作为一个过程来分析,对这一过程的衡量指标予以分析,根据分析的结果决定相应的措施。再后来,整个公司的运营被视作一个过程,各项指标被用来进行分析,并支持决策,过程模型就这样被再度放大了。"

"其实仅就微观的过程而言,如果管理者头脑里有过程的清楚概念,就可以避免很多错误,"她插话,"记得你曾经取笑说,如果在汽车业的生产现场干1~2个月的操作工,或者一线主管,The Second Century 的作者会为自己对BTO概念的诠释感到脸红,我拍手称快。"

"是的,尤其像汽车这样复杂的产品,制造过程需要经过充分的调试才可以达到稳定,继而具备过程能力——世界上最难以控制的,就是单件产品的生产过程了,因为过程调试的成本太高了。所以每天回家的时间可以控制,选择结婚对象这一过程就只能赌一把了。"

(资料来源:秦鸿. 统计学应用于过程控制. 新浪财经.)

问题:

(1) 控制图的判异准则是什么?朋友抵家时间这一过程出现了什么问题?

(2) "我"为什么不建议朋友的太太对朋友回家的时间以 6σ 为目标实施管理?

(3) "我"是怎样一步一步劝导朋友的太太的?

第 3 章　物流中的六西格玛管理

【本章教学要点】

知识要点	掌握程度	相关知识
六西格玛的概念	掌握	六西格玛的由来及其含义
六西格玛的实施	掌握	六西格玛的组织管理和六西格玛的实施流程
六西格玛的流程改进模式	重点掌握	六西格玛的流程：定义、测量、分析、改进、控制，以及 DMAIC 使用的工具

【本章技能要点】

技能要点	掌握程度	应用方向
六西格玛管理方法	掌握	学习六西格玛，寻求同时增加顾客满意和企业经济增长的经营战略途径
六西格玛实施步骤	重点掌握	学习六西格玛的实施过程中每个步骤要点和使用的方法
六西格玛的流程改进模式	重点掌握	使用六西格玛流程改进模式，熟练每个步骤的方法及实用工具

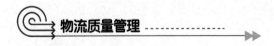

【知识架构】

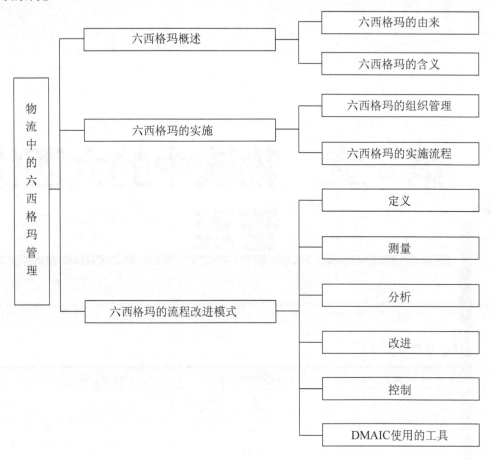

太钢的六西格玛管理

由全国六西格玛管理推进工作委员会组织的太钢企业标杆学习及研修活动于 2010 年 7 月 23 日至 25 日在太原举行。来自钢铁、航空、汽车、烟草、机械、家电等行业的企业代表，就六西格玛管理实践与"全国质量奖"获奖企业太钢不锈钢股份有限公司(以下简称"太钢")进行了交流。太钢作为全球产能最大、工艺技术装备水平最高、品种规格最全的不锈钢企业，综合实力跃居国内钢铁行业前列。这归功于六年来太钢稳步实施六西格玛管理所取得的显著成效。

这些成效表现在：①通过实施数百个六西格玛改进项目，累计取得收益 11.6 亿元。②截至 2009 年，647 人通过了全国注册六西格玛黑带考试，位居全国首位。一些优秀黑带人员晋升到更重要的管理岗位，在质量改进中发挥了更重要的作用。③将跨流程技术质量攻关团队、QC 小组活动、SPC 控制点、现场 TPM 活动等整合于六西格玛改进体系，形成了系统的改进方法体系，流程的优化和资源的整合大大促进了公司整体改进效率的提高。④广泛的跨部门团队活动有效地促进了太钢管理部门和上下工序之间的无边界合作。六西格玛管理与信息化建设的协同推进，使全公司"用数据说话"的水平达到了一个新的高度，形成了以六西格玛为核心，以"精细化、信息化、国际化"为目标的精细文化。

太钢六西格玛实践的不懈努力及其取得的多方面的良好成效，使其在 2005—2007 年连续三年获得中国质量协会授予的"全国六西格玛管理推进先进企业"称号。太钢品质部大力支持此次标杆学习活动，从企业六西格玛推进情况介绍、优秀六西格玛项目展示、公司六西格玛推进中坚领导、骨干经验分享，到新炼钢、新热轧及新冷轧三个厂的现场参观，内容介绍翔实、生动，为其他企业深刻了解太钢六西格玛推进的精华所在、从中吸取值得借鉴的经验、在其他企业成功开展了六西格玛质量改进活动提供了有益的帮助。六西格玛系统改进方法和统计过程控制技术，如过程能力分析、控制图等，已成为太钢为市场提供品质不断提升的产品与服务从而获得持续竞争力的最得力的质量改进动手。

质量改进具有内在的系统性，首先，必须明确质量问题的类型与质量改进的概念；其次，应树立预防和过程控制与改进的理念，掌握过程能力分析与过程控制的技术，及时发现质量问题，查找异常原因，作出相应的质量改进；最后，应掌握系统改进方法，使质量改进工作规范化、系统化，有章可循、有法可依。

(资料来源：太钢企业标杆学习及研修活动成功举行. 中国质量网. http://www.caq.org.cn/html/6Sigma_news/2010-7/30145909.shtml，2010-07-30.)

思考题：
(1) 六西格玛管理的主要内容有哪些？
(2) 六西格玛管理对项目或企业的作用表现在哪几个方面？
(3) 六西格玛管理的大体步骤包括哪些？

六西格玛是一种改善企业质量流程管理的技术，以"零缺陷"的完美商业追求，带动质量成本的大幅度降低，最终实现财务成效的提升与企业竞争力的突破。一般来讲，六西格玛包含以下三层含义：①它是一种质量尺度和追求的目标，定义方向和界限。②它是一套科学的工具和管理方法，运用 DMAIC(Define, Measure, Analyze, Improve, Control)或 DFSS(Design For Six Sigma)的过程进行流程设计和改善。③它是一种经营管理策略。六西格玛管理是在提高顾客满意程度的同时降低经营成本和周期的过程革新方法，它是通过提高组织核心过程的运行质量，进而提升企业赢利能力的管理方式，也是在新经济环境下企业获得竞争力和持续发展能力的经营策略。

3.1 六西格玛概述

3.1.1 六西格玛的由来

回顾六西格玛产生的历史，可以追溯到 20 世纪 70 年代的美国。当时美国的经济社会处于激烈的动荡之中，原因是日本越来越多的产品以优异的质量和低廉的价格不断击败美国产品，甚至美国本土的市场蛋糕也被日本竞争对手蚕食。

1974 年摩托罗拉公司迫于压力，不得不卖掉电视机业务，又于 1980 年在日本竞争者面前失去了音响市场，接着其移动电话业务也因质量等问题而走下坡路，导致摩托罗拉移动通信业务方面的绝对领导地位逐步丧失。摩托罗拉公司意识到，最关键的问题是质量问题。买下摩托罗拉电视机业务的日本松下公司更是令摩托罗拉惊讶：日本人雇佣相同的工人，使用相同的厂房和机器，在运用戴明(W.Edwards.Deming)的质量管理原理进行适当的质量改进后，将制造过程中的缺陷率从 15%减少到 4%。

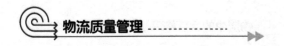

这一惊人的突破，让摩托罗拉深刻地认识到了自己与日本竞争对手之间的巨大差距。摩托罗拉决定投入大量的时间和精力进行仔细地分析和研究，以提高产品质量，使其业绩和顾客满意度均得到了大幅度的提高。

推行 6σ 两年之后，摩托罗拉的努力得到了回报，它获得了由美国政府所颁发的马尔科姆·波多里奇国家质量大奖，其后又获得了日本制造业的 Nikkei 奖。由此，摩托罗拉重新确立了它在国际上电子产品制造商的领先地位。

另一个与 6σ 紧密联系的名字是 GE——通用电气公司。正是由于杰克·韦尔奇(Jack Welch)这位著名的 CEO，自 1996 年起，在 GE 的全球范围内掀起了推广 6σ 的热潮，才使得 6σ 成为全球企业界竞相追逐的对象。与摩托罗拉最大的不同点在于，GE 不只是将 6σ 的推广范围限制在生产制造领域，而是把它延伸到市场、销售、客户服务、供应链管理及电子商务等各个角落。这样，不但提高了营销利润率，改善了与客户的关系，带来了数以百亿计的节约成本，更重要的是改变了公司的面貌。这使得部门众多、分布在全球各个角落的庞大企业具有小公司一样的灵活性，极大地提高了它的产品、工作质量及全球竞争力。杰克·韦尔奇曾经充满激情地描述 6σ：它像野火一样蔓延到整个公司，改变着我们的工作方法。

自通用电气公司之后，所有公司都将 6σ 管理战略应用于组织的全部业务流程的优化，而不仅仅局限于制造流程。更有越来越多的服务型企业，如美国最大的花旗银行、全球最大的 B2C 网站亚马逊等企业也成功地采用了六西格玛管理战略来提高服务质量，从而提升了客户忠诚度。所以六西格玛管理已不再是一种单纯的、面向制造型业务流程的质量管理方法，同时也是一种有效的提高服务业务水平的管理方法和策略。在六西格玛管理显著成效的影响下，甚至有一些政府机关也采用六西格玛来改善政府服务。

🗝 小知识

目前，美国公司的平均水平已经从十年前的 3σ 左右提高到接近 5σ 的程度，而日本已经超过 5.5σ 的水平。可以说，西格玛水平已成为衡量一个国家综合实力与竞争力的最有效的指标。

近几年来，随着国内外企业经营合作的不断加深，国内企业的不断成长壮大，国内对 6σ 的需求也不断增强。国内某些大企业如宝钢、海尔对实施 6σ 管理都作了些尝试。

 知识拓展

六西格玛的早期记载

工程师迈克·哈里(Mikel Harry)是整个摩托罗拉公司改进行动中的关键人物。1987 年，根据他和其他几位同事的研究发现，他们向首席执行官(CEO)鲍伯·高尔文(Bob Galvin)提交了一份题为"六西格玛机械设计公差"的文件，提出了如何减少或消除缺陷、提高产品质量的一些具体办法。那时的统计数据表明他们当时的质量水平处于四西格玛，即每一百万个机会中有 6 210 个缺陷(6 210 DPMO)，而六西格玛则是通过改进要实现每一百万个机会中有 3.4 个缺陷(3.4 DPMO)的目标。于是，公司将这份规划命名为六西格玛(6σ)方案。从此，一整套踏实严谨的行动计划开始在摩托罗拉公司的运营中得到了严格的执行，而不是仅仅停留在书面上，这一切使摩托罗拉的产品质量有了质的飞跃。

3.1.2 六西格玛的含义

关于六西格玛管理的概念，迄今为止在管理学界尚没有一个统一的定义。管理专家罗纳德·斯尼(Ronald Snee)先生将六西格玛管理定义为"寻求同时增加顾客满意和企业经济增长的经营战略途径"。六西格玛管理专家托马斯·派兹德克(Tom Pyzdek)说："六西格玛管理是一种全新的管理企业方式。六西格玛主要不是技术项目，而是管理项目。"综合管理学家对六西格玛管理含义的论述，六西格玛管理可以归纳为：一种以顾客为中心，以质量经济性为原则，以数据为基础，以"黑带团队"为组织架构，以严格的项目策划为手段，采用DMAIC改进方法和DFSS设计方法，实现以质量创效益目标的现代管理方法。

1. 六西格玛的概念

1) 六西格玛是一个统计工具

西格玛(σ)在统计学上用来表示数据的分散程度，是一个描述最终结果与标准值偏差的专业统计术语。对连续可计量的质量特性，用"σ"度量质量特性总体上对标准值的偏离程度，具体如图3.1所示。

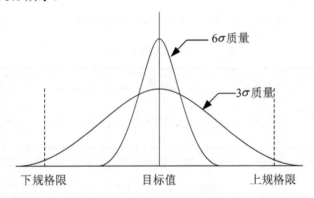

图3.1　"σ"度量图

例如，在车间制作100个轴承，每个轴承都有可能与其他任何一个稍有不同，实际的加工材料、工具、方法，以及设备都会影响质量，针对制作轴承的过程，按照衡量标准对每一个轴承加以度量，会发现每个轴承的度量值都有可能不同。管理者可以通过对多个轴承制作工序的度量，从中采集大量的数值。分析这些数值会发现，它们的变化程度常常在一定程度上符合一些特定的分布。例如，规定每个轴承要求的均值为80mm，制作出轴承的分布如图3.2所示。分布的特性客观地反映出相应的工作质量特性。

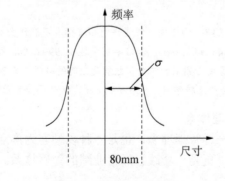

图3.2　轴承的正态分布

不难发现，轴承的尺寸分布符合正态分布，描述上述分布的构成最重要的指标分别是均值 μ 和标准差 σ。其中均值表明分布的中心位置，标准差反映分布的离散程度。管理学者与科学家试图根据数理统计的原理，客观地评价数据并据此有效地控制工作过程。为了完成上述工作，需要寻找到一个有效地衡量分布规律的标准，而表示一组数据离散程度的指标 σ 便成为一个有效的指标。

小知识

在美国通用电气公司的培训教材中，σ 有两种含义：一是表示一个过程围绕平均值的离散程度；二是用 σ 的个数衡量工作过程的质量。

以正态分布为例，从一个具体分布的平均值向两侧各移动 1 个 σ 的距离，落入该区间的概率是 68.26%，落入各 2 个 σ 区间的概率为 95.46%，落入各 3 个 σ 区间的概率为 99.73%，而落入各 6 个 σ 区间的概率为 99.999 66%。

知识要点提醒

表 3-1 显示了不同区间的合格品率，合格品率是按照平均值偏移标准中心 1.5 个 σ 的情况下算出来的。

表 3-1　不同 σ 值下的合格品率

σ 值	ppm 值	C_P 值	合格品率/(%)
1σ	691 500	0.33	30.85
2σ	308 537	0.667	69.15
3σ	66 807	1	93.32
4σ	6 210	1.33	99.38
5σ	233	1.667	99.977
6σ	3.4	2	99.999 66

注：C_P 为过程能力指数。

由此可见，对连续可计量的质量特性，用"σ"度量质量特性总体上对标准值的偏离程度。可以看出，σ 越多，产品质量与标准值偏差越小，合格率越高，产品的质量越好。其次，用另一个与合格率相反的参数——缺陷率，以具体的数据来理解西格玛多少对质量的影响。以缺陷率计量质量特性时，用"σ"度量。

知识拓展

一般企业的瑕疵率大约是三四个西格玛，但这样的品质标准不能让企业具有竞争力。从 3σ 到 6σ 是一个持续改进的过程；如果持续改进到 6σ，合格率则高达 99.999 66%，每百万次机会中只有 3.4 次出错的机会，这实际上是不允许出现发生错误的机会，也就是完美的极限。从 3σ 到 4σ，企业可以自行改善；从 4σ 到 5σ，必须寻找目标企业比较学习；从 5σ 到 6σ，就必须全方位高要求才能达到目标。

2) 六西格玛是一种管理体系

六西格玛管理不仅是一种管理理念，也是一种以顾客为焦点、通过业务流程优化达到管理目标的有效管理方法，更是一套改善经营业绩的管理体系。它能将理念变成行动，将目标变成现实。

人们常把六西格玛说成"一次做对""缺陷率低于 3.4ppm"等。六西格玛管理实际上需要从公司的经营哲学、经营战略，以及经营方法等层面来讨论的。具体如图 3.3 所示。

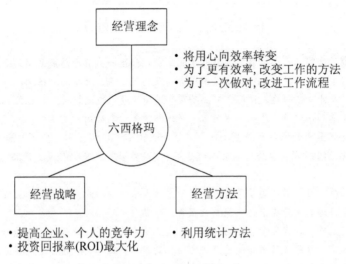

图 3.3　六西格玛的含义

从经营哲学来看，六西格玛管理的目标是要改变旧的观念。我们一直在下决心"认真"工作，并将"认真"态度付诸行动；但如果认真想一想，就会发现原来我们是在"认真"地重复着无数次的错误行动。我们需要改变这种"认真"的观念，而建立一个新的"做好"的观念。因此，从一开始就要找到正确的工作方法并做好，这就是六西格玛管理的哲学。

为了找到将事情做好的方法，要根据"事实"(fact)推进，要根据现场"数据"(data)，并利用统计方法获取有用的信息。六西格玛就是利用了统计理论，找到了好的方法，提高了企业的竞争力。

2. 六西格玛的特点

1) 以顾客为关注的焦点，提高顾客满意度和忠诚度

"顾客是上帝"这句并不陌生的话时刻提醒我们：顾客需要什么，怎样才能让顾客满意，怎么样才能让顾客下次还来找我们合作；获得高的顾客满意度是企业追求的目标，只有在顾客的需求得到满足后，才会有高的满意度和忠诚度。顾客的需求是动态变化的，在每个时期内都会有相应的侧重点，我们应该长期跟踪顾客的需求，而不是一次性或短期收集顾客的需求。根据顾客的需求，确定管理项目，将重点放在顾客最关心、对团队影响最大的方面。

顾客是你工作能影响到所有的人，对一个团队而言，可以分为外部顾客和内部顾客两大类。外部顾客不是提供产品或服务的团队的某个组成部分，而是使用产品或接受服务的人，当然也有其他类型的顾客。这也是我们通常狭义上理解的顾客。内部顾客是团队内部在某种程度上受你工作影响的那些人。在团队内部，包括前后工段、各相关部门等都是内部顾客。

案例 3-1

伊莱克斯：总裁敲开百姓家

一位衣冠楚楚的外国客人小心翼翼地敲开了北京市朝阳区一户普通居民的家门。在主人的热情引导下，这位客人进屋后不仅仔细地观察了这套居室的布局及厨房、卫生间的结构，认真地察看了家中各种家电的品牌、功能，还向主人询问了有关购买和使用这些家电的情况。看这位客人对所有家电都十分感兴趣，主人感到很惊讶。原来，这位客人是瑞典伊莱克斯公司的首席执行总裁利福·约翰森。

伊莱克斯是全球最大的家电生产商之一，其冰箱、洗衣机、吸尘器、空调、厨房设备等的产量在全世界名列前茅。1995年，该公司向全球销售了5 500万套家电及厨房设备产品，销售收入达160多亿美元。

跨国公司总裁深入百姓家是为了了解消费者的生活需求，并以此需求作为企业生产、经营的决策依据。只有掌握了顾客的消费要求，才能成竹在胸，胜券在握。

与顾客进行交流作为现代质量管理的手段对于发达国家的许多企业来说已成为一种武器。在他们看来，企业不搞顾客调查而进行营销决策是不可思议的。在美国 73% 的企业设有正规的情报收集部门，有些情报收集部门设在市场部下，现在有一种趋势将它们设在质量管理部门(有些企业干脆将质量管理部门更名为顾客满意部)，这些情报机构负责对产品或服务进行调查预测、数据分析等工作，并且对竞争对手的情报进行搜集。美国各大公司的情报机构经费约占经销额的3.5%，这些调查成果能为企业带来千百倍的回报。

(资料来源：同济大学精品课程. http://sem.tongji.edu.cn/semCourse/index/index.html)

2) 六西格玛强调"用数据进行说话，用数据进行决策"

所有的生产能力、执行能力、成本、利润等都可以量化为具体的数据，决策者可以从数据中找出问题出在哪里，真实掌握产品的合格情况、客户的抱怨情况、产品交货期等，从而对症下药进行改善。六西格玛还可以把一些难以测量和评价的工作质量及过程质量，变得像产品质量一样可以用数据进行评价，从而有助于获得改进机会，达到减少缺陷的目的。

3) 六西格玛提供了流程改进方法

针对不同的目的与应用领域，专业化的改进过程可以包括：六西格玛产品或服务过程改进流程，六西格玛设计流程等。传统的质量管理理论往往侧重结果，通过在生产终端加强检验以及开展售后服务来确保产品质量。然而，生产过程中产生的废品和售后服务额外的开支均消耗了企业的利润；更严重的是，存在一定比例的不合格产品已经形成了定性思维，人们逐渐失去了主动改善的意识。六西格玛理论将重点放在产生缺陷的根本原因上，认为高质量是靠流程的优化，而非对最终产品的严格检验来实现的。检验只是对产品是否合格进行判断，贴一个"合格"或者"不合格"的标签；合格的产品是生产出来的，而不是检出来的；合格的产品也不是最终一道工序生产出来的，而是每一道工序都合格才行。企业应当从流程层面切入，关注流程是否增值，把资源放在认识流程、改善流程、优化流程和控制流程的体系上，并采用专业的方法和工具，建立良性循环，消除无价值的成本浪费，缩短生产周期等。质量不是企业内部某个人或某个部门的事，而是每一位员工的事；每位员工应做到自己本职岗位不出错，对别人负责。

4) 主动管理

改善 6σ 强调发挥人的主观能动性。一味地墨守成规，只会被动挨打，只有充分发挥个人的主动性才会适应变革时代的要求。因此，必须主动出击、化解危机、承担责任、推进改革。六西格玛发挥主观能动性的流程步骤，具体如图 3.4 所示。

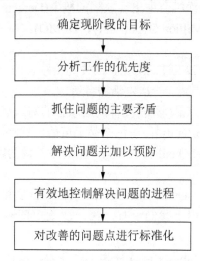

图 3.4　六西格玛主动管理流程图

5) 无界限的合作

改善 6σ 强调项目团队的合作精神，只有无边界的合作，打破部门与部门之间的界限和组织内部的沟通障碍，营造一种和谐轻松、团结拼搏的氛围，为了一个共同的目标，才可能取得成功。

知识要点提醒

在六西格玛管理法中无界限合作并不意味着无条件的个人牺牲，这里需要确切地理解最终用户和流程中工作流向的真正需求，更重要的是，它需要各种有关顾客和流程的知识使各方同时受益，由于六西格玛管理是建立在广泛沟通基础上的，因此六西格玛管理法能够营造出一种真正支持团队合作的管理结构和环境。而联结这种无边界合作的"纽带"就是那些有着强烈使命感的黑带。

6) 追求完美，容忍失败

任何将六西格玛管理法作为目标的组织都要朝着更好的方向持续努力，同时也要愿意接受并应对偶然发生的挫折。组织不断追求卓越的业绩，勇于设定六西格玛的质量目标，并在运营中全力实践。但在追求完美的过程中，难免有失败，这就要求组织有鼓励创新、容忍失败的氛围。

7) 强调骨干队伍的建设

六西格玛管理方法比较强调骨干队伍的建设。其中，倡导者、黑带大师、黑带、绿带是整个六西格玛队伍的骨干，并对不同层次的骨干进行严格的资格认证制度。如黑带必须在规定的时间内完成规定的培训，并主持完成一项增产节约幅度较大的改进项目。

3. 常用度量指标

我们可以借助许多缺陷评估方法度量六西格玛质量水平。由于缺陷方法有简单、一致和可比性等特点，在六西格玛团队活动中经常被采用。常用的指标有单位产品缺陷率(Defects Per Unit，DPU)、每次机会中出现缺陷的概率(Defects Per Opportunity，DPO)、每百万机会缺陷数(Defects Per Million Opportunity，DPMO)。

1) 常用术语

(1) 单元(元)(unit)：过程加工过的对象，或传递给顾客的一个产品及一次服务，通常是对其计数的物和事。如一件产品、一次电话服务等。

(2) 缺陷(差错)(defect)：产品(服务)没有满足顾客的需求或规格标准。

(3) 缺陷机会(defect opportunity)：单位产品上可能出现缺陷的位置或机会。

(4) 关键质量特性(Critical Quality，CTQ)：指满足关键的顾客要求或过程要求的产品、服务或过程特性。

(5) 劣质成本(Cost of Poor Quality，COPQ)：或称不良质量成本。它是由于质量不良而造成的成本损失，或者说是由于我们没有"第一次就把事情做对、做好"而额外付出的成本。

(6) 过程能力(process capability)：或称为工序能力，是指处于稳定状态下的过程(或工序)实际的加工能力，它是衡量过程加工内在一致性的标准。

(7) 过程能力指数(process capability index)：表示过程能力满足产品技术标准程度。技术标准是指加工过程中产品必须达到的质量要求，通常用标准、公差(容差)等来衡量，一般用符号 T 表示。质量标准(T)与过程能力(B)之比值，称为过程能力指数，记为 C_p。

2) 单位产品缺陷率 DPU

单位产品缺陷率，是过程输出的缺陷数与该过程输出的单位数的比值。可以通过下式计算得到

$$DPU = \frac{缺陷数}{单元产品数} \tag{3-1}$$

3) 机会缺陷率 DPO

机会缺陷率，表示了每次机会中出现缺陷的概率。可以通过下式计算得到

$$DPO = \frac{缺陷数}{产品数 \times 机会数} \tag{3-2}$$

4) 百万机会缺陷数 DPMO

百万机会缺陷数，是 DPO 以百万机会的缺陷数表示，即 DPMO=DPO×10^6，其单位为 ppm(parts per million，百万坏品率)，可以通过下式计算得到

$$DPMO = \frac{缺陷数}{产品数 \times 机会数} \times 10^6 \tag{3-3}$$

知识要点提醒

在 6σ 管理中常常将 6σ 水平与合格品率及缺陷数之间的关系对应起来，如表 3-2 和表 3-3 所示。

表 3-2　σ 水平与合格率及缺陷数之间的关系

σ 水平	无漂移		中心漂移±1.5σ	
	合格率/(%)	ppm 缺陷数	合格率/(%)	ppm 缺陷数
1.0	68.27	317 300	30.23	697 700
2.0	95.45	45 500	69.13	308 700
3.0	99.73	2 700	93.32	66 810
4.0	99.993 7	63	99.379	6 210
5.0	99.999 943	0.057	99.976 7	233
6.0	99.999 999 83	0.000 18	99.999 66	3.4

表 3-3　不同质量水平的比较

99%(3.8σ)	99.999 66(6σ)
每小时丢失 2 万件邮件	每小时丢失 7 件邮件
每天有 15min 有不安全自来水	每 7 个月有 1min 有不安全自来水
每星期有 5 000 例不成功的外科手术	每星期有 1.7 例不成功的外科手术
在一些主要机场每天有 2 次航班不能降落	在一些主要机场每 5 年有 1 次航班不能降落
每月有 7h 停电	每 34 年有 1h 停电

小思考

顾客对起重机的某零件有 7 项关键要求,在生产出的 450 个零件中,发现了 45 个缺陷。计算该过程的 DPO 和 DPMO。

3.2　六西格玛的实施

3.2.1　六西格玛的组织管理

实施六西格玛管理,需要组织体系的保证和各项管理职能的大力推动。因此,导入六西格玛管理时应建立健全组织结构,将经过系统培训的专业人员安排在六西格玛管理活动的相应岗位上,规定并赋予明确的职责和权限,从而构建高效的组织体系,为六西格玛管理的实施提供基本条件和必备资源。

1. 六西格玛管理组织形式

六西格玛管理的组织系统一般分为三个层次,即领导层、指导层和执行层。领导层通常由倡导者(一般由企业高层领导担任)、主管质量的经理和财务主管组成六西格玛管理领导集团或委员会;指导层由本组织的技术指导或从组织外聘请的咨询师组成;执行层由执行改进项目的黑带和绿带组成。

各层次的管理包括以下活动。

(1) 领导层负责执行六西格玛管理的战略计划活动,内容包括制订六西格玛管理规划、提供资源,审核结果。

(2) 指导层负责执行六西格玛管理的战术活动,内容包括组织培训、指导项目、检查进度。

(3) 执行层负责执行六西格玛管理的作业活动,内容包括按 DMAIC 方法开展项目改进活动。六西格玛管理组织结构如图 3.5 所示。

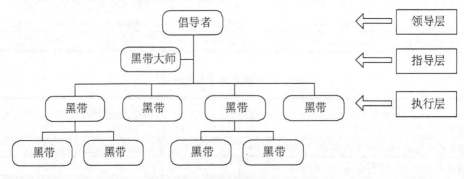

图 3.5　六西格玛管理组织结构图

2. 六西格玛管理组织结构中各职位的描述

1) 倡导者

倡导者一般由组织高级管理层组成,大多数为兼职,通常由分管质量的副总经理担任。倡导者的工作通常是战略性的,全面负责整个组织内六西格玛管理的组织和推行,其主要职责是部署六西格玛管理的实施战略,选择具体项目,分配资源,对六西格玛管理的实施过程继续监控,确认并支持六西格玛管理的全面推行。

2) 黑带大师

"黑带"(black belt)这个词来自军事领域,指那些具有精湛技术和本领的人,绿带、黑带、黑带大师分别代表不同的级别,标志着受训程度和专业水准。黑带大师要通过正式的认定,而且必须通过一个严格的能力发展确认过程,一般平均 15 个月,在此过程中,黑带大师要接受与六西格玛管理工具相关的更深层次的统计技术培训,接受推进技能及领导艺术方面的培训,并要求至少完成一个 100 万美元以上的项目。

小知识

20 世纪 90 年代,摩托罗拉公司将其引入六西格玛管理培训中,并几乎专指制造业里与产品改进相关的技术人才,延续至今,黑带的界定已经相当广泛了。黑带大师熟练掌握统计技术和工具及其他相关技术,是六西格玛项目的教练,在六西格玛管理运行中提供技术支持。其主要职责是选择、批准六西格玛项目,组织、协调项目的实施,挑选、培训和指导黑带。

3) 黑带

企业全面推行六西格玛管理中的中坚力量就是专职的实施人员——黑带。他们是六西格玛项目的小组领导人,负责六西格玛改进项目的具体执行和推广,为员工提供六西格玛管理工具和技术培训,对改进项目提供一对一的技术支持。

黑带的职责在不同组织中有不同的规定。有的强调管理和监督作用；有的主要负责日常变更、项目领导。这两种模式都非常有效。

4) 绿带

绿带为兼职人员，通常由组织中各基层部门的骨干或负责人担任，他们在六西格玛管理中负责组织推行基层改进项目，侧重于将六西格玛管理应用于每天的工作中。

资料卡

在六西格玛团队中，每100名员工需配备1名黑带，每10名黑带需配备1名黑带大师。

3.2.2 六西格玛的实施流程

1. 辨别核心流程和关键客户

随着企业规模的扩大，产品和服务呈现出多标准化，人们对实际工作流程的了解越来越模糊。因此，获得对现有流程的清晰认识，是实施 6σ 管理的第一步。与辨核心流程和关键顾客有关的三项主要活动如图3.6所示。

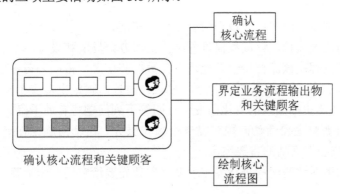

图3.6 确认核心过程和关键顾客

1) 确认核心流程

"核心流程"是指向外部顾客提供价值(产品、服务、支持、信息)的一条任务链，通常涉及不同的部门或职能。除了核心流程，每个公司还有一些向价值创造活动提供重要资源或输入的"支持"或"辅助"过程。核心流程是六西格玛管理的突破性概念之一。

(1) 核心流程。任何企业都有一些重要的活动。尽管在不同组织中对它们有不同的称谓或被分成较小的单元，下面的描述都可以帮助确保是否将全部主要过程都包含在内。

① 顾客获取：为公司吸引或维系顾客的流程。

② 订单管理：该流程意味着去解释或追踪顾客对产品或服务的需求。

③ 订单履行：该流程的任务是生产、准备、发送顾客订购的货物。

④ 顾客服务或支持：这些活动的目的在于发货以后维持顾客的满意度。

⑤ 开发新产品或新服务开发：构思、设计并适时向顾客提供新的附加值的服务。

⑥ 开发票和收款(可选项)：该流程属于核心流程还是辅助流程还有待确认。

小知识

虽然从技术上讲开发票和收款不是价值传递过程的一部分，但是它也是维系公司与顾客之间双赢关系从而保证公司获得财务成功的关键环节。因此将它当作核心流程也是合理的。

(2) 辅助流程。在组织的"支持性"职能中也有为核心流程提供使其发挥功能的关键资源和能力的标准流程。由于把一些部门划入了主要流程，因此下面所列的这些标准流程会略显具体。

① 资金获得：为公司开展业务和实施战略提供财务资源的流程。

② 资产最大化：运用现有资金赢得与公司价值战略目标一致的尽可能大的回报。

③ 预算：该流程规划一段时间内的资金分配。

④ 招聘：该流程不断吸纳新员工来完成公司工作。

⑤ 员工绩效评估和报酬：该流程按员工为公司所做的工作和所创造的价值来评估其工作绩效，并支付他们的报酬。

⑥ 人力资源培训和开发：该流程要求员工为当前工作和未来工作的需要做好技巧和知识方面的准备。

⑦ 遵守规章制度：确保公司遵守所有法律和法规。

⑧ 基础设施建设流程：该流程提供并维护公司办公场所和设备。

⑨ 信息系统流程：该流程传输并处理有关数据和信息，推动公司各项决策。

(3) 确定公司的核心流程需要花费一段时间。而且，确定出多少个核心流程也随着企业性质以及战略和历史等因素的变化而变化。回答下列问题将有助于确认核心流程。

① 企业通过哪些主要活动向顾客提供产品和服务？这个问题是你确定核心流程的起点——价值是"核心"活动的首要因素。

② 怎样确切地对这些流程进行界定或命名？首先要给它们贴个标签，可以以后再反复斟酌。

③ 用来评价这些流程绩效或性能的主要输出结果是什么，递送给顾客的最终产品质量是一个流程最重要的成功标准。

2) 界定业务流程输出物和关键顾客

在该过程中，应尽可能避免将太多的项目和工作成果堆到"输出物"栏目下，以免掩盖主要内容，抓不住工作重点。对于关键顾客，并不一定是指企业外部顾客；对于某一流程来说，其关键顾客可能是下一个流程，如产品开发流程的关键顾客是生产流程。确定了核心流程后就要确定关键输出物。我们不能把所有的项目或工作的成果都堆到"输出物"栏目下。在辨别了核心流程与关键顾客以后就可以绘制核心流程图了。

资料卡

如果一个公司每天生产很多东西，其中只有一些是出售给最终消费者的，那么全部产品就不是关键输出物。从核心流程的角度看，目前只有最终产品或主要产品才和关键输出物有关，而只有关键输出物所对应的顾客才是关键顾客。例如，"吸引顾客"流程的输出结果只是某种与顾客达成交易的协议，它的"顾客"可能只是另一个核心流程——比如说订货管理流程或者生产流程，他们并不是关键顾客。

3) 绘制核心流程图

在辨明核心流程的主要活动的基础上，将核心流程的主要活动绘制成流程图，使整个流程一目了然。SIPOC 图是过程管理和改进中最有用且最常用的技术之一，它被用来"一览无余"地呈现工作流程。SIPOC 图的名字来自其五个要素的首字母。

(1) 供应商(Supplier)——向核心流程提供关键信息、材料或其他资源的人或组织。之所以强调"关键"，是因为一个公司的许多流程都可能会有为数众多的供应商，但对价值创造起重要作用的只是那些提供关键东西的供应商。

(2) 输入(Input)——供应商提供的资源等。通常会在 SIPOC 图中对输入的要求予以明确，例如输入的某种材料必须满足的标准，输入的某种信息必须满足的要素等。

(3) 流程(Process)——使输入发生变化成为输出的一组活动，组织追求通过这个流程使输入增加价值。

(4) 输出(Output)——流程的结果即产品。通常会在 SIPOC 图中对输出的要求予以明确，例如产品标准或服务标准。输出也可能是多样的，但分析核心流程时必须强调主要输出甚至有时只选择一种输出，判断依据就是哪种输出可以为顾客创造价值。

(5) 顾客(Customer)——接受输出的人、组织或流程，不仅指外部顾客，而且包括内部顾客，例如材料供应流程的内部顾客就是生产部门，生产部门的内部顾客就是营销部门。对于一个具体的组织而言，外部顾客往往是相同的。

使用 SIPOC 图的作用：首先，SIPOC 图可以是团队人员对要改进的过程有一个基本的了解；其次，除了可以帮助团队定义项目的过程边界之外，还可以帮助团队领导寻找团队成员；最后，可以帮助团队确认谁是顾客和供应商以及帮助团队在后续过程中确认变量有哪些。

案例 3-2

菲尔德弗里希：公司的核心过程输出

六十多年来，菲尔德弗里希公司通过中西部的零售商店销售了许多灌装和冷冻水果及蔬菜。菲尔德弗里希品牌因享有高品质的声誉和 8 个州市场的忠诚顾客而获利颇丰。当菲尔德弗里希公司正如既往地赢利时，公司意识到六十年来时代变化很大，而自己却一直没有很大变化。

由于公司董事会的施压，菲尔德弗里希公司的管理层决定实施六西格玛路径图中的步骤一：努力绘制以过程为中心的菲尔德弗里希公司的组织"概图"。

在公司的例会上，5 位高层管理者商定出了例会的议程：确认企业的主要过程或"核心"过程。他们的第一份清单混杂了很多活动或团体，包括薪水名册、供应商关系、开票、媒体采购、商标设计等。之后，在助手的帮助下，他们开始把非核心活动转移到单独的辅助智能和过程清单上，并按大类重新组织核心过程。最后他们把清单缩减为 4 个核心过程：物料供应、产品开发、生产与配送、顾客和零售商营销。

在下一次例会前，菲尔德弗里希公司的每一位副总都被分配了一项任务：为已确定的核心过程草拟主要输出和顾客。因为顾客可能是一个人或一群人，所以他们认为可以把某个部门当作一个核心过程顾客，即使它可能是另一个过程的第一步。

例如，财务副总哈尔·科洛特梅耶负责"产品开发"过程。他列出 3 个输出，其对应不同的顾客。

输出 1：产品方案；顾客：工厂技术支持、供应商关系。

> 输出2：工艺具体说明；顾客：工厂工程。
> 输出3：顾客测试数据；顾客：促销计划、经纪人或分销商。
> 人力资源副总艾尔·方吉的任务是"物料供应"，只有一个主要输出。
> 输出：农产品(原料)；顾客：工厂技术支持(它负责配方性产品)或生产(它直接接受要进行新鲜灌装或新鲜冷冻的农产品)。
> 在当地会议中心召开的全体管理人员大会上，4个过程委员分别介绍了他们的核心过程SIPOC图。之后，公司正式发起了一项名为"菲尔德弗里希3000"的活动，目的是使公司在竞争和增长上全方位地向下一个千年迈进。
>
> (资料来源：彼得·潘迪，罗伯特·纽曼，罗兰·卡瓦纳. 六西格玛管理法：世界顶级企业追求卓越之道. 马钦海，陈桂云译. 北京：机械工业出版社，2011.)

2. 定义顾客需求

在六西格玛努力的初期，应该首先关注顾客的优先次序要求，而不是调整全部的顾客追踪活动。因为真正倾听顾客的意见对企业的成功来说非常重要。无论如何，我们都将首先开始这项比较重要的行动，需要完成如图3.7所示的任务。

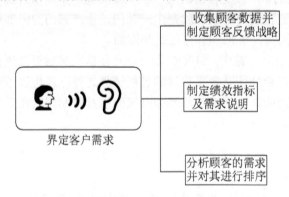

图3.7 界定客户需求

(1) 收集顾客数据并制定顾客反馈战略。缺乏对顾客需求的清晰了解，是无法成功实施 6σ 管理的。即使是内部的辅助部门，如人力资源部，也必须清楚了解其内部顾客——企业员工的需求状况。建立顾客反馈系统包括以下关键内容。

① 将顾客反馈系统视为一个持续进行的活动，将其看做长期应优先处理的事情或中心工作。

② 听取不同顾客的不同反映，不能以偏概全，由于几个印象特别深刻的特殊案例而形成片面的看法。

③ 除市场调查、访谈、正式化的投诉系统等常规的顾客反馈方法之外，积极采用新的顾客反馈方法，如顾客评分卡、数据库分析、顾客审计等。建立顾客反馈系统的方法如表3-4所示。

表3-4 顾客反馈系统方法

传统方法	新一代方法
调查	定向和多层访谈及调查

续表

传统方法	新一代方法
关键小组调查	顾客积分卡
访谈	数据仓库或数据挖掘
正式投诉系统	顾客或供应商"审计"
市场研究	质量功能展开（QFD）
购物者计划	

④ 掌握顾客需求的发展变化趋势，这样才能有助于企业走在市场偏好变化的前头及察觉新的挑战等。

⑤ 对于已经收集到的顾客需求信息，要进行深入的总结和分析，并传达给相应的高层管理者。

(2) 制定绩效指标及需求说明书。顾客的需求包括产品需求、服务需求或是两者的综合。对不同的需求，应分别制定绩效指标。

 知识要点提醒

如在包装食品订货流程中，服务需求主要包括界面友好的订货程序、装运完成后的预通知服务、顾客收货后满意程度监测等；产品需求主要包括按照时间要求发货、采用规定的运输工具运输、确保产品完整等。表 3-5 列举了一些例子。

表 3-5　服务和输出需要举例

过　　程	服务需求		输出需求	
	典型需求	输　　出	典型需求	
汽车销售/采购过程	(1) 及时关注（不超过 2 分钟）； (2) 缺少压力（每 10 分钟询问顾客一次）； (3) 能够进行驾驶测试（所有车都可以开出停车场）	汽车	(1) 引擎在 0.5 秒内发动； (2) 汽油里程数等于或超过额定等级； (3) 门锁开启方便	
抵押贷款申请/批准过程	(1) 按顾客的时间安排完成贷款申请； (2) 包括与申请有关的必要文件清单； (3) 在 15 天内通知申请人结果	抵押贷款	(1) 按合同拨款； (2) 贷款文件数据的准确； (3) 有吸引力的利率	
包装食品批发订货过程	(1) 顾客友好的订货过程（可传真的表格）； (2) 货物起运时通知顾客（电话或电传）； (3) 顾客跟踪，确保对订货满意（准时到达、产品未损坏）	包装食品送达	(1) 按要求日期交付； (2) 满托盘装货； (3) 货品完好（未损坏）	

一份需求说明，是对某一流程中产品和服务绩效标准简洁而全面的描述。在这个说明里应该阐述清楚产品和服务绩效的"可接受"标准和"不可接受"标准，同时应该与顾客

反馈相称。描述需求大致包括以下几个步骤。

① 辨别产品和服务的状况，描述顾客的需求是什么。

② 识别顾客或顾客细分市场，描述接受产品的对象是谁。

③ 复查有关顾客需求、期望、赞扬、抱怨等方面的现有资料，尽可能采用客观、量化的资料来描述顾客的需求，避免主观臆测。

④ 草拟一份需求说明(主要是设定一个有效的绩效标准)，把顾客所想的东西转换成可观察的东西，要求清晰、具体、可评估、易懂，不能含糊不清。

⑤ 修改草稿直至最后定稿。

表3-6提供了一些关于顾客绩效标准说明书的优劣对比示例。

表3-6　需求说明书实例

差的需求说明书	好的需求说明书
快速交付	在收到订单的3个工作日内交付(订单必须不迟于下午3点收到)
像对待家人一样对待所有病人	(1) 在病人进入候诊区20秒内打招呼； (2) 以姓氏加先生或女士来称呼所有病人； (3) 如果允许，以名字称呼病人等
产品易于组装，不需要太多的技术和专长	任何成人只用扳手和螺丝刀就能在15分钟内组装好一辆1200型号的自行车
自由退货政策	零售价在200元以下的商品无条件全额现金退货
申请书要简单	申请书最长不超过两项

(3) 分析顾客的需求并对其进行排序。分析顾客需求的常用方法是"Kano分析"。这是以日本咨询专家狩野纪昭(Noriaki Kano)的工作为基础创造的。根据"Kano分析"，通常把顾客需求划分成以下3类。

① 不满意状态或顾客的基本需求。确认哪些是顾客的基本需求，这些需求必须予以满足，否则顾客绝对不会产生满意感；公司满足了顾客的基本需求并不能说明它取得了顾客的满意，但是如果公司没有满足这些需求，顾客就绝对不会满意。这就是基本需求和不满意状态的关系。

② 满意状态或可变需求。哪些是顾客的可变需求，在这类需求上做得越好，顾客的评价等级就越高。

③ 高强状态或潜在需求。产品或服务的某些特征或因素超过顾客的期望值。哪些是顾客的潜在需求，如果产品或服务的某些特征超出了顾客的期望值，则顾客会处于喜出望外的状态。

3. 针对顾客需求评估当前行为绩效

除了培训活动外，评估也可能是任何企业六西格玛行动中最大的"投资"。图3.8概括了评估步骤的主要任务。

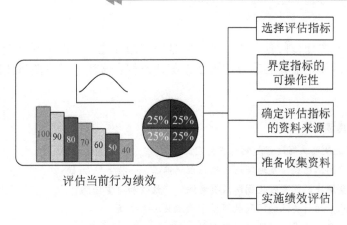

图 3.8 评估步骤的主要任务

如果公司拥有雄厚的资源，可以对所有的核心流程进行绩效评估。如果公司的资源相对有限，则应该从某一个或几个核心流程入手开展绩效评估活动。评估包括以下几个步骤。

(1) 选择评估指标。

🔑 **小知识**

标准有两条：①这些评估指标具有可得性，数据可以取得；②这些评估指标是有价值的，为顾客所关心。

(2) 对评估指标进行可操作性的界定，以避免产生误解。可操作性定义是指对评估量做一个清晰可理解的、不模棱两可的描述。如果对于评估量的定义有误解，往往会造成不可预想的后果，因此该定义所使用的术语精确性一定要很高。

(3) 确定评估指标的资料来源。必须保证资料来源绝对准确并能代表其评估的流程(或产品)和服务。

(4) 准备收集资料。对于需要通过抽样调查来进行绩效评估的，需要制定样本抽取方案。

(5) 实施绩效评估，并检测评估结果的准确性，确认其是否有价值。考虑以下 4 个重要的指标。

① 精确度：评估量和观测对象的准确性。

② 可重复性：一个人或一台检测设备对同一对象进行多次评估和观测得到的结果是否相同。

③ 可再生产性：两个或更多人检测同一事物取得的结果是否相同。

④ 稳定性：经过一段时间后，评估结果的精确度和可重复性是否会退化。

(6) 通过对评估结果所反映出来的误差，如次品率、次品成本等进行数量和原因方面的分析，识别可能的改进机会。

4. 辨别有限次序，编写项目宪章

最初项目目标和有关文件(即通常被称为"项目宪章")的编写，可以帮助改进团队确保其工作能够符合组织领导的期望。

1) 问题陈述

这是对"发生什么问题"的一个简明且集中的描述,可以是问题造成的损失或是需要把握的机遇。即使是最好的项目逻辑依据陈述也相当宽泛,所以改进团队通常需要将问题定义得更具体一点。

一份问题陈述及其编写过程起到以下作用。
(1) 保证改进团队已经清楚地理解了项目逻辑依据。
(2) 围绕着要解决的问题强化团队成员看法的一致性和"责任感"。
(3) 确保团队开始所关注的问题既不过于狭隘又不太宽泛。
(4) 评估那些有助于界定问题的数据。

表3-7概括了在制定问题陈述时你可能会提出的4个方面的关键问题。

表3-7 问题陈述的要素

问题陈述的结构	
问题是什么?	涉及了哪个过程?
	发生了什么问题?
	差距或机会是什么?
问题发生在何处/何时?	(1) 我们在何处可以观察到问题或差距? ——部门 ——领域 ——其他 (2) 我们在何时可以观察到问题或差距? ——时间(日/月/年) ——在某时之前或之后 ——其他
问题如何?	问题/差距/机会有多大? 怎样测量它?
问题的影响是什么?	问题/机会的影响是什么? 采取机会的好处或不采取行动的后果是什么?

2) 目标陈述

问题陈述和目标陈述是相辅相成的。目标陈述的结构可以描述成以下3个标准要素。

(1) 现在成果的描述。目标陈述应当以"减少""增加""消除"等动词开头(尽量避免使用"改进"这样太模糊的词)。

(2) 期望成果的可测量指标。指标应当用百分比或实际数字来把期望节省的成本,消除的缺陷或减少的时间等加以量化。

(3) 项目成果的时间期限或时间表。在项目初期设定的时间期限到后来可能需要修正,但是设立一个时间期限有助于集中资源和领导对项目的支持以及缩短项目周期。

3) 制约因素和假定条件

宪章的这部分内容也可以被称为"资源和期望",它可以帮助你澄清或用文件证实一些可能影响团队努力成效的限制条件和其他相关因素。一个常见的例子是时间的可用性:是否期望改进团队成员把时间100%都花在项目上?他们是否有充足的资源用于"常规"工作?

4) 初始问题或机会数据

由于不想让问题陈述超过2或3个句子,因此任何与识别和理解问题有关的测量都应当概况为宪章的一个相对独立的部分。项目负责人可以随着项目进展更新这些数据,或者就按项目开始时所得到的事实记录原封不动地加以保留。

5) 团队成员及责任

项目宪章还可能把参与六西格玛项目的人员名单列出来,包括团队成员、支持人员、指导或顾问人员,以及项目负责人或倡导人。

6) 团队指导方针

对团队如何合作的期望也可以纳入宪章。这方面的要素可能包括团队行动基本准则、管理会议的角色、决策过程或团队工作的其他方面。

7) 初步项目计划

仅有时间期限不能保证大多数团队在六西格玛项目过程中不偏离轨道。为一些关键事件明确和设定日期有助于团队成员保持高昂的精神状态并产生紧迫感。通常是让团队成员自愿而不是强制承诺完成事件的日期,但是有时候稍微改动一下也是有必要的,尤其是如果所有团队成员继续承担着其"常规"工作的时候。

5. 拓展、整合6σ管理系统

维持六西格玛改进时,将面临短期和长期的挑战,为了应对挑战,我们需要把上述第一点到第四点中的所有概念和方法融入持续的跨职能管理方法中。六西格玛绩效管理过程中所采取的关键行动如图3.9所示。

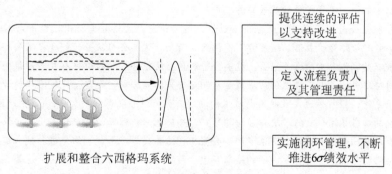

图 3.9　扩展、整合 6σ 管理系统

当某一 6σ 管理改进方案实现了减少缺陷的目标之后,如何巩固并扩大这一胜利成果就变得至关重要了。

1) 提供连续的评估以支持改进

在企业内广泛宣传推广该改进方案,以取得企业管理层和员工的广泛认同,减少妨碍进一步改进的阻力;将改进方案落实到通俗易懂的文本资料上,以便于执行;实行连续的评估，让企业管理层和员工从评估结果中获得鼓舞和信心；任何改进方案都可能存在需要进一步改进之处，对可能出现的问题，应提前制定应对的策略，并做好进一步改进的准备。

2) 定义流程负责人及其相应的管理责任

采用了 6σ 管理方法，就意味着打破了原有的部门职能的交叉障碍。为确保各个业务流程的高效、畅通，有必要指定流程负责人，并明确其管理责任，包括维持流程文件记录、评估和监控流程绩效、确认流程可能存在的问题和机遇、启动和支持新的流程改进方案等。

3) 实施闭环管理，不断推进 6σ 绩效水平

6σ 改进是一个反复提高的过程，DMAIC 改进法在实践过程中也需要反复使用，形成一个良性发展的闭环系统，不断提高品质管理水平，减少缺陷率。此外，从部分核心环节开始实施的 6σ 管理，也有一个由点到面逐步推开改进成果、扩大改进范围的过程。

案例 3-3

达美航空公司和东方航空公司：航空巨头之间的对抗

几十年来，达美航空公司和东方航空公司分别在美国东部和西南部为空中旅行市场提供服务。东方公司前期有许多优势：迅速发展成为客流量最大的运输者；同时开辟了许多盈利高、容量大的航线，包括在东海岸穿梭和从纽约到佛罗里达之间的航线。然而，几年后，达美公司却后来者居上，成为效益更佳的航空公司。相反，东方航空公司却每况愈下，多年来花费大量时间去摆脱一个又一个经济危机。尽管有许多因素导致了这一问题，如新技术的发展等，但不容忽视的一个事实是：东方航空公司从未建立一个忠诚度高的顾客群，因此难以使它可以从危机中摆脱出来。

东方航空公司决策层当然知道顾客满意度是很重要的，但这在决策层内部似乎是个比较模糊的概念。正是由于观念没有很清晰，使得他们的政策始终缺乏系统性和连续性。公司中层人员和基层人员在这个问题上也达成共识。但他们需要关注的事情很多，千头万绪，这似乎使他们无法理出一个头绪来。重点的不明确使得东方航空公司在顾客心目中的地位逐渐落后于竞争对手，结果是公司总部的决策层经常忙于融资、还贷之类的棘手事件之中。

由于东方航空公司的顾客关系处理得不够好，这使得它在主要航空公司之中千人不满数指标最高，而达美公司却始终处于最低。这些都不是偶然的巧合。达美公司从一开始就有明确的顾客导向策略：一直倡导以顾客为中心的服务宗旨。达美公司对自己所服务的顾客群体有非常清楚的认识，对这些顾客的不同特征进行了归类，这使得决策者在制定决策时始终有一个定位比较准确的方向；达美公司有一个情报系统，经常性地大量收集新技术的动向、竞争对手的动向、替代品(如铁路运输等)的变化、商业环境的动态等情报资料，进行详细的研究，并据此分析顾客的需求动态，这些细微的需求动态都制作成专门的调查报告反馈到决策者的办公室中；达美公司很早就利用先进的技术建立了公司的局域网，信息沟通非常方便，顾客调研的结果在十分钟之内就可以传遍整个公司；达美公司对顾客调研的情报非常重视，它们往往能被及时地转化为指导各业务部门运作的内部规范性文件传达到最基层的执行者；为了评价自己的管理方向与顾客要求是否一致，达美公司一套很完善的顾客满意度测量方法是：定期对调查得来的顾客意见，进行数据分析，发现并改进。这些措施使得达美公司的顾客总是念念不忘该公司的服务，因此达美公司牢牢地控制了它的大部分乘客及从东方航空公司转过来的乘客，逐渐成为行业中的佼佼者。

(资料来源：同济大学精品课程. http://sem.tongji.edu.cn/semCourse/index/index.html)

3.3 六西格玛的流程改进模式

经过发展演变，六西格玛在 PDCA 循环的基础上提出了一套用以支持过程改进的方法模式。该方法模式从过程的输入输出关系着手，综合应用多种统计方法、工具，找出影响输出的关键性因素，提高对过程的认知程度及控制水平，从而实现过程的改进。在六西格玛管理中，被广泛认同并使用的是过程改进模式(DMAIC)。具体如图 3.10 所示。

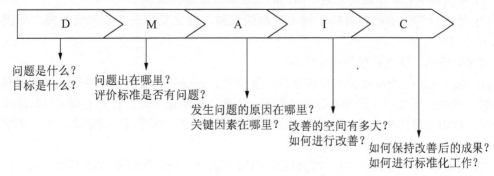

图 3.10 DMAIC 流程图

六西格玛管理的过程改进模式将过程分为五个阶段或步骤，每个阶段都有需要完成的特定工作，并达到该阶段的特定要求。遵循 DMAIC 这一模式实施过程，可得到循序渐进的效果。DMAIC 的实施包括以下几个步骤。

3.3.1 定义

定义阶段(define)通过帮助你回答以下 4 个关键问题，从而为成功实施六西格玛项目奠定基础。

(1) 我们要关注的问题或机会是什么？
(2) 我们的目标是什么？(也就是说，你想实现的成果是什么？何时实现？)
(3) 谁是该过程所服务的或问题所影响的顾客？
(4) 我们要调查的过程是什么？

定义阶段的工作主要包括以下内容。

(1) 识别顾客的要求。六西格玛所要解决的问题，是由顾客的要求转化而来，要想清楚、准确地界定项目所要解决的问题，必须首先识别顾客的要求。

(2) 设定项目目标。六西格玛项目目标的类型主要有缺陷率、周期时间和费用成本率等。而且项目目标应是既要先进、又要合理，并且是可测量的，相关方认同的。

(3) 界定项目范围。六西格玛项目的范围应有一个清晰的界定。一般而言，完成对项目改进目标与改进程度、项目代价与成本、项目流程与控制等问题的确定，将有助于界定项目的范围。

(4) 明确项目条件。六西格玛项目都有其制约条件，包括组织的人、财、物、信息等资源情况，项目的时间要求，外部环境等。

(5) 整理和分析数据。数据是项目制定和实施的基础，通过数据可以看清现状、发现并理解问题。

(6) 确认需要改进的工作流程。六西格玛改进主要是通过流程改进，实现企业绩效改进。绘制流程图，可明确过程范围、关键要素、输入和输出等主要事项，是定义阶段明确项目改进的核心流程的主要方法。

3.3.2 测量

测量阶段(measure)的任务是证实并精简存在的问题，再寻找产生问题的根本原因。该阶段要对以下两个问题作答。

(1) 根据对流程或结果的测量，问题的焦点和范围是什么？

(2) 什么样的关键数据有助于缩小问题的范围，使之集中于主要因素的根本原因是什么？

测量阶段的工作主要包括以下内容。

(1) 确定关键的产品质量特性和过程质量特性。关键的产品质量特性和关键的过程质量特性，对产品质量和资源成本有重要影响。因此，在测量阶段，首先必须通过对流程图的分析，找出关键的产品质量特性和关键的过程质量特性，然后再进行故障模式、影响和危害度分析，以完成过程的描述。

(2) 收集数据。测量阶段收集的数据，可以为测量系统的验证提供必不可少的数据，用数据证实测量系统精确可信；可以为分析阶段奠定数据基础，使分析真实准确；可以为统计分析方法的应用提供前提条件，使其应用成为可能。

(3) 验证测量系统。为保证数据准确，必须对测量系统的效能进行验证。测量系统包括测量设备和软件、测量人员、测量程序和方法、测量用的辅料和试剂、测量环境等。对测量系统验证的主要工作内容是：验证测量设备和软件，看其是否对产品质量特性和过程质量具有足够的分辨能力，以保证测量设备和软件的精确度；验证测量系统是否具有足够的稳定性，即在规定条件下重复测量的一致性可通过重复性和再现性分析，以确保测量系统的稳定的准确度；验证测量人员是否达到应有的业务技术水平，测量程序和方法是否规范，测量环境是否符合要求，以确保测量所需的各种条件。

(4) 测量过程能力。过程能力是处于稳定生产状态下的过程的实际工作能力。过程能力测量，就是在已搜集的数据的基础上，应用专业方法推算出过程的实际能力，即 σ 水平。

测量阶段需要确认执行标准、定义缺陷、确定问题的最小单位，并对收集的资料进行表示。测量系统分析是对流程进行测量的方法和结果进行重复性、再现性、可靠性分析。测量系统是关键的因素，除非证明测量系统能满足要求。确定流程能力，对现行的流程表现进行分析，判断流程的改进范围和空间。确定流程目标，建立流程的标杆，确立改进的目标。

资料卡

测量系统分析是 ISO/TS 16949 和 ISO 10012: 2003 中重要的测量过程控制技术，正确的测量往往是六西格玛的关键一步。测量系统必须具有良好的"准确性"(accuracy)和"精确性"(precision)，通常由"偏倚"(bias)和"波动"(variation)统计指标来表征。"偏倚"指测量结果的观测平均值与基准值的差值。一个基准值可通过采用更高级别的测量设备进行多次测量，取其平均值来确定。"波动"指在相同的条件下进行多次重复测量结果分布的分散程度，常用测量结果的标准差表示。

通常用分辨力、稳定性、线性、重复性和再现性等评价测量系统的优劣。"分辨力"(Discrimination Capacity)应达到过程总波动的(6倍的过程标准差)的1/10，或容差(USL-LSL)的1/10。"稳定性"(Consistency)指测量系统在某持续时间内测量同一基准或零件的单一性时获得的测量值总偏差，它表征了某个系统的计量特性随时间保持恒定的能力。"线性"(Linearity)指在其量程范围内偏倚是基准值的线性函数。对于通常的测量方法，一般，当测量基准值较小时(量程较低的地方)，测量偏倚会较小；当测量基准值较大(量程较高的地方)时，测量偏倚会较大。"重复性"(Repeatability)指由同一个操作人员用同一种量具经多次测量同一个零件的同一特性时获得的测量值变差。"再现性"(Reproducibility)指由不同操作人员，采用相同的测量仪器，测量同一零件的同一特性时测量平均值的变差。

在评价测量系统的性能时，通常采用以下标准：

P/TV 或 $P/T \leqslant 10\%$：测量系统能力很好；

10%：测量系统能力尚可接受；

P/TV 或 $P/T > 30\%$：测量系统必须改进。

其中，P/TV 表示测量系统的波动 $R\&R$ 与总波动之比，P/T 表示测量系统的波动 $R\&R$ 与被测对象质量特性的容差之比。

3.3.3 分析

分析阶段(analyze)是解决统计数据分析的问题，目的是了解各种因果关系。通过这种分析得到的信息，可以启发我们探索产生波动的根源，这将有助于改进流程。

分析阶段的作用在于，通过对影响过程能力或造成缺陷的种种因素的深入分析，找出最关键的影响因素，为过程改进奠定基础。分析阶段主要工作包括以下内容。

1. 收集和分析数据

收集和分析数据的目的在于收集用于过程分析的数据，并对其进行分析，确定关键的产品质量特性和关键的过程质量特性的影响因素。

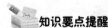知识要点提醒

收集和分析数据，应注意工作的计划性、重视特异数据的研究和处理、使用必要的统计分析工具，以观察数据的总体变化趋势、特性倾向和特异现象。收集和分析数据，为验证因果关系和确定关键因素奠定了基础。

我们可以借助方差分析、回归分析、时间序列分析、列联表与卡方检验等工具进行定量的数据分析。

案例 3-4

德国石勒苏益格-荷尔斯泰因州的 Tortugas 物流公司发现配送中心的分拣策略对于订单处理效率的影响至关重要。该物流公司组成专门的六西格玛小组，将条件、能力、工作年限类似的80个工人随机的分为三组，分别采用甲、乙、丙三种不同的分拣策略，订单处理的效果如表3-8所示。三种不同的分拣策略对于订单处理效率的影响是否有显著不同？(提示：本例采用"列联表与卡方检验")

表 3-8　三种分拣策略的订单处理效果

分拣策略	订单处理效率		
	提　高	不　变	降　低
甲	5	12	9
乙	16	9	3
丙	9	9	8

(1) 将上述表格先在 Minitab 中转换成三列数据，其中"C1"列为"提高"，"C2"列为"不变"，"C3"列为"降低"，如图 3.11 所示。

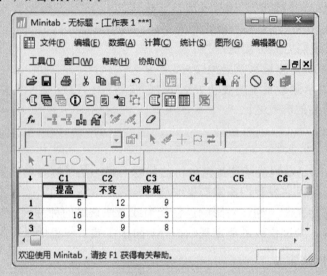

图 3.11　将源数据输入至 Minitab 中

(2) 选择"统计"→表格→卡方检验(工作表中的双向表)"选项，如图 3.12 所示。

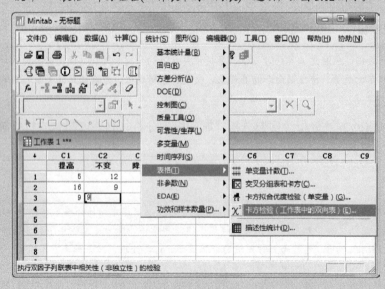

图 3.12　Minitab 中的卡方分析

(3) 在"包含表格的列"中选择"提高""不变""降低"选项,如图 3.13 所示。

图 3.13　卡方分析的选项

(4) 单击"确定"按钮,如图 3.14 所示。

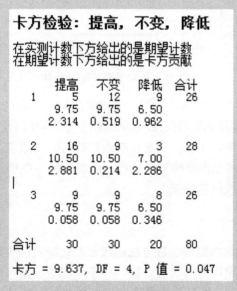

图 3.14　卡方分析的结果

结果分析:

从上述结果可以看出,卡方(Chi-Sq)值=9.637,自由度(DF)=4,P 值=0.047<0.05,表明分拣策略对于订单处理效率有显著影响。

2. 建立和验证因果关系

建立因果关系，就是在上述关键质量特性和过程特性分析的基础上，使用专业方法建立这些特性与其影响因素之间的因果关系。通过因果关系，把关键质量特性和过程特性与其影响因素有机地联系起来。

验证因果关系，就是在组织的实际工作中验证已经建立起来的因果关系，并且用专业方法确定那些质量特性和过程特性及其影响因素之间是否存在因果关系。

3. 确定关键因素

建立并验证因果关系后，就要应用专业方法，从中确定少数关键影响因素以便能集中有限的资源和时间，对所要解决的问题实施六西格玛改进。

可以把分析阶段在过程改进中的实施描述成一个环，如图3.15所示，产生和评价问题原因的"假说"驱动此环的运动。可以在(a)点切入——通过观察过程和数据，提出可能原因的判断；或在(b)点切入——从猜想的原因出发，通过分析去设法证实或推翻它。

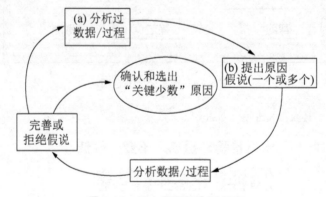

图 3.15　根本原因假设/分析环

如图3.15所示，有两个关键输入源可用来确定所研究问题的真正原因。

(1) 数据分析。利用测量和数据(已经收集的或在分析阶段新收集的数据)来辨别有关问题的模式、趋势或其他因素，用以提出并证实或推翻可疑的原因。

(2) 流程分析。深入调查和理解工作过程，用以识别可能引起问题发生或对问题起作用的不一致性、不衔接性或问题领域。

3.3.4　改进

改进阶段(improve)是六西格玛改进方法的核心，该阶段的主要工作是：在上述分析的基础上，应用专业方法找出可行的改进方案，并予以实施。其具体包括以下内容。

(1) 广泛征集改进建议。改进建议是改进方案的基础。制订改进方案前，应让项目团队成员充分了解分析阶段所提供的信息资料，以便他们能从中理出头绪，进而提出以数据和事实为依据的改进建议。

> **小知识**
>
> 应很好地应用头脑风暴法等先进的思维方法，充分激发项目团队成员的创造性思维及团队成员之

间的互动作用，既发挥每个成员的特长和优势，又发挥团队的集体作用，为征集改进建议提供正确的思想指导。

(2) 制定改进方案。制订改进方案的具体工作：对征集来的各种改进建议，进行分析研究、加工整理，以形成一个能够达到项目目标要求，符合企业实际、切实可行、完整的改进方案。制定改进方案应以项目目标为导向并形成文件。该文件的内容可包括改进方案的工作内容、实施步骤、采取的措施、资源准备、负责人员、时间进度等。文件应清晰简明、符合规范要求。

(3) 实施改进。形成改进方案并编制出改进方案文件后，就可以进入改进方案的实施阶段。实施阶段应做的工作主要有：做好实施过程策划、制订详细的工作计划、确认改进措施、确认管理模式及进度要求；对发生的问题及时采取纠正措施；对可能遇到的问题拟定备用代替方案和相应的措施；对实施过程适时进行评价和总结等。

要想实现 DMAIC 的"改进"，往往需要采用"试验设计"(Design of Experiment，DOE)的方法技能。Minitab 提供了各种 DOE 的工具方法。"田口方法"(Taguchi Design)属于典型的 DOE 方法，该方法将在第 5 章中详细讲解。

3.3.5 控制

在为项目的改进作出不懈努力并取得相应的成果后，团队的每一位成员都希望能将改进的结果保持下来，使产品或过程的性能得到彻底的改善。

控制阶段(control)是控制改进成效、巩固改进成果工作阶段，其目的在于保证改进工作的流程处于受控阶段。本阶段包括以下主要工作。

(1) 制定相应文件，保证成果的推广应用。实施过程取得成果后，应对成果制定相应的执行性文件，并纳入组织的推广应用。组织的管理体系便可以通过跟踪和评价成果的实施成效，及时作出调整，以进行有效的控制。

(2) 明确过程处理的监控职责。为了做好六西格玛改进过程的监控工作，必须明确和落实过程管理的监控职责。

> **小知识**
>
> 六西格玛过程管理的监控职责主要有监控过程文件的实施、保持过程记录、确认失控现象、不合格和纠正措施的分析、与其他管理者的沟通等。其目的在于使改进过程达到预期的效果。

(3) 实施过程监控。过程监控是六西格玛改进成果能否巩固、六西格玛改进能否持续发展的重要环节。实施有效的过程监控，能对过程是否满足顾客需求作出及时的反应，能对过程出现的问题作出及时分析，并采取相应措施加以纠正和改进，这样便能有效地推动改进过程不断的发展和提高。

3.3.6 DMAIC 使用的工具

DMAIC 模式在实施中，应用以统计学技术为基础的工具进行数据收集、监视测量、问题分析、改进优化和控制效果，来达到增强顾客满意、提高企业业绩的目的。因此，六西格玛管理非常重视过程每个阶段的项目工具的准确选择和正确使用。表 3-9 所示为 DMAIC 各阶段常用的工具，通过准确选择与合理使用这些方法，可使过程得以实现。

表 3-9　DMAIC 常用的工具

阶　段	主要工作	常用的工具和技术
定义阶段	确定顾客的关键需求，并识别需要改进的产品或过程，将改进项目界定在合理的范围内	头脑风暴法、CTQ 树、亲和图、PDCA 分析、流程图、因果图、SIPOCT(Supplier，Input，Process，Output，Customer)图、顾客需求表(Voice of The Customer Table)、平衡计分法、FMEA
测量阶段	通过对现有过程的测量，确定过程基线以期望达到的目标，并对测量系统的有效性作出评价	排列图 PDCA 分析、因果图、散布图、过程流程图、直方图、测量系统分析趋势图、FMEA、抽样计划
分析阶段	识别影响过程输出的输入有哪些，并通过数据分析确定影响输出的关键因素，即确定过程的关键影响因素	头脑风暴试验设计、因果图假设检验、PDCA 分析回归分析、方差分析、帕累托图
改进阶段	寻找最优改进方案，优化过程输出，并消除或减小关键因素的影响，使过程的波动或缺陷降低	试验设计过程能力分析、质量功能展开过程仿真、响应曲面法测量正交试验
控制阶段	将改进成果固化，通过制定文件等方法使成功经验制度化。通过有效的检测方法，维持改进的成果并寻求进一步提高改进效果的持续方法	SPC 控制图过程能力指数、统计过程控制过程文件控制

DMAIC 主要使用以下工具。

1. 头脑风暴法

头脑风暴法是解决问题的常用方法。它集中大家的智慧，碰撞出思想的火花，畅所欲言，激发出新的创意，如图 3.16 所示。

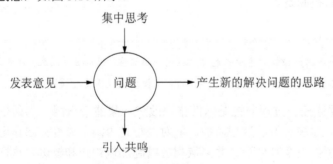

图 3.16　头脑风暴法

2. 因果图和因果矩阵

因果图分析要求从一个"果"开始，"果"可能代表一个问题或有些情况下代表期望的效果或结果。因果图分析形成一份"果"的可能原因的结构化清单。与定义阶段的用法不同的是，在分析阶段的典型的情况下，描述业务过程中产生变异的主要因素有 6 个，被称为"5M 和 1P"。

(1) 原材料(material)——在过程中使用的消耗品或原料投入。
(2) 方法(method)——程序、过程、工作规程。
(3) 机器(machine)——设备，包括计算机和非消耗性工具。
(4) 测量(measures)——用来评估工作质量/数量的技术，包括检查。
(5) 环境(mother nature)——工作环境或对任何其他变量产生影响的因素，可以包括"设施"，不仅仅是指自然环境。
(6) 人(people)——顾客。

在使用因果图时，比较有用的做法是问5W1H(什么、为什么、什么时候、哪里、谁与如何)。图3.17所示为一个因果图的基本形式。

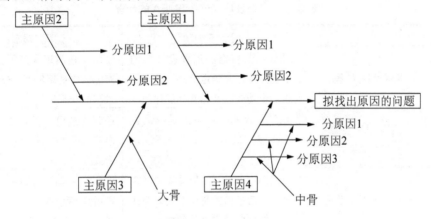

图3.17　因果分析图

 知识拓展

因果图最早是由石川馨在20世纪40年代提出的图形分析工具，用于展示给定情形下的各种因素，该图可以清晰地说明所要研究项目的各种原因。

因果矩阵，又叫 X-Y 矩阵，是在鱼骨图的基础上面，利用矩阵的形式处理一些鱼骨图不方便处理的复杂问题的分析工具；通过对输入变量进行量化的过程，以确定输入变量的影响程度。具体如表3-10所示。

表3-10　因果矩阵

输入X变量	权重	Y_1	Y_2	…	Y_n	评分
X_1						
X_2						
⋮						
X_n						

3. 失效模式和影响分析(FMEA)

FMEA 分析，即失效模式和影响分析，它对各种可能的风险进行评价、分析，以便在现有技术的基础上消除这些风险或将这些风险降低到可接受的水平。团队法是实施 FMEA 最有效的方法：首先，组建跨职能团队，该团队能充分了解过程、产品、服务和顾客需求。职能包括设计、生产、质量、测试、可靠性、维修、采购(和供方)、销售、营销(和顾客)及顾客服务。其次，识别 FMEA 的范围。它是用于概念、设计、过程或服务？边界是什么？我们要做到多详细？实施 FMEA 的详细步骤如表 3-11 所示。

表 3-11　实施设计或过程 FMEA 的步骤

步骤		设计 FMEA	过程 FMEA
1	评审设计/过程	用示意图和框图识别设计中的主要元件，并确定这些元件一个或多个功能以及相互间的作用	使用流程图识别范围并确保所有团队成员理解详细情况，理解过程的一手资料
2	头脑风暴可能的潜在失效模式	潜在失效模式代表的是产品元件不能完成一个或多个预定功能的方式	潜在失效模式代表的是过程不能完成一个或多个预定功能的方式
3	列出失效潜在后果	应识别中间(局部)和最终的潜在后果，后果指的是由于失效模式后元件完成预定功能的能力	应识别中间(局部)和最终的潜在后果，后果指的是由于失效模式后对过程输出和产品的影响
4	指定严重度值(S)	对每个失效模式可能导致的后果都给定一个严重度值，分值尺度从 1 到 10，越接近 10 则严重度值越高，越接近小的值则严重度值越低	
5	列出潜在原因	对每个失效模式，列出所有可能的原因。期间可以使用工具，如头脑风暴、因果图、名义小组技术 NGT、多轮投票等	
6	指定发生概率值(O)	发生概率值指的是原因发生的可能性或频率，分值尺度从 1 到 10，越接近 10 则发生可能性越高，越接近小的值则发生可能性越低	
7	目前控制措施	对每个原因，识别现有的控制过程，控制可能是不同类型，也许可能仅仅是探测失效或者是防止发生失效。控制类型可以是作业指导书到 AQL 抽样、SPC、报警和防差错装置等	
8	指定探测度值(D)	探测度值指的是探测每种失效发生的能力，分值尺度从 1 到 10，越接近 10 则越难探测，越接近小的值则越容易探测	
9	计算风险优先数 RPN	严重度(S)、发生概率(O)和探测度(D)乘积 风险优先数 RPN=S×O×D	
10	制定对策	对策可以是改进现有的控制或减少原因发生的概率。为了减少严重度，团队可能不得不考虑重新设计产品或过程，要为对策确定具体完成日期和职责	

续表

步骤		设计 FMEA	过程 FMEA
11	实施对策	这是许多 FMEA 崩溃的步骤,原因是缺乏管理层的支持、相互冲突的优先事项、缺乏资源和团队领导。对策必须得到实施和确认,建议在大批量生产前先进行小批量的试验,先作出样本,再检验以下所采取的对策的效果	
12	重新计算 RPN	团队再一起客观地重新计算 RPN 值,使用客观证据进行重新评分,如顾客反馈、可靠性试验、生产率跟踪等	
13	定期评审和更新	仔细地评估顾客反馈、担保分析、内部不符合报告、正在进行的可靠性试验报告等,以发现新的风险并更新 FMEA,确保 FMEA 是个活的文件	

4. 流程图

制作流程图包括以下基本程序。

(1) 定义要画流程图的过程,在顶上写上所要进行的工作。

(2) 讨论并决定过程的边界:过程从哪里或什么时候开始?在哪里或什么时候结束?

(3) 对要发生的活动进行头脑风暴,把想法写在卡片上。这个时候顺序不重要。

(4) 对这些活动进行适当排序。

(5) 当包括了所有的活动,并且所有人都同意活动的先后顺序正确时,画上箭头以展示过程流。

(6) 与该过程相关的人员(操作者、监督者、顾客、供方)一起评审流程图,以确认他们是否同意流程图是准确的。

资料卡

按照南茜·泰格(Nancy Tague)在《质量工具箱》中的定义,流程图是一个过程中按不同步骤先后顺序排列起来的一张图,包括进入或离开过程的材料或服务(输入和输出)、要做的决定、参与的人员、每个步骤所花的时间、和/或过程测量。

图 3.18 所示为典型的流程图示例。

5. CTQ 树

CTQ 指的是关键质量要素(Critical-to-Quality)。顾客通过对 CTQ 的测量,就能判定产品或服务是否合格。例如,对于净水,杂质含量就是一个 CTQ 树对顾客需求的分解,就能确定可测量的 CTQ。

生成 CTS 树时,需要将顾客的需求逐个地列在图的左边,进行分解,判定分解后的结果可测量吗?如果可以,分解已完成;如果不可以,继续分解直到可测量为止。

物流质量管理

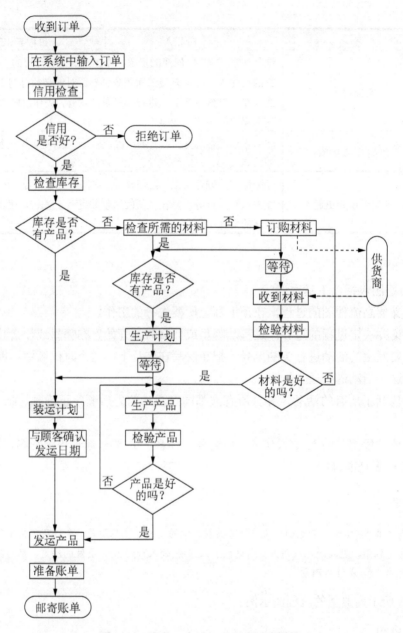

图 3.18 订单—交付过程的详细流程图

 案例 3-5

下面是一个餐馆的例子：顾客餐馆用餐会有多种需求，如好的服务、好的环境、好的菜肴。但什么叫好的服务，如何测量呢？什么叫好的环境，如何测量呢？什么叫好的菜肴，如何测量呢？CTQ 树可以将空泛的顾客的要求转化为具体的测量指标，具体如图 3.19 所示。

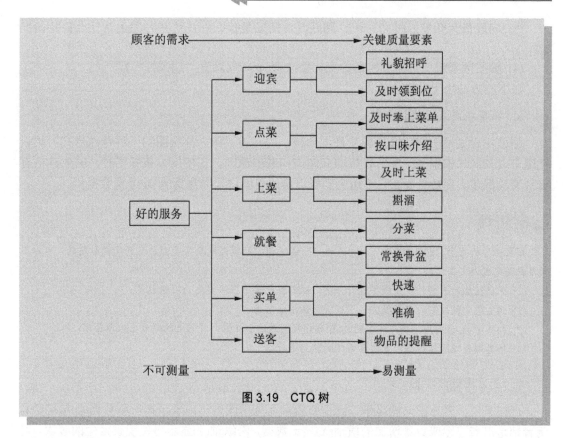

图 3.19 CTQ 树

6. 过程图

过程图是六西格玛在分析阶段最重要的工具之一。在为六西格玛项目绘制过程图时，可能会发现一些具有启发性的信息恰好来自实际的"绘制过程图"阶段。当一个过程被记录下来并被有效确认(即与做这项工作的其他人员一起检查以确定过程图是否符合"实际情况")后，就可以对以下一些具体问题领域进行分析。

(1) 不连贯。部门间移交工作做得不好的地方，或供应方和顾客没有沟通清楚各自要求的地方。

(2) 瓶颈。过程中负荷大大超过能力的地方，减慢了整个工作流。瓶颈是使产品和服务准时足量到达顾客的薄弱环节。

(3) 冗余。在过程的两个地方重复做的活动，也可以指重复同样结果(例如，向不同部门的系统输入了相同的数据)的平行活动。

(4) 返工环。大量工作返回到过程上游进行调整、纠正和修理的过程。

(5) 决策/检查。过程中有选择、评估、检查或鉴定干预的地方，它们造成潜在延误。这些活动常常在业务或过程生命周期的各个地方都可能产生。

7. 逻辑原因分析

就 DMAIC 项目来说，可以提出以下典型逻辑分析问题。

(1) 什么类型或种类的问题更为普遍？最普遍类型的问题有什么不同？

(2) 有问题较为严重的部位(事项本身的某些区域、位置)吗？这些发生问题的地方如何较为不寻常？

(3) 问题最为频发的时间、天、周或具体情形是什么？在这些时间里有什么独特情况发生？

(4) 哪些因素或变量随着问题的变化而改变(或与问题有"相关性")？

以下的方法用于数据分析。

8. 帕累托图或帕累托分析

帕累托方法用于把数据分成从最大到最小的几组。作为柱状图的一种特殊形式，帕累托图可以帮助你识别出最经常发生的问题或问题的原因。在使用帕累托图时，需要确信有离散型数据或类别数据——它不适应于像重量或温度这样的测量(即连续型数据)。

资料卡

帕累托分析基于"80/20定律"，即认为一个组织80%的损失或麻烦是由20%的问题引起的。可以用帕累托图完成以下工作。

(1) 根据区域对问题的有关数据进行分类，从而找出哪个区域发生的问题最多。

(2) 按类型比较缺陷的有关数据，了解哪种缺陷最常见。

(3) 按周中的天(或月，或一天中的时点)来比较问题，看在哪个时间上问题发生频率最高。

(4) 按类别整理顾客抱怨，查明最常见的抱怨是什么。

9. 直方图或频率图

严格来说，直方图只能显示连续型数据，而频率图则可以表示离散型数据(如缺陷数)。两者都是沿着连续或数量增加的横轴(X)显示数据，沿纵轴(Y)显示事件观察发生的频次。可以用直方图或频次图进行以下工作。

(1) 考察连续因素的范围和分布情况(例如，每次装运的重量、每次购买花费的金额、每个孔的尺寸、每台计算机重新启动所需的时间)。

(2) 考察围绕顾客提出的规格/要求的变异和特性(如尺寸、周期、温度、费用)。

注意：只限于连续因素。

(3) 考察一组缺陷事项中每个单元上出现的缺陷数目(当有多种缺陷机会时，这些缺陷机会也有可能包括离散特性)。

(4) 考察一个群体或总体中关键"计数"特征的分布状况(例如，每年购买量考察的顾客数、按质量审计得分的供应商数)。

图 3.20 所示为批准报销单的周期时间的频率图。

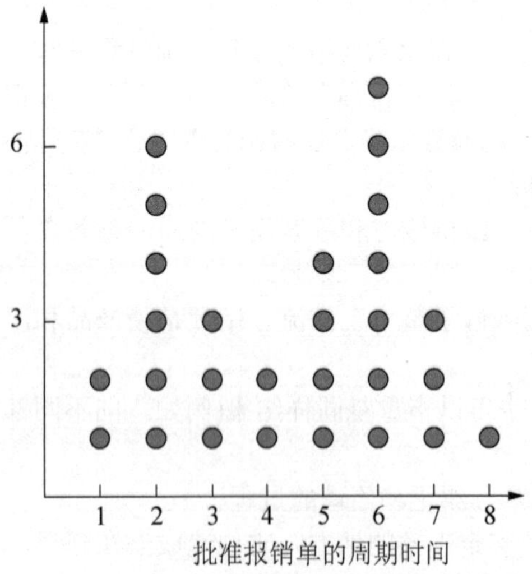

图 3.20 批准报销单的周期时间的频率图

10. 散点图或相关图

散点图显示以计数或连续方式变化的两个因素之间的联系或"相关性"。散点图表明一个因素与另一个因素之间的潜在因果关系。举一个简单的例子：每天温度高低和冰激凌的销售量之间大概趋于相关，较热的天气导致人们购买更多的冰激凌，这结论是合理的。

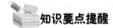
知识要点提醒

散点图包括以下不同的类型。

(1) "正相关"。前面已经提过,这是表现为一个因素随着另一个因素增加而增加的一种关系。

(2) "负相关"。在这种情况下,一个因素的增加或减少与另一个因素的相反效果相匹配。

(3) "曲线相关"。这是散点图中"物极必反"的情况。对一些因素来说,正相关或负相关关系可能持续至某点,之后,这些因素之间的关系实际上却反了过来。

(4) 当不存在相关关系时,数据点将会完全散布在整个图上,像一朵云,这意味着一个因素的变化与另一个因素的变化没有任何关系。你可以统计测量两个因素的关联强度,借助大多数电子表格程序中的内嵌公式很容易做到。

可以利用散点图或相关图做以下事情。

(1) 考察某个因素的量值或特性增减与另一个因素增减的相关程度。

(2) 检验可疑问题的根本原因与问题(缺陷、成本等)程度之间的关系。

11. 假设检验

假设检验是用于分析两组或多组之间是否存在差异的一种统计工具。由于偏差的存在,没有任何两个结果会是完全相同的。那么,为了改进及控制的需要,必须了解这些差别究竟是由通常原因造成的,还是由特殊原因造成的。

在以下几种情况下可以使用假设检验。

(1) 需要将由于特殊原因所造成的偏差与由于通常原因所造成的偏差区分开来时。

(2) 需要根据从样品中得出的数据,来作有关总体的结论时。

假设检验的构成包括以下两类。

(1) H0:原假设。组与组之间不存在差别。比如,两个采购员的工作效率之间没有显著的不同。

(2) H1:备择假设。组与组之间存在差别。比如,两个采购员的工作效率之间有显著的不同。

当所得出的结论与真实情况之间出现不一致时,即出现了错误。假设检验中有两种可能出现的错误:第一类错误及第二类错误。

以司法系统所作出的法律判决为例,共有以下几种可能的情况发生,具体如图3.21所示。

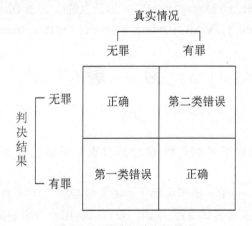

图 3.21 假设检验中的错误

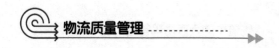

第一类错误：当真实情况是组与组之间没有显著差别时，得出的结论是组与组是不同的。

第二类错误：当真实情况是组与组之间有显著差别时，没有拒绝原假设，而接受组与组是相同的。

P 值：犯第一类错误的可能性。

如果 $P<0.05$，拒绝 H0，接受 H1。

如果 $P>0.05$，拒绝 H1，接受 H0。

本 章 小 结

本章主要介绍了六西格玛的概念、实施及流程改进模式等基本内容。

六西格玛是一种改善企业质量流程管理的技术，以"零缺陷"的完美商业追求，带动质量成本的大幅度降低，最终实现财务成效的提升与企业竞争力的突破。六西格玛管理是在提高顾客满意程度的同时降低经营成本和周期的过程革新方法，它是通过提高组织核心过程的运行质量，进而提升企业赢利能力的管理方式，也是在新经济环境下企业获得竞争力和持续发展能力的经营策略。

六西格玛的实施包括组织管理和实施流程两部分。六西格玛管理的组织系统一般分为三个层次，即领导层、指导层和执行层。每个层次都由具有不同能力的人员负责管理。六西格玛的实施流程包括辨别核心流程和关键客户、定义顾客需求、针对顾客需求评估当前行为绩效、辨别优先次序、编写项目宪章和扩展整合 6σ 管理系统。

六西格玛的流程改进模式是用以支持过程改进的方法模式。该方法模式从过程的输入输出关系着手，综合应用多种统计方法、工具，找出影响输出的关键性因素，提高对过程的认知程度及控制水平，从而实现过程的改进。六西格玛的流程改进模式包括定义、测量、分析、改进、控制和 DMAIC 使用的工具。

六西格玛管理(Six Sigma Management)   黑带大师(Master Black Belt)
圆桌会议(Round Table) DMAIC (Define, Measure, Analyze, Improve, Control)

习 题

1. 单选题

(1) (注册六西格玛黑带考试真题)确定项目选择及项目优先级是下列(　　)角色的责任。

  A. 黑带   B. 黑带大师   C. 绿带   D. 倡导者

(2) (注册六西格玛黑带考试真题)某药厂最近研制出一种新的降压药，为了验证新的降压药是否有效，实验可按以下方式进行：选择若干名高血压病人进行实验，并记录服药前后的血压值,然后通过统计分析来验证该药是否有效。对于该问题,应采用:( )。

    A．双样本均值相等性检验　　　　B．配对均值检验

    C．F检验　　　　　　　　　　　　D．方差分析

(3) 在六西格玛管理的组织结构中,下面的陈述哪个是正确的?( )

    A．黑带应当自主决定项目选择

    B．绿带的数量和素质是推行六西格玛获得成功的关键因素

    C．倡导者对六西格玛活动整体负责,确定前进方向

    D．以上都不是

(4) (注册六西格玛黑带考试真题)确定项目选择及项目优先级是下列( )角色的责任。

    A．黑带　　　　B．黑带大师　　　　C．绿带　　　　D．倡导者

(5) (注册六西格玛黑带考试真题)在选定 Y 为响应变量后,选定了 X_1, X_2, X_3 为自变量,并且用最小二乘法建立了多元回归方程。在 Minitab 软件输出的 ANOVA 表中,看到 P-Value=0.10。在统计分析的输出中,找到了对各个回归系数是否为0的显著性检验结果。由此可以得到的正确判断是( )。

    A．3个自变量回归系数检验中,应该至少有1个以上的回归系数的检验结果是显著的(即至少有1个以上的回归系数检验的 P-Value 小于0.05),不可能出现3个自变量回归系数检验的 P-Value 都大于0.05 的情况

    B．有可能出现3个自变量回归系数检验的 P-Value 都大于0.05 的情况,这说明数据本身有较多异常值,此时的结果已无意义,要对数据重新审核再来进行回归分析

    C．有可能出现3个自变量回归系数检验的 P-Value 都大于0.05 的情况,这说明这3个自变量间可能有相关关系,这种情况很正常

    D．ANOVA 表中的 P-Value=0.002 1 说明整个回归模型效果不显著,回归根本无意义

(6) (注册六西格玛黑带考试真题)推行六西格玛管理的目的就是要( )。

    A．将每百万出错机会缺陷数降低到3.4

    B．提升企业核心竞争力

    C．追求零缺陷,降低劣质成本

    D．变革企业文化

(7) (注册六西格玛黑带考试真题)M 公司生产垫片。在生产线上,随机抽取100片垫片,发现其厚度分布均值为2.0mm,标准差为0.2mm。取10片叠起来,则这10片垫片叠起来后总厚度的均值和方差为( )。

    A．均值2.0mm；方差0.2　　　　　B．均值20mm；方差0.04

    C．均值20mm；方差0.4　　　　　 D．均值20mm；方差4

(8) (注册六西格玛黑带考试真题)在数字式测量系统分析中,测量人员间基本上无差异,但每次都要对初始状态进行设定,这时,再现性误差是指( )。

    A．被测对象不变,测量人员不变,各次独立重复测量结果之间的差异

    B．被测对象不变,在不同初始状态的设定下,各次测量结果之间的差异

C. 同一测量人员，对各个被测对象各测一次，测量结果之间的差异

D. 以上都不是

(9) (注册六西格玛黑带考试真题)某企业用台秤对某材料进行称重，该材料重量要求的公差限为 500±15 克。现将一个 500 克的砝码，放在此台秤上去称重，测量 20 次，结果发现均值为 510 克，标准差为 1 克。这说明：(　　)。

A. 台秤有较大偏倚(Bias)，需要校准

B. 台秤有较大的重复性误差，已不能再使用，需要换用精度更高的天平

C. 台秤存在较大的再现性误差，需要重复测量来减小再现性误差

D. 测量系统没有问题，台秤可以使用

(10) (注册六西格玛黑带考试真题)黑带是六西格玛管理中最为重要的角色之一。在下面的陈述中，(　　)不是六西格玛黑带应承担的任务。

A. 在倡导者(Champion)和资深黑带(MBB)的指导下，带领团队完成六西格玛项目

B. 运用六西格玛管理工具方法，发现问题产生的根本原因，确认改进机会

C. 与倡导者资深黑带以及项目相关方沟通，寻求各方的支持和理解

D. 负责整个组织六西格玛管理的部署，为团队确定六西格玛管理推进目标，分配资源并监控进展

(11) (注册六西格玛黑带考试真题)六西格玛团队分析了历史上本车间产量(Y)与温度(X_1)及反应时间(X_2)的记录。建立了 Y 对于 X_1 及 X_2 的线性回归方程，并进行了 ANOVA、回归系数显著性检验、相关系数计算等，证明我们选择的模型是有意义的，各项回归系数也都是显著的。下面应该(　　)。

A. 结束回归分析，将选定的回归方程用于预报等

B. 进行残差分析，以确认数据与模型拟合得是否很好，看能否进一步改进模型

C. 进行响应曲面设计，选择使产量达到最大的温度及反应时间

D. 进行因子试验设计，看是否还有其他变量也对产量有影响，扩大因子选择的范围

2. 判断题

(1) 6σ 管理模式是一种通过减少缺陷和差错，降低成本，提高顾客满意度，增加利润的一种管理思想和管理模式。　　　　　　　　　　　　　　　　　　　　　(　　)

(2) 6σ 管理模式是在 1987 年由美国的摩托罗拉公司提出的。　　　　(　　)

(3) 6σ 管理模式的理念是：过程质量控制得越稳定，标准差本身就小，数据的离散程度很小，质量就相对稳定。　　　　　　　　　　　　　　　　　　(　　)

(4) 6σ 管理模式的目标是：每生产一百万个产品，只有 34 个不合格品。　(　　)

3. 简答题

(1) 简述六西格玛的定义。

(2) 简述六西格玛的特点。

(3) 简述六西格玛的实施流程。

(4) 简述六西格玛的改进模型。

案例分析

某碳制品有限公司是世界著名的跨国集团公司,企业崇尚管理创新,注重引进崭新的管理理念和管理技术,从 2000 年 12 月起,该企业推行六西格玛活动的培训和项目指导工作,从最初 4 个项目的试点到后来的 10 多个项目的推广,科学运用 DMAIC 方法,解决了企业的管理和技术难题,培养了一支黑带、绿带队伍,赢得了企业经济效益和人才效益的双丰收。下面是应用 DMAIC 方法降低物资库存的应用实例。

1. 界定阶段

1) 项目背景

(1) 公司的库存量大(包括原材料、在制品/半成品及成品),降低了资金周转率,增加了资金成本。

(2) 安全库存量过于保守,要适当降低,合理确定。

2) 项目目标

(1) 备料车间降低库存 169 万元/年,约占在制品库存下降的 80%,占所有库存下降的 50%。

(2) 公司全年库存费用降低的总目标是 330 万元。

(3) 项目完成时间:2001 年 12 月。

3) 项目小组组成

(1) 项目负责人:2 人。

(2) 组员:16 人。

项目小组成员包括制造、采购、销售、财务仓储等部门的人员,充分发挥各部门团队合作的精神。

2. 测量阶段

订单流程如图 3.22 所示。

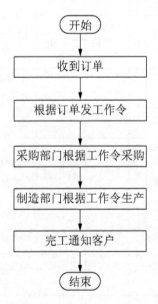

图 3.22 未开展六西格玛活动前的订单流程

3. 分析阶段

降低库存项目设计销售、采购、生产、仓库等诸多部门,通过集思广益,用因果图来分析原因,如图 3.23 所示。

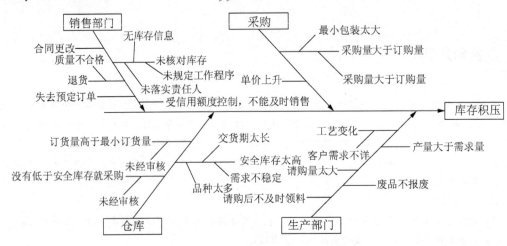

图 3.23　库存积压原因分析因果图

降低库存项目由降低原材料库存、降低在制品/半成品库存和降低成品库存 3 个分项目组成。现以降低成品库存的 FMEA 为例进行分析。具体如表 3-12 所示。

表 3-12　FMEA 分析

序号	潜在的失效模式	潜在的失效影响	严重度	潜在的失效原因和机理	频度	现行过程控制	不易探测度	风险顺序数	建议的措施	责任部门及责任人	措施结果 严重度	频度	不易探测度	风险顺序度
1	接订单生产后不能发货	大量长期/短期积压	8	客户信用限制	6	发货前信用审核	2	96	投产前信用审核	销售部门	8	2	2	32
2	按预测排产但未收到订单	大量长期积压	8	预测不准	4	凭经验预测	7	224	部分预测排产要经主管审批,其他预测排产取消	销售部门	8	2	2	32
3	排产量大于订单	大量长期积压	4	担心生产能力和按时交货能力	8		4	128	排产量与订单量一致	销售部门	4	1	1	4
4	客户要求停止发货,但已产生成品/在制品	大量长期积压	8	未及时通知车间或为时已晚	4		8	256	查明已投产情况,通报顾客力争索赔,并通知车间停产	销售部门	4	4	2	32
5	客户修改图纸,库存品未及时处理	大量长期积压	8	无人关心过问库存品的处理	4		8	256	查明已投产包括库存情况,通报顾客力争索赔或研究改制、改用方案	销售部门	4	4	2	16

续表

序号	潜在的失效模式	潜在的失效影响	严重度	潜在的失效原因和机理	频度	现行过程控制	不易探测度	风险顺序数	建议的措施	责任部门及责任人	措施结果		
											严重度	频度	不易探测度	风险顺序度
6	客户退货及抵债物资进库	小部分中期/大部分短期积压	4	质量问题及客户事物抵债	6		3	72	对退货两周内处理完毕,抵债品两个月内处理完毕	质量/供应部门	4	2	1	8
7	预排产但未收到订单	大量长期积压	8	车间生产任务不足而预投	4		7	224	取消预投产各中心应按订单数量投产	销售部门	8	2	2	32
8	不符合顾客需求而退货,积压		8	未经顾客认可进行	4		4	128	按程序报顾客认可	各中心技术、质管	8	2	2	32
9	已有库存但仍投产	部分长期积压	6	收到订单未查库存品	6		8	288	投产前库存	销售部门	6	2	1	12
10	不合格品进库存	大量长期积压	8	静态指标验收合格,但客户反映动态性能不合格	4		4	128	两周内判明合格与否并处理	各中心技术、质管	8	1	1	8
11	客户拒收、分供方拒退	大量长期积压	8	未就产品标准与客户、分供方充分沟通	4		8	256	就产品标准与客户、分供方充分沟通	技术/供应部门	8	2	2	32
12	产品预订货作库存	大量长期积压	8	无市场需求计划而盲目预订	4		4	128	取消类似库存订货	销售部门	8	1	1	8

表 3-12 可以看出,订单、采购、销售和制造部分相互沟通少,且大家对库存不够重视是库存大量积压的重要原因,改进要由此开始。

4. 改进阶段

(1) 制定新的订单流程(见图 3.24)。

(2) 制定新的订单修改流程(见图 3.25)。

(3) 改进效果(2001 年与 2000 年的对应比较)。

① 原材料库存(图 3.26 所示为原材料库存的比较)。

② 在制品/半成品库存(图 3.27 所示为在制品/半成品库存的比较)。

③ 产成品库存(图 3.28 所示为产成品库存的比较)。

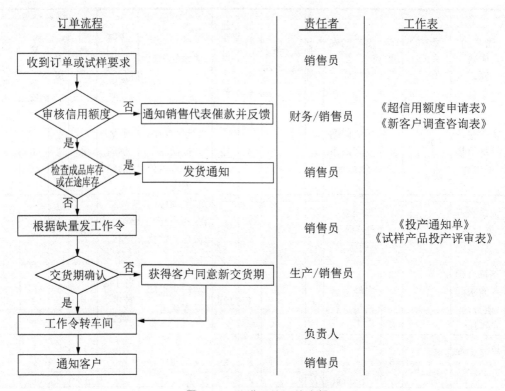

图 3.24 改进后的订单流程

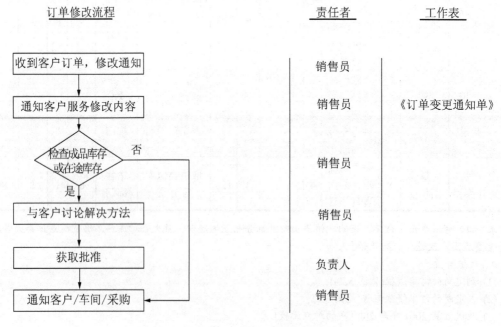

图 3.25 新的订单修改流程

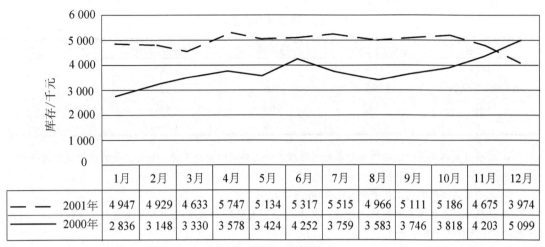

图 3.26　原材料库存的比较

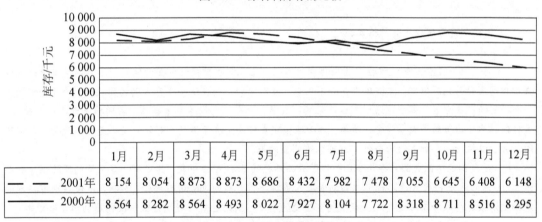

图 3.27　在制品/半成品库存的比较

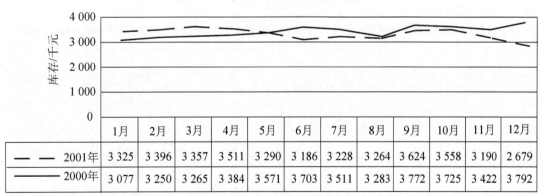

图 3.28　产成品库存的比较

(4) 六西格玛降低库存的经济效益(见表 3-13)。
(5) 项目实施 1 年来共节约人民币 366.6 万元。
5. 控制阶段
(1) 制定管理程序实行严格控制。
(2) 项目小结。

表 3-13　降低库存的经济效益　　　　　　　　　单位：千元

项目	2000.12.31	报废	六西格玛改进	2001.12.31
原材料	5 099	27	1 098	3 974
在制品/半成品	8 295	26	2 121	6 148
成品	3 792	666	447	2 679
总计	17 186	719	3 666	12 801

① 该项目是以库存管理的理论为基础，运用了六西格玛的分析工具，针对公司的实际情况进行的大胆创新。

② 该项目为公司节约工作资金人民币366.6万元/年。

③ 该项目对仓库中几千种库存材料、零/部件的制造周期/订货时间/月耗用量进行了分析统计，对每一张订单投产前进行库存查询。

④ 该项目发挥了制造、采购、销售、财务、仓储等各个部门团队合作的精神，是一次成功的管理实践。

⑤ 通过制定管理程序并严格实施进行控制。

案例点评：

(1) 库存积压是企业物流过程中长期存在的问题，企业需要重视这方面的问题，不能简简单单地把责任都推到表面易见的原因，这样库存就降不下来。案例中的企业在消除库存方面的困扰时，为我们提供了一个很好的解决方案，那就是通过制造、采购、销售、财务、仓储等多方合作，共同推进六西格玛改进，这样能够为公司节约了大量资金。简单、片面地追究责任是无济于事的，有效的途径是通过优化订单流程图，并加以执行，再加上通力合作，就可取得明显效果。

(2) 该案例以降低成品库存为例，制作了成品库存的FMEA分析表，其中有一些项目的风险顺序数超过100。借助这张FMEA表，就可以帮助管理人员对各种可能的风险进行评价、分析，以便在现有技术的基础上消除这些风险或将这些风险减小到可接受的水平，同时也能够提高企业解决问题的水平和效率。

(3) 该项目的成功表明，六西格玛改进的成效不仅体现在生产、技术领域，同样也体现在管理领域，改进管理师大有作为的。

(资料来源：上海质量管理科学研究院. 六西格玛成功实践——实例荟萃. 北京：中国标准出版社，2002.)

第4章 物流过程质量管理

【本章教学要点】

知识要点	掌握程度	相关知识
现代物流企业运作流程	了解	现代物流企业、现代物流企业的构成要素、物流运作流程质量控制
采购质量控制	掌握	采购系统构成、采购作业中的问题、采购质量改善途径、采购质量指标体系
运输质量控制	掌握	运输系统构成、运输作业中的问题、运输质量改善途径、运输质量指标体系
配送质量控制	掌握	配送系统构成、配送作业中的问题、配送质量改善途径、配送质量指标体系
仓储质量控制	掌握	仓储系统构成、仓储作业中的问题、仓储质量改善途径、仓储质量指标体系
装卸搬运质量控制	掌握	装卸搬运系统构成、装卸搬运作业中的问题、装卸搬运质量改善途径、装卸搬运质量指标体系

【本章技能要点】

技能要点	掌握程度	应用方向
物流运作流程质量控制	掌握	能够熟练地掌握物流运作流程质量控制的构成要素、内容和指标体系
采购质量控制	重点掌握	了解采购的流程和原则，能够针对采购作业中的问题提出有效的改善途径，把采购质量指标体系作为考核的标准
运输质量控制	重点掌握	了解运输的流程和原则，能够针对运输作业中的问题提出有效的改善途径，把运输质量指标体系作为考核的标准
配送质量控制	重点掌握	了解配送的流程和原则，能够针对配送作业中的问题提出有效的改善途径，把配送质量指标体系作为考核的标准
仓储质量控制	重点掌握	了解仓储的流程和原则，能够针对仓储作业中的问题提出有效的改善途径，把仓储质量指标体系作为考核的标准
装卸搬运质量控制	重点掌握	了解装卸搬运的流程和原则，能够针对装卸搬运作业中的问题提出有效的改善途径，把装卸搬运质量指标体系作为考核的标准

【知识架构】

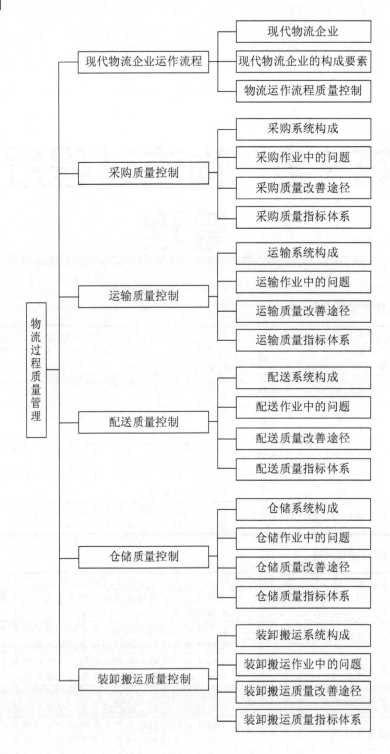

导入案例

哈雷摩托：物流过程的比较

1982年美国哈雷(Harley-Davidson)摩托车的主管前往日本本田摩托车设在俄亥俄州的工厂访问，当时本田在美国重型摩托车市场拥有40%的占有率，是哈雷最强劲的对手。哈雷本想学学本田的科技，然而结果令他们大吃一惊。因为哈雷在整个制造过程中使用电脑化管理。而他们在本田厂内却看不到电脑、机器人和特别的作业系统。日本摩托车只有5%会在生产线末端被剔出，而哈雷却有五到六成，光是因为缺乏零件而被剔出的就比日本摩托车的总退件率高好几倍。问题出在哪儿呢？哈雷的主管经过苦心研究，对比了二者的生产过程和物流过程，终于发现问题出在供应物流上。

哈雷的零配件供应流程是生产储存装配，本田的零配件供应流程是生产装配。哈雷的零配件供应商一年只生产几次，每次生产一大批，大量零配件库存积压在哈雷的仓库里，许多零件因为库存时间过长，等到送上生产线时已经生锈，有时只是规格上的小修正就使得零件变成废物。而本田和供应商每天只生产一点点所需零件，实施即时制(JIT)生产和供应。公司每年因无库存而节省数百万美元的利息，没有零件会因储存而损耗，节省了仓储空间，又简化了整个工厂的作业。如果发现不良零件，通常也只生产了一两天，很容易更正。

哈雷找出问题之后潜心改进自己的物流过程，重整旗鼓，5年之后在美国重型摩托车市场的占有率从23%增长到46%，销售额也达到了空前的1 770万美元。

除了与竞争性供应链比较之外，还可以与非竞争性供应链，即其他行业供应链进行比较，方法同上。总之，在经过供应链物流效果和物流过程比较之后，企业应当对以下问题有清楚认识：

(1) 顾客看重哪些服务项目？
(2) 本企业所处的供应链与竞争对手供应链在物流服务上差距在哪里？
(3) 二者在成本水平上存在多大差距？
(4) 二者的物流过程有什么不同？

物流是由"物"和"流"两个基本要素组成的。物是指一切物质，如物资、物品、商品、原材料、零部件、半成品等。流泛指物质的一切运动形态。物流既包括空间的位移，又包括时间的延续；既可以是宏观的流动，如洲际、国际的流动；也可以是同一地域、同一环境中的微观运动，如一个生产车间内部物料的流动。物流成为企业在降低物质消耗、提高劳动生产率以外的第三利润源。物流正成为全球经济发展的一个重要热点和新的经济增长点。

4.1 现代物流企业运作流程

4.1.1 现代物流企业

目前，物流尚处在快速发展阶段，国内外对物流企业的定义尚无统一规范。2007年5月1日经国家质量技术监督局批准发布的《中华人民共和国国家标准物流术语》(GB/T 18354—2006)规定："物流企业是从事物流活动的经济组织。"由于这一定义对于物流企业和物流活动所涵盖的范围没有加以明确，使得人们对物流企业的定义出现了多种解释。

资料卡

2004年8月5日，国家发展和改革委员会、商务部、公安部、铁道部、交通部、海关总署、税务总局、民航总局和工商总局共同发布了《关于促进我国现代物流业发展的意见》。该意见特别注释了物流企业的含义，指出："物流企业是指具备或租用必要的运输工具和仓储设施，至少具有从事运输(或运输代理)和仓储业务相适应的信息管理系统，经工商行政管理部门登记注册，实行独立核算、自负盈亏、独立承担民事责任的经济组织。"

通过在实践中的不断探索，国家质量监督总局和国家标准化委员会于2013年12月31日颁布，2014年7月1日正式实施的《中华人民共和国国家标准物流企业分类与评估指标》(GB/T 19680—2013)进一步规范了物流企业的定义。物流企业是指："至少从事运输(含运输代理、货物快递)或仓储一种经营业务，并能够按照客户物流需求对运输、储存、装卸、包装、流通加工、配送等基本功能进行组织和管理，具有与自身业务相适应的信息管理系统，实行独立核算、独立承担民事责任的经济组织。"

物流企业按业务类型分成了三类：运输型物流企业、仓储型物流企业和综合服务型物流企业。

1. 运输型物流企业

一个企业被界定为运输型物流企业必须同时符合以下要求。
(1) 以从事货物运输服务为主，包括货物快递服务或运输代理服务，具备一定规模。
(2) 提供门到门运输、门到站运输、站到门运输、站到站运输服务和其他物流服务。
(3) 企业自有一定数量的运输设备。
(4) 具备网络化信息服务功能的应用信息系统，可对运输货物进行状态查询和监控。

2. 仓储型物流企业

一个企业为仓储型物流企业应同时符合以下要求。
(1) 以从事仓储业为主，为客户提供货物储存、保管、中转等仓储服务，具备一定规模。
(2) 企业能为客户提供配送服务及商品经销、流通加工等其他服务。
(3) 企业自有一定规模的仓储设施、设备，自有或租用必要的货运车辆。
(4) 具备网络化信息服务功能的应用信息系统，可对货物进行状态查询和监控。

3. 综合服务型物流企业

一个企业被认定为综合服务型物流企业需同时符合以下要求。
(1) 从事多种物流服务业务，可以为客户提供运输、货运代理、仓储、配送等多种物流服务，具备一定规模。
(2) 根据客户的需求，为客户制定整合物流资源的运作方案，为客户提供契约性的综合物流服务。
(3) 按照业务要求，企业自有或租用必要的运输设备、仓储设施及设备。
(4) 企业具有一定运营范围的货物集散、分拨网络。
(5) 企业配置专门的机构和人员，建立完备的客户服务体系，能及时、有效地提供客户服务。
(6) 具备网络化信息服务功能的应用信息系统，可对物流服务全过程进行状态查询和监控。

4.1.2 现代物流业的构成要素

现代物流业所说的物流管理是指在供应链管理环境下对物品流动的管理。其主要操作过程包括采购管理、运输管理、配送管理、仓储管理、装卸搬运管理、包装管理、流通加工管理、物流信息管理和客户服务管理等。

1. 采购管理

对企业而言，采购是向供应商获取商品或服务的一种商业行为。采购是企业物流管理的起点，企业经营活动所需要的货物绝大部分是通过采购获得的。采购管理要尽力做到以适当的价格、在适当的时间、从适当的供应商处购买到适当数量和质量的商品或服务。

2. 运输管理

运输是指用设备和工具，将物品从一地点向另一地点运送的物流活动。其中包括集货、分配、搬运、中转、装入、卸下、分散等一系列操作。运输可以创造场所效用，实现物品的使用价值。同种物品，由于空间场所不同，其使用价值的实现程度不同，而场所的改变能发挥物品最大的使用价值，实现资源的优化配置。

运输是"第三利润源"的主要源泉。运输不改变物品的实物形态，不增加产品产量。但运输过程消耗大量的人力、物力、财力等，运费在全部物流费用中占最高的比例。一般综合分析社会物流费用，运输费用其中占将近50%。有些产品的运输费用甚至高于产品的生产费用。因此，合理组织运输能有效地节约物流费用。

3. 配送管理

配送是指在经济合理区域内，根据用户要求，对物品进行拣选、加工、包装、分割、组配等作业，并按时送达指定地点的物流活动。配送是直接与用户相连的活动，服务对象满意与否，与配送质量直接相关在既定的时间内、以希望的方式将所需的物品配送到达指定的地点，用户才会满意。

4. 仓储管理

仓储管理就是对仓库及仓库内的物资所进行的管理，是仓储机构为了充分利用所具有的仓储资源提供高效的仓储服务所进行的计划、组织、控制和协调过程。具体来说，仓储管理包括仓储资源的获得、仓储商务管理、仓储流程管理、仓储作业管理、保管管理、安全管理多种管理工作及相关的操作。

5. 装卸搬运管理

装卸是物品在指定地点以人力或机械装入运输设备或卸下；搬运是指在同一场所对物品进行水平移动为主的物流作业。在实际操作中，装卸与搬运是密不可分的，两者伴随着一起发生。搬运与运输的区别在于：搬运是在同一地域的小范围内发生的，而运输则是在较大范围内发生的。在装卸过程中，也可能造成货物破损、散失、损耗等，因此，装卸是物流中的重要环节。

6. 流通加工管理

流通加工是指物品在生产地到使用地的过程中，根据需要施加包装、分割标志、刷标签、组装等简单作业的总称。流通加工起着补充、完善、提高、增强的作用，是提高物流水平、促进流通向现代化发展的不可缺少的形态，是物流中的重要利润源。

7. 物流信息管理

物流信息是指实现现在各种活动内容的知识、资料、图像、数据、文件的总称。现代物流与传统物流最主要的区别就是物流信息。在物流各环节的活动中，会产生大量的信息，如车辆选择、线路选择、库存决策、订单管理等，同时还有来自物流系统以外的信息，如市场信息、商品交易信息等。要提高物流服务水平，必须有准确的信息保证。

4.1.3 物流运作流程质量控制

物流是一种服务活动，为保证上述物流活动的顺利进行，物流质量是衡量物流服务的核心内容之一。长期以来，物流行业走的是一条规模与数量扩张型的粗放式发展之路。由于企业实力、人员素质、质量管理意识等普及不足等种种原因，我国物流企业往往忽视在创造时间及空间效用中质量的作用。由于物流企业质量管理水平低，直接导致质量问题增多。质量事故不断，其结果是使物流企业经济损失严重，经营效率低下，更重要的是，物流企业的客户绝不会接受低质量的物流服务，从而导致物流企业市场占有率下降，经营陷入困境。

对于物流质量控制的定义，一般认为：物流质量控制，是以一定的质量标准对物品质量的控制，其目的是在成本可行的前提下，向客户提供尽可能高的物流服务质量。

1. 物流质量控制的影响因素

知识要点提醒

现代质量管理学专家菲根鲍姆认为，影响物流质量的基本因素有 9 个方面或称之为"9M"，即市场(Markets)、资金(Money)、管理(Management)、人员(Men)、激励(Motivation)、材料(Materials)、机器和机械化(Machines and Mechanization)、现代信息方式(Modern Information Methods)、产品规格要求(Mounting Product Requirement)，在这 9 个"M"中，对物流质量营销较大的有 7 个"M"，具体如表 4-1 所示。

表 4-1 物流质量的较大影响因素

因 素	描 述
市场	市场对物流质量的影响体现在需求的个性化和物流服务品质对通用化的矛盾两方面(上)。尽管最近物流市场上提供的服务品种和质量在不断地增长，但和"一对一营销"的物流服务要求还存在很大的差距。物流企业要认真识别工商企业的需求，以便作为发展新服务品种的根据。市场的范围日益扩大，所提供的服务则应更为专业化、细分化
资金	资金对物流质量的影响体现在投资改善设施和物流成本控制之间的矛盾上。对于自动化和机械化的要求迫使物流企业拿出大笔的资金用于新设备和新工艺，这就需要增加企业的投资。如果投资后的设施利用率不高，那么就可能使质量成本增高，造成大量的亏损
管理	管理人员和项目经理对物流服务质量承担职责。营销部门和研发部门必须对物流项目的设计提出适应需求的规格要求；质量管理部门必须安排整个物流过程的质量检测方法以便能够确保服务符合质量要求

续表

因　素	描　述
激励	物流质量复杂性的提高进一步加强了每一位职工对质量作出贡献的重要意义。对人类动机研究的结果显示，除了金钱报酬之外，当今的工人要求强化工作上的成就感，以及承认他们对实现公司目标所作出的贡献，这就突出了质量教育和提高质量意识的必要性
机器和机械化	机器和机械化对物流质量的影响主要体现在效率和操作标准化两方面。机械化程度越高，提高工人和机器的利用效率，以及切实降低成本就越是提高服务质量的关键因素
现代信息方式	现代信息方法对物流质量的影响主要体现在货物跟踪、自动化仓库、库存控制、运输决策等方面。现代信息技术使用越广泛，物流质量就越容易得到控制

2．物流质量控制的内容

关于物流质量的概念，可从物流对象的质量、物流手段和方法的质量、物流工作质量三个角度去理解。

1）物流对象的质量

物流对象的质量主要是指在物流过程中对物流对象物的保护。物流对象物的保护包含数量保护、质量保护、防止灾害。

(1) 数量保护。在物流过程中，物流对象物的散失、丢失、盗失等，都会导致对象物出现数量减少问题。物流责任企业必须承担保护的责任，一般而言，对于贵重产品、对不同的物流对象物进行单独协议。

(2) 在长距离、长时间的物流过程中，对各种质量变化的积累可能最终造成物流过程的质量损失。对于一些特殊的物流对象物，例如，国际物流中规模很大的石油、煤炭、粮食，进入物流过程中的易燃、易爆、腐蚀、危险品，这个问题要就要格外关注。对于物流企业来讲，需要专门的人才和技术力量、设施装备来解决质量保护的问题。

(3) 防止灾害。物流过程中最大的损失来自灾害，灾害有外部的，例如天气环境、海难等灾难；有来自内部的，主要是物流对象物出现燃烧、爆炸等灾害，这是物流责任企业要特别关注的问题。尽管因为在签订物流协议时，对于灾害性的损失都有事先的保险规定，物流过程中灾害性的损失往往可以获得赔付，但是，防止灾害仍不可掉以轻心。现代科学技术对灾害的防止和救援提供了许多可以选择的手段，例如海上呼救和救援系统、全球卫星定位系统等。

2）物流手段和方法的质量

方法是人们在进行工作和生活过程中所运用的整体手段的组成部分。好的方法，可以帮助人们减少物质、能源、时间，以及资金的消耗和浪费，从而降低成本；减少人员精力的消耗，减少遭受损伤和工伤的概率；帮助人们利用有限的资源求得最高的产出，以提高生产率。物流手段和方法的质量在一定程度上决定着物流效率的高低。

3）物流工作质量

物流工作质量指的是物流各环节、各工种、各岗位具体工作的质量保证。具体的控制表现为物流工作质量指标，包括运输工作质量指标、仓储工作质量指标、包装工作质量指标、配送工作质量指标、流通加工工作质量指标及信息工作质量指标等。物流质量是供应链上的一个满足客户要求的环节，是物流服务特性满足客户要求的程度。物流质量的内容包括四个方面：产品的质量保证及改善、物流服务质量、物流工作质量和物流工程质量。

(1) 产品的质量保证及改善。现代物流过程已不仅仅是消极地保护和转移物流对象，而是为了满足需求多样化和方便流通与消费，往往采用较深层次的流通加工等手段来改善和提高产品的质量，甚至改变产品的形状和性质。

(2) 物流服务质量。物流服务质量是物流质量管理的一项重要内容。因为物流业有极强的服务性质，物流业属于第三产业，说明其性质主要在于服务，所以整个物流的质量目标就是其服务质量。服务质量因不同用户而要求各异，这就需要掌握和了解用户需求。如商品狭义质量的保持程度，流通加工对商品质量的提高程度，批量及数量的满足程度，配送额度、间隔期及交货期的保证程度，配送、运输方式的满足程度，成本水平及物流费用的满足程度等。

2004年年底，中国卡车运输服务市场百分之百地开放；2005年年底，所有货运、货代甚至国内邮递和包裹业、仓储业也百分之百地开放，因此，除了铁路和航空部分市场之外的大部分物流市场已出现外资大批涌入、中外企业激烈竞争的场面。国内第三方物流(Third Party Logistics，TPL)所提供的物流服务过程中单证准确率仅为96.4%，及时率仅为86.7%，破损率则高达2.2%。这意味着每100万张订单中，多达36 000张订单存在问题，这就导致了大量的客户损失。如此重要的质量问题没有受到重视，这是目前国内物流服务中存在的普遍问题。该问题拓展开来讲，其实是物流企业自身建设中存在的质量控制问题，由于物流企业在发展初期阶段，作业工具、技能的落后和人员素质较低导致服务水平不高，而服务过程中又缺乏有效的管理手段，无法对服务过程进行监控、评估和获得有效的反馈信息。但是由于规模小，反映的问题并不显著，而当企业希望扩大规模和效益时，就难以控制其发展。因此，物流企业应始终将服务质量的控制放在首要位置。通过建立服务质量体系，设立服务标准和监控指标，使用各种自动化和信息化的技术来保证质量数据的采集和反馈。在此基础上不断提升物流服务效率和服务规模，才能够在产生时间和空间价值、获取利润提升的同时，遏制质量缺陷的损失。物流企业的服务将在合作中逐步参与到客户企业的决策中，甚至包括采购、分销等战略方面的内容，随着市场电子化和社会企业组织小型化、扁平化和虚拟化的发展，物流企业有可能起到带动供应链满足市场需求的核心作用，这就是物流服务高质量之路的目标。

(3) 物流工作质量。由于物流工作质量代表对物流各环节(如运输、搬运、装卸、保管等)的质量保证，所以，提高物流工作质量应在改善搬运方法、搬运设备与器具，以及仓储设施等方面下工夫。如，加工件应固定在工位器具内，以免磕碰等。物流质量水平取决于各个工作质量的总和，为实现总的质量目标，需要将物流总的质量目标分解成各个工作岗位可以具体实现的质量目标。优良的工作质量对于物流质量的保证程度，受制于物流技术水平、管理水平、技术装备。工作质量是物流服务质量的保证和基础，重点抓好工作质量，物流质量也就得到一定程度的保证。

(4) 物流工程质量。在物流过程中，将对产品质量产生影响的各类因素(人的因素、体制的因素、设备因素、工艺方法因素、计量与测试因素、环境因素等)统称为"工程"。

物流工程是支撑物流活动总体的工程系统，可以分成总体的网络工程系统和具体的技术工程系统两大类别，其主要作用是支持流通活动，提高活动的水平并最终实现交易物的有效转移。任何物流企业的物流运作，包括第三方物流企业接受外包的物流运作，不可能是空手运作，必须依靠有效的工程系统来实现。

提高工程质量是进行物流质量管理的基础工作，能提高工程质量，就能做到"预防为主"的质量管理。工程设施的水平和质量，从根本上决定着物流的水平和质量，如，采用大型集装箱联运系统之后，就基本避免了物流过程中单件货物的丢失。

资料卡

奥运物流需求是指在举办奥运会的一定时期内，由于赛事活动及其相关活动，对比赛物品等配置所产生的物流活动要求，它包含了运输、储存、包装、装卸搬运、流通加工、配送及相关信息处理等内容。

思考题：奥运物流和传统物流相比有哪些特殊性？

3. 物流运作流程质量指标体系

对于一个企业而言，物流是与外界系统联系的"接口"，物流企业质量直接与用户相关，从而也与本企业生死攸关的市场占有率相关，低劣的质量会使用户另寻其他合作伙伴，从而会使企业的战略发展受挫。

物流企业质量指标体系是指根据物流企业服务的最终目标确定的，用来衡量物流企业质量的主要指标，即"目标质量"的具体构成内容。一般来说，物流企业质量指标，包括物流工作质量指标和物流工程质量指标两个系列。围绕这些指标，各工作环节中和各工程中又可以制定一系列"分目标"的质量指标，从而形成一个质量指标体系。物流企业质量指标体系如图4.1所示。

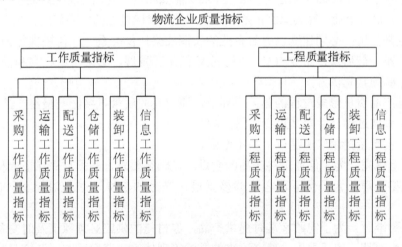

图 4.1 物流企业质量指标体系

4.2 采购质量控制

沃尔玛是如何实施全球采购的？

在长期的研究和实践过程中人们发现，企业采购环节确实存在着很大的利润源泉。一般来说，采购的零部件和辅助材料占最终产成品成本的40%～60%，也就是说，如果采用科学采购方法，使采购成本降低，如购买费用的降低、订货费用的降低、进货费用的降低等，将给对企业成本降低带来巨大的空间，给企业带来很大的经济效益和利润。

4.2.1 采购系统构成

对于企业(组织)来说，供方为企业供应原材料的一方。我们把企业与供方的关系看成企业与顾客，这是供应链上的第一个环节。供方的产品质量直接影响企业的最终产品的质量，企业的质量效益中包括供方的贡献，所以企业应当与供方共同建立质量管理体系，共同为顾客服务，共同创造价值，共同获得利益，共同分享成功与喜悦，即建立互利的供方关系。企业正确地运用互利的供方关系，不仅可以增强供需双方创造价值的能力，而且还能够增强对市场反应的灵活性，促使成本和资源的最优化。互利的供方关系要求供方不仅提供符合要求的产品或服务，而且还要考虑建立和健全质量管理体系，通过自身的改进，推动企业的技术进步和市场竞争能力。他们不应担心是否能够及时得到货款，而是追求在企业的发展中如何长期受益，形成双赢的关系。

企业为了满足顾客要求，提高竞争能力，可以向供方提出产品和服务的质量要求，甚至按顾客或标准要求建立质量管理体系，并对其进行控制和管理。在彼此合作中创造一个通畅和公开的沟通渠道，确定联合改进活动，共享资源和技术，激发、鼓励和承认供方的改进及其成果，对供方的贡献给予表彰和奖励。当前，由于缺乏这种正常的互利和双赢的关系，致使部分供方企业陷入困境，而一些浪费能源和资源的供方又应运而生，甚至假冒伪劣产品也进入供方企业。究其原因正是企业如何处理供应链上的关系问题。从供方企业—顾客的供应链来分析，必须建立供方与企业的长期战略伙伴关系。任何短视行为，必然损害与顾客的关系，最后殃及企业自身。为了企业的生存发展，必须考虑顾客利益；为了考虑顾客利益，必须互利供方。

采购是产品质量形成过程的第一个环节，原材料的质量直接影响最终产品的质量，企业应当重视采购过程，并对其进行质量控制。

采购过程质量控制应遵循以下基本原则。

(1) 质量优先。为了保证最终产品的质量满足顾客要求，必须首先保证原材料的质量。

(2) 价格合理。为了保证顾客能够接受最终产品的价格，必须对原材料的价格进行控制。

(3) 交付准时。为了向顾客准时提供产品，原材料的供应必须保证及时交货。

(4) 体系可靠。应要求供方建立可靠的质量管理体系，获得顾客对其产品的信任。

(5) 规避风险。考虑到不可预见的风险，不能只在一个企业采购某种原材料。

(6) 技术共享。必要时向供方提供必要的技术支持，保证能够提供符合要求的原材料。

(7) 利益互惠。与供方建立互利的关系，不要拖欠应支付供方的货款，并有一定的优惠。

采购管理要科学化。首先就要规范采购作业的行为模式。如果仅仅按照采购人员个人的习惯随意操作，则采购的质量难以保证。所以任何企业都需要规定采购的一般流程，以保证工作质量，防止资金不必要的流失。

采购基本包括以下几个过程。

(1) 提出采购需求计划。采购需求计划必须严格地按照销售和生产部门的需要以及现有的库存量,对品种、数量、保险库存量等因素作出科学的计算后才能提出,并且要有审核制度,采购的数量、种类、价格等必须是经过主管部门的批准才有效。通过对采购需求计划的控制,可以防止随意和盲目采购。

(2) 认证供应商。在买方市场中,由于供大于求,市场上往往有众多的供应商可以选择,此时买方处于有利地位,可以货比多家。选择供应商是企业采购过程中的重要环节,应该尽可能地列出所有的供应商清单,采用科学的方法挑选合适的供应商。

小思考

宾馆的卫生洁具是否各项指标都合格,他们是怎么样对供应商进行认证的呢?

(3) 发出采购订单。采购订单相当于合同文本,具有法律效力。签发采购订单必须十分仔细,每项条款都要认真填写,关键处用词须反复推敲,表达要简洁,含义要明确。对于采购的每项物品的规格、数量、价格、质量标准、交货时间与地点、包装标准、运送方式、检验形式、索赔条件与标准等都应该认真进行审核。

(4) 跟踪订单。采购订单签发后,并不是采购工作就此结束,必须对订单的执行情况进行跟踪,防止对方违约;为保证订单顺利执行、货物按时进库,对订单实施跟踪还可以使企业随时掌握货物的动向,万一发生意外事件,可及时采取措施,避免不必要的损失或将损失降低到最低。

(5) 接受货物。货物运到自己的仓库后必须马上组织人员对货物进行验收。验收是按订单上的条款进行的,应该逐条进行,仔细查对。除此之外,还要查对货损情况,检查货损是否超标。对发现的问题,要查明原因并分析责任,为提出索赔提供证据。货物验收完毕才能签字认可。

(6) 评估采购工作。对于采购工作的总结评价才是一次采购工作的完整结束。评估的目的是为认证人员管理供应商提供实际操作的表现数据,使得订单操作更加畅通。评估的主要内容可以包括:供应的及时状况;紧急订单的完成情况;组织效率;采购人员的能力及责任心;供应商的质量、成本、供应能力、服务能力等内容。

上述采购流程的内容概括起来,可将其分为采购产品、采购过程和对供应商的评估三个方面,对采购产品、采购过程和供应商的管理是进行采购质量控制的主要方面。

4.2.2 采购作业中的问题

1. 供应商评估选择有困难

面对众多的供应商,如何进行合理有效的评估。能否对发生交易的供应商从交期、价格、交货准时率、供货质量、信用、服务水平等进行全面的考核评估。

2. 如何保证采购与生产的信息渠道畅通

解决生产计划部门由于无法及时获得采购部门的采购单下单时间、单据执行状态、物料到货信息等,而造成物料不能全部保证及时供应,对生产排产造成影响的问题。

3. 如何掌握采购时间

由于无法及时掌握全部产品采购,外协件的近期缺料信息(包括缺什么,何时需要),

缺乏对未来供货市场供货趋势与走向的预测，造成临时采购，外协现象较多，同时由于不少材料采购供应周期长，采购部经常处于措手不及的境地，忙于赶任务，缺乏良好的计划性。并且容易遗漏小件，影响正常生产进程。

4. 采购成本难控制

由于供应商数量太多，采购价格体系较为混乱，无法真正形成多家比价管理，也不能进行最高限价控制。导致采购成本偏高，资金占用大，影响利润水平。

5. 采购部门的日常大量时间忙于了解各种信息和催货，重"跟催"轻"计划"

采购部门只能把工作重心放在到货跟催上面，疲于奔命，结果还往往并不如意，供应缺货常常造成生产停工待料。对于确实能直接产生效益的供应商选择、比价控制等工作做得较少，日常工作重点主要在应对生产上。

6. 难以有效监控供应商

由于采购资金周转上的问题，对供应商难以形成有效的监控，无法有效把握好最佳供货期，控制供货质量，牺牲企业长期利益。

4.2.3 采购质量改善途径

1. 采购产品认证要合理

1) 采购产品的验证

采购的产品是否符合规定要求，应当采取一定方式进行验证。验证的方法可根据采购产品的重要性和品种采取可行的方式。对采购的产品进行进货检验和试验，也就是复验，是一种最可靠的验证方式。但是，考虑到成本，只能对那些必须复验的产品才进行这样的验证。例如，在钢铁企业中对铁合金中主要成分进行抽检，以确定加料数量和保证产品成分的准确性。

有些采购的产品不必进行检验或试验，特别是供方提供的产品质量稳定，只要查阅质量保证书即可，这也是对采购产品验证的一种形式。以钢铁企业为例，保护渣、增碳剂或脱硫剂，甚至有一部分耐火材料，如果进行分析还必须增加一些仪器和设备。有些企业的顾客有时会有对采购产品进行现场验证的情况。例如，为核工业提供产品时，顾客有时会要求对采购产品进行某种方式的验证，如查阅复验报告或到供方进行现场考察等。当然，这种情况是不多的，如果存在则应当在合同中加以明确。

2) 对采购产品质量的信息反馈和处理

目前，有些企业对供方或外包方提供的产品，如果发现不合格，往往采取让步接收或降价处理。让步接收是一种对使用或放行不符合规定要求的产品的许可。让步通常仅限于在商定的时间或数量内，对具有不合格特性的产品的交付。标准规定了企业内部的沟通和与顾客进行的各种沟通，没有规定与供方的信息交流。应当提倡和加强与供方的沟通，能够在采购的全过程与供方保持密切联系。当出现不合格品时，及时反馈并得到纠正和改进。也有的企业采取定期诊断的办法来控制外包过程。如果通过诊断分析了问题，企业可及时与外包方进行沟通，并采取措施指导外包方进行纠正和改进。国外还有对外包方采取表彰和奖励的办法，使外包方成为企业的战略伙伴。

2. 采购过程认证要科学

采购过程也应具有必要的文件资料，例如采购计划、采购物资的技术标准或技术条件、样本或图纸等。这些文件资料应按图的程序进行控制。目前，企业的采购文件主要包括采购计划和采购合同，在合同中注明采购物资的标准或技术条件。但是多数企业对采购文件缺乏规范的管理，特别是对采购产品的技术条件，标准不全、版本过时的现象比较普遍。至于对一些非标准化的产品，更是缺乏采购依据。有些企业甚至没有零件的图纸和技术要求。在签订合同时没有注明技术要求、验收程序、技术标准，以及相应的质量保证的现象不在少数。图 4.2 所示为采购技术条件的形成、审批和运用程序。

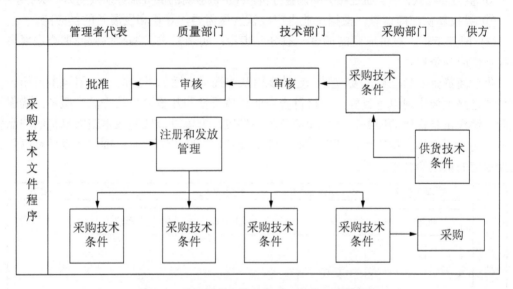

图 4.2　采购技术条件的形成、审批和运用程序

3. 对供应商的选择要严格

供应商管理是对供应商的了解、选择、开发、使用和控制等综合性的管理工作的总称，是企业保证物资供应、确保采购质量和节约采购资金的重要环节。通过供应商管理，企业可以最低的成本获得符合企业质量和数量要求的产品或服务；确保供应商提供最优的服务和及时的进货；发展和维持良好的供应商关系，开发潜在的供应商。供应商管理主要包括以下 3 个基本环节。

1) 供应商的开发

供应商的开发是指在市场上搜寻与企业所采购商品有关的供应商信息，并从中选择符合条件的合格供应商，建立供应商资源库的过程。企业建立供应商资源库，既是为了获得较为稳定的供应商资源，又能够保持供应商之间的适度竞争，防止独家供应的垄断出现。要不断利用科学的方法，时刻监督资源库的情况，保证资源库的供应，不断地将好的供应商补充入库，将不合格的供应商淘汰出库。

(1) 调查方法。了解有关供应商的信息对供应商的调查可以采取发放问卷、面谈、要求供应商提供相关资料、对供应商工厂进行实地考察等方式。在实际操作中，往往把这些方法结合起来运用。

(2) 调查内容。供应商调查的内容包括材料供应状况、专业技术能力、品质控制能力、管理人员水平、机器设备情况、财务及信用状况、管理规范制度等几个方面。

① 供应商的资信调查。调查所有供应商的财务状况及相应的资信度。

② 供应商供货能力调查。收集供应商的生产设施设备情况、产能及产效情况，预测其制造成本。

③ 供应商供货质量保证调查。确定供应商的生产标准和质量管理人员的培训标准，并共同建立质量保证系统，以促进保质保量与质量改进目标的实现。

④ 供应商销售战略调查。以便更好地了解供应商的销售目标，制定将来的采购战略。

⑤ 供应商绩效评价。通过相关的调查分析，评价供应商的供货服务绩效能力与服务水平。

⑥ 寻找新供应商调查。根据企业生产经营发展需要，寻找和发展新的供应商。

(3) 调查步骤。对供应商的调查一般分三步走：明确需求、编制供应商调查进度表、寻找新供应商资料。

供应商资源库建立后，要按照一定的步骤从中选择合适的供应商，如图 4.3 所示。供应商的选择主要实现以下目标：获得符合企业总体质量和数量要求的产品和服务；确保供应商能够提供最优质的服务、产品和最及时的供应，力争以最低的成本获得最优的产品和服务；淘汰不合格的供应商，开发有潜质的供应商，不断推陈出新；维护和发展良好的、长期稳定的供应商合作关系。

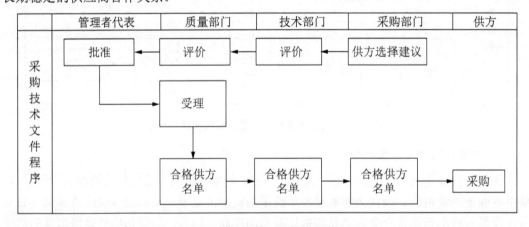

图 4.3　合格供应商评价和选择程序

2) 供应商关系管理

供应商关系管理是系统的、全面的评估供应商的资产和能力方面的整体业务战略，确定与不同供应商之间的合作方式，以及规划和维持与所有与供应商的关系生命周期，以实现价值最大化。其关注的重点是与战略供应商发展双向互利的关系，通过独立运作或传统的采购或交易使得企业能够达到更高水平的创新和竞争优势。

在许多方面，供应商关系管理类似于客户关系管理。正如公司存在与客户之间的多个关系一样，他们与供应商之间也进行合同谈判、采购、物流管理和交付，产品设计的合作等。供应商关系管理的定义起点是：这些与供应商不同的相互作用是不分散和独立的，相反，它们之间的关系准确、有效地来讲是一种包含关系，以协作方式管理关系生命周期内的功能和业务单元接触点。

在供应商与制造商关系中，存在两种典型的关系模式：传统的竞争关系、合作性关系(或者叫双赢关系)。两种关系模式的采购特征有所不同，体现在以下两点：竞争关系模式下是买方通过分配不同采购数量给不同的供应商的方法，价格作为主要控制因素，因此两者之间维持的是短期合同关系。双赢模式则是一种合作关系，通过合作和协商协调相互的行为，如制造商在产品设计阶段让供应商参与进来，通过协作帮助供应商降低成本、改进质量；通过建立相互信任提高效率，降低交易风险及企业自身的管理成本。因此其重点关注的是合作供应商和生产商之间共同分享信息。在这样的模式下，制造商和供应商的关系非常密切，并能使双方受益。表4-2所示为供应商关系管理的基本准则。

表4-2 供应商关系管理准则

评价项目	评价内容	评价基准	评 分	备 注
经营能力	领导能力	方针目标是否明确		
		组织机构是否健全		
	财务状况	财务管理是否正规		
		经济效益是否良好		
	职工素质	职工培训是否正规		
		技能水平是否可靠		
	成本管理	预算基准是否准确		
		成本管理是否落实		
质量管理	技术能力	专业技术是否先进		
		人员技能是否认可		
	设备水平	生产设备是否先进		
		设备管理是否正常		
	质量管理	质量体系是否健全		
		实物质量是否良好		
服务状况	交货期限	是否准时		
	联系手续	是否方便		
	地理位置	是否接近		
	交往历史	是否长久		
	合同份额	是否较大		
	异议处理	是否及时		
其他				

3) 供应商的评估

(1) 成立供应商评估和选择小组。供应商选择不仅是采购部门的事情，而是整个企业都需要关注的重要决策，需要企业各部门有关人员共同参与决策，包括采购部门的决策者和其他部门的决策影响者。供应商的选择一般涉及企业的生产、技术、计划、财务、物流、市场等部门。对于技术要求高并重要的采购项目来说，特别需要设立跨职能部门的供应商选择工作小组。供应商选择小组应由各部门有关人员组成，包括研究开发部、技术支持部、采购部、物流管理部、市场部、计划部、品质部和生产部等。

(2) 列出评估指标并确定权重。确定代表供应商服务水平的有关因素，据此提出评估指标。评估指标和权重对于不同行业产品的供应商是不尽相同的。

(3) 逐项评估每个供应商的能力。为了保证评估的可靠性，应该对供应商进行调查。在调查时，一方面需听取供应商提供的情况；另一方面应尽量对供应商进行实地考察。考察小组由各部门有关人员组成,如技术部门进行技术考察,对供货商的设备、技术人员进行分析,考虑将来的质量是否能够保证,以及是否能跟上企业所需技术的发展,满足企业发展的要求;生产部门考察制造系统,了解人员素质、设备配置水平、生产能力、生产稳定性等;财务部门进行财务考核,了解供应商的历史背景和发展前景,审计供应商并购、被收购的可能,了解供应商经营状况、信用状况,分析价格是否合理,以及能否获得优先权。

(4) 综合评分确定供应商。在综合考虑多方面的重要性之后,就可以给每个供应商打出综合评分,选择出合格的供应商,表 4-3 所示为合格供方评价选择。

表 4-3 合格供方评价选择表

供方名称					
地址				职工人数	
联系人			电话		
供应产品			传真		
供应数量			电子邮件		
是否取得 ISO 9000 认证			质量体系 认证范围		
评价选择基准	经营状况	生产能力	技术水平	质量体系	合计
评分	25	25	25	25	100
评价日期					
评价结论					
参加评价人员	部门		姓名		签字
批准			日期		

小思考

餐饮部经理最近陆续听到不少老客户反映餐厅的豆制品菜肴口味不如以前,质量下降。但是最近厨房管理工作一直比较好,厨师工作也很认真,也没有听到客人反映他们烹调技术不高的意见。经理进一步调查发现,豆制品供应商已经换了另一家,现在的豆腐是石膏豆腐,而以前是卤水豆腐,这直接影响了餐饮部的菜肴质量。

调查进一步发现改变豆腐供应商不是由于豆腐质量或价格问题,而是由于采购人员与现在的供应商关系比较好。

你对此怎么看?

4.2.4 采购质量指标体系

对采购的控制除了采购计划的控制外,还有与供应商进行交易的制度计划(供应商文件)、采购组织机构控制和采购程序控制。但在日常具体的采购业务活动中,还必须建立考核采购人员的指标体系对采购进行细化的控制。

采购考核指标体系一般可由以下指标所组成。

1. 销售额指标

销售额指标要细分为大分类商品指标、中分类商品批标、小分类商品指标及一些特别的单品项商品指标。应根据不同的业态模式中商品销售的特点来制定分类的商品销售额指标比例值。

2. 商品结构指标

商品结构指标是以体现业态特征和满足顾客需求度为目标的考核指示。如对一些便利店连锁公司的商品结构进行研究发现，反映便利店业态特征的便利性商品只占 8%，公司自有品牌商品占 2%，其他商品则高达 90%。为了改变这种商品结构，就要从指标上提高便利性商品和自有商品的比重，并进行考核，通过指标的制定和考核同时达到两个效果。一，在经营的商品上业态特征更明显；二，高毛利的自有品牌商品比重上升，从而增强了竞争力和赢利能力。

3. 毛利率指标

根据超级市场品种定价的特征，毛利率指标首先是确定一个综合毛利率的指标，该指标的要求是反映超市的业态特征，控制住毛利率，然后分解综合毛利率指标，制定不同类别商品的毛利率指标并进行考核。毛利率指标通过采购人员合理控制订单量来加快商品周转，并通过与供应商谈判加大促销力度扩大销售量，增大供应商给予的"折扣率"，从而达到提高毛利率的目的。对高毛利率商品类的采购人员，促使其优化商品品牌结构，做大品牌商品销售量，或通过促销做大销售量从而扩大毛利率，要明白一个道理，超市毛利率的增加，很重要的一个途径就是通过促销做大销售量，然后从供应商手中取得提高毛利率的"折扣率"。

4. 库存商品周转天数指标

这个指标主要是考核配送中心库存商品和门店存货的平均周转天数。通过该指标可以考核采购业务人员是否根据店铺商品的营销情况，合理地控制好库存，以及是否合理地确定了订货数量。

5. 门店订货商品到位率指标

这个指标最好是 100%。该指标考核的是，门店向总部配送中心订货的商品与配送中心库存商品可供配的比例。该指标的考核在排除总部的其他部门的工作因素后除特殊原因外，主要落实在商品采购人员身上。到位率低就意味着门店缺货率高，必须严格考核。

6. 配送商品的销售率指标

门店的商品结构、布局与陈列量都是由采购业务部制定的，如果配送到门店的商品销售率没有达到目标，可能是商品结构、商品布局和陈列量不合理。对一些实行总部自动配送的公司来说，如果配送商品销售率低，可能还关系到对商品最高与最低陈列量的上下限是否合理。

7. 商品有效销售发生率指标

在超级市场中有的商品周转率很低，为了满足消费者一次性购足的需要和选择性需要，

这些商品又不得不备,但如果库存准备的不合理损失就会很大。商品有效销售发生率就是考核配送中心档案商品(档案目录)在门店 POS 机中的销售发生率。如低于一定的发生率,说明一些商品为无效备货,必须从目录中删除出去并进行库存清理。

8. 新商品引进率指标

为了保证各种不同业态模式超级市场的竞争力,必须在商品经营结构上进行调整和创新,使用新商品引进率指标就是考核采购人员的创新能力,对新的供应商和新商品的开发能力,该指标一般可根据业态的不同而分别设计。如便利店的顾客是新的消费潮流的创造者和追随者,其新商品的引进力度就要大,一般一年可达 60%~70%。当一年的引进比例确定后,要落实到每一个月,当月完不成下一个月必须补上。如年引进新商品比率为 60%,每月则为 5%,如当月完成 3%,则下月必须达到 7%。

9. 商品淘汰率指标

由于门店的卖场面积有限,又由于必须不断更新结构,当新商品按照考核指标不断引进时,就必须制定商品的淘汰率指标,一般商品淘汰率指标可比新商品引进率指标低 10%左右,即每月低 1%。

资料卡

SBC(太平洋贝尔公司)为加州的大多数居民提供电话服务,还为个人和企业提供一系列完整的无线通信产品。

为了提高质量并降低成本,SBC 一直致力寻求管理其供应链的新方法,开发出一套完整方案,即为供应商设定高标准,并奖励绩效优异的供应商。该方案从培训开始,SBC 所有采购部门的经理都必须参加"实用全面质量"培训。该培训共有六门课程,每门课程 30 学时,教授 TQM 和供应商管理,同时还鼓励供应商参加培训,但不收培训费用。SBC 对其供应商的要求很高,但预先都与供应商明确地进行沟通。公司每年会与最主要的供应商签订合同,明确下一年 SBC 和供应商的合作关系。SBC 的高层经理一年内与供应商会面两次,讨论彼此的合作情况,并解决已发生的问题。而 SBC 的次要供应商则每个月收到一页供应商质量报告,SBC 和供应商预先达成绩效标准(如准时交货、货品计价准确度等)的一致协议,供应商每月收到 SBC 根据其记录所作的评分。SBC 和供应商都非常重视这些报告。如果供应商的得分太低,他们通常会打电话给 SBC 解释原因,或寻求改进的建议。

4.3 运输质量控制

小思考

在炎热的夏天,啤酒和水果是怎样像鲜花一样送到我们手里呢?

运输是物流企业运作中最基本的活动之一。运输具有两大功能,即物品转移和物品短时储存。运输作为社会生产力的有机组成部分,是通过实现社会产品的流转表现出来的,即把生产和消费所处的不同空间联结起来,完成实物从生产地到消费地的移动。

无论物品处于哪种形式,是材料、零部件、装配件、在制品,还是制成品,也不管是在制造过程中将被转移到哪一位置,还是到最后直接面对顾客,运输都是必不可少的。运输职能通过物品在价值链中的来回移动,发挥时间资源、财务资源和环境资源效用,提高了物品的价值。运输可以实现对物品进行临时储存的职能。如果运输中的物品需要储存,但在短时间内(如几天后)又将重新转移,那么,卸货和装货的费用可能会超过储存在运输工具(如汽车)中的费用,这时就可以考虑将运输工具作为物品暂时的储存地点。

4.3.1 运输系统构成

运输系统主要包括以下几个要素。

1. 运输对象

运输对象统称为货物。根据货物对运输、装配和储存的环境与技术要求,货物可以分为成件物品、液态物品、散碎物品、集装箱、危险物品、易用物品、超长超重物品等几大类。

2. 运输参与者

这里所说的运输参与者是指货主和承担运输任务的人员。

(1) 货主。货主是货物的所有者,包括委托人(或托运人)和收货人。

(2) 承运人。承运人是运输活动的承担者,他们可能是运输企业或个体运输业者。承运人是受托运人或收货人的委托,按委托人的意愿以最低的成本完成委托人委托的运输任务,同时获得运输收入。

(3) 货运代理人。货运代理人是根据客户的指示,并为客户的利益而揽取货物运输的人,其本人不是承运人。货运代理人把来自各种客户手中的小批量货物整合成大批量装载,然后利用承运人进行运输。送达目的地后,货运代理人再把该大批量装载拆分为原先的较小的装载量,送往收货人。货运代理人属非作业的中间商,也被称为无船承运人。

3. 运输手段

运输手段是指物质手段,主要包括运输工具、运输线路(通道)、运输站点及配套设施等。

(1) 运输工具。运输工具是运输的主要手段,包括铁路机车和车辆、公路机动车辆、船舶、飞机等。

(2) 运输线路。运输线路和通道是运输的基础设施,例如铁路线路、公路、水运航道和空运航线等。

(3) 运输站点及配套设施。运输站点就是运输网络的节点,例如铁路车站、编组站、汽车站、货场、转运站、港口、机场等。

4. 其他资源要素

运输的资源要素除上述的人力、运输工具、运输线路(通道)、运输站点及配套设施外,还有信息、资金和时间等,运输管理就是有效利用这些资源,提高运输效率,降低运输成本,满足用户要求。

运输作业是指通过各种运输方式实现物品实体在空间位置上的转移过程。在商品流通的过程中,伴随着每一次的交易活动,几乎都有相应的物品运输过程。因此,对运输作业的管理程度如何将直接影响着物流企业的效益。

合理地组织物品运输,要重点做到认真选择运输方式,正确安排运输途径,合理规划运输环节,力求达到及时、准确、安全、经济的效果。

案例 4-1

加拿大：冰天雪地中的冷链物流

加拿大农产品冷链物流经过多年的发展,已建起了水运、铁路、公路、民航共同发展的综合冷链物流体系,各种运输方式之间实现了较好的衔接和配合,形成了与加拿大经济发展相匹配的冷链物流网络。主要有三大冷链运输走廊：一是以哈利法克斯港和蒙特利尔港为中心的东海岸运输走廊,覆盖大西洋的主要海运业务；二是以温哥华为中心的西海岸运输走廊,主要处理加拿大与亚太地区和国家的贸易货物；三是以五大湖地区为中心,由公路和铁路组成的跨越美加口岸的南北运输走廊,联系着美国和加拿大之间的贸易往来。此外,东西海岸间形成了沿美加边境、贯穿东西的加拿大铁路公司(CN)和太平洋铁路公司(CP)的铁路运输通道和畅通发达的高速公路运输网络,以及连接五大湖地区与东海岸的圣劳伦斯水道系统。

加拿大冷链物流的发展特点与其人口、经济分布及经济结构有密切关系。首先是人口因素。加拿大幅员辽阔,但其人口总数仅为3 200万,并集中分布在美加边境一线,其50%以上的人口集中在十大城市之中。与人口分布相对应,形成了加拿大相对集中的区域经济结构特点。经济结构的这种特点决定了加拿大的冷链物流业主要集中在经济发达的城市地区,如多伦多、蒙特利尔、温哥华、渥太华和魁北克等,形成了有效连接各大城市的长距离运输通道。同时,加拿大的原材料产地与加工业中心距离往往较远,也要求加拿大必须有一个良好、高效的冷链物流体系。其次是国际贸易。国际贸易在加拿大经济中占很大的比重。在出口贸易中,美国占83.6%,欧洲5.5%,日本3%；在进口贸易中,美国占71%,欧洲8%,日本3.2%。大量的进出口贸易要以发达的、高效的冷链物流体系为基础。最后是企业组织结构的变化。加拿大作为发达国家,因其劳动力的成本价格昂贵和环境保护等要求较高,企业将生产过程分解,把劳动密集型的生产转向劳动力价格较低的地区,把有污染的生产环节转向发展中国家,因此产生了大量生产过程对运输以及配送服务的需求,促进了多式联运的发展。上述几个方面的基本特点决定了加拿大要有一个先进的、高效的和低成本的冷链物流体系,作为国民经济发展的基础。

(料来源：孙阿雪. 我国冷链物流业务发展浅析[J]. 交通建设与管理, 2013, Z1: 74-75.)

认真选择运输方式,就是说物流企业要根据运输物品的品种、数量、体积、距离、时间要求、费用高低等因素,在铁路运输、公路运输、水路运输、航空运输和管道运输五种方式上作出选择,具体如表4-4所示。

表4-4 各种运输方式优缺点的比较

运输方式	长　处	短　处
铁路	(1) 可以满足大量货物一次性高效率运输； (2) 运输费用负担较小的货物的时候,单位运费低廉,比较经济； (3) 由于采用轨道运输,事故相对较少,安全性高； (4) 铁路运输网络完善,可以将货物运往各地	(1) 近距离运输费用较高； (2) 不适合紧急运输的要求； (3) 长距离运输的情况下,由于需要进行火车配车,路途停留时间较长； (4) 货车编组,解体需要时间； (5) 运费没有伸缩性； (6) 不能实现门对门服务,车站固定,不能随处停车

续表

运输方式	长处	短处
公路	(1) 可以进行门到门的连续运输； (2) 适合于近距离运输，比较经济； (3) 使用上灵活，可以满足用户的多种需求； (4) 容易装车	(1) 运输单位小，不适合大量运输； (2) 长距离运输费用较高； (3) 易污染环境，发生事故； (4) 消耗能量大
船舶	(1) 适合于运费负担能力较小的大量货物的运输； (2) 适合于宽大、重量大的货物运输； (3) 原材料可以散装上船； (4) 节能，长距离运输、运费低廉	(1) 运输速度较慢； (2) 港口的装卸费用较高； (3) 航行受天气影响较大； (4) 运输的正确性和安全性较差，运输时间难以保证准确
飞机	(1) 运输速度快； (2) 适合于运费负担能力大的少量货物的长距离运输； (3) 包装简单、安全、破损少	(1) 运费高、不适合低价值货物和大量货物的运输； (2) 重量受到限制，机场所在地以外的运量在利用上受到限制
管道	(1) 运输效率高，适合于自动化管理； (2) 适合于气体、液体货物的运输； (3) 占用土地少； (4) 没有包装费用、不受天气影响； (5) 安全、环保、简便、经济、计量正确	运输对象受到限制，易沉淀、积垢，清管成本高

铁路、公路、水路、航空和管道五种基本运输方式可以组成不同的综合运输，各种运输方式都有其特定的运输路线、运输工具、运输技术、经济特性及合理的使用范围。所以只有熟知各种运输方式的效能和特点，结合商品的特性、运输条件、市场需求，才能合理地选择和使用各种运输方式，获取较好的运输绩效。五种运输方式的成本结构比较如表4-5所示。各种运输方式的营运特征见表4-5，该表按各种营运特征的优劣进行评价，采用打分法，表中各种营运特征的分值越低，效果越好。

表4-5 各种运输方式成本结构的比较

运输方式	固定成本	变动成本
铁路	高(车辆、线路及站场)	低
公路	高(车辆及道路)	适中(燃料、维修)
水路	适中(船舶、设备等)	低
航空	低(飞机、机场)	高(燃料、维修)
管道	最高	最低

影响运输方式的选择主要包括以下因素。

(1) 商品特性。这是影响企业选择运输工具的重要因素。一般来讲，粮食和煤炭等大宗货物适宜选择水路运输；水果、蔬菜、鲜花等鲜活商品，电子产品，贵重物品以及季节性商品等宜选择航空运输；石油、天然气、碎煤浆等适宜选择管道运输。

小知识

冷链物流(Cold Chain Logistics)是随着科学技术的进步、制冷技术的发展而建立起来的，是以冷冻工艺学为基础、以制冷技术为手段的低温物流过程。冷链物流泛指冷藏冷冻类食品在生产、储藏运输、销售到消费前的各个环节中始终处于规定的低温环境下，以保证食品质量，减少食品损耗的一项系统工程。

(2) 运输速度和路程。运输速度的快慢、运输路程的远近决定了货物运送时间的长短。

而在途运输货物犹如企业的库存商品，会形成资金占用成本。一般来讲，批量大、价值低、运距长的商品适宜选择水路或铁路运输；而批量小、价值高、运距长的商品适宜选择航空运输；批量小、距离近的适宜选择公路运输。

(3) 运输的可达性。不同运输方式的运输可达性也有很大的差异，公路运输的可达性最强，可实现门到门运输，其他依次是铁路运铅、水路运输与航空运输。

(4) 一致性要求。一致性要求指在若干次装运中履行某一特定的运次所需的时间与原定时间或与先前运输所需时间的一致性。它是运输可靠性的反映。近年来，托运方已把一致性看作是高质量运输的最重要的特征。如果给定的一项运输服务第一次花费 2 天、第二花费 6 天，这种意想不到的变化就会给生产企业产生严重的物流作业问题。厂商一般首先要寻求实现运输的一致性，然后再提高交付速度。如果运输缺乏一致性，就需要安全储备存货以防预料不到的服务故障。运输一致性还会影响买卖双方承担的存货义务和有关风险。

(5) 可靠性要求。运输的可靠性涉及运输服务的质量属性。对质量来说，关键是要精确地衡量运输的可得性和一致性，这样才有可能确定总的运输服务质量是否达到所期望的服务目标。运输企业如要持续不断地满足顾客的期望，最基本的是要承诺不断的改善。运输质量来之不易：它是经仔细计划，并得到培训、全面衡量和不断改善支持的产物。在顾客期望和顾客需求方面，基本的运输服务水平应该现实一点。运输企业必须意识到顾客是不同的，所提供的服务必须与之相匹配。对于没有能力始终如一地满足的不现实的过高的服务目标必须取缔，因为对不现实的全方位服务轻易地作出承诺会极大地损害企业的信誉。

(6) 运输费用的承受能力。企业开展商品运输工作，必然要支出一定的财力、物力和人力，各种运输工具的运用都要企业支出一定的费用。因此，企业进行运输决策时，要受其经济实力及运输费用的制约。假如企业经济实力弱，就不可能使用运费高的运输工具，如航空运输；也不能自设一套运输机构来进行商品运输工作。

4.3.2 运输作业中的问题

运输作业中主要存在以下问题。

1. 近程或起程空驶

空车无货载行驶，可以说是不合理运输的最严重形式。在实际运输组织中，有时候必须调运空车，从管理上不能将其看成不合理运输。但是，由于调运不当，货源计划不周，不采用运输社会化而形成的空驶，是不合理运输的表现。造成空驶的不合理运输主要有以下几种原因。

(1) 能利用社会化的运输体系而不利用，却依靠自备车送货提货，这往往出现单程重车，单程空驶的不合理现象。

(2) 由于工作失误或计划不周，造成货源充实，车辆空占空回，形成双程空驶。

(3) 由于车辆过分专用，无法搭运回程货，只能单程驶车，单程回空周转。

2. 对流运输

又称"相向运输"。指同一品种、同一规格或可以互相代替的物资在同一线路(航线)或两条平行运输线路上的相向运输。规定有合理流向图的物资，当违反规定的合理流向逆向运输时，也属于对流运输。对流运输是最突出的不合理运输，会造成运输能力的巨大浪费。

它主要有以下 3 类。

(1) 明显的对流运输，即在同一运输线路上的对流，如图 4.4 所示。

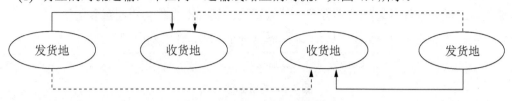

图 4.4　明显的对流运输方式

注：合理运输线路————→；不合理运输线路----→。

(2) 隐含的对流运输。即违反近产近销原则，在平行路线上朝着相对方向的运输，如图 4.5 所示。

图 4.5 中，对于同一种货物，甲发 50 吨至乙，丙发 50 吨至丁，总运输量是 3 000 吨千米；甲发 50 吨至丁，丙发 50 吨至乙，总运输量是 2 000 吨千米，则隐含的运输浪费是 1 000 吨千米。

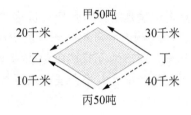

图 4.5　隐含的对流运输方式

注：合理运输线路————→；不合理运输线路----→。

(3) 隐蔽的对流运输。有一些不很明显的隐蔽对流运输，例如不同时间的相对运输，从发生运输的那个时间看，并无出现运输，可能作出错误的判断，所以要注意隐蔽的对流运输。

3. 迂回运输

不经由最短路径的绕途运输，这种运输方式如图 4.6 所示。由于增加了运输线路、延长了货物在途中时间，造成了运力的浪费。迂回运输有一定的复杂性，本能简单处之，只有当计划不周、地理不熟、组织不当而发生的迂回，才属于不合理运输，如果最短距离有交通阻塞、道路情况不好或有对噪声、排气等特殊限制时不能使用时发生的迂回，不能称为不合理运输，如图 4.6 所示。

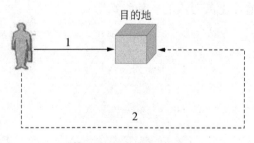

图 4.6　迂回运输方式

注：合理运输线路————→；不合理运输线路----→。

4. 重复运输

同一批货物或其中一部分，进行两次以上的发送，引起运量重复计算的运输，如图 4.7 所示。不合理的重复运输，系指同一批货物由产地运抵目的地后，不经任何加工和必要的作业,又重新装车(船)运往别处。这种重复运输是物资流转过程中的不必要的中转,是对运输的浪费,会延缓物资流转时间,多占用在途物资流动资金。重复运输往往还会造成对流或倒流运输。仓储基地配置不合理,计划不周,调拨不当都会引起重复运输。

图 4.7 重复运输方式

注:—————→ 合理运输线路 ; ------→ 不合理运输线路。

5. 过远运输

过远运输是指相同质量、价格的货物舍近求远的不合理运输方式。即销地应由距离较近的产地购进所需相同质量和价格的货物,但超出货物合理辐射的范围,从远距离的地区运来,或产地不采取就近供应却调到较远的消费地的运输现象。这种运输方式一般是由于物资分配计划不合理、政策掌握不严、运输组织工作不当等原因引起的,如图 4.8 所示。

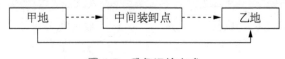

图 4.8 过远运输方式

注:—————→ 合理运输线路 ; ------→ 不合理运输线路。

6. 倒流运输

倒流运输是指货物从销地或中转地向产地或起运地回流的一种运输现象,如图 4.9 所示。其不合理程度要高于对流运输,其原因往返两程的运输都是不必要的,形成了双程的浪费。倒流运输也可以看成隐蔽对流的一种特殊形式。

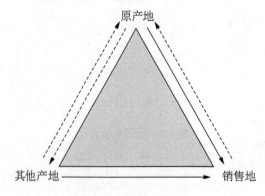

图 4.9 倒流运输方式

注:—————→ 合理运输线路 ; ------→ 不合理运输线路。

4.3.3 运输质量改善途径

1. 运输作业的组织

合理地组织物品运输，要重点做到认真选择运输方式，正确安排运输途径，合理规划运输环节，力求达到及时、准确、安全、经济的效果。

(1) 认真选择运输方式，就是说物流企业要根据运输物品的品种、数量、体积、距离、时间要求、费用高低等因素，在铁路运输、公路运输、水路运输、航空运输和管道运输五种方式上作出选择。

(2) 正确安排运输途径，就是要求物流企业在明确需求的前提下，从现有的交通运输状况出发，科学地选择运输线路，尽量做到使物品从生产地到消费地的运输里程最短，消除各种不合理的运输现象以及增大运输总里程的各种因素，从而缩短物品在途时间，加速商品流通，降低流通费用，节约社会运力。

(3) 合理规划运输环节，就是要求物流企业将物品从生产地到最终消费地的运输过程中，尽可能地减少中转环节和装卸次数，减少手续，避免对流、倒流。要科学地编制运输计划，加强各环节、各部门的协作和配合，以便提高企业效益。

2. 承运人评估

尽管物流企业的强项是运输，但企业本身只可能拥有有限的运输方式，即使运输方式归己所有，也存在目标管理问题。因此，物流企业面对运输任务时，虽然某一运输方式的大多数承运人的运价和服务是相似的，但其服务水平存在很大的差异。尤其会表现在运输时间与可靠性、运输能力与可接近性，以及安全性等方面，具体的考虑因素如表4-6所示。

(1) 运输时间是指从托运人准备托运货物到承运人将货物完好地移交给收货人之间的时间间隔。其中包括接货与送货、中转搬运和起讫点之间运输所需要的时间。可靠性则是指承运人运送时间的稳定性及诚信度。运输时间与可靠性影响着企业的库存和缺货损失。运输时间越短，可靠性越高，所需的库存水平越低。所以，运输时间与可靠性是企业评价承运人水平的重要标准。

(2) 运输能力是指承运人提供运输特殊货物所拥有的运输工具与设备的能力。可接近性则是指承运人为企业运输网络提供服务的能力，即承运人接近企业物流节点的能力。运输能力与可接近性直接决定着一个特定的承运人能否提供理想的运输服务，所以，也是选择承运人的一个必须考虑的因素。

(3) 安全性是指物品在到达目的地的状态与开始托运时的状态应无变化。如果承运人在运输过程中不能保证物品的安全，这样的承运人是不能被接受的。因而，安全性是选择承运人的必备条件。

表4-6 在运输方式/承运人选择中经常考虑的成本和服务因素

项 目	相关因素
成本	运费成本
	在途库存的库存持有成本
	接收地点的周期库存的库存持有成本
	接收地点的安全库存的库存持有成本
	在途库存的投资成本

续表

项　目	相关因素
服务	感知的客户服务质量(如服务一致性、准时装载和支付、运输时间、索赔处理、运输跟踪)
	运输跟踪能力
	单据和发票的准确性
	电子数据交换能力(Electronic Data Interchange，EDI)
	发展长期互惠合作关系的潜力
	货运量限制
	提供运输中不损坏商品的服务能力
	国际货运海关的清关能力
	托运人的谈判地位/对其他运输活动的杠杆影响

3. 运输单证的管理

物流企业对运输单证的管理内容主要包括：提单、运费清单和货运清单。

(1) 提单(Bill of Landing)是购买运输服务所使用的基本单证，由承运人开出。它对所装运的物品和数量起着收据与证明文件的作用。在货物发生丢失、损坏或延误的情况下，提单又是索赔的最基本证据。提单上所指定的人是物品唯一真实的受领人。

(2) 运费清单(Freight of Bill)是承运人收取其所提供运输服务费用的一种明细方式。运费可以是预付的，也可以是到达后再付的，一切取决于承、托双方事先的协商。

(3) 货运清单(Shipping Manifest)是当一辆运输工具装运多票货物时，能列明每票货的停靠站点、收货人、提单、重量，以及每票货物的清点数。其作用是通过提供一份单独的文件，用于明确总货载中的具体内容，而无须检查个别的提单。对于一站到底的托运货物来说，货运清单的作用与提单基本相同。

4. 费率的制定与种类

1) 费率的制定

承运人的运输成本一般要受多种因素的影响。这包括：运距、运量、物品密度、空间利用率、物品搬运的难易程度、物品运输的责任，以及市场因素等。承运人在确定运费时，往往利用两种方法：一是服务成本定价；二是服务价值定价。

(1) 服务成本定价(Cost-of-service Pricing)所确立的运输费率水平，包括承运人的固定成本和可变成本，再加上一定的利润。在服务成本定价时，运输成本是可变的，其主要影响因素有两个：距离和体积。该定价策略是从承运人角度出发的，确定了费率的下限。

(2) 服务价值定价(Value-of-service Pricing)是基于市场承受能力收取费用，并以运输服务方面的需求和竞争环境为基础。这种策略是从托运人的角度出发的，确定了费率的上限。在多数情况下，竞争决定价格的制定。

2) 费率的种类

承运人征收的费用有两种：一是线路费；二是附加费。线路费(Line Haul Rate)是对两点间运输货物征收的费用，而这两点不在同一个装卸和递送地区；附加费(Accessorial Charge)包括向承运人支付的所有运输、处置或服务费等。

线路费的确定可采用等级费率、例外费率、合同费率和通用费率的方式。

等级费率(Class Rate)是将产品按照定价目的分成若干等级，从而减少了所需运输费率的数量。一种产品的具体分级指的是其费率的等级。

例外费率(Exception Rate)也称为等级外费率，提供给托运人的是比公开的等级费率低一些的费率。引入这种费率的目的是在竞争形势的压力或货物数量证明低费率可行的情况下，为特定地区或特殊物品制定的一个专门的费率。

合同费率(Contract Rate)是指托运人与承运人商定的费率，以双方制定的书面合同协议的形式确定下来。

通用费率(Freight for all Kinds Rate，FAK)是在近几年发展起来的，针对货运量而不是针对产品。它多以运输服务成本为基础制定，产品可以是任何种类。承运人提供给托运人的费率是以所运货物的重量为基础的。随着经济全球化的发展，FAK 费率的应用越来越广泛。

案例 4-2

UPS：一个有卡车的技术公司？

与竞争对手联邦快递(FedEx)相比，UPS 传统上更注重质量与效率，或多或少有些轻视甚至忽视先进技术的应用。UPS 信息服务部门的高层领导承认，"如果你在 1985 年进入我们的信息服务机构，从技术角度讲你走进的是 1975 年的机构"。而联邦快递自 20 世纪 80 年代初涉足航空快件市场以来，一直重视新技术的开发与利用，通过自动报单、自动分拣、自动跟踪等系统，大大降低了空运服务的成本，使联邦快递主宰了 80 年代的航空快件市场，迫使 UPS 亦步亦趋地加大信息技术的投入，并在很短的时间达到甚至在某些方面超过了联邦快递的技术水平。

1988 年，UPS 将其带有 600 个终端的 IBM 主机扩展到 17 000 个终端。同年，UPS 收购了 Roadnet 和 II Morrow 这两家技术公司，它们开发了一套系统，使发运者能够通过计算机屏幕沿发运线路追踪每一台运送车辆，并且通过车上设备来调控发动机，以帮助 UPS 的车辆避免故障。而 UPS 的技术人员也开始开发与联邦快递相类似的自动包裹跟踪系统。1989 年，UPS 投资 8 000 万美元，在新泽西州 Mahwah 建立了一个连接 UPS 全球计算机网络的计算机和电子通信中心。1991 年，UPS 开始了一次大胆的行动，指望通过开发"发货信息收集器"(Delivery Information Acquisition Device，DIAD)来超过联邦快递的信息系统能力，把竞争推向高技术领域。目前，每个穿深色制服的 UPS 送货司机都随身配备这个小小的 DIAD 电子写字板，通过无线数据传输系统，在读取信息的同时将数据传输到 UPS 的数据网络中。当收货人在电子写字板上签收货物时，所有的信息会即时传到 UPS 庞大的电子追踪系统，与此同时发货人就可以在网上查到这些信息，并且可以看到收货人的签名。通过 DIAD，还可以将道路交通情况和什么地方有客户需要上门收货等信息传达到司机。即便有几十年的地面运输经验，UPS 还是依靠全球定位系统，结合派送货物的数量来规划每个司机的送货线路。不仅如此，UPS 独特的移动解决方案，还使客户可以通过掌上电脑、手机甚至无线寻呼机等，在任何地方、任何时间对自己交运的物品进行追踪。如果要交货，只要将自己所处方位的邮政编码输入掌上电脑，就能得到最近的 UPS 收货点的资料；或者直接使用 UPS 的定位软件来查找收货点的位置。

在过去十几年里，UPS 在新技术上的投资已经超过 110 亿美元，并且还在以每年 10 亿美元的速度继续增加，包括信息主干网的建设、PC 机和手提电脑、无线通信和移动数据交换系统的建设等。这些投资不仅使运件的实时跟踪变得轻而易举，而且带动了全球范围内新一轮商业模式改变的浪潮。《财富》杂志戏称，今天的 UPS 已经不再是一个有技术的卡车运输公司(A Trucking Company with Technology)，而是一个有卡车的技术型公司(A Technology Company with Trucks)。在信息系统上 UPS 将应用在美国国内运输货物的物流信息系统，扩展到了所有国际运输货物上。这些物流信息系统包括署名追踪系统和比率运算系统等，其解决方案包括自动仓库、指纹扫描、光拣技术、产品跟踪和决策软件工具等。这些解决方案从商品原起点流向市场或者最终消费者的供给链上帮助客户改进了业绩，真正实现了双赢。

在信息治理上，最典型的应用是 UPS 在美国国家半导体公司(National Semiconductor)新加坡仓库的物流信息治理系统，该系统有效地减少了仓储量及节省货品运送时间。今天人们可以看到，在 UPS 物流治理体系中的美国国家半导体公司新加坡仓库，一位治理员像挥动树枝一样用一台扫描仪扫过一箱新制造的计算机芯片。随着这个简单的动作，他启动了高效和自动化、几乎像魔术般的送货程序。这座巨大仓库是由 UPS 的运输奇才们设计建造的。UPS 的物流信息治理系统将这箱芯片发往码头，然后送上卡车和飞机，接着又是卡车，在短短的 12 小时内，这些芯片就会送到国家半导体公司的客户——远在万里之外硅谷的个人计算机制造商手中。在整个途中，芯片中嵌入的电子标签将让客户以精确到 3 英尺以内的精确度跟踪订货。

UPS 的信息技术成就不仅为它带来了赢利和奖项，更重要的是，它为 UPS 下一步的行业扩展奠定了良好的技术基础。

思考题：
信息技术在提高运输质量方面是否存在隐患与不足？

4.3.4 运输质量指标体系

1. 运输成本

$$运输成本 = \frac{实际运输总费用}{同期运输吨公里数} \times 100\% \tag{4-1}$$

2. 运输装载率

运输装载率是对运输工具利用程度的考察，满载率越高，说明对运输资源的利用程度越高，这对于提高运输活动水平，节省运输成本有很大意义。计算公式为

$$运输满载率 = \frac{车辆实际装载量}{车辆装载能力} \times 100\% \tag{4-2}$$

3. 正点运输率

正点运输货物是指在正确的时间将货物运输到正确的地点，它是物资流通通畅的一个前提和保证。正点运输率指标是对运输工作和运输管理工作的评价，它反映了运输工作及运输管理工作的质量。计算公式为

$$正点运输率 = \frac{正点运输次数}{同期运输总次数} \times 100\% \tag{4-3}$$

4. 运输延误率

运输延误率的含义与正点运输率相对应。运输延误指的是未按合约期限发送的货物吨数即为延误运量。其中延时始发者为滞发运量，延时到达者为晚点运量。计算公式为

$$运输延误率 = \frac{运输总次数 - 正点运输次数}{同期运输总次数} \times 100\% \tag{4-4}$$

5. 运输事故率

运输事故率是指单位行程内发生行车安全事故的次数，反映车辆运行过程中随时发生或遭遇行车安全事故的概率。计算公式为

$$运输事故率 = \frac{同期事故次数}{同期运输公里数} \times 100\% \tag{4-5}$$

6. 货物差损率

货物运输过程中因发生运输事故，造成货物毁损或丢失的件数或者吨数叫货损量，造成货物差错的件数或吨数叫货差量，二者之和叫货物差损量。计算公式为

$$货物差损量 = \frac{货物丢失量 + 货物损坏量}{同期运输总量} \times 100\% \tag{4-6}$$

7. 运输工具利用率

运输工具利用率是对企业运输资源的利用程度的考察，提高企业运输资源的利用率，将企业的运输资源充分利用，从而达到提高企业核心竞争力的目的。计算公式为

$$运输工具利用率 = \frac{合格运输工具数 \times 投产天数}{运输工具总数 \times 总天数} \times 100\% \tag{4-7}$$

4.4 配送质量控制

资料卡

联邦快递(Federal Express，FedEx)是一家国际性速递集团，提供隔夜快递、地面快递、重型货物运送、文件复印及物流服务，总部设于美国田纳西州。

联邦快递于 1973 年由总裁弗雷德里克·W.史密斯(Frederick W.Smith)创立。在初创时期，8 架小飞机便能满足其需求，但现今其已成为拥有超过 652 架货机的世界最大货运公司。

物流意义的配送雏形最早出现在 20 世纪 60 年代初期。在这段时期，物流运动中的一般性送货开始向备货、送货一体化方向转化。20 世纪 60 年代中期到 80 年代，欧美一些国家的实业界相继调整了仓库结构，组建或设立了配送组织，普遍开展了货物配货、配载及送货上门活动。80 年代以后，配送作业得到长足发展。《物流管理供应链过程的一体化》作者认为，实物配送这一领域涉及特制成品交给顾客的运输。实物配送过程，可以使顾客服务的时间和空间的需求成为营销的一个整体组成部分。国内有物流学者认为：配送是以现代送货形式实现资源最终配置的经济活动；按用户订货要求，在配送中心或其他物流结点进行货物配备并以最合理方式送交用户。

小知识

物流配送是伴随着商业活动的发展而产生的。配送最早在英语中的原词为 "delivery"，即交货、送货的意思，实际上最初的配送就是指送货上门，这是许多商家为了改善经营效率的一种手段。随着市场竞争的日益加剧，特别是网络技术的运用、普及，以及供应链管理的深入发展，传统的商务活动已经历了一场脱胎换骨的变革。这场变革对实物的递送提出了更高的要求，并赋予递送更丰富的内涵。

4.4.1 配送系统构成

物流配送像其他经济活动一样，受到众多因素的影响，概括起来主要有：人、时间、车辆、配送路线和物流节点。人是影响物流配送的核心因素，所以，物流配送一定要坚持"以人为本"的创新理念。事实上，无论是物流配送方案的设计，还是物流配送作业的实施，

都是靠人来实现的。时间是影响物流配送的重要因素。物流配送中的准时制原则十分重要，物资必须按照计划准时送达目的地。物流配送效率的提高在很大程度上取决于物流配送方案中对时间的合理安排。严格控制物流配送时间是实现准确配送的前提条件。车辆是物流配送的主要工具。配送通过车辆将物资在空间上进行移动，使物资能够送达消费者手中，实现其空间价值。车辆的状况，在很大程度上影响到物流配送的效率和物流配送的成本。配送路线是影响物流配送的又一重要因素。配送路线的设计取决于配送网点的布局和可供选择的线路交通状况。配送路线是否恰当，将影响到物流配送的时间和成本。由于物流节点在物流配送中发挥着衔接和信息处理作用，所以，物流节点也是影响物流配送的重要因素。物流节点的衔接作用表现在它将各个物流线路连接成一个系统，使各个线路通过节点变得更加贯通而不是互不相干。在物流配送没有系统化之前，不同线路的衔接有时会出现困难。如，轮船的大量输送线和短途汽车的小量输送线之间的转接有时会出现长时间的停滞，物流节点则利用各种技术(如托盘、集装箱等)将停滞化为通畅。另外，物流节点又是整个物流配送系统的信息传递、收集、处理、发送的集中地，在现代物流配送过程中发挥着重要的作用。

根据上述因素，配送系统组织起来主要包括以下环节：备货、理货和送货。

1. 备货

备货是准备货物的一系列活动，是配送的基础环节。物流企业在组织货源和筹集货物时往往采用两种方法：一是根据市场需求的信息，直接向生产企业订货或购货完成此项工作；二是选择商流和物流分开的模式进行配送，订货、购货等筹集货物的工作通常由货主自己去做，物流企业只负责进货和集货等工作，货物所有权属于货主(接受配送服务的需求者)。总体来说，筹集货物一般包括订货、进货、集货及相关的验货、结算等活动。

备货环节不仅要筹集货物，而且还承担存储货物的职能。存储货物是购货、进货活动的延续。在配送作业中，货物存储有两种表现形态：一种是暂存形态；另一种是储备形态。暂存形态的存储是指按照分拣、配货工序要求，在理货场地储存的少量货物。这种形态的货物存储是为了适应按日配送或即时配送的需要而设置的，也可称为周转储备。储备状态的存储是按照一定时期的配送活动要求和根据货源的到货情况(到货周期)依计划确定的，是使配送持续运作的资源保证。这种储备又称为保险储备。

2. 理货

理货是配送的一项重要内容，也是配送区别于一般送货的重要标志。理货包括货物拣选、配货和包装等具体活动。货物拣选就是采用适当的方式和手段，从储存的货物中选出用户所需的货物。为了确保经过拣选、配备好的货物的运送质量，有时需要对货物重新包装，并且要在包装物上贴上标签，记载货物的品种、数量、收货人的姓名、地址及运抵时间等。

3. 送货

送货是备货和理货工序的延伸，是配送活动的末端。在物流活动中，送货实际上就是货物的运输。但是，组成配送活动的运输与通常所讲的干线运输是有很大差别的。前者多表现为用户的末端运输和短距离运输，并且运输的次数比较多；后者多为长距离运输。

4.4.2 配送作业中的问题

配送的决策是全面、综合决策,在决策时要避免由于不合理配送所造成的损失。配送不合理主要有以下表现形式。

1. 进货不合理

配送应该是通过大批量进货的规模效益来降低进货成本、使配送的进货成本低于用户自己的进货成本,从而取得优势。但是实际操作中经常出现仅仅是为一两家客户代为进货,因购买量少而没有显著的价格优惠。对用户来讲,就不仅不能降低进货成本,相反还要多支付一笔配送企业的配送费用,因而是不合理的。进货不合理还有其他表现形式,如配送量计划不准、进货量过多或过少等。

2. 库存决策不合理

配送应充分做到集中库存总量低于各用户分散库存总量,从而大大节约社会财富,同时降低用户实际平均库存费用。因此,配送企业必须依靠科学管理来实现一个低总量的库存,否则就会出现单是库存转移,而未解决库存降低的不合理。配送企业库存决策不合理还表现在存储量不足,不能保证随机需求,失去了应有的市场。

3. 价格不合理

配送的价格应低于用户自己进货时产品购买价格加上自己提货、运输的成本总和,这样才会使用户有利可图。但如果配送价格普遍高于用户自己的进货价格,损伤了用户利益,就是一种不合理表现。价格制定过低,使配送企业处于无利或亏损状态下运行,会损伤整个供应链,因此也是不合理的。

4. 配送与直达决策不合理

配送虽然增加了环节,但降低了用户平均库存水平,这不但抵消了增加环节的支出,而且还能取得剩余效益。但是如果用户用货批量大,由厂商直接送货给客户比通过配送中转更经济时,不直达送货而通过配送,就属于不合理范畴。

5. 送货中不合理运输

配送与一家一户自提相比,可大大节省运力和运费。如果不能利用这一优势,仍然是一户一送。而车辆达不到满载,则属于不合理。此外,不合理运输的若干表现形式,在配送中都可能出现,而使配送变得不合理。

6. 经营理念的不合理

在配送实施中,有许多是经营观念不合理的,不仅使配送优势无从发挥,而且还损坏了配送的形象。这是在开展配送时尤其需要注意克服的不合理现象。

> **小思考**
>
> 鲜果切(Fresh-cut fruits),又称轻加工水果、切割水果、调理水果,起源于20世纪50年代的美国,主要为了满足消费者的即食(Ready-to-eat)需求。是对新鲜水果进行分级、清洗、整理、去皮(去核)切分、浸泡、包装等处理,是产品保持生鲜状态的制品。消费者购买这类产品以后,不需做进一步的处理,就可直接食用。那微加工的水果蔬菜在保鲜和运输方面应采取什么样的方法呢?

4.4.3 配送质量改善途径

随着经济的发展和社会的进步,物流配送中心在物流配送中的主导作用越来越明显。要实现配送合理化,配送中心可采取以下做法。

1. 专业性独立配送或综合配送

(1) 专业性独立配送是指根据产品的性质不同将其分类,由各专业经销组织分别、独立进行配送。其优点是可以充分发挥各专业组织的优势,便于用户根据自身的利益选择配送企业,从而有利于形成竞争机制。这类配送主要适宜小杂货配送、生产资料配送、食品配送、服装配送等。

(2) 专业综合配送是指将若干种相关的产品汇集在一起,由某一个专业组织进行配送。这是一种向用户提供比较全面服务的配送方式,可以很快备齐用户所需的各种物资,从而减轻用户的进货负担。

2. 加工配送

通过加工和配送结合,在充分利用本来应有的中转,而不增加新的中转的情况下求得配送合理化。同时,加工借助于配送,加工目的更明确,和用户联系更紧密,更避免了盲目性。这两者有机结合,投入不增加太多却可追求两个优势、两个效益,是配送合理化的重要经验。

3. 共同配送

共同配送是指对某一地区的用户进行配送不是由一个企业独自完成,而是由若干个配送企业联合在一起共同去完成。共同配送是在核心组织(配送中心)的同一计划、同一调度下展开的。通过共同配送,可以以最近的路程、最低的配送成本去完成配送,从而达到配送合理化效果。

4. 送取结合

配送企业与用户建立稳定、密切的协作关系,它不仅是用户的供应代理人,而且又是用户的储存据点,甚至变成用户的产品代销人。在配送时,将用户所需的物资送到,再将该用户生产的产品用同一车辆运回,这种产品也成了配送中心的配送产品之一,或者作为代存代储,免去了生产企业的库存包袱。这种送取结合,使运力充分利用,也使配送企业功能有更大的发挥,从而趋向合理化。

5. 准时配送

准时配送是配送合理化的重要内容。只有将配送做到了准时,用户才有资源把握,可以放心地实施低库存或零库存,才可以有效地安排接货的人力、物力,以追求最高效率的工作。另外,保证供应能力,也取决于准时供应。从国外的物流企业的管理经验看,准时供应配送系统是现在许多配送企业追求配送合理化的重要手段。

6. 合理规划配送路线

在物流配送实践中,配送中心每天所面对的配送用户可能存在很多配送路线。在有很多配送去向的情况下,如何确定线路和车辆,才能使整个运行距离最短,或使配送费用最低，这就涉及最佳配送路线的选定问题。

1) 扫描法

利用扫描法设计配送路线的步骤为：首先在地图、坐标图或方格图中标出所有站点(含仓库或配送中心)的位置；然后自仓库或配送中心沿任一方向向外划一条直线，按顺时针或逆时针方向旋转该直线直到与某站点相交。考虑：如果在某线路上增加新站点，是否会超过车辆的载货能力？如果没有，继续旋转该直线，直到与下一个站点相交，再计算累计货运量是否超过车辆的运载能力(先使用最大车辆)？如果超过，就剔除最后的那个站点，并确定路线。随后，从不包含上一条路线中的站点开始，继续旋转直线以寻求新路线。继续该过程直到所有站点都被安排到线路中为止。对上述所选出的线路的站点进行排定顺序，以使行车距离最短。

【例4-1】某货运公司已接受一批用户的订货，各站点的用货量如图4.10(a)所示。该公司决定采用厢式货车从公司仓库向用户送货，每车的载货量是1 000件，完成所有送货任务一般需要一天的时间。公司想知道需要多少条运输路线(即分派多少部车)，每条路线应该经过哪些站点，每条路线上的站点应该怎样排序？

解：从仓库中心向北画一条直线，进行顺时针方向"扫描"，这些都是随时决定的。顺时针旋转该直线，直到装载的货物能装上一辆载重1 000件货物的厢式卡车，同时又不超重。从图4.10中看出，该公司需要分派3部车，路线Ⅰ经过4个站点，计1 000件货物；路线Ⅱ经过5个站点，计900件货物；路线Ⅲ经过3个站点，计800件货物。

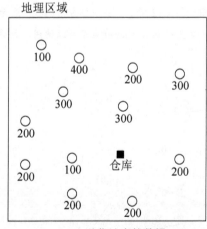
(a) 送货站点的数据

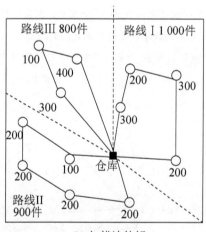
(b) 扫描法的解

图4.10 扫描法设计的路线图(单位：件)

扫描法的优点是简单易操作。在实际工作中，调度员常常在接到有关站点和各站点货运量的最新数据 1 小时内就可以设计出路线方案。其缺陷是对诸如在途总运行时间等因素把握不准确。路线设计的方案只是大体上合理，不见得是最优的。

2) 节约法

利用历程节约法确定配送线路的主要出发点是，根据配送方面的运输能力及其到客户之间的距离和各客户之间相对距离来制定使配送车辆总的周转量达到或接近最小的配送方案。如图4.11所示，设 P_0 为配送中心，分别向用户 P_i 和 P_j 送货。P_0 到 P_i 和 P_j 的距离分别为 d_{0i} 和 d_{0j}，两个用户 P_i 和 P_j 之间的距离为 d_{ij}，送货方案只有两种，即配送中心 P_0 向用户

P_i、P_j 分别送货和配送中心 P_0 向用户 P_i、P_j 同时送货,如图 4.11 所示。比较两种配送方案。

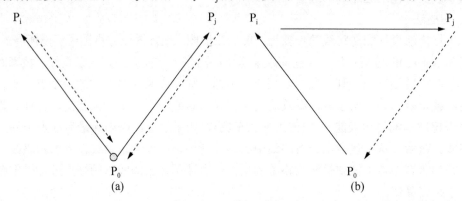

图 4.11 节约法示意图

方案 a 的配送路线为 P_0-P_i-P_0-P_j-P_0,配送距离为 $D_a=2(d_{0i}+d_{0j})$

方案 b 的配送路线为 P_0-P_i-P_j-P_0,配送距离为 $D_b=d_{0i}+d_{0j}+d_{ij}$

显然,D_a 并不等于 D_b,方案 b 比方案 a 节约里程 $C_{ij}=d_{0i}+d_{0j}-d_{ij}$

根据节约法的基本思想,如果一个配送中心分别向 N 个客户配送货物,在汽车载重能力允许的前提下(即 $\sum_{j=1}^{n} p_j \leq Q_k$,其中 p_j 为第 j 个客户的配载量,Q_k 为汽车载重量),每辆汽车的配送路线上经过的客户个数越多,里程节约量越大,配送线路越合理。

【例 4-2】某一配送中心 P_0 向 10 个客户,其网络配送图如图 4.12 所示。其中括号内的数字表示客户的需求量(T),线路上的数字表示两节点之间的距离。配送中心 2 吨和 4 吨两种货车可以使用,并显示车辆依次运行的行走距离为 30 千米,试制定最优的配送方案。

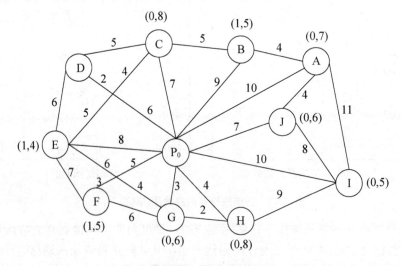

图 4.12 配送网络图

解:第一步,计算最短距离。根据配送网络中的已知条件,计算配送中心与客户及客户之间的最短距离,如表 4-7 所示。

表 4-7 最短距离矩阵表

P_0										
10	A									
9	4	B								
7	9	5	C							
8	14	10	5	D						
8	18	14	9	6	E					
8	18	17	15	13	7	F				
3	13	12	10	11	10	6	G			
4	14	13	11	12	12	8	2	H		
10	11	15	17	18	18	17	11	9	I	
7	4	8	13	15	15	15	10	11	8	J

第二步，计算节约里程，结果如表 4-8 所示。

表 4-8 节约里程表

A									
15	B								
8	11	C							
4	7	10	D						
0	3	6	10	E					
0	0	0	3	9	F				
0	0	0	0	1	5	G			
0	0	0	0	0	4	5	H		
9	4	0	0	0	1	2	5	I	
15	8	1	0	0	0	0	0	9	J

第三步，将节约里程进行分类，按从大到小进行排序，如表 4-9 所示。

表 4-9 节约里程项目分类表

序 号	路 线	节约里程	序 号	路 线	节约里程
1	A–B	15	13	F–G	5
2	A–J	13	14	G–H	5
3	B–C	11	15	H–I	5
4	C–D	10	16	B–I	4
5	D–E	10	17	A–D	4
6	A–I	9	18	F–H	4
7	E–F	9	19	B–E	3
8	I–J	9	20	D–F	3
9	A–C	8	21	G–I	2
10	B–J	8	22	C–J	1
11	B–D	7	23	E–G	1
12	C–E	6	24	F–I	1

第四步，确定配送线路。从分类表中，按节约里程大小排序，组成线路图。

① 初始方案：对每一客户分别单独派车送货，结果如图 4.13 所示。

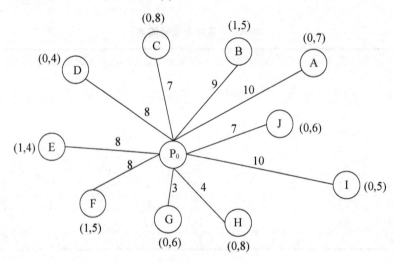

图 4.13 初始方案

配送线路：10 条；配送距离：148 千米；配送车辆：2 吨车 10 台。

② 修正方案 1：按节约里程 C_{ij} 由大到小的顺序，连接 A 和 B、A 和 J、B 和 C，得修正方案 1，如图 4.14 所示。

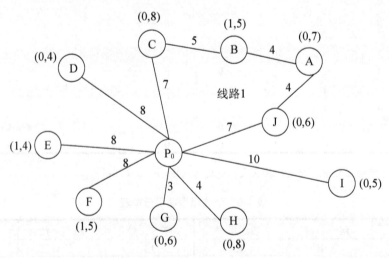

图 4.14 修正方案 1

配送线路：7 条；配送距离：109 千米；配送车辆：2 吨车 6 台，4 吨车 1 台。

③ 修正方案 2：在剩余的 C_{ij} 中，最大的是 C—D 和 D—E，此时 D 和 E 都有可能并入线路 1 中，但考虑到车辆的载重量及线路平衡问题，连接 D 和 E 形成一个新的线路 B，得修正方案 2，如图 4.15 所示。

配送线路：6 条；配送距离：99 千米；配送车辆：2 吨车 5 台，4 吨车 1 台。

④ 修正方案 3：接下来最大的节约里程是 A—I 和 E—F，由于此时 A 已属于线路 1，若将 I 并入线路 1，车辆会超载，故只将 F 点并入线路 2，得修正方案 3，如图 4.16 所示。

配送线路：5 条；配送距离：90 千米；配送车辆：2 吨车 3 台和 4 吨车 2 台。

⑤ 修正方案 4：再继续按 C_{ij} 由大到小排出 I—J、A—C、B—J、B—D、C—E，由于与其相应的用户已包含在已完成的线路里，故不予考虑。把 F—G 组合并入线路 2 中，得修正方案 4，如图 4.17 所示。

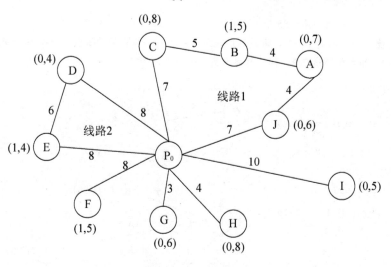

图 4.15　修正方案 2

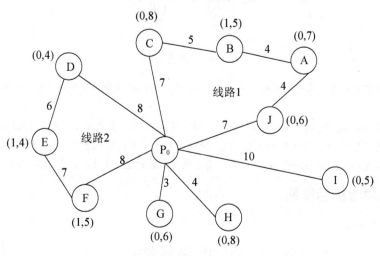

图 4.16　修正方案 3

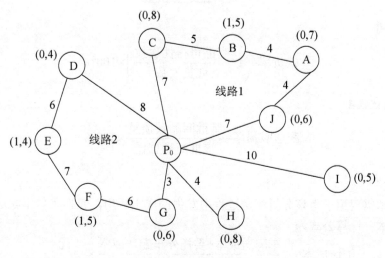

图 4.17　修正方案 4

配送线路：4 条；配送距离：85 千米；配送车辆：2 吨车 2 台和 4 吨车 2 台。

⑥ 最终方案：剩下的是 G—H，考虑到配送距离的平衡和载重量的限制，不将 H 点并入线路 2 中，而是连接 H 和 I，组成新的线路 3，得到最终方案，如图 4.18 所示。

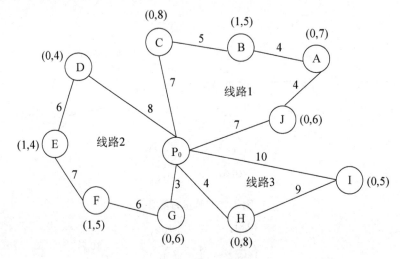

图 4.18　最终方案

共存在 3 条配送线路，总的配送距离为 80 千米，需要的配送车辆为 2 吨车 1 辆，4 吨车 2 辆。3 条配送线路分别为：

第一条配送线路 1：P_0—C—B—A—J—P_0，使用一辆 4 吨车，装载量 3.6 吨，行走距离 27 千米。
第二条配送线路 2：P_0—D—E—F—G—P_0，使用一辆 4 吨车，装载量 3.9 吨，行走距离 30 千米。
第三条配送线路 3：P_0—H—I—P_0，使用一辆 2 吨车，装载量 1.3 吨，行走距离 23 千米。

4.4.4　配送质量指标体系

1. 配送准时率

$$配送准时率 = \frac{正点配送次数}{配送总次数} \times 100\% \tag{4-8}$$

2. 缺货率

$$缺货率 = \left(1 - \frac{商品可得性次数}{订货次数}\right) \times 100\% \tag{4-9}$$

3. 配送破损率

$$配送破损率 = \frac{某批商品破损量}{该批商品总量} \times 100\% \tag{4-10}$$

4. 配送成本

配送成本需要用于考核分析配送过程中发生的成本费用，包括了自车配送成本及委托外车配送成本。计算公式为

$$配送成本 = \frac{自车配送成本 + 委托外车配送成本}{\sum(每次配送重量 \times 每次配送距离)} \times \frac{元}{吨公里} \tag{4-11}$$

5. 配送时间

配送时间指对客户服务需求的平均响应时间。设对第 i 类服务，配送中心从接到第 j 个顾客订单，到完成配送任务的时间为 t_{ij}，则完成此类服务的平均时间可用 T_i 来计算。其中 N_i 是第 i 类客户总数。计算公式为

$$T_i = \frac{\sum_{j=1}^{N_i} t_{ij}}{N_i} \tag{4-12}$$

6. 配送作业能力利用率

配送作业能力利用率指物流企业进行配送活动时，其配送作业能力(包括运输能力、配货能力等)综合利用率情况。设企业进行配送活动包括 N 项作业内容，对于第 i 项作业，假定经过长期的观测，其作业能力为 C_i，某一时期内该作业工序的配送作业平均能力为 $C_{i均}$，则该作业工序的配送作业能力的利用率为 K_i；在计算出所有的 K_i 之后，综合 N 项作业内容，则配送作业能力综合利用率 K 取所有工序能力利用率的最小值。计算公式为

$$K_i = \frac{C_{i均}}{C_i} \times 100\% (i=1,2,\cdots,N); K = \min(K_1, K_2, \cdots, K_N) \tag{4-13}$$

7. 平均每车配送吨公里数

平均每车配送吨公里数是对配送车辆的产能负荷进行的评估，将用于判断是否应增减配送车数量。计算公式为

$$平均每车配送吨公里数 = \frac{配送总距离 + 配送总重量}{自有车数量 + 外车数量} \tag{4-14}$$

8. 配送延迟率

配送延迟率指标用来分析配送服务质量水平，掌握交货时间，尽量减少配送延迟情况，以确保公司的信用度。计算公式为

$$配送延迟率 = \frac{配送延迟次数}{配送总次数} \times 100\% \tag{4-15}$$

9. 配送费用率

$$配送费用率 = \frac{配送成本}{配送量} \tag{4-16}$$

10. 供应比率

$$配应比率 = \frac{顾客得到的商品总单数}{订货单位数} \times 100\% \tag{4-17}$$

$$错误投递率 = \frac{错误投递次数}{总投递次数} \times 100\% \tag{4-18}$$

4.5 仓储质量控制

案例 4-3

惠普：灵动仓库管理系统

1. 需求分析

在物资的流通、流转过程中存在大量获取利润的机会，或叫作降低成本的空间，人们把这称之为"第三利润源泉"。随着市场竞争的不断加剧，中小企业在努力降低物料和设施成本，以及劳动力成本的同时，不约而同地把眼光转向了物流管理，越来越注重从物流过程中追求"第三利润"。而仓储管理是物流管理中的重要环节之一，是物流管理的基础性、开头的环节。搞好仓储管理可以直接助益企业提高生产效率，降低成本；存储管理规划实施得好，就会促使整个物流系统的效能、可管性、数字化程度都达到一个相当高的水平。

2. 具体实施

HP 基于自身先进的 IT 管理理念、成熟的大型管理软件研发的技术积累，以及为全球大大小小的客户提供 IT 管理产品和服务的经验，通过对大量中国的中小型企业进行调查和走访，经过一段时间的设计、论证、开发、测试和产品化，推出了 WMS(Warehouse Management System，仓库管理系统)。

HP WMS 是电子化物流解决方案中的重要组成部分，它通过对库存总量的信息流的分析来实现对整个企业的管理。

WMS 针对物流管理中的一些普通的问题，提供了诸多的管理功能，包括收货(Receive)、摆货(Put Away)、移货(Transfer)、捡货(Pick)、盘点(Cycle Count)、质量检查(Quality Control)、调整(Adjustment)、货品查询(Search)等。具有多仓库管理并支持多货主、多语种的用户界面、经验丰富的 SKU 管理、系统接口符合 XML 标准等先进、实用的关键特性。

系统设计着眼于各种复杂的和高作业量的仓库应用环境，其稳定可靠的体系结构和友好方便的系统设计确保使用者操作起来驾轻就熟、省时高效。多层架构的软件设计理念贯穿始终，赋予了软件极大的灵活性，方便使用者将来为适应业务需求的变化对其进行功能扩充或者系统扩容。

3. 后期收益

中小企业的规模处于不断的成长中，实施 HP WMS 能够在处理物流的核心配送和仓储环节时大幅度缩短作业时间和降低作业成本，实时的管理加之于复杂的仓库作业时会提高指令的执行速度，同时降低作业中可能会出现的差错。对库存总量和输出单据的有效管理更会在物流作业中收到事半功倍的效果，从而提升企业的核心竞争力，不断地促进中小企业的健康成长。

物流是第三利润的源泉，仓储是其中的一个重要环节。仓库管理的工作量比较大，处理的过程中涉及的数据和单据比较多，为了保证数据的一致性，提高管理水平和质量，常用计算机进行辅助管理，仓库管理系统要涉及的内容主要包括收货、摆货、移货、捡货、盘点、质量检查、调整、货品查询等。该仓库管理系统就是一个成熟的管理系统，功能强大，所有与仓库管理有关的业务环节都能通过计算机实现，避免差错出现，增强了企业的竞争力。

思考题：
1. HP 的灵动仓库管理系统有什么特点？
2. HP 的灵动仓库管理系统在企业如何实施？

仓储是现代物流运作不可或缺的一个直要环节，仓储时间及其成本在物流过程中占有相当大的比重。

小知识

"仓"可以成为仓库,是存放物品的建筑物或场地,可以为房屋建筑、大型容器、洞穴或特定场地,具有存放和保护物品的作用;"储"表示收存以备使用,具有收存、保管、交付使用的含义。"仓储"就是利用仓库存放、储存未即时使用物品的行为。

从物流管理的角度看,仓储是指根据客户的要求,为调节生产、销售和消费活动,以及确保社会生产、生活的连续性,避免物品损耗、变质和灭失,而对物品进行储存、保管、管理、供给的作业活动。

对仓储概念的理解要抓住以下要点:第一,满足客户的需求,保证储存货物的质量,确保生产、生活的连续性是仓储的使命之一。第二,当物品不能被即时消耗,需要专门的场所存放时,形成了静态仓储。对仓库里的物品进行保管、控制、存取等作业活动,便产生了动态仓储。仓储在整个物品流通过程中具有相当重要的作用,有了商品的储存,社会再生产过程中的流通过程才能正常进行。第三,仓储是物质产品的生产持续过程,物品仓储也创造着产品的价值。储存的对象既可以是生产资料,也可以是生活资料,但必须是实物动产。

4.5.1 仓储系统构成

仓储是企业物流系统中不可缺少的子系统。物流系统的整体目标是以最低成本提供令客户满意的服务,而仓储系统在其中发挥着重要作用。仓储的价值主要体现在其具有的基本功能、增值功能,以及社会功能三个方面。

仓储是每一个物流系统不可缺少的组成部分,它在以可能的最低物流总成本提供令人满意的客户服务方面具有举足轻重的作用。它的基本任务是存储保管、存期控制、数量管理、质量维护,在此基础上还可以利用物资在仓储的存放,开发和开展多种服务,如流通加工,以提高仓储附加值。近二十多年来,仓储目标由长期储存原材料及产成品转变为以较短周转时间、较低存货率、较低的成本和较好的客户服务为内容的物流目标,仓储在物流系统中扮演了包括运输整合、产品组合、交叉收货、服务、防范偶发事件、使物流过程平稳等一系列增加附加值的作用。通过仓储,物流企业能在顾客要求的时间和地点将货物交到顾客手上。仓储是用来在物流过程中的所有阶段存储库存的。为了满足顾客对商品快捷、廉价的需求,物流企业管理人员注重对仓储过程中的劳动生产率及成本进行考察。他们重新设计仓库,以达到加快订单处理及降低成本的目标。他们还对仓库重新选址以达到为客户提供更好服务的目标。随着企业将顾客服务当作是一个动态的、有附加价值的竞争工具,仓储对保障物流服务质量变得越来越重要,仓储流程如表 4-10 所示。

表 4-10 仓储流程

入库	接运	车站、码头、工厂等提货
		专用线接车、库内接货等
	内部交接手续	运输操作员与保管员交接
	验收入库	验收准备
		核对资料
		验收实物

续表

	办理入库手续	建账、立卡、存档
保管	保管	安排储位
		维护保养
		检查
		盘点
出库	出库	申报运输计划
		核对出库凭证
		备货、复核
		点交、清理
	发运	保管员向运输操作员交接
		装车配送

1. 入库

货物入库只是货物在整个物流供应链上的短暂停留，而准确的验货和及时的收货能够加强此环节的效率。在仓库入库的具体作业过程中，主要包括以下几个步骤。

(1) 核对入库凭证。根据货物运输部门开出的入库单核对收货仓库的名称、印章是否有误；商品的名称、代号、规格和数量等是否一致；有无更改的痕迹等。只有经过仔细的核对无误后才能确定是否收访。

(2) 入库验收。货物的验收包括对货物规格、数量、质量和包装方面的验收。对货物规格的验收主要是对货物品名、代号、花色等方面的验收；对货物数量的验收主要有对散装货物进行称量，对整件货物进行数目清点，对贵重物品进行仔细的查收等；对货物质量的验收主要有货物是否符合仓库质量管理的要求、产品的质量是否达到规定的标准等；对货物包装方面的验收主要有核对货物的包装是否完好无损、包装标志是否达到规定的要求等。

(3) 记账登录。如果货物的验收准确无误，则应该在入库单上签字，确定收货，安排货物存放的库位和编号，并登记仓库保管账务。如果发现货物有问题，则应另行做好记录，交付有关部门处理。

2. 保管

货物进入仓库进行保管，需要安全地、经济地保持好货物原有的质量水平和使用价值，防止由于不合理的保管措施所引起的货物磨损、变质或者流失等现象，保管具体包括以下几个步骤。

(1) 堆码。由于仓库一般实行按区分类的库位管理制度，因而仓库管理员应当按照货物的存储特性和入库单上指定的货区及库位进行综合的考虑和堆码，既能够充分利用仓库的库位空间，又能够满足货物保管的要求。

(2) 养护。仓库管理员应当经常或定期对仓储货物进行检查和养护，对于易变质或存储环境比较特殊的货物，应当经常进行检查和养护。检查工作主要是尽早发现潜在的问题，养护工作主要是以预防为主。在仓库管理过程中，采取适当的湿度、湿度和防护措施，预防破损、腐烂或失窃等，达到存储货物的安全。

(3) 盘点。对仓库中贵重的和易变质的货物，盘点的次数越多越好，其余的货物应当定期进行盘点(例如每年盘点一次或两次)。盘点时应当做好记录，与仓库账务核对。如果出现问题,应当尽快查出原因,及时处理。

3. 出库

仓库管理员根据提货清单,在保证货物原先的质量和价值的情况下,进行货物的搬运和简易包装,然后发货。

(1) 核对出库凭证。仓库管理员根据提货单,核对无误后才能发货,除了保证出库货物的品名、规格和编号与提货单一致外,还必须在提货单上注明货物所处的货区和库位编号,以便能够比较轻松地找出所需的货物。

(2) 配货出库。在提货单上,凡是涉及较多的货物,仓库管理员应该认真复核,交予提货人。凡是需要发运的货物,仓库管理员应当在货物的包装上做好标记,而且可以对出库货物进行简易的包装,在填写有关的出库手续后,方可放行。

(3) 记账清点。每次发货完毕之后,仓库管理员应该做好仓库发货的详细记录,并与仓库的盘点工作结合在一起,以便以后的仓库管理工作。

4. 关于仓库

1) 仓库选址

进行仓库选址首先要确定仓库的所在区域,其次要确定仓库的具体位置。在选定的区域中,要使建立的仓库在仓储运作、服务、经济、战略远景等多方面具有合理性。例如,在我国的中部地区建立一个仓库,大概位置应在中部六省中考虑;这就意味着可以选在湖南、湖北、江西、安徽、河南和山西中某一地点。在这方面有大量的技巧和数学工具可以帮助人们在仓库选址时作出最佳决策。一旦决定了仓库所在的大致地段,接下来就需要确定仓库的具体位置。在社区中,仓库所在的位置经常是在商业区、城区外部需要由卡车服务提供支持的区域、市中心或闹市区等。

影响仓库选址的因素还有服务是否方便及成本。其中,土地成本是最重要的因素,仓库没有必要一定设置在主要的工业区中。在许多城市中,仓库都位于工厂的厂房之间、轻工业或重工业区内。大多数仓库可以在对普通商业财产的限制规定下合法地经营运作。

除了采购成本需要评估外,仓库的建设和运营支出,是否有铁路支线,应用线路连接是否方便,缴纳税收、保险费率和高速公路通道是否方便等都需要进行仔细地考虑。这些服务的成本在不同地区、地点拥有较大差别。例如,有一个食品派送公司由于预期的保险费率的问题,不得不舍弃一个仓库的可选地点。除了保险费率这一点之外,这个地点的其他条件对于建设仓库来说是十分令人满意的。仓库地点位于一个主水循环系统的一端,在一天中绝大部分时间都能保证有足够的水压可以满足操作和紧急情况的需要。然而,在两个较短的时段里,水压会出现问题。这两个时段分别是上午 6:30~8:30 和晚上 17:00~19:00。由于供水线路沿线的用水总需求量非常巨大,以至于没有足够的水压来应付紧急情况的出现。由于这方面的不足,造成了极高的保险费率,因此,该企业放弃了在这个地点建设仓库的想法。

在购买一块地皮建设仓库之时,还需要考虑其他几个方面的问题:这个地方必须能够提供充足的扩展空间;该地点的土壤必须足以支撑仓库结构;这个地区必须具备必要的有效的公共设施等。基于对建造仓库的整体结构的考虑,这几点考虑是十分必要的。由于有这样或那样的问题,最终仓库的选址必须要在对各个方面的因素进行广泛分析的基础上,才能作出最优的决策。

2) 仓库数量的决策

仓库数量的决策也是仓库规划的工作之一,即决定物流系统应该使用多少个仓库。通常仅有单一市场的中小规模的企业只需一个仓库;而对于产品市场遍布各地的大规模企业来说,往往需要经过综合考虑各因素后方能正确选择合理的仓库数量。仓库数量对物流系统各项成本都有重要的影响。一般而言,当仓库数量增加时,运输成本和销售机会流失成本会下降。但是伴随着仓库数量增加,仓储成本和存货成本会增大。随着仓库数量的增加,会拉近仓库离顾客的距离,运输距离和运输费用会出现下降。但是伴随着仓库数量增加总储存空间会增大,仓储成本也会上升。当存储量和存储成本的上升抵消了运输成本和损失销售机会成本的下降时,总成本会出现上升。

物流成本与仓储数量的关系如图4.19所示。

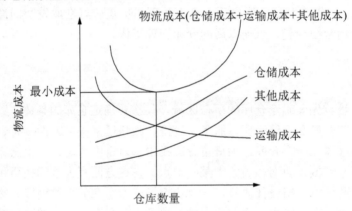

图4.19 物流成本与仓储数量的关系

由于建设和运作仓库的成本很高,当企业减少其仓库数量时,就能够节约这些非生产性设施投资的成本,如果能够将较少的仓库与可靠的系统整合起来,企业同样能够降低运输成本并且加强对客户的服务,而且仓库数量的减少,会迫使企业加快产品流转速度,提高存货周转率,这样可以起到降低存货成本的效果。因此,在必要的情况下,减少仓库数量却又是较好的选择。

4.5.2 仓储作业中的问题

1. 仓储企业之间市场竞争加剧

国内的仓储设施无法满足物流活动的需要,原有的仓储企业缺乏改造基础设施需要的资金,外国的物流公司纷纷投资建库。我国的大型企业也不断建设现代化仓库作为发展物流的平台。这种趋势加大了仓储企业之间的竞争力度,仓储企业之间市场竞争越来越激烈。

2. 仓储技术发展不平衡,信息化状况不容乐观

(1) 很多企业对提高仓库作业自动化、机械化的认识不足。一些大型企业的现代化仓库拥有非常先进的仓储设备,包括各种先进的装卸搬运设备、高层货架仓库、自动化立体仓库等。而很多企业的仓库作业仍旧靠人工操作。这种仓储技术方面发展的不平衡状态会严重影响我国仓储行业整体的运作效率。

(2) 信息化技术有了一定程度的应用，但是中小物流企业信息化整体状况不容乐观。企业对物流信息化认识和了解不足，物流信息化建设起步晚、推进慢，整体物流信息化水平较低，其信息化建设也很少从供应链的整体目标出发进行规划。大型企业和小型企业物流信息化之间的差距不断加大，甚至出现了物流信息化鸿沟。我国物流各个环节，如运输、仓储、配送的成本，以及劳动力和设备成本都远远低于发达国家，而整个物流过程的综合成本却大大高于发达国家。其中一个主要原因，就是物流各个环节信息化程度低、信息沟通不畅，造成库存大以及运力浪费。

3. 自动化仓储资源利用率不高

当前我国自动化仓库使用中存在的主要问题是利用率低、效果不明显、规模不确定、优势不突出，造成许多库场资源闲置，特别是一些产品批量小而单一的生产企业实现仓库自动化，库场设施设备资源闲置与重复配置矛盾突出。

4. 仓库数量大，但布局不够合理

由于各行业各部门为了满足各自的需要纷纷建立自己的仓库，导致仓库数量众多。它们都在经济集中地区和交通便利的地方建设仓库，以至于仓储布局极不合理，造成了部分地区仓储大量剩余和部分地区仓储能力不足的两极分化局面。

5. 仓储管理人才缺乏

发展仓储行业，既需要掌握一定专业技术的人才，也需要操作型人才，更需要仓储管理型人才，而我国目前这几方面的人才都很匮乏，物流行业更需要这三种类型的复合型人才。不少高校在培养物流人才方面，只重理论教学，轻视实践教学，实践教学投入经费不足，实施校企结合的办学模式没有落到实处，培养出来的学生动手能力差，不符合企业实际需要。

4.5.3 仓储质量改善途径

仓储管理在企业的整个供应链中起着至关重要的作用，如果不能保证流畅的进货、发货和库存控制，将会导致管理费用的增加，以及服务质量的下降，从而影响企业的竞争力。针对我国仓储业存在的问题，为了提高仓储企业的竞争力，应从以下几个方面来优化仓储管理。

1. 储存物品的 ABC 分析

ABC 分析是实施储存合理化的基础。在此基础上可以进一步解决各类的结构关系、储存量、重点管理、技术措施等合理化问题。

2. 实施重点管理

在 ABC 分析的基础上，分别决定各种物品的合理库存储备数量及经济储备数量的办法，乃至实施零库存。

3. 适当集中储存

在形成一定总规模的前提下，追求规模经济。适度集中储存是合理化的主要内容。适度集中储存是利用储存规模优势，代替分散的小规模储存来实现合理化集中储存。这要面临两个制约因素：一是储存费；二是运输费。适度集中储存要在总储存费及运输费之间取得最优均衡。

4. 加速总的周转，提高单位产出

储存现代化的重要课题是将静态储存变为动态储存，周转速度加快，会带来一系列的合理化好处，如资金周转快、资本效益高、货损少、仓库吞吐能力增加、成本下降等。具体做法如采用单元集装存储、建立快速分拣系统等，都有利于实现"快进快出，大进大出"。

5. 采用有效的 FIFO(First In First Out)模式

"先进先出"是一种有效保证物品储存期不至过长的合理化措施，也成为储存管理的准则之一。有效的"先进先出"主要包括以下几种方法。

(1) 贯通式货架系统利用货架的每层，形成贯通的通道，从一端存入物品，从另一端取出物品，物品在通道中按先后顺序排队，不会出现越位等现象，因此，贯通式货架系统能非常有效地保证"先进先出"的实现。

(2) "双仓法"储存。给每种储存物品都准备两个仓位或货位，轮换进行存取，再配以必须在一个货位中取光才可补充的规定，就可以保证实现"先进先出"。

(3) 计算机存取系统。采用计算机管理，在储存时向计算机输入时间记录，编入一个简单地按时间顺序输出的程序。取货时计算机就能按时间给予指示，以保证"先进先出"，这种计算机存取系统还能将"先进先出"和"快进快出"结合起来，即在保证一定先进先出的前提下，将周转快的物品随机存放在方便存取之处，以加快周转，减少劳动消耗。

6. 增加储存密度，提高仓容利用率

该措施的主要目的的是减少储存设施的投资，提高单位存储面积的利用率，以降低成本、减少土地占用。

提高单位存储面积利用率目前有以下3类方法。

(1) 采取高垛的方法，增加储存的高度。具体方法有采用高层货架仓库、采用集装箱等，都可比一般堆存方法大大增加储存高度。

(2) 缩小库内通道宽度以增加储存有效面积。具体方法有采用窄巷道式通道，配以轨道式装卸车辆，以减少车辆运行宽度要求；采用侧叉车、推拉式叉车，以减少叉车转弯所需的宽度。

(3) 减少库内通道数量以增加有效储存面积。具体方法有采用密集型货架，采用可进车的可卸式货架，采用各种贯通式货架，采用不依靠通道的桥式吊车装卸技术等。

7. 采用有效的储存定位系统

如果定位系统有效，就不仅能大大减少寻找、存放、取出的时间，而且能防止差错。便于清点及实行订货点等管理方式，储存定位系统可采用先进的计算机管理，也可采用一般人工管理。

行之有效的方式主要有以下几种。

(1) "四号定位"方式。用一组四位数来确定存取位置、固定货位的方法，是我国传统管理采用的科学方法。四位数中，四个数字相应地表示序号、架号、层号和位号。这就使每个货位都有一个组号,在物品入库时,按规划要求,物品编号,并记录在账卡上。四位数字的指示,就能很容易地将物品拣选出来。这种定位方式可对仓库存货区事先规划,并能快速存取物品,有利于提高速度,减少差错。

(2) 电子计算机定位系统。利用电子计算机储存容最大、检索迅速的优势,在入库时,将存放货位输入计算机。出库时向计算机发出指令,并按计算机的指示人工或自动寻址,找到存放货,捡取选货的方式。一般采取自由货位方式,计算机指示入库物品存放在就近易于存取之处,或根据入库物品的存放时间和特点,指示合适的货位,取货时也可就近就便。这种方式可以充分利用每一个货位,而不需专位待货,有利于提高仓库的储存能力,当吞吐量相同时,可比般仓库减少建筑面积。

4.5.4 仓储质量指标体系

为了获得物流质量的最优,物流系统的每个组成部分都必须在最高水平上来管理。尤其在仓储领域,仓储中取得的生产率对于组织(从降低成本角度)和对客户(从提高客户服务水平角度)来说都很重要。

因此,仓储生产率指标一般包括以下几个方面。

1. 仓储生产率

仓储生产率是仓储活动中实际产出与实际投入之间的比例,一般情况下,基于仓储的各类活动都可以用投入产出比例关系来表达该活动的生产率。计算公式为

$$仓储生产率 = \frac{本期装运订单量}{本期接受订单量} \times 100\% \tag{4-19}$$

2. 库容量利用率

库容量利用率反映了仓库能力的利用情况及仓库规划水平,其值随着物资的接收量、保管量、发放量、物资的性质、保管的设备、物资的放置方法、搬运设备、物资的处理方法、通路的布置方法、搬运手段、库存管理方法而不同。该指标参数是一随机变量,一般取它的年平均值作为考核指标。计算公式为

$$库容量利用率 = \frac{实际库存量}{库容量} \times 100\% \tag{4-20}$$

3. 库存周转率

库存周转率指的是一定时期内的入库总量或出库总量与年平均库存量之比。计算公式为

$$库存周转率 = \frac{出/入库总量}{年平均库存量} \times 100\% \tag{4-21}$$

4. 账货相符率

账货相符率是指在货物盘点时,仓库货物保管账面上的货物储存量与相应库存实有数量的相互符合程度。通过账货相符率的核算,可以衡量仓库账面货物的真实程度,反映保管工作的管理水平,避免货物遭受损失。计算公式为

$$\text{账货相符率} = \frac{\text{账货相符笔数}}{\text{库存总笔数}} \times 100\% \quad (4\text{-}22)$$

5. 物品收发正确率

出现差错总量包括因验收不严、责任不明确造成错收、错发的物资总量，不包括丢失、被盗等因素造成的物资损失量。计算公式为

$$\text{物品收发正确率} = \frac{\text{期间仓库吞吐总量} - \text{出现差错量}}{\text{期间仓库吞吐总量}} \times 100\% \quad (4\text{-}23)$$

6. 物品残损率

残损的部分包括由于保管条件差或保管方法不恰当或没有进行维护保养或维护保养不善及其他失职而造成的物资损失量，再加上丢失的数量。计算公式为

$$\text{物品残损率} = \frac{\text{物品损坏量} + \text{物品丢失量}}{\text{库存总量}} \times 100\% \quad (4\text{-}24)$$

7. 准时备货率

准时备货率反映的是及时备货程度，该指标会直接影响到运输活动的通畅水平。计算公式为

$$\text{准时备货率} = \frac{\text{准时备货次数}}{\text{期间备货次数}} \times 100\% \quad (4\text{-}25)$$

4.6 装卸搬运质量控制

装卸搬运是物流系统的构成要素之一，属于衔接性的物流活动。在任何其他物流活动互相过渡时，都是以装卸搬运来衔接，因此，装卸搬运往往成为整个物流系统的"瓶颈"，是物流各功能之间能否形成有机联系和紧密衔接的关键。在实际操作中，装卸与搬运是密不可分的，两者是伴随在一起发生的。

装卸搬运是指在物流过程中，为衔接运输、保管和配送的需要而对货物进行的装卸、搬运、堆垛、取货、理货等，或与之相关的作业。装卸搬运活动的基本动作包括装车(船、机)、卸车(船、机)、堆垛、入库、出库，以及连接上述各项活动而进行的短程输送，是伴随运输、保管和配送等活动而产生的必要活动。

4.6.1 装卸搬运系统构成

装卸搬运基本步骤如图 4.20 所示。装卸搬运系统具有一切系统所共有的特性，即合理性、相关性、目的性和环境适应性。装卸搬运系统是由物料、装卸搬运设备、仓储设施、人员和信息等要素构成的一个集合体。在这个整体中，每个要素的性能和作用都将影响整体的性能，主要包括人员、设备、物料和信息四个要素。在搬运系统中，每个要素作用的发挥及它对整个系统的影响，必然要有其他一个或几个要素的配合，离开这种配合，它就不能很好地发挥作用，装卸搬运系统的分析、设计与实施程序模式可以说明装卸搬运系统作业流程。

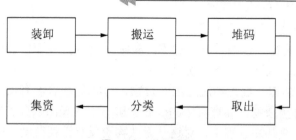

图 4.20 装卸搬运

1. 装卸搬运设备

装卸搬运设备是物流系统中使用数量最多、频度最大的机械设备。

(1) 装卸搬运车辆。装卸搬运车辆是依靠机械本身的运行和装卸机构的功能,实现货物水平搬运和装卸的车辆,主要有叉车(叉车装卸机)、搬运车、牵引车和挂车等类别。

(2) 输送机械。输送机械是一种在一定的输送线路上,可以将货物从装载起点到卸载终点以恒定的或变化的速度进行输送。应用其形成连续的物流或脉动性的物流。主要包括带式输送机、斗式提升机、悬挂输送机、埋刮板输送机、螺旋输送机、滚柱输送机、震动输送机、气力输送装置等类别。

(3) 起重机械。起重机械是靠人力或动力使货物做上下、左右、前后等间歇、周期性运动的转载机械,主要用于起重、运输、装卸、机器安装等作业。起重机械主要有较小型起重机(如滑车、手动或电动葫芦等)、桥式类型起重机(如架式起重机、桥式起重机等)、门式起重机和装卸桥、臂架类型(旋转式)起重机(如门座式起重机、塔式起重机、汽车起重机、轮胎起重机等)、堆垛起重机等类型。

(4) 散装装卸机械。散装装卸机械是指具有装卸和运输两种功能的机械机、卸载机、翻车机等。

2. 装卸搬运机械的选择

选择装卸搬运机械时主要考虑以下因素。

(1) 货物特性。根据货物本身和包装等特性,选择适宜的装卸搬运机械。

(2) 作业特性。根据是否为单纯的装卸或搬运,选择不同功能的机械。

(3) 环境特性。根据作业场地、建筑物的构造、设置的配置、地面的承受力等选择相应的搬运机械装。

(4) 作业速率。按货物的物流速度、进出量要求确定是高速作业还是平速作业,是连续作业还是间歇作业,据此选择合适的机械。

(5) 经济效益。考虑以上各因素后,还要从经济性角度加以分析,在多个方案中择优选择。

4.6.2 装卸搬运作业中的问题

1. 无效的装卸搬运普遍存在

一般装卸操作中,无效装卸具体反映在以下几个方面。

(1) 过多的装卸次数。物流过程中,货损发生的主要环节是装卸环节。而在整个物流过程中,装卸作业又是反复进行的。从发生的频数来讲,超过任何其他活动,所以导致装卸的次数越多，就必然导致损失的增加。

(2) 过大的包装装卸。包装过大、过重，实际上反复在装卸包装上消耗较大的劳动，这一消耗不是必需的，因而形成无效劳动。

(3) 无效物质的装卸。进入物流过程的货物，有时混杂着没有使用价值或对用户来讲使用价值不符的各种掺杂物，如煤炭中的矸石、矿石中的表面水分、石灰中的未烧熟石灰及过烧石灰等。在反复装卸过程中，对这些无效物质反复消耗劳动，因而形成无效装卸。

2. 不能合理地利用重力进行装卸搬运

在物流领域，即使是现代化水平已经很高了，也仍然避免不了要有人力搬运的配合，因此，人力搬运合理化问题也是很重要的。但是，现在很多的物流企业都不能很好地利用重力进行装卸搬运，严重消耗了劳动力和其他能量。例如，现在的物流仓库使用人力装卸搬运的还是很多，不能合理地利用仓库的条件实现利用重力装卸搬运。

3. 装卸搬运过程中省力化过低

装卸搬运是使劳动对象产生垂直或水平位移，这必须通过做功才能实现。随着生产力的发展和科学技术的进步，装卸搬运机械化程度有了很大的提高，少数工厂和仓库向着装卸搬运自动化迈进。但从国内外的实际情况看，有相当一部分装卸搬运作业，是靠人工完成的，工作起来费时费力。因此，实现装卸搬运作业的省力化，也是一个不容忽视的问题。

4. 装卸搬运的灵活度不够

在许多的物流企业中，都出现装卸搬运灵活度不够的现象。散乱堆放在地面上的货物，不进行下一步装卸包装或打捆，或者只能一件件操作处置，因而不能立即实现装卸或装卸速度很慢，造成企业装卸搬运的滞后，对工作效率造成很大的影响，相对于企业的整体运行很不利，严重的可能会影响到企业的经济效益。

5. 装卸搬运人员工作效率低和机械的利用率低

目前单纯的存储和保管型仓储已远远不能适应生产和市场的需要，并且，很多仓储设备老旧，需要人工的操作多，但是人工的工作效率较低再加上机械化存储装卸设备缺乏，自动化程度相对较低，在具体操作上，货品收发管理都是以电话或人工方式进行沟通，不仅容易产生错误，而且还会增加成本；在没有计算机管理的情况下，出现查找困难、出货不及时的问题，也给仓库盘点等操作带来一定困难；进销存管理采用传统的手工录入方式，因此资料不容易保存。

6. 野蛮装卸搬运相当严重

"野蛮装卸"至今仍然比较突出。有些木包装箱容器，生产企业将自己生产好的产品如视珍宝，精心包装，小心装车。为了防止碰撞，用毛毯衬垫，使用箱纸包裹。可是运到使用企业后，却是另一种现象，装卸工从4米多高的车上往下翻滚货物，有的甚至是"一脚蹬"，地上也没有任何防护措施，钢桶漆膜脱落、桶身变形、纸箱散包、四角翻卷、破洞、污染等现象时有发生。这些木包装箱还没有使用，已经是面目全非，直接影响到商品形象及质量。采用叉车搬运或装卸时，驾驶员质量意识淡薄，操作技术不过关，时有发生碰撞、翻车等事故，对木包装箱更是造成严重损害。

7. 装卸搬运法有待发展

装卸搬运作业过程中，物料的种类、性质、形状、重量各有不同，相对的装卸作业方式也需要有所增加。根据调查，我国物流行业中的装卸搬运方法还是有待推广。因为，根据物品的不同选择相应的装卸搬运法，这样可以很好地提高装卸搬运的效率，还可以节约物流活动中整个流程的时间，提高整体效益，在物流行业中推广装卸搬运法是十分必要的。

4.6.3 装卸搬运质量改善途径

装卸搬运的效率直接影响到其他物流环节的效率，从实际运作中看，装卸搬运可以通过以下措施来提高其作业效率。

(1) 降低装卸搬运作业次数。物流过程中，货损发生的主要环节是装卸搬运环节，而在整个物流过程中，装卸搬运作业又是反复进行的，从发生的频数来讲，超过任何其他活动。所以，过多的装卸次数必然导致损失的增加。从发生的费用来看，一次装卸的费用相当于几十公里的运输费用。因此，每增加一次装卸，费用就会有较大比例的增加。此外，装卸搬运又会大大阻碍整个物流的速度。为此，应该通过合理的规划布局设计，合理安排作业计划，采用合理的作业方式，实现物品装卸搬运次数最小化。

(2) 使距离(或时间)最小化。搬运距离的长短与搬运作业量大小和作业效率是联系在一起的。在货位布局、车辆停放位置、入出库作业程序等设计上应该充分考虑货物移动距离的长短，以货物移动距离最小化为设计原则。

(3) 提高装卸搬运活性。装卸搬运活性是指从物的静止状态转变为装卸搬运运动状态的难易程度，如表 4-11 所示。在整个物流过程中货物要经过多次装卸和搬运，上一步的卸货作业与后一步的装载或搬运作业关系密切。如果卸下来的货物零散地码放在地上，在搬运时就要一个一个搬运或重新码放在托盘上，因此增加了装卸次效，降低了搬运效率。如果卸货时直接将货物堆码在托盘上，或者运输过程中就是以托盘为一个包装单位，那么，就可以直接利用叉车进行装卸或搬运作业，实现装卸搬运作业的省力化和效率化。因此，在组织装卸搬运作业时，应该灵活运用各种装卸搬运工具和设备，前通作业要为后道作业着想，从物流起点包装开始，应以装卸搬运的活性指数最大化为目标。搬运处于静止状态的物料时，需要考虑搬运作业所必需的人工作业。物料搬运的难易程度称为活性。我们用活性系数来衡量，所费的人工越多，活性就越低；反之，所需的人工越少，活性越高，但相应的投资费用也越高。散放在地上的物料要运走，需要经过集中、搬起、升起和运走四次作业。所需的人工作业最多，即活性水平最低，即活性系数定为 0。活性指数确定的原则如表 4-11 所示。在对物料的活性有所了解的情况下，可以利用活性理论，改善搬运作业。

表 4-11 搬运活性指数表

物品状态	物品移动的机动性	作业需求(依次)				需作业的数目	活性指数
		集中	搬起	升起	运走		
直接置地	移动时需逐个用人力搬到运输工具中	是	是	是	是	4	0
置于容器	可人工一次搬运，但不便于机械使用	否	是	是	是	3	1

续表

物品状态	物品移动的机动性	作业需求(依次)				需作业的数目	活性指数
		集中	搬起	升起	运走		
置于托盘	可方便地用机械搬运	否	否	是	是	2	2
置于车内	无须借助其他机械便可移动	否	否	否	是	1	3
置于传送带	物品已处于移动状态	否	否	否	否	0	4

(4) 充分利用机械，实现规模装卸。装卸机械的能力达到一定规模，才会有最优效果。追求规模效益的方法，主要是通过各种集装实现间断装卸时一次操作的合理装卸量，从而使单次装卸成本降低，也通过散装实现连续装卸的规模效益。

(5) 利用货物本身重力。在装卸时考虑重力因素，可以利用货物本身的重量，进行有一定落差的装卸，以减少或根本不消耗装卸的动力，这是合理化装卸的重要方式。例如，使用溜槽、溜板的简单工具，可以依靠货物本身重量，无须消耗动力，便可使货物从高处自动滑到低处。

(6) 满足货物单元化要求。所谓单元化是指将货物集中成一个单位进行装卸搬运。单元化是实现装卸合理化的重要手段。在物流作业中广泛使用托盘，通过叉车与托盘的结合提高装卸搬运的效率。通过单元化不仅可以提高作业效率，而且还可以防止货物损坏和丢失，数量的确认也变得更加容易。

(7) 保持装卸搬运系统化。所谓系统化是指将各个装卸搬运活动作为一个有机的整体实施系统化管理。也就是说，综合运用系统理论的观点，提高装卸搬运活动之间的协调性，提高装卸搬运系统的柔性，以适应多样化、快速化物流需求，从而提高装卸搬运效率。

4.6.4 装卸搬运质量指标体系

装卸搬运本身并不产生新的效用或价值，但在整个物流过程中所占的比重较大，其效率对物流工作质量影响很大。

1. 单位人时工作量

$$单位人时工作量 = \frac{总工作量}{装卸作业人时数} \times 100\% \tag{4-26}$$

其中，装卸作业人时数=作业人数×作业时间。

2. 装卸效率

$$装卸效率 = \frac{标准装卸作业人时数}{实际装卸作业人时数} \times 100\% \tag{4-27}$$

3. 单位工作量装卸费

$$单位工作量装卸费 = \frac{装卸费}{总工作量} \tag{4-28}$$

4. 装卸搬运货损率

$$装卸搬运货损率 = \frac{装卸搬运损失的货物}{货物总量} \times 100\% \tag{4-29}$$

本 章 小 结

本章主要介绍了现代物流企业的运作流程和采购、运输、配送、仓储、装卸搬运等的构成、作业中的问题、质量改善途径和质量指标体系。

物流质量控制,是以一定的质量标准对物品质量的控制,其目的是在成本可行的前提下,向客户提供尽可能高的物流服务质量。

采购是产品质量形成过程的第一个环节,原材料的质量直接影响最终产品的质量,企业应当重视采购过程,并对其进行质量控制。采购流程分为采购产品、采购过程和对供应商的评估三个方面,对采购产品、采购过程和供应商的管理是进行采购质量控制的主要方面。对于采购作业中要遇到的问题采取一系列改善途径使整个流程顺利进行。对采购的控制除了采购计划的控制外,还有与供应商进行交易的制度计划(供应商文件)、采购组织机构控制和采购程序控制。但在日常具体的采购业务活动中,还必须建立考核采购人员的指标体系对采购进行细化的控制。

运输是物流企业运作中最基本的活动之一。运输具有两大功能,即物品转移和物品短时存储。我们采取运输作业的组织、承运人评估、运输单证的管理、费率的制定与种类等一系列措施来解决运输作业中遇到的问题,运输质量指标体系是用量化的方法来控制监督运输的质量,保证运输作业顺利进行。

配送是以现代送货形式实现资源最终配置的经济活动。按用户订货要求,在配送中心或其他物流结点进行货物配备并以最合理方式送交用户。配送是由备货、理货和送货三个基本环节组成的。对配送作业中容易遇到的问题,采用共同配送、加工配送、准时配送、合理规划配送路线等方法进行改善,并制定缺货率、配送准时率等指标体系来测量配送质量。

仓储是指根据客户的要求,为调节生产、销售和消费活动,以及确保社会生产、生活的连续性,避免物品损耗、变质和灭失,而对物品进行储存、保管、管理、供给的作业活动。仓储由入库、保管、出库等构成,对于仓储作业中的问题采取储存物品的 ABC 分析、实施重点管理、适当集中储存、加速总的周转、提高单位产出等的改善途径来控制仓储质量,并制定仓储利用率、库容量利用率等一系列指标体系来保证仓储质量。

装卸搬运活动的基本动作包括装车(船、机)、卸车(船、机)、堆垛、入库、出库,以及连接上述各项活动而进行的短程输送,是伴随运输、保管和配送等活动而产生的必要活动。对于装卸搬运中出现的问题一般采用降低装卸搬运作业次数、使距离(或时间)最小化等改善途径来控制装卸搬运质量,并制定单位人时工作量、装卸效率等指标体系来保证装卸搬运质量。

关键术语

采购(Purchase)　　　　　　　　运输(Transport)
配送(Distribute)　　　　　　　　仓储(Warehouse)

物流质量管理

装卸搬运(Handling)　　　　　　系统构成(System Constitution)
改善途径(Ways to Improve)　　　指标体系(Sales Logistics)
质量控制(Returned Logistics)　　运作流程(Waste Material Logistics)

习　题

1. 选择题

(1) 物流企业的(　　)是用来支持物流服务商品销售的。
　　A．标准化管理　　B．客户服务　　C．成本管理　　D．技术设备
(2) 物流质量管理是企业全面质量管理的重要一环，其核心是(　　)。
　　A．物流效率管理　　　　　　B．物流服务质量管理
　　C．物流工作质量管理　　　　D．产品质量管理
(3) (　　)意味着工商企业提高物流运作水平，降低物流成本，真正使物流成为企业的"第三利润源"。
　　A．提高物流业的现代化水平　　B．提高物流企业的服务水平
　　C．提高物流企业的物流质量　　D．提高物流企业的标准化程度
(4) 货主企业的物流需求是以(　　)为基础，物流服务必须从属于货主企业物流系统。
　　A．客户　　B．商流　　C．第三方物流　　D．资金流
(5) (　　)是用来衡量缺货的程度及其影响的指标。
　　A．缺货频率　　B．满足率　　C．库存率　　D．缺货率
(6) 对产品的可得性最准确的绩效衡量指标是(　　)。
　　A．缺货频率　　　　　　　　B．顾客满意度
　　C．运作绩效　　　　　　　　D．发出订货的完成状况
(7) 完成整个运行周期所需花费的时间取决于(　　)。
　　A．企业的规模　　　　　　　B．企业的库存率
　　C．企业物流系统的设计构成　　D．企业运作速度

2. 判断题

(1) 如果站在从事有形产品(或服务)制造或销售的制造企业或商业企业(即货主企业)的角度观察物流服务，物流服务属于企业顾客服务的范畴。(　　)
(2) 工商企业用于支持产品销售的物流服务同物流企业为销售提供的物流是同一个概念，不能相混淆。(　　)
(3) 利用可能性等于存货服务率的乘积。(　　)
(4) 物流客户服务表现为一种经营理念。(　　)
(5) 商品完好率决定了客户对于所需商品的可得率。(　　)
(6) 合理的库存水平能够为客户提供高水平的物流服务。(　　)
(7) 站在物流活动委托方的角度看，物流企业提供的是一种产品。(　　)
(8) 物流业的出现是社会分工的结果，也是物流活动效率化的要求。(　　)

3. 简答题

(1) 物流企业运作流程中主要涉及哪些环节的质量控制？为什么？
(2) 物流流程质量控制中各环节分别存在的主要问题是什么？改善方法有哪些？
(3) 物流流程质量控制中各环节质量指标体系分别由哪些指标构成？

 案例分析

TNT：物流供应链解决方案

国际快递巨头 TNT 已将中国总部从北京移师上海，将旗下的快递、物流、直邮业务统一管理并提供整体服务，完成了由单一快递服务到整体物流提供商的角色转变。

在新一轮外资快递争霸战中，处于落后位置的 TNT 如何抢占制高点？

TNT 快递是欧洲最大的快递公司，母公司是荷兰邮政集团(TPG)。早在 1988 年 TNT 快递就进入中国，受当时相关政策的限制，TNT 快递与中外运合资建立了"中外运—天地快件有限公司"，开拓在中国的快递业务。

在中国市场，TNT 快递取得了快速的发展。近 6 年来，TNT 快递在中国市场平均保持约 23%的收入增长和年均 30%的业务增长速度，但 TNT 的全球对手 UPS、DHL 却有着更为令人称道的表现，UPS 在中国业务总量的增长速度已连续几年保持在 35%以上，DHL 作为第一家进入中国的专业快递公司，每年的平均增长率更高达 40%，目前在中国的市场占有率已达 36%。不难看出，TNT 急欲在中国获得更好的发展。为了实现这一目标，TNT 破例地将直邮、快递和物流三大业务整合在一起，改变了在中国的发展战略，大力发展汽车物流，意在夺取新一轮外资快递争霸战的制高点。

1. 新的合作伙伴

TNT 公司和"中外运"分手后，合伙人竟是 1999 年才成立的小公司——超马赫国际运输代理有限公司(以下简称"超马赫")。2003 年，按双方商定，TNT 与超马赫合作开展中国业务，合作形式也由过去的合资改为授权代理。TNT 其实早已绝对控股超马赫，它的真正意图是在中国建立独资公司。因为 2003 年年初颁布的《外商投资国际货运代理业管理办法》将允许外资货运代理和快递公司在其中国的合资公司中持有多数股权，最高可达 75%(以前的底线是 50%)，5 年后将允许独资。超马赫"麻雀虽小，五脏俱全"，使用的是一个国际的系统和管理的方法，合作范围也极为灵活。新的合作方式为 TNT 公司放开手脚去建设自己的地面网络，提供了便利的条件。

TNT 邮政集团(TPG)与中国邮政也签署了谅解备忘录，它包括一个关于双方立即成立项目组探讨双方在邮政、快递和物流领域进行互利合作的协议，它为双方今后形成广阔的战略合作伙伴关系提供了一个坚实的基础。尽管中国邮政现在尚未完成政企分开，对与外资合作方的发展存在诸多不确定因素，但是凭借其几乎无处不在的网络，任何一家与中国邮政合作的外资伙伴都能够获得巨大的利益。这也正是 TNT 的心仪之处。

TNT 决定要在中国发展自己的特许经营加盟商，这就意味着继英国之后，中国成为 TNT 在物流业中发展特许经营的第二个国家。虽然特许经营在中国物流行业的运作尚属初次"试水"，但是鉴于中国入世后为物流业发展所提供的宽松环境，以及中国目前潜力巨大的物流需求市场，在吸取了英国物流特许经营的经验后，TNT 集团还是准备大胆尝试。他们将以快递业务作为突破口，在立足中国较大城市的同时，通过特许经营拓展自己的网络，扎根中国二、三级城市。今后特许经营将成为其拓展本土业务的主要模式，最低加盟金只需 10 万元人民币。TNT 共推出 3 种加盟方案，以适合不同的区域和投资能力的加盟商。

汽车物流市场相关负责人指出，新成立的 TNT 中国总部，首次将快递、物流和直邮服务三大核心业务整合在一起，并通过同一个组织架构进行管理。在物流领域，汽车物流将成为 TNT 谋篇布局的重要武器。在最新的中国 TNT 5 年计划中，物流、汽车都是被确定为重要发展的行业领域。截至 2015 年，中国的汽车产量已达到 3250 万辆，中国已超越美国跃居全球第一大汽车市场，而汽车产品物流需求必然迅速膨胀。TNT 物流是全球最大的汽车物流服务供应商，TNT 将运用自己成熟的汽车物流经验和技术，迅速称霸中国市场。

对于 TNT 来说，汽车工业是一个非常值得注意的领域。TNT 正密切关注着他们的顶级客户，其中包括汽车工业的"三巨头"——福特汽车公司、戴姆勒·克莱斯勒公司和通用汽车公司，以及其他一些为汽车工业服务的零件供应商，以便对整合他们的货运业务的可能性作出评估。通过将多个企业的供应链数据汇总并模拟出新的供应链与运输规划模型，TNT 希望从中发现这些公司的协力优势并从中寻求平衡。

TNT 将其旗舰版物流解决方案 Matrix 运输管理系统引入中国，而上海通用汽车公司将成为其首家客户，目前提供的服务包括整车汽车物流、零部件的进口和出口服务，还有售后服务。这意味着 TNT 开始"分食"通用汽车在华的物流大单。旨在帮助 TNT 的客户和业务伙伴提高物流方面的能力和效率的运输管理。Matrix 系统在世界上其他国家已经应用了 7~8 年，已经相当成熟。该系统将专注于汽车物流技术。Matrix 系统能帮助汽车生产商降低其在物流上的费用，从而使汽车的总成本降下来，低成本的运作有利于整个市场的继续繁荣。

通过这样的合作，已经使 TNT 成为中国市场上第一大汽车物流服务提供商。在该项服务中，TNT 的优势在于提供综合的物流解决方案，包括汽车物流中的整车物流和零部件进出口物流，都是立足于整合供应链的角度进行运作的。汽车物流是 TNT 的核心竞争力，也是其在中国市场的核心业务。上海汽车销售总公司和 TNT 物流共同组建了中国最大的汽车物流经营公司——安吉天地汽车物流有限公司。据悉，汽车物流已经占到 TNT 物流总业务的 90%以上。

2. TNT 物流供应链解决方案

在当今时代，商界竞争激烈，与时间的赛跑几乎无处不在。而要胜出，最基本的要求即是在恰当的时间内将所需的产品以合理的价格送到需要的地点。而为了满足这一要求，TNT 物流公司使用了一套先进的供应链与运输计划方案。

1) 问题

供应链系统是由电子信息交换支持的一套复杂而精密的物料和产品运输体系。随着 TNT 客户的业务拓展，他们的供应链和管理上需求的复杂程度也深化了。客户要求的已不仅是将货物从一处搬运到某个目的地的简单工作，而是已意识到了多地提取和多式联运方案的必要性。

业务的扩大产生了日益复杂的供应链系统。TNT 的分析家无法再以人工方式有效地分析供应链数据的多个来源。他们需要一个新系统，该系统应能够将客户数据从多个信息源中提取出来并将其整合到一个分析工具中。

2) 解决方案

TNT 物流公司对三套不同的供应链与运输规划软件进行了评估。他们选中了 CAPS/Baan 的一套方案——"供应链套餐及运输设计"。该方案是从 Manugistics 及其他 12 家解决方案中挑选出的，其优胜之处在于它的运输工具安排与运输路线评估能力，以及它能够将政府对货物征收的关税计算进成本的功能。

为了始终站在物流领域的最前沿，TNT 前瞻性地对其现存客户信息库内的方案进行分析，试图寻找出同一地区不同客户的货物运输可以结合的地方。通过使用 CAPS/Baan 软件工具，分析家就能够覆盖现有的多个客户的供应链并将数据组整合起来进行假定分析。这些假定分析包含对五六条供应链的分析评估来创建一条单一的供应链。

3) 成效

对于 TNT 服务所能为客户提供的便利，TNT 与一家大汽车制造商目前正在进行的项目即是其明证之

一、在售后服务领域，该公司拥有一整条专为备用零部件使用的供应链。TNT 对这条供应链进行了彻底的研究，涵盖了从供应商到零件分销中心再到包装商的全套境内零件流转过程。使用了 CAPS/Baan 工具，TNT 能够将少于一卡车容量(LTL)的需运货物整合起来并建立起一条运输路线将其运送到该制造商位于东南部的包装商处。

TNT 在 CAPS/Baan 软件工具上的投资已经看到了巨大的收益。作为一家综合性的第三方物流伙伴，TNT 宣称其服务能够让客户的总物流成本降低 33%。

TNT 公司是国际知名的物流服务提供商，从专营快递业发展到涉足于快递、物流、直邮等多项业务的整体物流提供商，TNT 公司的实力与地位突飞猛进。为了获得在中国市场的快速发展，TNT 公司实施了一系列颇有深意的策略：选择相对弱小的物流合作伙伴，以取得合资公司的绝对控制权，按自己的管理方式和发展思路建设在中国的物流地面网络；TNT 邮政集团(TPG)与中国邮政签订双方在邮政、快递和物流领域进行互利合作的协议，期待借助于中国邮政几乎无处不在的网络发展广阔的战略合作；在中国发展自己的特许经营加盟商，充分利用中国入世后为物流业发展所提供的宽松环境，以及中国目前潜力巨大的物流需求市场；运用自己成熟的汽车物流经验和技术，迅速称霸中国的汽车物流领域。

TNT 公司在中国的各项举措充分折射了现代物流服务的发展趋势，即物流专业化、集成化的趋势。随着市场竞争的加剧与供应链管理的深入，物流需求方不仅在物流外包业务量上有扩张，而且对物流业务外包的质提出了更多的要求。某些物流需求方由于其产品的特殊性或目标市场的特殊性要求物流供应商能为其量身定制个性化的物流系统，并负责系统的运行与维护，使物流服务向专业化、纵深化发展；某些物流需求方由于参与供应链合作的程度较深，要求物流供应商能为整条供应链的所有合作伙伴提供一体化的物流服务，使物流服务向集成化、综合化的方向发展。这种发展趋势推动现代物流企业加入到供应链的长期合作，并为物流企业在供应链运作中发挥更重要的作用，乃至核心作用，提供了机会。

问题：
1. 如何评价 TNT 物流公司的供应链解决方案？
2. TNT 物流公司的供应链解决方案还能有所改进吗？如何改进？

第5章 田口方法

【本章教学要点】

知识要点	掌握程度	相关知识
田口方法概述	掌握	田口方法的产生与发展、田口方法的定义、田口方法的质量特性及其分类、田口方法的质量策略
三次设计	重点掌握	三次设计的基本思想、参数设计、容差设计
质量损失函数	重点掌握	影响产品功能波动的原因、质量特性波动的因素分类、质量损失函数及其应用
信噪比	掌握	信噪比概念、信噪比计算公式、灵敏度计算公式
田口方法的利弊分析	了解	田口方法的优点分析、田口方法的缺点分析

【本章技能要点】

技能要点	掌握程度	应用方向
田口方法	掌握	了解田口方法的产生与发展，掌握田口方法的特性及其应用
三次设计	重点掌握	三次设计的主要内容及每部分设计的主要步骤
质量损失函数	掌握	学习质量损失函数的公式及其应用
信噪比	掌握	掌握各类质量特性值的SN比计算公式及其应用
采用田口方法进行试验设计的Minitab示例	重点掌握	创建田口试验设计、分析田口试验设计

【知识架构】

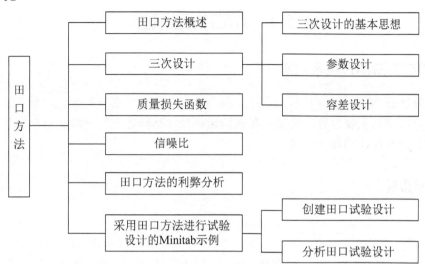

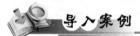

索尼公司：采用田口方法保证彩色电视机的质量

1979年4月17日，日本"朝日新闻"曾刊登过一条消息，对在日本的索尼工厂和在美国加利福尼亚州的索尼工厂所生产的彩色电视机的质量进行比较。两厂生产的电视机的设计相同，结果，美国索尼工厂投放市场的产品都是合格品，而日本索尼工厂投放市场的产品约有千分之三是不合格品。但是在美国制造的索尼电视机不受美国人欢迎，许多人反而喜欢购买日本制造的索尼电视机。原因何在？

调查发现，主要差别在于两国的质量管理思想不同。美国的质量管理重视检验，产品的质量特性值呈均匀分布；而日本的质量管理学家采用了田口方法(也叫三次设计)，提高了产品的设计质量，使得产品先天性能好、质量高、成本低、性能可靠、竞争力强。

现在田口方法不仅在日本，而且在美国都得到了广泛应用。美国每年完成5 000次以上的田口方法实例研究，田口方法已载入美国空军可靠性与维修性2000年大纲，其经济效益是十分可观的。以美国ITT公司为例，它为1 200名工程师提供了田口方法的培训，完成了20项实例研究，节约成本350万美元。

(资料来源：*Buisiness Week* (November 30, 1992): 74-75; and R.C. Camp, Making Total Quality Happen. New York, Conference Board, 1990: 42.)

思考题：
(1) 田口方法为什么能使产品如此受欢迎？
(2) 田口方法主要包括什么内容？

田口方法在保证产品性能稳定性、可靠性、性能价格比方面发挥着独树一帜的作用，在我国一些行业也得到了广泛应用。本章将在前面所学知识的基础上，结合案例，吸收国内外的先进知识理论，详细介绍田口方法的概念、内涵及利弊。

5.1 田口方法概述

5.1.1 田口方法的产生及内容

田口方法在 20 世纪 50 年代初形成，是由日本学者田口玄一独创的质量工程学。三次设计是田口方法的主要内容，是建立在试验设计技术基础之上的一种在新产品开发设计过程中进行的三次设计的设计方式。

知识拓展

田口方法的起源

当日本开始重建工作时，面临很多困难，如缺少优质的原料，缺少高质量的加工设备，缺乏经验丰富的人才等。而实际要求是生产优质产品，并不断改进质量。田口玄一受聘帮助修复第二次世界大战后处于瘫痪状态的日本电话系统。他发现，靠传统的试差法来寻找设计中存在的问题有着种种不足，于是最后发展出一套自己的设计试验集成法。

田口方法立足于工程技术，着眼于经济效益，开辟了质量管理的新天地。与传统的质量管理相比，其具有以下特色。

(1) 工程特色。用工程的方法来研究产品质量，把产品设计当成工程设计，把产品设计质量的好坏看成工程设计质量，用产品给社会造成的经济损失来衡量产品的质量。

(2) "源流"管理理论。"源流"管理的思想把质量管理向前推进了一步，认为开发设计阶段是源流，是上游，制造和检验阶段是下游。质量管理中，"抓好上游管理，下游管理就很容易。"如果设计质量水平不高，生产制造中很难造出高质量的产品，即所谓"先天不足，后患无穷"。

(3) 产品开发的三次设计法。产品开发设计(包括生产工艺设计)可以分为三个阶段进行，即系统设计—参数设计—容差设计。

5.1.2 田口方法的特性

田口方法，也称三次设计(系统设计，参数设计，容差设计)，是在试验设计(Design of Experiments，DOE)原理的基础上发展起来的，它是一种统计技术和工程技术相结合的技术(方法)。使用这种技术的好处是：在不增加成本甚至降低成本的情况下，突破设计瓶颈或优化过程的一种最迅速、最经济的方法。尽管早期的统计学家对田口方法还有一些意见，但它确实是一种好方法，被广泛应用于工业、农业、交通、运输、航空航天各个领域。下面详细介绍日本管理者采用的田口质量管理方法与传统质量管理方法的不同之处。

1. 质量特性及其分类

田口玄一为了阐述其原理，对质量特性在一般分类的基础上作了某些调整，分为计量特性、计数特性、上位特性与下位特性等。

1) 计量特性

质量特性以计量值数据表达,即可以在给定范围内取任何一个可能数值时,称为计量特性,例如物体的长度、电量、灯泡的寿命等。计量特性可进一步分为以下几类。

(1) 望目特性。希望特性值存在一个目标值 m,并希望实际的特性值围绕目标值波动,波动量越小越好,如机械零部件的制造尺寸及配合公差等。

(2) 望小特性。希望这种特性越小越好(但不取负值),波动也越小越好,如零件磨损量、机器噪声、振动等。

(3) 望大特性。这种特性要求其数值越大越好(亦不取负值),波动也越小越好,如机器效率、构件强度和疲劳寿命等。

(4) 百分率特性。以计量特性值所计算得到的百分率特性,如化学反应中的得收率一类的质量特性,通常以百分率来反映质量情况。如果用 x%表示得率,y%表示不得率,则有

$$y = 100 - x \tag{5-1}$$

这样,y 就可以作为望小特性来处理。

小思考

看看身边的事物,哪些是具有望目特性的,哪些具有望小特性,哪些具有望大特性?

2) 计数特性

质量特性以计数值数据表达,即一个一个的计数时,就叫作计数特性。如零件的合格品数或不合格品数(计件)、铸件上砂眼、布匹上的疵点数(计点)均为计数特性。

3) 上位特性与下位特性

产品质量形成的全部过程包括下列阶段:市场调研、设计研制、采购、工艺准备、生产制造、检验和试验、储存和包装、销售和发运、安装调试、技术服务和维护,用后处置等,在每一阶段都存在质量特性。一般来说,位于前面阶段的是原因特性,称为下位特性;而位于后面阶段的是结果特性,称为上位特性。例如销售和发运阶段,产品质量特性是上位特性,而工艺准备阶段零件的质量特性是下位特性。

4) 静态特性和动态特性

动态特性的数值一般随输入信号和环境条件的变化而变化;静态特性则反之。动态特性数值随输入信号的变化而改变的称为主动型动态特性;而另外一类随环境或用途变化而变化的特性则称为被动型动态特性。例如汽车的操纵特性、机床的切削特性都是主动型,而像传感器的测试特性等都是被动型的。

2. 传统的质量概念

传统的质量概念基本是产品性能(或功能)符合设计规范的程度。具体来说,将产品的质量特性测量值与设计规范比较,如质量特性测量值处在规范以内,则算合格。如果超出规范,则算不合格。但这种质量概念(或理念)存在问题。它不能反映出产品的实际质量水平,因为合格产品不一定是质量好的产品。

美国人喜欢购买日本的康尼公司生产的彩电,而不愿意购买设立美国加利福尼亚州索尼工厂生产的彩电。原因究竟何在?美国一家咨询公司进行了抽样调查,结果发现两国生

产的彩电质量特性值分布不同。例如色彩浓度，日本制造的彩电呈正态分布。该质量特性大部分集中在设计的目标位附近，离散性小；而美国本土制造的彩电色彩浓度近似呈均匀分布(或平顶型分布)，离散性大。如果进一步细分，将产品中色彩浓度更接近目标值 M 者定为"等级 A 级"，即性能为最佳；色彩浓度偏离 M 者依此定为"等级 B 级""等级 C 级"，显然日本索尼制造产品"等级 A 级"远比美国厂多，而"等级 C 级"远比美国厂少。无怪消费者对日本索尼厂的电视机偏爱，究其主要原因，就是日本索尼厂采用了"田口方法"。

知识要点提醒

表 5-1 列出了传统设计方法与田口方法的区别。

表 5-1 田口方法与传统产品设计方法的差异

项 目	传统设计方法	田口方法
设计步骤	两阶段：系统设计 　　　　容差设计	三次设计：系统设计 　　　　　参数设计 　　　　　容差设计
设计目标	使产品达到目标值	使产品达到目标值； 产品性能稳健可靠，抗干扰能力强
设计思想	采用一级品元件组装整机，使设计质量符合要求； 仅考虑设计时的干扰，产品在生产和使用时抗干扰能力差	用大部分三级品元件组装一级品整机，使总损失(质量损失与成本之和)达到最小； 减少三种干扰影响，使产品在生产和使用时抗干扰能力强
设计速度	采用调试方法，设计速度慢	运用参数设计，设计速度快

3. 田口质量策略

田口方法的基本思想：用正交表安排试验方案，以误差因素模拟造成产品质量波动的各种干扰，以信噪比作为衡量产品质量稳健性的指标，通过对各种试验方案的统计分析，找出抗干扰能力最强、调整性最好、性能最稳定且可靠的设计方案，并以质量损失最小为原则，合理地确定参数的容差，以达到成本最低、质量最优的技术经济综合效果。

田口玄一在多年研究和实践的基础上，他认为"产品在使用过程由于功能波动和有害效应的结果会给社会造成损失"。田口玄一对质量下的定义是：产品从装运之日起，直到使用寿命完结止，给社会带来的损失的程度。换句话说，质量是产品出厂后，带给社会的损失大小来衡量。其中损失可以分为有形损失和无形损失。有形损失包括三部分：一是由于产品功能波动所造成的损失；二是产品弊害项目所造成的损失；三是产品的额外使用费用。无形损失包括导致企业信誉损失的顾客满意成本。

低劣的质量在于产品的组成成分缺少稳健性。正是由于这种非稳健性的特点，公司生产出来的产品就不能够满足顾客的质量和规格的要求。产品偏离目标值越多，那么产品的变化也就越大。因此，就必须采取一定的方法来减少偏差，努力达到零缺陷。产品质量的稳健性是指产品的质量特性对设计参数和噪声因素变差影响的不敏感型。产品如果获得稳健性，则一般就可以放宽对制造工艺、使用条件的要求，可以采用较低廉的原材料，从而可以降低产品的成本。

设产品质量特性为 y，目标值为 y_0，考虑到 y 的随机性，如果用产品质量的平均损失来计算，则

$$E[L(y)] = E\left[(y-y_0)\right]^2 = E\left[(y-\bar{y})\right]^2 + (\bar{y}-y_0)^2 = \sigma_y^2 + \delta_y^2 \tag{5-2}$$

在公式(5-2)中，$\bar{y}$ 为质量指标的期望值或均值；σ_y^2 为质量指标的方差，表示了输出特性差的大小，即稳健性；δ_y^2 为质量特性指标的绝对偏差，即灵敏度。

图 5.1 是田口稳健设计的图解，一方面要使质量指标的实际值尽可能达到目标值；另一方面还要使质量指标的随机分布变得"瘦小"些，以保证产品的实际质量指标的波动度限制在规定的容差内。

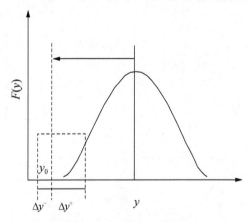

图 5.1　田口稳健设计的图解表示

因此，一般来说，三次设计要达到以下两个目的。

(1) 使产品质量特性的均值尽可能达到目标值，即使 δ_y^2 趋于最小。

(2) 使因为各种干扰的因素引起的功能特性的波动的方差尽可能降低到最小，即使 σ_y^2 趋于最小。

关于电动机的转速。设规定的目标值 $M = 1\,500\text{r/min}$，如果电动机转速达不到 1 500r/min，就产生了功能波动，其功能波动的损失，可用质量损失函数来计算；使用费用为单位时间的耗电费用；弊害项目的损失是电动机工作时产生的震动和噪声造成的损失。这三项损失，重点是第一项，应尽力减少由于动能减少造成的损失。但是，使用费用、弊害项目往往可以转化为产品的一种特性，例如，汽车的使用成本与每公里的耗油量有关，而降低耗油量则涉及汽油的雾化程度、燃烧的完全程度、压缩比等待性；汽车的弊害项目如排气污染又涉及汽油雾化程度、燃烧的安全程度等功能。因此，提高产品质量，将集中到减少功能波动所造成的损失。

5.2　三　次　设　计

三次设计是田口方法的主要内容，是建立在试验设计技术基础之上的一种在新产品开

发设计过程中进行三段设计的设计方式。三次设计以试验设计法为基本工具,在产品设计上采取措施,系统地考虑问题,通过对零部件或元器件的参数进行优选,以求减少各种内、外元素对产品功能稳健性的影响,从而达到提高产品质量、降低产品成本的目的。除用于产品稳健性设计之外,这种方法还可用于评价、改善计测仪器(或计测方法)的误差和分析产品的最佳动态特征特性等方面。

从质量杠杆(见图 5.2)可以看出:要提高产品质量,如果用传统的方法,则需要施加很大的作用力(代价);如果从产品周期的顾客需要和产品概念阶段寻找控制质量的方法,则只需要施加很小的作用力,就可以提高产品质量。

质量是设计出来的,而不是制造出来的。只有在设计源头上进行治理,才是最有效和最经济的质量控制方法。这也是三次设计的意义所在。

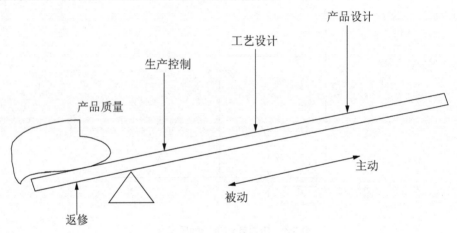

图 5.2　质量杠杆

🔑 小知识

田口方法在精细化工领域已有了广泛的应用,不仅如此,田口方法已成功地运用到了环境治理和生物技术等与药学相关的领域。它不仅有助于节约时间和成本,而且过程比较完善,为最佳值附近参数设计的进一步优化提供了一个系统而又简单有效的方法。现已有田口方法的数据处理软件 Qualitek-4 及 DX 6.0 等,更使该方法在药学及相关领域的推广应用成为可能。

5.2.1　三次设计的基本思想

产品设计分为系统设计、参数设计和容差设计这三个阶段。美国重视系统设计,提出新产品的构思,如航天飞机、电话传真、微波炉等;日本重视参数设计,他们买来美国部分专利后,通过参数设计,生产出成本低、性能稳定可靠、价廉物美且具有市场竞争力的产品。

1. 系统设计就是指产品的功能设计

系统设计阶段是应用专业技术进行产品的功能设计和结构设计的阶段。在一定的意义上,系统设计可以认为就是传统的产品设计。但是,它是三次设计的基础。对于结构复杂的产品,要全面考察各种参数对质量特性值的影响,单凭专业技术进行定性的判断是不够的，因为这样无法定量地找出经济合理的最佳参数组合。通过系统设计可以帮助我们选择需要考察的因子及水平。这里所说的因子是指构成产品这一系统的元件或构件，水平是指元件或构件的参数(或取值)。

2. 参数设计阶段是确定系统中各参数的最佳组合的阶段

参数设计与试验设计法有密切的关系。它巧妙地利用试验设计能解决系统各参数与质量特性值之间呈非线性关系的优化问题的特点，通过选择控制因子的水平，确定系统中元器件或零部件参数的一组最佳组合，从而衰减内外噪声，达到提高产品质量稳定性的目的。参数设计是三次设计的核心内容。

3. 容差设计可以认为是参数设计的补充

容差也就是容许偏差或公差。通过参数设计确定了系统各零部件或元器件参数的最佳组合之后，进一步确定这些参数波动的容许范围，就是容差设计。例如，虽然进行了系统参数的优选，但各零部件或元器件参数的最佳组合仍不能满足对产品质量的要求时，就需要分析各参数对质量目标值影响的大小，并要将影响大的参数的波动控制在狭小的范围之内，即要确定它们的容差，也就是要提高零部件或元器件的质量等级。图 5.3 给出了三次设计的程序框架。

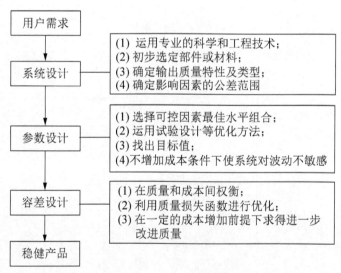

图 5.3 三次设计的程序框图

下面结合一个例子，进一步对三次设计作比较具体的说明。

案例 5-1

图 5.4 所示为一晶体管稳压电路。此电路的功能是将 220V 的交流电变成 115V 的直流电。无论采用什么电路，使它具有一定功能的设计就是系统设计。

按照传统的设计思想，只要输入 220V 的交流电能获得 115V 的直流电，就认为该设计是成功的，而不更深入地去研究电路中各元件参数值的波动将会对输出电压产生什么影响。假定现在电路输出的直流电压只有 80V，为了补足与目标电压之间的 35V 的差，选取电路中认为对输出电压影响最大的元件，例如电阻 $R(8)$，研究此阻值的变化对输出电压的影响。$R(8)$ 的阻值取 $A_1=30\Omega$，$A_2=60\Omega$，$A_3=90\Omega$ 时，通过实验或理论计算，得到如图 5.5 所示的阻值 A 与输出电压 y 之间的关系曲线。

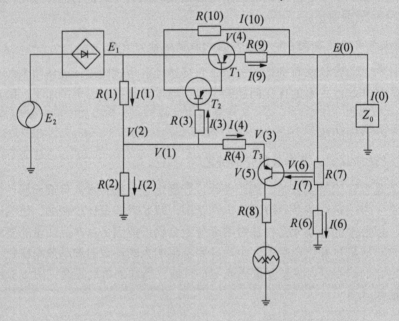

图 5.4 稳压电路

注：E_2：AC 输入电压；E_1：整流电压；E_0：输出电压；Z_0：负荷阻抗；I_0：负荷电流；$R(1) \sim R(10)$：电阻。

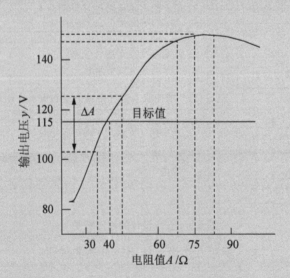

图 5.5 阻值 A 与输出电压 y 之间的关系曲线

从曲线上看，要使输出的直流电压达到 115V，$R(8)$ 的阻值取 40Ω 最适宜。这种不假思索的选择，正是传统设计中认为符合设计要求的成功选择，却是三次设计思想认为不能接受的选择。这是因为，将质量等级低、价格便宜的电阻用于 $R(8)$ 时，阻值的波动将会引起输出电压的大幅度波动。假定电路的目标寿命是 10 年，此阻值在 10 年之内可能在其标示值上下变化 10%，则输出电压将可能表现在 102~124V 范围内的某个值，这将大大降低功能质量。另外，再考察一下 $R(8)$ 的阻值取 75Ω 的情况。此时，虽然输出电压与目标值有较大的差，但此阻值有 10% 的变化时，输出电压的波动大约只有 2V。无疑，合理地选择参数，对提高系统质量的稳定性有极大地作用。要消除实际输出电压与目标电压之间的差，只需改变对输出电压产生线性影响的其他电阻或晶体管的参数即可。这种工作称为修正或校准，而不是设计。上述关于怎样选择参数的论述，可以说是最简单的参数设计。对于复杂的系统，往往由多个零部件或元器件组成，即有多个影响质量特性的因子，这时就要利用试验设计法进行综合考虑了。

5.2.2 参数设计

参数设计(亦称第二次设计)是参数中心值及最佳组合的非线性设计，目的是使产品的特性值在达到目标值的基础上波动最小，稳定性最好。

例如，某晶体管稳压电源，输入交流电压220V，其目的特性值为输出电压 y；组成稳压电源电路的元器件有晶体管(A)、电容(B)、电阻(C)等，则输出电压 y 是各元器件的参数 A，B，C 的函数，即

$$y=f(A, B, C, \cdots) \tag{5-3}$$

假定该稳压电源电路的输出电压目标值为 m，则参数设计需要解决以下问题。

(1) 寻找一组参数 A_0，B_0，C_0，$\cdots$，使得

$$F(A_0, B_0, C_0, \cdots)=m \tag{5-4}$$

(2) 各元件值都有波动$\pm\Delta A$，$\pm\Delta B$，$\pm\Delta C$，$\cdots$，这时参数设计要解决的第二个问题是

$$m-f(A_0\pm\Delta A, B_0\pm\Delta B, C_0\pm\Delta C, \cdots)\to\min \tag{5-5}$$

因此，参数设计是在系统设计的基础上，运用正交实验、方差分析、信噪比等方法，研究各种参数组合与输出特性的关系，从而找出经济合理、特性值波动最小的最佳参数组合。

产品设计的经验表明，全部采用优质元器件的产品，其质量也未必能达到优品。即使达到优品，经济上也未必合理，质量特性也未必稳定。这是因为产品质量不仅取决于元器件质量，而且还取决于其参数水平的组合。所以，从具体实施的角度来讲，参数设计是使用一些质量差、波动大、成本低的元器件和一些质量好、波动小、成本高的元器件，通过有效的方法，找出它们之间的最佳参数水平组合，以设计出质量好、成本低的产品。

1. 参数设计的思路

一般情况下，许多产品的输出特性与因素水平组合(原因特性)之间均存在不同的非线性函数关系。例如，有一产品，其目的特性值为 y，因素水平组合为 x，它们之间存在着如图5.6所示的非线性关系。

从图5.6可知，当因素水平组合 x 处于 x_0 时，其因素水平组合波动为 Δx_0，此时的目的特性值为 y_0，与目标值一致，其目的特性值的波动幅度为 Δy_0，它远远大于对目的特性值波动幅度的要求。但是，通过实验和分析可以找到因素水平组合 x_1，其波动仍为 Δx_0，与此对应的目的特性值等于 y_1，其波动幅度为 Δy_1，Δy_1 满足要求。

从 $\Delta y_0<\Delta y_1$ 这一事实可以看出，在因素水平组合 x 从 x_0 改变为 x_1，目的特性值虽有很大改善，然而又出现一个新的问题，即目的特性值也随之发生了偏移，从原来的目标值 y_0 移动到了 y_1，其偏移量为 δ。如何消除这个偏移量 δ，使其恢复到原来的目标值，而波动仍保持 Δy_1 范围不变呢？

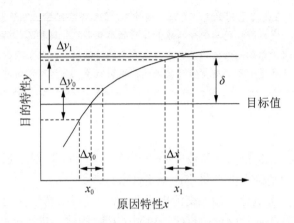

图 5.6 目的特性与因素组合的关系

当我们进行正交实验后,通过趋势图,方差分析,信噪比等方法,就能寻找到各因素与目的特性之间的变化态势和数量关系。如果某因素 z 与其他因素无相互作用,且与目的特性呈线性关系,即

$$Y=f(z)=a+bz \tag{5-6}$$

这样,无论因素选择在哪个水平,目的特性值的导数都不变,如图 5.7 所示。

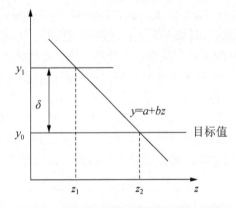

图 5.7 目的特性与原因特性的线性关系图

因此,只要将因素 z 从 z_1 改变到 z_2,使目的特性 y 从 y_1 变化到 y_0,并使 $y_1-y_0=\delta$,这样,目的特性值的偏移量 δ 就能得到补偿,从而消除了偏移量 δ。如果因素与目的特性没有呈线性关系,则可以根据上述思想,选择目的特性随因素变化的斜率很小的因素,或者采用非线性回归,找出变换之后的线性方程,然后进行校正。

知识要点提醒

参数设计是为了使用一部分质量波动大、成本低的零部件和一部分质量波动小、成本高的零部件,设计出目的特性稳定的优质产品。显然,因素变化对目的特性没有影响或影响很小的因素应该取波动大、成本低的;反之,应取波动小、成本高的。用数学语言表达,即目的特性随因素变化的斜率等于零或趋于零的因素,应采用波动大、成本低的;反之,采用波动小、成本高的。

2. 参数设计的实施框架

参数设计的具体实施过程主要是借鉴正交试验设计，首先确定影响输出质量特性的因素及其水平，然后对因素进行分类，利用内外正交表安排试验并计算结果。最后通过信噪比和灵敏度这两个指标确定因素的最佳水平。具体的实施框架如图5.8所示。

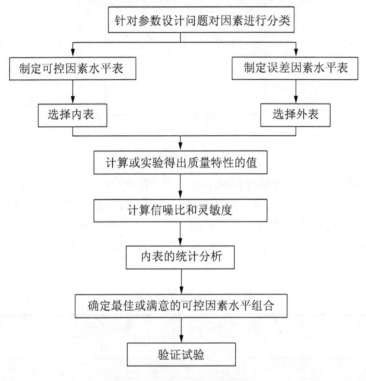

图5.8 参数设计的实施框架

通常，参数设计最佳方案的判定是通过两个指标来衡量，即信噪比和灵敏度，因为这两个指标分别代表稳健性和平均值，所以可以通过两步优化法得出最佳参数组合。

第一步优化，选定使信噪比最大的可控因素水平。通常把这种因素称为稳定因素，其决定了输出质量特性的波动大小，只有首先按非线性原理缩小波动，才能制造出稳健的产品。

第二步优化，选定不影响信噪比而影响灵敏度的可控因素水平。用这些可控因素把灵敏度调整到期望的水平。因为灵敏度是代表平均值的指标，因此通过调整这种因素的水平就可以使质量特性的中心值偏离缩小。

因此，通过以上两个指标，进行两步优化，就可以得出参数设计的最佳方案。

3. 参数设计的实施步骤

前面已经详细介绍了什么是参数设计，现在以可计算性项目的惠斯通电桥为例进一步说明怎样进行参数设计。

在惠斯通电桥中(见图5.9)，电阻y是待测未知电阻。现在的问题是，参数A、C、D、E、F取什么值才能减少未知电阻的测量误差。这里，测量误差小与前述产品(或系统)质量稳定性好是性质完全相同的问题。

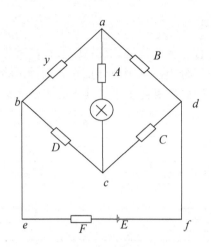

图 5.9 惠斯通电桥

构成惠斯通电桥各元件的参数有电源电压 E，五个电阻 A、C、D、B、F，以及流过电流计的电流 X。其中 A、C、D、E、F 是可控因子。B 为可变电阻，由于读取 y 值是通过调节电阻 B 使通过电流计的电流为 0 来实现的，所以 B 不是控制因子。此外，要测取 y 值，X 的中心值必须为 0，所以 X 也不是控制因子。各控制因子分别取三个水平，具体取值如表 5-2 所示。

表 5-2 控制因子的三个水平

因　　子	第 1 水平	第 2 水平	第 3 水平
A/Ω	20	100	500
C/Ω	2	10	50
D/Ω	2	10	30
E/Ω	1.2	6	30
F/Ω	2	10	50

改变控制因子的水平，研究在各种水平组合下内、外噪声怎样影响质量特性值，从而寻找尽可能不受噪声影响的高稳定性设计方案，是参数设计的目的。因此，必须仔细分析存在哪些内、外噪声(误差因子)，并确定主要误差因子的水平，在惠斯通电桥中，误差因子除 A、C、D、E、F 外，还有 B 和 X。如果所有元件都采用廉价品，则可根据这些元件标定值的波动范围确定它们的水平。这里电阻波动为 0.3%，电源电压波动为 5%，电流的读数误差为 0.2mA。误差因子及其水平如表 5-3 所示。

表 5-3 误差因子的三个水平

因　　子	第 1 水平	第 2 水平	第 3 水平
A，B，C，D，$F/(\%)$	−0.3	0	0.3
$E/(\%)$	−5.0	0	5.0
X/mA	−0.2	0	0.2

在实际测量中，通过可变电阻 B，使电流计指针指向 0，y 值可按下式求出：
$$y=BD/C \tag{5-7}$$
不过现在研究的是测量误差，不管电流是否真正调到了 0，总认为有 0.02mA 的电流流过了电流计。因此，此时的 y 值应按下式计算：
$$y = \frac{BD}{C} - \left(\frac{X}{C^2E}\left[A(D+C)+D(B+C)\right]\left[B(C+D)+F(B+C)\right]\right) \tag{5-8}$$

参数设计要运用试验设计法。它以正交表为基本工具，一般采用内侧正交表和外侧正交表相结合的方法。此例内侧正交表用于安排控制因子，外侧正交表用于安排误差因子。安排控制因子的内侧正交表选用的是 L_{36} 正交表，五个三水平控制因子分别分配给 L_{36} 正交表的 1、3、4、5、6 列(见表 5-4)。内侧正交表确定后，为研究控制因子的每一种参数组合(控制因子的水平组合)在有误差存在时对输出质量特性值影响的大小(此例是对位置电阻 y 的测量误差的大小)，需要进一步选择安排误差因子的外侧正交表。这里仍选 L_{36} 正交表为外侧正交表。误差因子 A、B、C、D、E、F、X 分别分配给 L_{36} 正交表的第 1~7 列(见表 5-6)。内侧正交表中的 36 种参数组合，每一种都对应着一个外侧正交表。例如表 5-4 中的第 2 号实验，其参数组合为五个控制因子的第 2 水平的组合，它们与表 5-3 所示误差因子的三个水平组合起来，就构成了相应的外侧正交表中误差因子的三个水平(见表 5-6)。

表 5-4 控制因子的分配和 S/N 比的数据

列号 试验号	A 1	e 2	C 3	D 4	E 5	F 6	e 7	e 8	e 9	e 10	e 11	e 12	e 13	S/N 比的数据/dB
1	1	1	1	1	1	1	1	1	1	1	1	1	1	32.2
2	2	2	2	2	2	2	2	2	2	2	2	2	1	26.7
3	3	3	3	3	3	3	3	3	3	3	3	3	1	15.9
4	1	1	1	1	2	2	2	2	3	3	3	3	1	36.4
5	2	2	2	3	3	3	1	1	1	1	3	3	1	28.6
6	3	3	3	1	1	1	3	3	2	2	2	2	1	7.2
7	1	1	2	3	2	3	1	2	2	3	1	3	1	16.5
8	2	2	3	1	3	1	2	3	3	1	2	1	1	13.0
9	3	3	1	2	1	2	3	1	1	2	3	2	1	28.0
10	1	1	3	2	1	2	2	3	1	3	2	1	1	15.0
⋮														16.4
36	3	2	1	3	1	2	1	2	3	1	2	3	3	8.0

表 5-5 误差因子的分配和误差的数据

列号 试验号	A 1	B 2	C 3	D 4	E 5	F 6	X 7	8	9	10	11	12	13	(1)第 2 号 实验条件	(2)第 2 号 实验条件
1	1	1	1	1	1	1	1	1	1	1	1	1	1	0.112 3	−0.002 4
2	2	2	2	2	2	2	2	2	2	2	2	2	1	0.000 0	0.000 0
3	3	3	3	3	3	3	3	3	3	3	3	3	1	−0.102 3	0.002 7

续表

列号 试验号	A 1	B 2	C 3	D 4	E 5	F 6	X 7	8	9	10	11	12	13	(1)第2号 实验条件	(2)第2号 实验条件
4	1	1	1	1	2	2	2	2	3	3	3	3	1	−0.006 0	−0.006 0
5	2	2	2	2	3	3	3	3	1	1	1	1	1	−0.107 9	−0.003 3
6	3	3	3	3	1	1	1	1	2	2	2	2	1	0.125 2	0.009 7
7	1	1	2	3	1	2	3	1	2	2	3	1	1	−0.118 8	−0.003 6
8	2	2	3	1	2	3	1	2	3	3	1	2	1	0.100 9	−0.008 5
9	3	3	1	2	3	1	2	3	1	1	2	3	1	0.012 0	0.012 0
10	1	1	3	2	1	3	2	3	1	3	2	1	1	−0.012 0	−0.012 0
⋮															
36	3	2	3	1	2	1	2	3	1	2	2	1	3	−0.012 0	−0.012 0

表 5-6 对应内侧表第 2 号实验的误差因子的三个水平

因 子	1	2	3
A/Ω	99.7	100.0	100.3
C/Ω	1.994	2.0	2.006
D/Ω	9.97	10.0	10.03
E/V	5.7	6.0	6.3
F/Ω	9.97	10.0	10.03
X/A	−0.000 2	0.0	0.000 2

表 5-5 栏内的数据，是用表 5-6 中的水平值，按公式(5-8)计算出来的实际测量误差。要说明的是，在表 5-6 中，B 的中心值取为 2Ω，而控制因子 C、D 在表 5-4 中的第 2 号实验内取值相等(均为 10Ω)，如果没有误差，根据公式(5-8)计算得到的 y 的实际值减去 y 的真值后的数据，也就是偏离真值的绝对误差。

🔑 小知识

在一些情况下，外侧正交表的数据可像上面那样通过理论公式计算得到。不过没有可依据的理论公式时，就要通过实验获得这些数据。此时，为减少实验工作量，也可以只选取少数主要的误差因子来做实验。有理论公式可依据时，因可以借助计算机进行数值计算，可以尽量把误差因子取得多一些、全一些。

如前所述，在参数设计中，用于评估各参数组合稳定性(抗噪声、干扰的性能)好坏的尺度是信噪比(S/N)。通常用希腊字母"η"表示信噪比，此例望目特性 S/N 比的计算公式为

$$\eta = \lg\left[\left(\frac{1}{n}\right)*(Sm-Ve)\right]/Ve \tag{5-9}$$

式中，n——数据个数。

$$Sm = (y_1 + y_2 + \cdots + y_n)^2 / n \tag{5-10}$$

$$Ve = \left[\frac{1}{n-1}\right] * \sum_{i=1}^{n}(y_i - \bar{y})^2 \quad (5\text{-}11)$$

获得外侧正交表的数据后，即可利用公式(5-10)计算与该外侧正交表对应的一组参数的 S/N。计算得到的 η 值越大，说明稳定性越好(或误差方差越小)。对于内侧正交表中的36种参数组合，计算得到的 S/N 数据如表 5-4 所示。

为了获得惠斯通电桥的最佳参数组合，以内侧正交表中的各 S/N(η)为实验数据进行方差分析。方差分析表如表 5-7 所示。可以看出，五个控制因子的效果均很显著。各要因主效果的点估计值如表 5-8 所示。据此，可以得到使 S/N 最大的参数组合为 $A_1C_3D_2E_3F_1$。将此条件组合下的水平值与表 5-3 所示误差因子的三个水平结合起来，并将它们分配给外侧正交表，求得的最佳参数组合条件下的测量误差如表 5-5(2)栏所示。此时的误差方差值大约为第 2 号实验[(1)栏]的误差方差值得 1/107.5。这充分说明，使用参数设计的方法，可以在不提高成本的条件下，大大提高产品功能的稳定性，从而大大提高产品的质量。

表 5-7 参数设计的方差分析表

变动要因	F	S	V
A	2	3 700.21	1 850.10
C	2	359.94	179.97
D	2	302.40	151.20
E	2	4 453.31	2 226.65
F	2	1 901.56	950.77
E	25	680.00	27.20
T	35	11 397.42	2

表 5-8 显著要因的估计

水　平	A	C	D	E	F
1	**31.56**	14.56	20.91	5.66	**27.68**
2	18.78	21.10	**21.24**	18.52	19.68
3	6.73	**21.42**	14.93	**32.89**	9.81

5.2.3 容差设计

容差设计是产品设计的最后一个阶段。在完成系统设计和参数设计之后，此时各种元器件(参数)一般均为三级品，参数波动范围较宽。

1. 容差设计的基本思想

容差设计的目的是在参数设计阶段确定最佳组合条件的基础上，确定各参数(元器件)合适的容(公)差。容差设计的基本思想如下：根据各个参数的波动对产品质量特性贡献(或影响)的大小，进一步从经济性角度考虑有无必要对影响大的参数给予较小的容差，例如用一、二级品去替代三级品。这样做，一方面可以进一步减小质量特性的波动，提高产品的稳定性，减少质量损失；另一方面，由于部分元件采用一、二级品替代三级品，因而使产品成本增高。因此容差设计既要考虑减少参数设计阶段所带来的质量损失，又要考虑缩小一些元器件的容差将会增加成本，要权衡两者的利弊得失，使容差设计的目标达到总损失 L_T 最小，L_T 极小化点，正是容差设计的最佳方案。

2. 容差设计的主要工具

容差设计的主要工具是质量损失函数和正交多项式回归。

3. 容差设计的基本原理

容差设计是在参数设计得到的最优试验方案的基础上，通过非线性效应，调整可控因素的容差范围，通过正交试验设计(也可以不用)。利用质量损失函数得出最佳的容差水平。其非线性效应的原理同参数设计。

4. 容差设计的实施框架

容差设计中的正交试验设计过程与参数设计相似，但评价的指标不同，容差设计需要用质量损失函数来确定质量水平，即综合衡量最优的容差组合。其基本框架如图 5.10 所示。

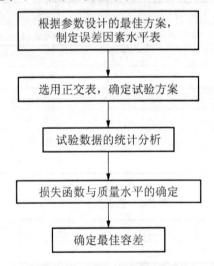

图 5.10　容差设计实施框架图

5. 质量损失函数判断方案优劣的准则

在此，只对利用质量损失函数来论证不同容差设计方案的优劣展开论述。以望目特性的质量损失函数为例，已知其损失函数的表达式为

$$L(y)=k(y-m_0)^2 \tag{5-12}$$

其中

$$k=\frac{A_0}{\Delta_0^2}$$

式中，A_0 代表质量波动带给用户的损失；Δ_0 为用户可以接受的容差；y 为质量特性观测值；m_0 为质量特性目标值。

通常，容差设计是按照以下准则来判断方案的优劣。

按质量损失函数计算原方案(参数设计所得最佳方案)的质量损失，记为 $L(y)$；然后再计算新方案的质量损失 $L'(y)$，由于新方案用容差范围比较小的一级品、二级品代替容差比较大的三级品,这样就增加了一定的成本 C。

当 $L(y) > L'(y)+C$,新的容差设计最佳,方案可取;当 $L(y) \leqslant L'(y)+C$,新的方案不可取。

以上判断准则是以用户质量损失的最小化为依据,站在顾客的角度考虑设计问题。当然,这可能会遭到一定的非议,因为按照零缺陷的观点,追求完美是每个企业不断的目标。

> **资料卡**
>
> 质量是"免费"的含义:当改进质量而增加的有形成本很高时,它有可能减少了大量无形质量损失;当第一次就把事情做对,即使增加了成本,也会节省很多质量控制、质量检验、产品返修等方面的费用。因此,综合起来,质量改进仍是"免费"的。

这种解释并非全无道理。在产品设计阶段,就应努力把事情做得尽善尽美。在了解以上三次设计基本原理之后,通过图 5.11,就可以一目了然地看出系统设计、参数设计和容差设计在设计质量形成过程中的作用及主要内容。

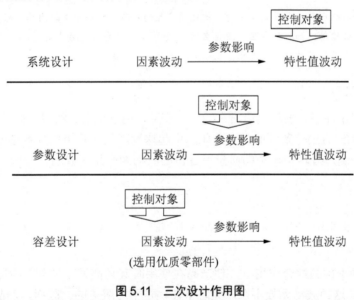

图 5.11 三次设计作用图

5.3 质量损失函数

产品质量特性的波动是客观存在的,而有波动就会造成损失。如何度量由于产品质量特性值的波动所造成的损失呢?田口玄一提出用质量损失函数来进行。

5.3.1 质量功能波动

产品的功能(质量特性)y 不仅与目标值 M 之间可能会存在差异,而且由于来自使用环境、时间因素,以及生产时各种条件等多方面的影响使得产品的功能发生波动,从而引起质量损失。为了减少产品的功能波动,进而减少波动造成的损失,必须分析产生功能波动的原因,以便采取正确有效的对策。影响产品功能波动的原因大致可以分为以下 3 种类型。

1. 外干扰(外噪声,或称外噪音)

在使用产品时,其使用环境并非固定不变。由于使用条件及环境条件(如温度、湿度、位置、输入电压、磁场、操作者等)的波动或变化,将引起产品功能的波动。我们称这种使用条件和环境条件的波动为外干扰,也称为外噪声。

> **小知识**
>
> 手表运行快慢随着温度的变化而波动;彩色电视机的清晰度与输入电压的大小有密切的关系。

2. 内干扰(内噪声)

产品在储存或使用过程中,随着时间的推移发生材料变质等老化现象,从而影响产品功能的波动。我们称这种产品的老化现象为内干扰,也称为内噪声。

> **小知识**
>
> 长时间进行储存的产品,当开始使用时,构成该产品的材料、元件随着时间的推移将产生质的变化,从而引起产品的功能波动。如某种电阻的阻值在储存10年后,比初始值增大约10%。又如当产品长时间使用后,它的一些零件的尺寸已发生磨损,从而引起产品的功能波动。

3. 产品间波动

在相同生产条件下,生产制造出来的一批产品,由于机器、材料、加工方法、操作者、计测方法和环境(5M1E)等条件的微小变化,引起这批产品的各个质量特性值参差不齐。我们称这种在生产制造过程中出现的质量特性值的波动为产品间波动。

> **小知识**
>
> 按同一图纸在相同生产条件下加工一批机械零件,其尺寸一定存在波动。同一批号的电阻,其电阻值也存在波动。

在上述三种干扰的综合作用下,使产品在使用时其功能发生波动,也即使质量特性值偏离目标值 M。这种波动无处不在,无时不在,是不可避免的。因而,产品的质量特性 y 表现为随机变量,对于计量特性通常可以认为 y 服从正态分布 $N(\mu, \sigma^2)$,但 y 有时服从均匀分布或其他分布。对于正态分布:

$$E(y)=\mu, \quad D(y)=\sigma^2 \tag{5-13}$$

式中,μ 是 y 的期望值,反映质量特性 y 的平均性质;σ^2 是 y 的方差,反映 y 的波动大小。

对于上述三种类型的干扰,必须考虑采用一些技术措施来减少它们的影响,也就是去寻找提高产品功能质量的对策。

5.3.2 影响产品质量特性波动的因素分类

在试验中,我们称影响质量特性波动的原因为因素,因素在试验中所处的状态称为因素的水平。按照人们能否可以控制、可否明确其影响的等级和水平可有以下分类。

(1) 可控因素:可控因素是指大小(或水平)可以比较,且可人为地选择或控制的影响因素。如零件的表面质量特性值——粗糙度，在同一机床条件下，其数值与刀具几何形状参数、零件加工时选用的切削速度、进给量等有关，这些量就是评定机床加工质量特性的可控因素。

(2) 标示因素：标示因素是指使用产品时外界环境因素、使用条件等，它们的数值大小(或水平)在技术上虽然可以确定，但不能主观加以选择和控制。如动力电源的电压和频率、环境温度和湿度等，一般不是人们所能改变的。

(3) 信号因素：信号因素是为实现某种需求而选取的对产品输入的改变，它是按专业需求和实际经验而加以确定的，不能任意指定。如汽车的转弯半径与方向盘的转角有关，这个转角就是信号因素。一般要求信号因素的水平应容易改变，且与产品的输出特性呈线性关系，以利于产品特性的校正与调整。

(4) 区组因素：区组因素有大小(水平)之分，但并无技术上的意义。它是试验设计时为减少试验误差而确定的因素。如加工零件时不同操作者、不同原材料、不同班次、不同设备等。

(5) 误差因素：误差因素是除上述因素外，对产品质量特性有影响的其他因素的总称。

产品开发流程中可控因素与误差因素分布图如图 5.12 所示。

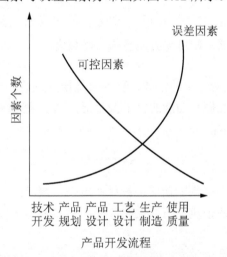

图 5.12　产品开发流程可控因素与误差因素分布图

5.3.3　质量损失函数

传统设计思维中，工程师通常利用规范来衡量产品质量的好坏，这种传统的解释是：落在允许的范围内的部件都是好的，而落在允许范围之外的部件都是坏的，如图 5.13(a)所示。

田口玄一对传统的解释方法持有异议，他认为，从顾客的角度来看，一个刚好处于规范内的产品与一个刚好处于规范外的产品没有实质性的区别。相反，一个位于目标值处的产品的质量与一个位于边界附近的产品的质量却有很大的区别。因此，田口玄一认为质量就是产品上市后给予社会的损失。这种损失指产品出售后的成本，即产品销售给用户后由于产品质量的损失(质量特性偏离目标值)所需的费用。即使输出特性在用户要求的公差范围内，其输出特性的波动仍可给用户造成损失，离目标值越远，损失越大，如图 5.13(b)所示。为了计算损失的大小，可以建立质量波动的损失函数。下面给出最典型的质量损失函数——望目特性的质量损失函数。

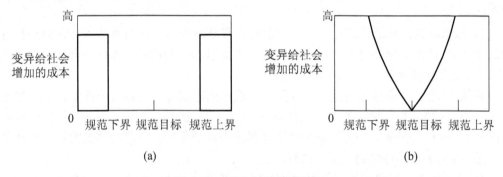

图 5.13 变异成本的两种观点

设产品功能特性的目标值为 y_0，实际值为 y，如果 $y \neq y_0$，则造成质量损失 L，其损失函数为 $L(y)$，且 $y-y_0$ 越大，$L(y)$ 亦越大；如果 $L(y)$ 在 y_0 处存在二阶导数。按泰勒公式有

$$L(y)=L(y_0)+L'(y_0)*(y-y_0)+\frac{L''(y_0)}{2!}(y-y_0)^2+L \tag{5-14}$$

在理想情况下，当 $y=y_0$ 时，$L(y_0)=0$，即 $L(y)$ 在 $y=y_0$ 处有最小值，质量损失为 0。因此，如果略去二阶以上的项，则可得到质量损失函数为

$$L(y)=k(y-m_0)^2 \tag{5-15}$$

式中，$k=L''(y_0)/2!$ 是不依赖于 y 的常数，称为质量损失系数。

如果把产品不能正常发挥其功能的极限偏差记为 Δ_0，把偏差为 Δ_0 时的损失记为 A_0，则上式中的 k 值可求解如下：

$$k=\frac{A_0}{\Delta_0^2} \tag{5-16}$$

企业物流管理通过对企业物流功能进行最佳组合，在保证一定服务水平的前提下，实现物流成本的最小化，这是企业不断追求的目标。

 案例 5-2

电视机厂：质量损失函数在产品投资决策中的应用

> 质量损失函数对现代化设计、质量控制和检测，以及企业的管理部门都是一种非常有用的方法，主要应用于以下 3 个方面。
> (1) 衡量由于质量波动造成的损失。
> (2) 确定残次品的社会使用价值，判定企业生产的次品应该销毁还是应该投放市场。
> (3) 利用质量损失函数确定出在一定质量成本下，产品可能达到的质量水平。
> 下面以某电视机为例，说明质量损失函数在产品投资决策中的应用。

1. 实例背景

某电视机厂生产的 c 型号电视机电源电路的直流输出电压 Y 的目标值 m 为 115V。最近因该厂扩大业务规模，新招进一批操作工人，由于新工人操作不熟练而生产出了一批直流输出电压为 112V 的电视机，经过质量人员的检验，判定该批产品可以使用，但不知是否可以投放市场。经过讨论，该厂的质量管理部经理决定运用质量损失函数分析这批产品是否可投放市场，以避免给客户造成不必要的损失。

2. 确定产品质量指标的特性

电源电路的输出电压为望目特性，因为该质量超出某个值或低于某个值，都会导致产品不能够正常使用而造成损失，故可以用望目质量损失函数进行分析。

3. 确定产品的功能界限、功能损失及返修费用

质量管理部经理和相关专业人员根据经验数据和财务信息，确定了该电源电路的功能界限和功能损失，其功能界限为 A_0=25V，功能丧失的损失为 A_0=300 元，产品不合格时，造成的返修费用 A 为 1 元。

4. 计算质量损失函数的系数 k

根据所确定的功能界限和功能损失可知质量损失函数的系数 k 值为

$$k = \frac{A_0}{\Delta_0^2} = \frac{300}{625} = 0.48$$

5. 写出该电源电路的质量损失函数

因为 k 已知，可写出该产品的质量损失函数，其具体表达式为

$$L(y) = 0.48(y-115)^2$$

6. 计算输出电压为 112V 电源电路的质量损失

由该批电源电路质量损失函数可知，客户使用这批电源电压为 112V 的电视机时，所产生的损失为

$$L(y) = 0.48(y-115)^2 = 0.48(112-115)^2 = 4.32(元)$$

通过计算出的损失数据可知，如果该厂为了节约每件 1 元钱的返修费用，就会导致客户产生 4.32 元的损失。

因此，该批产品属于次品，不能直接投放市场，应经过返修，达到质量要求时，方可投放市场，以避免客户产生不必要的损失。

该厂通过运用质量损失函数，对该厂所生产的可用的瑕疵品进行质量损失分析，使相关人员决定放弃将这批可用瑕疵电源电路投放市场的"投机"想法，减少了客户的损失。

(资料来源：姚小凤，姜巧萍. 88 个优秀品质管控方法. 北京：人民邮电出版社，2011.)

5.4 信噪比

信噪比(Signal-to-Noise Ratio，SN 比)一般作为通信系统的质量指标。田口玄一把 SN 比的概念引入试验设计技术，用于系统或产品的开发设计。设产品的质量特性 y 在诸因素的作用下为一随机变量，它的数学期望值为 μ，标准差为 σ，方差为 σ^2。一般情况下，希望 μ 值越接近目标值越好，同时也希望 σ^2 值越小越好，因为 σ^2 值反映的是实际特性值偏离 μ 值的离散程度。

上面谈的属于静态参数设计的 SN 比，此外在动态参数设计和稳健性技术开发中它们 SN 的计算公式是不同的，但是它们作为评价设计或开发质量优劣的作用则是相同的。下面进一步展开静态参数设计时的各项指标，分别介绍各类质量特性值的 SN 比计算式。

5.4.1 望目特性的 SN 比

望目特性：存在一个固定的目标，希望质量特性围绕目标值波动，且波动越小越好，这样的质量特性称为望目特性。

1. 定义式

设质量特性 y 的期望值为 μ，方差为 σ^2，称

$$\eta = \frac{\mu^2}{\sigma^2} \tag{5-17}$$

此式为望目特性信噪比。

2. 计算式

测得质量特性 y 的 n 个数据：$y_1, y_2, \ldots, y_n$，望目特性信噪比估计公式为

$$\eta = 10\lg \frac{\frac{1}{n}(S_m - V_e)}{V_e} \text{dB} \tag{5-18}$$

式中，$S_m = n\bar{y}^2$；$\bar{y} = \frac{1}{n}\sum_{i=1}^{n} y_i$；$V_e = \frac{1}{n-1}\sum_{i=1}^{n}(y_i - \bar{y})^2$。dB——分贝。

在大多数情况下，η 近似服从正态分布，因而可用方差分析进行统计分析。

5.4.2 望小特性的 SN 比

田口玄一认为对于望小特性 y，一方面希望 y 越小越好，理想值为零；另一方面，希望 y 的波动越小越好，因此希望灵敏度 μ^2 和方差 σ^2 均越小越好。

1. 定义式

设质量特性 y 的期望值为 μ，方差为 σ^2，称

$$\eta = \frac{1}{\mu^2 + \sigma^2} \tag{5-19}$$

2. 计算式

测得质量特性 y 的 n 个数据：$y_1, y_2, \cdots, y_n$，望小特性信噪比估计公式为

$$\eta = 10\lg \frac{1}{n}\sum_{i=1}^{n}\frac{1}{Y_i^2} \text{dB} \tag{5-20}$$

式中，dB——分贝。

5.4.3 望大特性的 SN 比

望大特性：质量特性是连续的、非负的，而且希望质量特性越大越好(理想值为∞)、波动越小越好，这样的质量特性称为望大特性。

设 Y 为望大特性，则 $\frac{1}{Y}$ 为望小特性，因此将上面望小特性 SN 的估计式中的 Y_i 变换成

$\dfrac{1}{Y_i}$，可分别得到望大特性 SN 比的估计公式为

$$\hat{\eta} = \dfrac{n}{\sum_{i=1}^{n} \dfrac{1}{Y_i^2}} \tag{5-21}$$

$$\eta = -10\lg \dfrac{1}{n} \sum_{i=1}^{n} \dfrac{1}{Y_i^2} \mathrm{dB} \tag{5-22}$$

式中，dB——分贝。

5.4.4 灵敏度

稳健设计中用以表征质量特性可调整性的指标称为灵敏度。灵敏度系数是控制因子值的函数。一个稳健的产品(或稳健的工艺)是灵敏度系数最小的情况。

1. 静态特性灵敏度

1) 定义式

设产品的质量特性 y 的期望值为 μ

$$S = \hat{\mu}^2 = \dfrac{1}{n}(S_m - V_e) \tag{5-23}$$

2) 计算式

灵敏度的估计公式为

$$S' = 10\lg[\dfrac{1}{n}(S_m - V_e)] \tag{5-24}$$

式中，S_m，V_e 含义同前。

2. 动态特性灵敏度

1) 定义式

输出特性 Y 与信号因素 M 有线性关系为 $Y=\beta m+\varepsilon$，称

$$S = \beta^2 \tag{5-25}$$

2) 计算式

灵敏度计算公式为

$$\eta = \dfrac{1}{r}(S_\beta - V_e) \tag{5-26}$$

式中，r，S_β，V_e 含义同前。

5.5 田口方法的利弊分析

5.5.1 田口方法的优点分析

1. 强调损失函数

田口强调与贡献特性有关的损失函数，这是十分必要的，有助于理解所生产的产品对

用户是否产生最大利益的重要性。

2. 减少波动性

田口把重点放在如何减少产品的波动性上，这也是十分必要的，使我们认识到顾客所要求的是持续稳定的性能。

3. 使用环境

田口注重产品在使用环境中的性能表现，这也是十分必要的，注意研究使用环境中因素的变化，使得在某一环境中尽管因素发生变化，但是产品的性能保持良好。

5.5.2 田口方法的缺点分析

1. 试验设计

田口方法只介绍某些设计方法，主要有三种设计方法：主效应设计、交互作用设计、描述产品性能的三次设计。这三种方法容易实现和理解，田口对当时科研人员和工程师作了不太正确的判断，认为他们对这三种设计难以理解。

知识要点提醒

在田口型试验设计的 S/N 模型中，当可控因素间交互作用显著时，会产生三种负效应：可控因素优化设置的 S/N 增加值估计不准确；对每个可控因素的相对重要度的检验不清楚，导致方差分析不准确；使试验结果混淆，不能区分因素和因素间的交互作用。因此，当可控因素交互作用显著时，可加性模型不适合于估计各种条件下的 S/N 响应。在田口型试验设计中，通常使用 S/N 的对数变换来减少交互作用。但是，对数变换并不能减少所有的显著交互作用。

2. 数据分析

田口发明了一些分析的新方法(累积分析和记录分析)，在当时已有了一些更简单而又有效的分析方法。研究田口方法的科研人员和工程师恰恰忽略了已经有的分析方法。

3. 贡献率特性

贡献率特性是产品的综合特性，希望越大越好，田口表示信噪比是唯一的贡献率特性。实际上，很多其他贡献率特性也很重要而且常用。在很多情况下，田口的信噪比并不能满足项目的实际要求。

4. 寻找最佳点

在田口方法出现之前，技术人员通过建模后，可以找到最佳点，通常是最大值或最小值。尽管如此，田口提出了一种实际上不必如此复杂的优化方法。

5. 数据转换

在分析一些测量数据的对数之前，需要进行数据变换，选择最有帮助的转换方法的变换和处理方法已经为人熟知，而田口认为这些不必要。

小思考

如何改变田口方法的缺点使其成为田口方法的优点。

虽然，田口方法有一定的缺陷，但是，田口方法逐渐被应用于工艺设计、产品设计、计量测试和技术开发。它将质量管理与经济效益联系在一起，运用数学方法，从工程观点、技术观点和经济观点对质量管理的理论和方法进行综合研究，从而形成了一套独特的，有效性、通用性、边缘性极强的质量设计和质量评价方法体系。在日本的汽车、电子、纺织、冶金和美国的汽车、航空、航天等工业，田口方法得到广泛应用，并取得了巨大的经济效益。

5.6 采用田口方法进行试验设计的 Minitab 示例

田口试验设计使用一套完整规格化的正交表，用以研究或处理多因子(因素)、多水平的实验，并用方差分析的方法进行分析。

在 Minitab 中，采用正交数组试验设计可以选用以下几种。

(1) 创建田口试验设计，产生田口正交数组试验设计。
(2) 定义常用田口试验设计，从用户工作表里已有的数据中，创建一个田口试验设计。
(3) 分析田口试验设计，拟合一个田口试验设计模型。
(4) 预测田口实验结果，预测田口试验设计的结果。

5.6.1 创建田口试验设计

假设正在进行精密电子秤的设计。精密电子秤是由传感器系统、显示系统、稳压系统和恒温系统 4 部分组成。电子秤的测量精度受环境温度、相对湿度、网络电压和操作时间影响，每个因子各取 3 水平，目标克重为标准砝码 10g。

因子 A：温度，18，20，22(℃)

因子 B：湿度，30，50，70(%)

因子 C：电压，180，210，240(V)

因子 D：时间，上午 9 点，中午 12 点，下午 15 点

要求分析 4 个因子效应的显著性，寻求最佳搭配，以使测量值与目标值 10 克最为接近。采用田口试验设计，建立一个 $L9(3^4)$ 的正交表(3 水平 4 因子的完全田口试验设计正交表)。

(1) 进入 MINITAB 系统。

(2) 选择"统计→DOE→田口→创建田口设计"命令，打开主对话框，如图 5.14 所示。本例中因子数选 4，3 水平设计。显示可得到的设计有设计、因子。

(3) 单击"设计"按钮，在设计表中，本例选用：L9 3**4(3 水平 4 因子的完全田口实验正交表)，如图 5.15 所示。

(4) 单击"因子"按钮，打开"田口设计—因子"对话框，输入因子名称及水平设置，如图 5.16 所示。

(5) 设置成功后，单击"确定"按钮返回主菜单，再单击"确定"按钮，结果如图 5.17 所示。

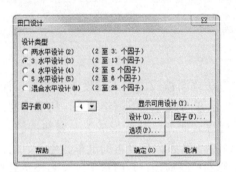

图 5.14 "田口设计"对话框

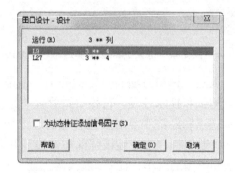

图 5.15 "田口设计—设计"对话框

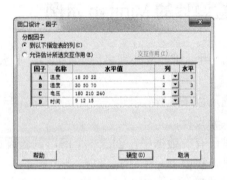

图 5.16 "田口设计—因子"对话框

图 5.17 L9(3**4)正交表

对于误差因子,选择综合最不利条件,各自进行两次试验,输入测量值,结果如图 5.18 所示。

↓	C1 温度	C2 湿度	C3 电压	C4 时间	C5 测量值1	C6 测量值2	C7 信噪比1	C8 均值1
1	18	30	180	9	9.989	9.995	67.440 3	9.992 0
2	18	50	210	12	9.975	9.984	63.907 6	9.979 5
3	18	70	240	15	9.960	9.977	58.373 9	9.968 5
4	20	30	210	15	10.014	10.021	66.123 5	10.017 5
5	20	50	240	9	10.000	10.008	64.952 0	10.004 0
6	20	70	180	12	9.985	9.993	64.938 9	9.989 0
7	22	30	240	12	10.040	10.055	59.529 6	10.047 5
8	22	50	180	15	10.025	10.042	58.430 4	10.033 5
9	22	70	210	9	10.010	10.018	64.960 7	10.014 0

图 5.18 测量试验结果数据表

5.6.2 分析田口试验设计

田口试验设计包括以下几个步骤。

(1) 选择"统计→DOE→田口→分析田口设计"命令。弹出如图 5.19 所示的界面。将两列结果(如果有多列,计算方法也相同)都放入"响应数据位于(R)"内。从"图形"对话框"存储"和"分析"中分别选定"信噪比"和"均值"。在"项"对话框中选定 4 个因子的名称(此界面图形从略)。

(2) 在"选项"对话框中要选定信噪比的计算公式。由于本例是望目特性,故选中"望目"单选按钮并选择"对于望目型使用调整后公式"复选框即可,如图 5.20 所示。

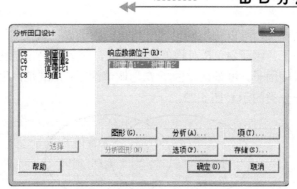

图 5.19　田口设计的分析操作

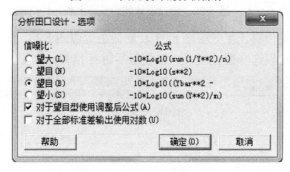

图 5.20　分析田口设计的选项操作

(3) 在每个对话框中单击"确定"按钮，得到的田口分析结果如图 5.21 所示。

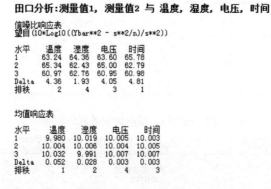

图 5.21　田口分析结果

在第一个信噪比响应表内，对于望目特性信噪比结果的分析，可以看到每个因子的各水平的信噪比品均值和信噪比极差(Delta)。显然，信噪比极差越大代表此因子效应越显著。从极差的大小排秩(Rank)中，可以看出在各因子对于信噪比的影响中，以因子 D(时间)最为重要(排秩=1)，因子 A(温度)次之(排秩=2)，因子 C(电压)更次之(排秩=3)，因子 B(湿度)最小(排秩=4)，几乎没有影响。

在第二个均值响应表内，从均值响应表的分析中，可以看到各因子的各水平均值的平均值和均值的极差。从极差的大小排秩中，可以看出在各因子对于均值的影响中，以因子 A(温度)最为重要(排秩=1)，因子 B(湿度)为次重要(排秩=2)，因子 C(电压)和因子 D(时间)同样很小(排秩=3)，几乎没有影响。

将上述结果归纳一下，可以初步判定因子状况：因子 D，A，C 对望目特性信噪比影响最大，因而为散度因子；因子 A，B 对均值影响最大，因为都是位置因子；而且由于 B 是位置因子而又不是散度因子，可以认定因子 B 为调节因子；A 既是散度因子又是位置因子；最后可以绘制出因子分类的示意图 5.22。

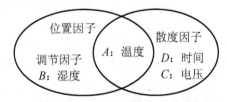

图 5.22　田口设计的因子分类表

再来看输出的有关信噪比主效应图 5.23 及均值主效应图 5.24。一方面可以确认效应的显著性；另一方面也可以选择最佳设置，以便最后进行预测。

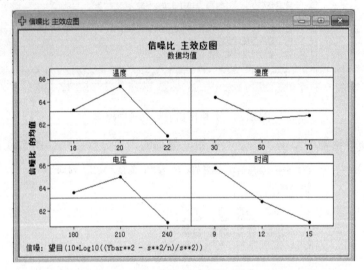

图 5.23　田口设计信噪比主效应分析图

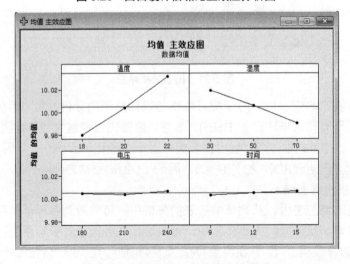

图 5.24　田口设计均值主效应分析图

根据对于望目特性的解决问题程序,首先选择散度因子(A,C,D)的水平是信噪比最大化(或说散度最小化)。在本例中,SN 最佳水平应确认为 A(温度)取 2 水平(20 度)、C(电压)取 2 水平(210 伏)、D(时间)取 1 水平(上午 9 点)。在这些因子已安排确定的条件下,用调节因子 B(湿度)的水平进行调试,以使均值与目标最接近。由于 3 个散度因子的这种最佳搭配并未在试验中出现过,通过预测来选择。输出时要同时考虑均值及信噪比两项预测。

(4) 选择"统计→DOE→田口→预测田口结果"命令,弹出如图 5.25 所示的界面。选定预测响应变量为"均值"和"信噪比"。

(5) 打开"项"对话框,选定 4 个因子(此界面图形从略)。打开"水平"对话框,选中"从列表中选择水平"单选按钮后,在各指定因子右方,选择最佳设置,如图 5.26 所示。

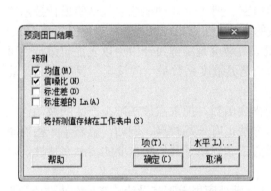

图 5.25 田口设计预测结果操作图

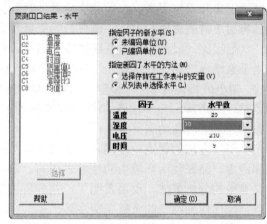

图 5.26 田口设计预测结果—水平设置

(6) 对于调节因子 B(湿度),逐个选取各水平值(1 水平为 30%,2 水平为 50%,3 水平为 70%),分别得到预测结果,归总为表 5-9。

表 5-9 田口设计预测结果表

A(温度)	B(湿度)	C(电压)	D(时间)	信噪比	均值
20	30	210	9	70.931 9	10.014 3
20	50	210	9	68.997 4	10.001
20	70	210	9	69.325 2	9.985 83

从表 5-9 可知,在湿度取不同值时,信噪比都保持相当好的结果,湿度为 50%及 70%时,平均值分别为 10.001 克、9.985 83 克。各自高于或低于目标(10 克)。下次试验应取二者中点(60%)附近,预计结果将会接近目标(10 克)。

本 章 小 结

本章主要介绍了田口方法、三次设计、质量损失函数、SN(信噪)比、田口方法的利弊分析和采用田口方法进行试验设计的 MINITAB 示例等基本内容。

田口方法的主要内容为三次设计,是建立在试验设计技术基础之上的一种在新产品开发设计过程中进行的三次设计的设计方式。三次设计以试验设计法为基本工具,在产品设计上采取措施，系统地考虑问题。田口方法也可称为三次设计，分为三个阶段进行，即系统设计、参数设计、容差设计。系统设计就是指产品的功能设计；参数设计阶段是确定系统中各参数的最佳组合的阶段，参数设计(亦称第二次设计)是参数中心值及最佳组合的非线性设计，目的是使产品的特性值在达到目标值的基础上波动最小，稳定性最好；容差设计可以认为是参数设计的补充，也是产品设计的最后一个阶段。在完成系统设计和参数设计之后，此时各种元器件(参数)一般均为三级品，参数波动范围较宽。

质量损失函数是用来度量由于产品质量特性值的波动所造成的损失。而影响产品质量特性波动的原因大致可以分为三种类型：外干扰(外噪声，或称外噪音)、内干扰(内噪声)和产品间波动。影响产品质量特性波动的因素可以分为：可控因素、标志因素、信号因素、区组因素和误差因素。我们建立质量波动的损失函数是为了计算质量特性偏离目标值的产品售后所需的费用的大小，最典型的质量损失函数为望目特性的质量损失函数。

信噪比一般作为通信系统的质量指标。田口玄一把 SN 比的概念引入试验设计技术，用于系统或产品的开发设计。各类质量特性值的 SN 比计算式可以分为：望目值特性的 SN 比、望小值特性的 SN 比和望大值特性的 SN 比。灵敏度是稳健设计中用以表征质量特性可调整性的指标。一个稳健的产品(或稳健的工艺)是灵敏度系数最小的情况。灵敏度分为静态特性灵敏度和动态灵敏度。

田口方法的优点：强调与贡献特性有关的损失函数、把重点放在减少产品的波动性上和注重产品在使用环境中的性能表现等。田口方法也有一些缺点，例如，忽略了一些简单又有效的分析方法，反而发明了一些分析的新方法和忽略了其他很重要的贡献率特性，仅以信噪比作为唯一的贡献率特性等。

虽然田口方法有一定的缺陷，但是田口方法逐渐被应用于工艺设计、产品设计、计量测试和技术开发。它将质量管理与经济效益联系在一起，运用数学方法，从工程观点、技术观点和经济观点对质量管理的理论和方法进行综合研究，从而形成了一套独特的，有效性、通用性、边缘性极强的质量设计和质量评价方法体系。在日本的汽车、电子、纺织、冶金和美国的汽车、航空、航天等工业，田口方法都得到广泛应用，并取得了巨大的经济效益。

 关键术语

田口方法(Taguchi Method)　　　　　　系统设计(System Design)
参数设计(Parameters Design)　　　　　容差设计(Tolerance Design)
产品质量特性(Product Quality Characteristic)　　信噪比(Signal-to-Noise Ratio，SNR)

习　题

1. 选择题

(1) 田口将产品的设计过程分为三个阶段，其中不包含(　　)。
　　A. 参数设计　　B. 统计设计　　C. 系统设计　　D. 容差设计

(2) 在以下计量特性中，要求特性值越小越好的是(　　)。
　　A. 望目特性　　B. 望小特性　　C. 望大特性　　D. 百分率特性

2. 判断题

(1) 由于设备故障引起的质量波动属于系统性波动。　　　　　　　　　　　(　　)
(2) 田口建议用公差来度量合格品输出特性偏离目标值给用户造成的损失。　(　　)
(3) 容差设计的目的是确定各个参数容许误差的大小。　　　　　　　　　　(　　)
(4) 三次设计理论的核心思想是：在产品制造阶段进行质量控制，力图用最低的制造成本生产出满足顾客需求的、对社会造成损失最小的产品。　　　　　　　　　(　　)

3. 简答题

(1) 田口玄一的质量理论保证体系是什么？
(2) 三次设计的基本思想是什么？
(3) 田口方法有哪些主要策略？

基于田口方法的小批量生产过程控制

1953 年，日本一个中等规模的瓷砖制造公司，花了 200 万美元从西德买来一座新的隧道窑，窑本身长 80 米，窑内有一部搬运平台车，上面堆放着十几层瓷砖，沿着轨道缓慢移动让瓷砖承受烧烤。问题是，这些瓷砖尺寸大小有变异，他们发现外层瓷砖有 50%以上超出规格要求，内层则正好符合规格要求。

工程师很清楚，引起产品尺寸变异的原因是窑内各个不同位置的温度偏差导致的，只要更换隧道窑的温度控制系统，提高窑内温度的均匀就能够解决。使得温度分布均匀，需要重新改进整个窑，需要额外再花 50 万美元，这在当时是一笔很大的投资，大家都希望寻找其他方法来解决，比如通过改变原料配方，如果能找到对温度不敏感的配方，则不需投入资金就能够化解温度不均匀而导致的尺寸变异和超差。

工程师决定用不同的配方组合来进行试验，以寻找最佳的配方条件，具体的思路是，对现行配方组合中的每一种原料寻找替代方案，通过实际生产运行筛选能够化解温度变异的最佳配方，对于熟悉瓷砖生产工艺的工程师来说，每一种原料的替代方案其实不难找到(见表 5-10)，但每一个因素的替代方案的组合并不一定是最佳组合，最佳组合可能是各种原料现行条件和替代方案的所有组合方式中的一种，到底是哪一种，只有进行实验，对实际效果进行评价才能予以判定。

表 5-10　替代方案表

控制因素	水准一(新方案)	水准二(现行)
A：石灰石量	5%	1%
B：某添加物粗细度	细	粗
C：蜡石量	43%	53%
D：蜡石种类	新案组合	现行组合
E：原材料加料量	1 300 千克	1 200 千克
F：浪费料回收量	0%	4%
G：长石量	0%	5%

参与过产品开发或工艺改进的人都知道，灵感可以在一秒钟内产生，但实际操作却是耗时耗力的事情。

7个可变的因素，每个因素两种选择，用全因素实验法进行筛选，就有128种组合，如果用小型设备做实验，每个实验做一天，买上8个实验用的小炉子，同时做8个实验，8天即可完成，然后在所有128个组合中寻找产品尺寸变异最小的组合即可，但本实验在小型设备中无法模拟，因为所要解决的问题的关键就在于隧道窑的温度变异，只有在该窑里做实验，找到的配方组合才是能够化解该窑温度不均匀的最佳组合(若还有另外一个窑存在类似问题，就得另外再找，因为每个窑的温度不均匀状况是不同的)，这样一来，每做一次实验其实就是在不同的条件下生产一窑的瓷砖，需要全体员工折腾整整一天，128种组合就需要全体员工搞4个月，试想，能不能找到可化解温度变异的配方尚不知道，就要停产4个月做实验，其人工、水电、材料耗费比投资50万美元还多，可行吗？

除非能够有办法用几次实验就找到最佳组合方案，尚可一试，否则就只好花钱买高精度温控系统了。于是有人想到采用一次一因素实验法，所谓一次一因素实验，就是先固定一种组合，然后每次改变一个条件，将相邻的两次实验结果进行比较，以估计两个条件的效果差异。

实验方案如表 5-11 所示。

表 5-11 实验方案

方案序号	A	B	C	D	E	F	G	结果	结论
实验 1	A_1	B_1	C_1	D_1	E_1	F_1	G_1	Y_1	----
实验 2	A_2	B_1	C_1	D_1	E_1	F_1	G_1	Y_2	用 Y_2 与 Y_1 比较 A_2 与 A_1 的效果
实验 3	A_2	B_2	C_1	D_1	E_1	F_1	G_1	Y_3	用 Y_3 与 Y_2 比较 B_2 与 B_1 的效果
实验 4	A_2	B_2	C_2	D_1	E_1	F_1	G_1	Y_4	用 Y_4 与 Y_3 比较 C_2 与 C_1 的效果
实验 5	A_2	B_2	C_2	D_2	E_1	F_1	G_1	Y_5	用 Y_5 与 Y_4 比较 D_2 与 D_1 的效果
实验 6	A_2	B_2	C_2	D_2	E_2	F_1	G_1	Y_6	用 Y_6 与 Y_5 比较 E_2 与 E_1 的效果
实验 7	A_2	B_2	C_2	D_2	E_2	F_2	G_1	Y_7	用 Y_7 与 Y_6 比较 F_2 与 F_1 的效果
实验 8	A_2	B_2	C_2	D_2	E_2	F_2	G_2	Y_8	用 Y_8 与 Y_7 比较 G_2 与 G_1 的效果

但明眼人一下子就能看出来，用 Y_2 与 Y_1 的结果比较 A_2 和 A_1 的效果是在其他因素不变的条件下进行的，如果在实验1和实验2中将 B_1 换成 B_2，C_1 换成 C_2，则 Y_2 与 Y_1 是否会有比较大的变化，甚至大小顺序都逆转？实验次数虽然减少了，但结果的可靠性却明显不能保证。

好在天无绝人之路，早在1940年，田口玄一就已经巧妙地利用正交表的对称性原理发明了田口式实验计划法，对本例来说，同样也是8次实验，却可以得出可靠的结论(见表 5-12)。

表 5-12 正交表设计的实验方案

方案序号	A	B	C	D	E	F	G	结果
实验 1	A_1	B_1	C_1	D_1	E_1	F_1	G_1	Y_1
实验 2	A_1	B_1	C_1	D_2	E_2	F_2	G_2	Y_2
实验 3	A_1	B_2	C_2	D_1	E_1	F_2	G_2	Y_3
实验 4	A_1	B_2	C_2	D_2	E_2	F_1	G_1	Y_4
实验 5	A_2	B_1	C_2	D_1	E_2	F_1	G_2	Y_5
实验 6	A_2	B_1	C_2	D_2	E_1	F_2	G_1	Y_6
实验 7	A_2	B_2	C_1	D_1	E_2	F_2	G_1	Y_7
实验 8	A_2	B_2	C_1	D_2	E_1	F_1	G_2	Y_8

如果以上实验方案进行8次实验，然后将Y1、Y2、Y3、Y4相加，再将Y5、Y6、Y7、Y8相加，很显然，在前四次实验中，B、C、D、E、F、G这6个因素的两种选择都出现了两次；在后四次实验中，B、C、D、E、F、G这6个因素的两种选择也出现了两次，于是可以大胆地得出结论，Y1、Y2、Y3、Y4的总和之所以与Y5、Y6、Y7、Y8的总和不同，就是由A1与A2的差异导致的，因为其他因素的两个水准都出现了相同的次数，其影响力已经各自抵消。

同理，可以认为是B1和B2的差异导致了Y1+Y2+Y5+Y6与Y3+Y4+Y7+Y8的总和的不同，以此类推：

C1和C2的作用分别对应于Y1+Y2+Y7+Y8与Y3+Y4+Y5+Y6；
D1和D2的作用分别对应于Y1+Y3+Y5+Y7与Y2+Y4+Y6+Y8；
E1和E2的作用分别对应于Y1+Y3+Y6+Y8与Y2+Y4+Y5+Y7；
F1和F2的作用分别对应于Y1+Y4+Y5+Y8与Y2+Y3+Y6+Y7；
G1和G2的作用分别对应于Y1+Y4+Y6+Y7与Y2+Y3+Y5+Y8。

根据以上原理，工程师设计了如表5-13所示的实验方案进行实验。

表5-13 实验方案改进表

方案序号	A石灰石量/(%)	B添加物粗细度	C蜡石量/(%)	D蜡石种类	E原材料加料量/kg	F浪费料回收量/(%)	G长石量/(%)	瓷砖尺寸不良率/(%)
实验1	5	细	43	新案	1 300	0	0	16
实验2	5	细	43	现行	1 200	4	5	17
实验3	5	粗	53	新案	1 300	4	5	12
实验4	5	粗	53	现行	1 200	0	0	6
实验5	1	细	53	新案	1 200	0	5	6
实验6	1	细	53	现行	1 300	4	0	68
实验7	1	粗	43	新案	1 200	4	0	42
实验8	1	粗	43	现行	1 300	0	5	26

于是，A1(5%的石灰石)的作用所对应的不良率为：(16+17+12+6)/4=12.75%，A2(1%的石灰石)的作用所对应的不良率为：(6+68+42+26)/4=35.50%。

计算每一个因素的两个水准所对应的尺寸不良结果，形成回应表，见表5-14。

表5-14 回应表

方案序号	A石灰石量/(%)	B添加物粗细度	C蜡石量/(%)	D蜡石种类	E原材料加料量/kg	F浪费料回收量/(%)	G长石量/(%)
水平1	12.75	26.75	25.25	19.00	30.50	13.50	33.00
水平2	35.50	21.50	23.00	29.25	17.75	34.75	15.25

很明显，最佳条件为A1B2C2D1E2F1G2，即石灰石含量5%，粗颗粒添加物，蜡石用量53%，新组合蜡石，每次加料1 200千克，浪费料不回收，长石用量5%，以该组合进行确认实验，结果瓷砖的尺寸不良率降到了2%以下，完全化解了温度不均匀所带来的不良影响。

结果虽然令人满意，但我们不禁要问，这种简单的加和运算只有在力学中才会有，大多数情况下，各种因素所起的作用与最终的结果并非简单对应，能够这么简单地加和吗？而且两个因素单独使用时各自可以体现各自的作用，但同时存在时完全有可能相生或相克(就是可能存在交互作用)，比如甘草和甘遂，各自都是良药，但一起使用却致死人命。按理说存在这么大的不确定性，利用正交表所进行的实验计划所得出的结论也很不可靠，但正交表本身还存在另外一个性质，正好可以帮助我们将交互作用也当作一个因素来处理，如果 A、B 两个因素之间存在交互作用，不妨认为存在第三个因素 $A \times B$，按照正交表的运算规则，选择适当的正交表进行试验设计，得出实验结果后，只要找出 $A \times B$ 因素的最佳组合，问题就会迎刃而解。

(资料来源：MBA 智库文档．http://doc.mbalib.com/)

问题：
(1) 田口方法解决问题的思路是什么？
(2) 田口方法在使用中还存在哪些不足？

第6章 质量功能展开

【本章教学要点】

知识要点	掌握程度	相关知识
质量功能展开(Quality Function Deployment，QFD)概述	掌握	QFD 的起源与发展、QFD 的概念及作用、QFD 的模式
QFD 的基本过程	掌握	QFD 瀑布式分解模型、QFD 的分解步骤
QFD 中顾客需求的获取及整理	掌握	顾客需求的 KANO 模型、顾客需求的获取
质量屋	重点掌握	质量屋结构、质量屋参数的配置及计算
QFD 的工作程序	重点掌握	QFD 组织实施的工作程序、QFD 实施的基本过程、建立质量屋需要注意的问题
QFD 的应用	了解	

【本章技能要点】

技能要点	掌握程度	应用方向
QFD 瀑布式分解模型	掌握	将顾客需求一步步地分解展开，分别转换成产品的技术需求等，并最终确定产品质量控制办法
质量屋结构	掌握	确定顾客需求和相应产品或服务功能之间联系的图示方法
质量屋参数的配置及计算	重点掌握	运用质量屋进行评价的关键
QFD 的工作程序	掌握	QFD 的应用基础

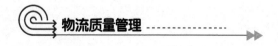

【知识架构】

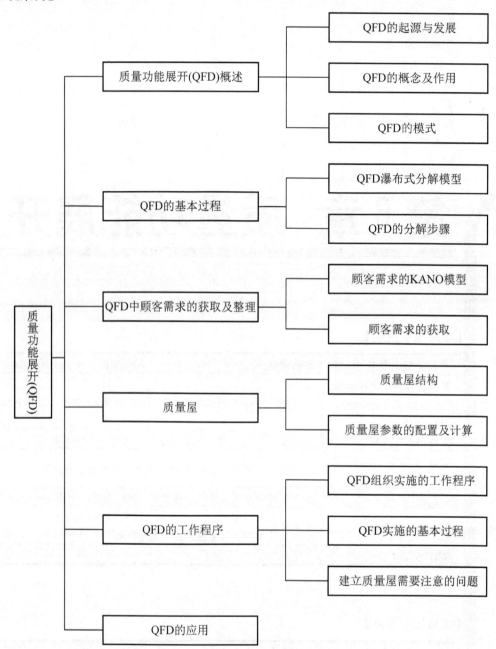

雪橇制造商：顾客未来需求预测

20世纪三四十年代，滑雪在美国是一项贵族运动，即滑雪者必须能够负担去太阳峡谷、爱达荷州或科罗拉多州旅游胜地的费用；到了五六十年代，中产阶级开始跟上滑雪风潮；70年代，滑雪最受欢迎，六七十年代的人们大多喜欢户外活动；然而，80年代滑雪开始衰退，其他冬季运动项目开始流行。生育高峰期出生的人们逐渐变老，许多坡道滑雪者开始转向越野滑雪，这导致雪橇制造商(如K2和Rossignol)的销售量明显下降，因此这些企业开始在研发上投入更多的资金，于是滑雪板应运而生。滑雪板可吸引滑冰人群和年轻人的注意力，以至于滑雪板销量稳步上升。

目前，美国的滑雪胜地几乎都设有可利用滑雪板的特别坡道，以及其他为滑雪板而设置的便利设施。20世纪90年代早期雪橇销量仍一般化，此时出现了防震且力道可分布均匀的"盖头式"雪橇。然而，有人认为"盖头式"雪橇的真正吸引力在于其比传统雪橇多30%的图案；90年代中期，"胖小子"雪橇问世，比传统雪橇短且宽，因此在很深的粉雪和结冰的粗糙地面上均能易于滑行；90年代后期，又推出了具有根本变化的"抛物线式"雪橇，该款式头尾较宽，易于转弯且平稳。在雪橇设计简史中，Rossignol设计的"胖小子"和"抛物线式"雪橇最具创意，专业滑雪运动员使用这款雪橇，但也适合中级程度的滑雪爱好者。由于雪橇在设计上发生了技术性的改变，能够缓解膝部的压力，生育高峰期出生的人们非常喜爱这款产品。雪橇设计上的改变使该行业东山再起。

(资料来源：百度文库，wenku.baidu.com)

雪橇制造商能够快速合理地获取客户需求，主要是采用了质量功能展开(QFD)方法。质量功能展开方法起源于日本，现在已在许多国家得到了广泛的应用，由此得到了巨大的经济效益，同时也使产品质量得到了有效的改进。

产品质量形成于产品生命周期的全过程，包括设计过程、制造过程和使用过程等。其中，产品设计过程是产品形成的起点，对产品质量有决定性的影响。本章重点介绍面向顾客的产品设计方法——质量功能展开(QFD)。

6.1 质量功能展开(QFD)概述

6.1.1 QFD的起源与发展

QFD起源于日本。1966年，三菱重工神户造船针对产品可靠性，提出了质量表的雏形。同年，普利司通轮胎公司的鸳海清隆在日本《品质管理》上发表了题为《关于充实工厂质量保证体系》的论文，文章中绘制了一张具有全新意义的示意图，即"质量保证项目一览表"，将用户质量要求和各道工序的作业联系起来考虑。

1978年6月，水野滋、赤尾洋二教授编写的《质量功能展开》，专门就"质量功能"进行了探讨，明确指出：确保质量的活动(质量策划和质量保证)可以简单地称为"质量功能"(Quality Function)，明确产品从策划到废弃的各步骤"质量功能"，并切实实施。为此，必须明确该"功能"的目的是什么，谁负责实施等事项。此时的"质量功能"主要是指质量职能。

水野滋提到的 QFD(后来被称为狭义 QFD)，不是质量展开，更不是功能展开，而是质量功能展开，它是继质量展开之后，经过工序展开，绘制工序计划表，进而展开至工序质量保证项目一览表和作业标准，同时进行协作企业的展开。通过狭义质量展开可以明确要解决的问题，并反馈到有关部门，成为质量改进的出发点和突破口。

1988 年，QFD 经过 10 年推广应用和不断完善，应用范围从制造业拓展到建筑业、医院、软件生产、服务业。如今，水野滋教授提到的 QFD 定义成狭义的 QFD，而当初的质量展开发展成为综合的质量展开，具体包括质量展开、技术展开、可靠性展开和成本展开，这体现了日本企业的大质量观。它以用户需求为依据，横向经过技术展开、可靠性展开和成本展开；纵向以技术展开为中介，进行零部件展开。技术展开又包括功能展开、装置展开、零部件展开和工序展开这 4 项展开。

知识拓展

质量功能展开是 Quality Function Deployment 的简称，欧美国家也称之为质量屋(House of Quality)，形式上以大量的系统展开表和矩阵图为特征，集合价值工程或价值分析(VE 或 VA)、FMEA 的思路，在生产中可能出现的问题尽量提前予以揭示，以期达到多元设计、多元改善和多元保证的目的。

在美国，福特公司 1985 年率先采用 QFD 方法。20 世纪 80 年代早期，福特公司面临着竞争全球化、劳工和投资成本日益增加、产品生命周期缩短、顾客期望提高等严重问题，采用 QFD 方法使福特公司的产品市场占有率得到改善。美国供应商协会(American Supplier Institute，ASI)、劳伦斯成长机会联盟/质量与生产力中心(Growth Opportunity Alliance of Lawrence/Quality，Productivity Center，GOAL/QPC)、美国 QFD 研究会三大组织开展教育和普及活动的同时，每年举办大规模的专题研讨会。目前，在美国许多公司都采用了 QFD 方法，包括福特、通用汽车、克莱斯勒、惠普等，在汽车、家用电器、船舶、变速箱、涡轮机、印刷电路板、自动购货系统、软件开发等方面都有成功应用 QFD 的报道。

20 世纪 90 年代初，国内一批学者赴日本留学，并参与了以创始人赤尾洋二教授为首的日本科学技术联盟 QFD 研究会的研究活动。留日学者开始从 QFD 理论的发源地日本向国内介绍 QFD 理论，同时邀请赤尾洋二等来中国讲学，把日本 QFD 方法引入中国。几乎与此同时，国内一些质量专家，也利用赴美国进行质量保证技术考察的契机，从美国引入 QFD 方法。所有这些工作都对 QFD 在中国的普及和应用起到积极作用，QFD 已在中国各界引起了广泛的重视。中国质量协会于 2005 年 3 月组织成立了中国质量协会 QFD 研究会，为 QFD 理论的本土化及进一步推动国内 QFD 的理论研究和实践提供了平台。

小知识

意大利、德国、韩国、巴西、墨西哥等国家相继成立了 QFD 研究会。国际质量功能展开组织的结成和研究会。国际质量功能展开设立，以及每年在世界各地轮流举行的 QFD 国际研讨会(International Symposium on Quality Function Deployment，ISQFD)，使得 QFD 成为一项重要的国际性活动。

6.1.2 QFD 的概念及作用

为了保证产品能为顾客所接受，一个组织(企业)必须认真研究和分析顾客的需求，将顾客的需求转化为可以进行和实施产品设计的质量特性。因为产品质量可以用多种质量特性，比如物理特性、性能特性、经济特性、使用特性等来体现，只有将这些特性落实到产品的研制和生产的整个过程中，最终转换成产品特征，才能真正体现顾客提出的需求。

QFD 是在产品策划和设计阶段就实施质量保证与改进的一种有效的方法，能够以最快的速度、最低的成本和优良的质量满足顾客的最大需求，已成为组织(企业)进行全面质量管理的重要工具和实施产品质量改进有效的工具。由于强调从产品设计的初期就同时考虑质量保证与改进的要求及其实施措施，QFD 被认为是先进生产模式及并行工程(Concurrent Engineering，CE)环境下质量保证与改进的最热门研究领域及 CE 环境下面向质量设计(Design For Quality，DFQ)的最有力工具，对企业提高产品质量、缩短开发周期、降低生产成本和增加顾客的满意程度有极大的帮助。丰田公司于 20 世纪 70 年代采用了 QFD 以后，取得了巨大的经济效益，其新产品开发成本下降了 61%，开发周期缩短了 1/3，产品质量也得到了相应的改进。世界上著名的公司如福特公司、通用汽车公司、克莱思勒公司、惠普公司、麦道公司、施乐公司、电报电话公司、国际数字设备公司及加拿大的通用汽车公司等也都相继采用了 QFD。从 QFD 的产生到现在三十多年来，其应用已涉及汽车、家用电器、服装、集成电路、合成橡胶、建筑设备、农业机械、船舶、自动购货系统、软件开发、教育、医疗等各个领域。

资料卡

QFD 要求产品承制者在听取顾客对产品的意见和需求后，通过合适的方法和措施将顾客需求进行量化，采用工程计算的方法将其一步步地展开，将顾客需求落实到产品的研制和生产的整个过程中，从而最终在研制的产品中体现顾客的需求，同时在实现顾客的需求过程中，帮助企业各职能部门制定出相应的技术要求和措施，使他们之间能够协调一致的工作。

从全面质量管理的视角出发，质量要素中包括理化特性和外观要素、机械要素、人的要素、时间要素、经济要素、生产要素和市场及环境要素，将这些要素组合成一个有机的系统，并明确产品从设计开发到最终报废全过程的质量功能，并使质量功能得以切实完成，是质量功能展开的目的。

QFD 包括综合的质量展开和狭义的质量功能展开(也可称为质量职能展开)，而综合的质量展开又包括质量展开(质量表的绘制)、技术展开、可靠性展开和成本展开，其关系如图 6.1 所示。

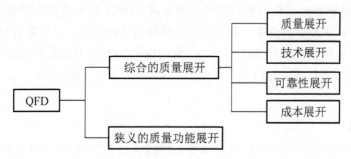

图 6.1　质量功能展开的基本构成

1. QFD 的概念

目前，对 QFD 有以下共同认识。

将用户的要求变换成代用特性，确定产品的设计质量，然后经过各功能部件的质量，从而到各部分的质量和工序要素，对其中的关系进行系统地展开。

QFD 是在实现顾客需求的过程中，帮助在产品形成过程中所涉及的企业各职能部门制定出各自相应的技术要求的实施措施，并使各职能部门协同地工作，共同采取措施保证和提高产品质量。

QFD 从质量的保证和不断提高的角度出发，通过一定的市场调查方法获取顾客需求，并采用矩阵图解法和质量屋的方法将顾客的需求分解到产品开发的各个过程和各个职能部门中去，以实现对各职能部门和各个过程工作的协调与统一部署，使它们能够共同努力、一起采取措施，最终保证产品质量，使设计和制造的产品能真正满足顾客的需求。故 QFD 是一种由顾客需求所驱动的产品开发管理方法。

资料卡

目前关于 QFD 定义没有统一的标准。有学者认为，质量功能展开 QFD 就是把顾客或市场的要求转化为设计要求、零部件特性、工艺要求、生产要求的多层次演绎分析方法。QFD 的最显著的特点是要求企业不断地倾听顾客的意见和需求，并通过合适的方法、采取适当的措施在产品形成的全过程中予以体现这些需求。QFD 的应用涉及了产品形成全过程的各个阶段，尤其是产品的设计和生产规划阶段，被认为是一种在产品开发阶段进行质量保证的方法。

2. QFD 的作用

QFD 方法具有很强的功效性，主要表现在以下几个方面。

(1) 有助于企业正确把握顾客的需求。QFD 是一种简单的、合乎逻辑的方法，它包含一套矩阵，这些矩阵有助于确定顾客的需求特征，以便于更好地满足和开拓市场，也有助于决定公司是否有力量成功地开拓这些市场及什么是最低的标准等。

(2) 有助于优选方案。在实施 QFD 的整个阶段，人人都能按照顾客的需求评价方案，所有的决定都是以最大限度地满足顾客需求为基础的，当作出一个决定后，该决定必须是有利于顾客的，而不是工程技术部门或生产部门，顾客的观点置于各部门的偏爱之上。QFD 方法建立在产品和服务应该按照顾客需求进行设计的观念基础之上，所以顾客是整个过程中最重要的环节。

(3) 有利于打破组织机构中部门间的功能障碍。QFD 主要是由不同专业、不同观点的人来实施的，所以它是解决复杂、多方面业务问题的最好方法。但是实施 QFD 要求有献身和勤奋精神，要有坚强的领导集体和一心一意的成员，QFD 要求并鼓励使用具有多种专业知识的小组，从而为打破功能障碍、改善相互交流提供了合理的方法。

知识拓展

质量功能展开与质量控制方法不同，它不仅可以帮助企业稳定产品质量，还可将企业的质量管理水平提高到一个新阶段。在研发阶段，可大幅度地缩短开发周期，降低开发成本。同时，制造阶段的控制重点及日常质量管理的要点都能够明示。

(4) 容易激发员工的工作热情。实施 QFD，打破了不同部门间的隔阂，会使员工感到心满意足，因为他们更愿意在和谐气氛中工作，而不是在矛盾的气氛中工作。另外，当他们看到成功和高质量的产品，会感到自豪并愿意献身于公司。

(5) 能够更有效地开发产品，提高产品质量和可靠性，更大地满足顾客。为了开发产品而采用 QFD 的某公司已经尝到了甜头，成本削减了 50%，开发时间缩短了 30%，生产率提高了 200%。例如，采用 QFD 的日本本田公司和丰田公司已经能够以每 3 年半时间投放一项新产品，与此相比，美国汽车公司却需要 5 年时间才能够把一项新产品推向市场。

(6) 通过对市场上同类产品的竞争性评估，有利于发现其他同类产品的优势和劣势，为企业的产品设计和决策更好地服务。

(7) 由于其在产品设计阶段考虑制造问题，产品设计和工艺设计交叉并行进行，可以减少设计中的反复次数，从而缩短设计周期并降低产品成本。

 资料卡

QFD 有效性

乔治·佩瑞在第 25 届美国质量管理协会汽车分会上总结出质量功能展开的有效性包括以下若干方面。

(1) 有形的效益。大大减少研制时间；有效地减少后期的设计更改；在早期进行低成本设计；提高设计可靠性；降低企业的管理费用。

(2) 无形的效益。使用户更加满意；健全企业质量管理；QFD 数据库；改进产品策划的基础。

(3) 积累的价值。强化当前的研制过程；在市场和经营需求的基础上，尽早明确目标；同时注意产品和工艺技法；使主要问题一目了然，以便优化资源分配；改进部门间的协作与联系；提高企业开发设计人员的水平；有效地获得用户真正所需的产品；更好地满足用户的需求；使产品更具竞争优势。

(资料来源：Roger W. Schmenner. *Production/Operations Management*, 5th ed..
New York: Mzcmillan, 1993: 517.)

6.1.3 QFD 的模式

1. 三种模式简介

20 世纪 60～90 年代，QFD 逐渐形成了三种被广泛接受的模式，即综合 QFD 模式(赤尾模式)、ASI(美国供应商协会)模式和 GOAL/QPC 模式。

(1) 综合 QFD 模式以设计阶段为中心，包括质量展开、技术展开、成本展开和可靠性展开。QFD 可以看做由一系列关系组成的网络，通过该网络，顾客需求被转化为产品质量特征。产品的设计则通过顾客需求与质量特征之间的关系较系统地"展开"到产品的每个功能组成中，并进一步"展开"到每个零部件和生产过程中。这种模式提供了一个有关 QFD 的多重网络，这是一种矩阵的矩阵，通过几十个矩阵、图表来具体描述产品开发步骤。赤尾模式是 QFD 发展史上的里程碑，使质量管理由解析型方法转变为设计型方法。

(2) ASI 模式通过产品规划、零件配置、工艺设计和生产控制这四个阶段，顾客要求被逐步展开为设计要求、零件特性、工艺操作和具体的生产要求。

(3) GOAL/QPC 模式包括 30 个矩阵，涉及产品开发过程诸方面的信息，对 QFD 系统中的各种活动提供良好支持。GOAL/QPC 模式从系统、组织的角度对 QFD 作了阐述，认为 QFD 是一个根据顾客的需求来设计产品和服务的系统，该系统包含了生产商或供应商的所有成员，比较适合复杂的系统和产品。

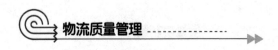

小知识

综合 QFD 模式是由赤尾洋二提出的，共有 64 个工作步骤。ASI 模式是一个瀑布式分解过程，四个阶段分别对应于产品开发全过程的产品规划、零件配置、工艺设计和生产控制。GOAL/QPC 模式由劳伦斯成长机会联盟/质量与生产力中心(Growth Opportunity Alliance of Lawrence, Inc. /Quality and Productivity Center)的创立者 Bob King 提出，他认为 QFD 系统包含了生产商或供应商的所有成员。

三种模式代表了 QFD 研究和实践的基本形式，彼此之间既有联系又有区别。综合 QFD 模式是起源，而 ASI 模式和 GOAL/QPC 模式则是由此演变而来。这三种模式都采用了直观的矩阵展开框架，同时阐明了这样一种观点，即 QFD 可以保证顾客的需求早在产品设计阶段就被结合到产品开发过程中。

与赤尾模式相比，ASI 四阶段模式结构简明、简单易懂、把握了 QFD 的内涵，成为欧美企业实践的主流模式。在理论研究上，许多学者也倾向于该模式。因此，该模式是目前使用最广泛的 QFD 模式。以下重点介绍 ASI 四阶段模式。

2. 四阶段模式

四阶段模式根据下一道工序就是上一道工序的"顾客"的原理，从设计产品到生产的各个过程均需要建立质量屋，且各阶段的质量屋内容上有内在的联系。QFD 将顾客的需求逐层分解，直至可以量化度量。同时采用矩阵(也称质量屋)的形式，将顾客需求逐步展开、分层地转换为质量特性、零件特征、工艺特征和生产(质量)控制方法。

(1) 产品规划阶段。通过产品规划矩阵(质量屋)，将顾客需求转化为质量特性(产品特征或工程措施)，并根据顾客竞争性评估(通过市场调查得到顾客对市场上同类产品进行的评估)和技术竞争性评估(通过试验或其他途径得到从技术角度对市场上同类产品的评估)结果确定各个质量特性(产品特征或过程措施)的目标值。

(2) 零部件设计阶段。在该阶段，前面质量屋矩阵中的列(设计要求)变成了行，零部件特性作为列。需要注意的是，只有那些对于产品的市场成功起关键作用的设计要求被转移过来。利用前一阶段定义的质量特性(产品特征或工程措施)，从多个设计方案中选择一个最佳的方案，并通过零件配置矩阵将其转化为关键的零件特征。

(3) 工艺设计阶段。工艺设计阶段，零件展开矩阵中的列(零件特性)变成第三阶段矩阵中的行，它的列由影响零件特性的工艺特征构成。通过工艺设计矩阵，确保为保证实现关键的质量特性(产品特征)和零件特征所必须保证的关键工艺参数，选出最佳的工艺计划。

(4) 生产控制阶段。这是 QFD 的最后阶段，第三阶段中的列(工艺特征)转化为第四阶段矩阵中的行，第四阶段矩阵中的列是各项培训过程等一系列方法。通过生产控制矩阵将关键的零件特征和工艺参数转换为具体的生产(质量)控制方法或标准。

知识拓展

四阶段模式是美国供应商协会(ASI)提倡的四阶段展开方法，它从顾客需求开始，经历四个阶段即四步展开，用四个矩阵，得出产品工艺和生产(质量)控制参数。在四阶段模式中，上一阶段的质量屋"天花板"的主要项目将转化为下一阶段质量屋的"左墙"，上一步的输出就是下一步的输入，构成瀑布式分解过程。

6.2 QFD 的基本过程

6.2.1 QFD 瀑布式分解模型

调查和分析顾客需求是 QFD 的最初输入，而产品是最终的输出。这种输出是由使用他们的顾客的满意度确定的，并取决于形成及支持他们的过程的效果。顾客需求确定之后，采用科学、实用的工具和方法，将顾客需求一步步地分解展开，分别转换成产品的技术需求等，并最终确定出产品质量控制办法。图 6.2 所示为一个由 4 个质量屋矩阵组成的典型 QFD 瀑布式分解模型。

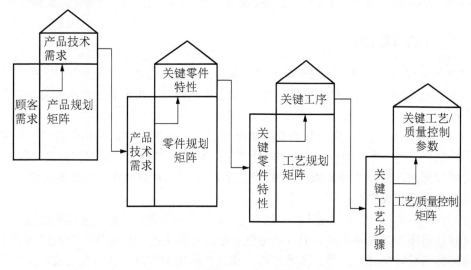

图 6.2 典型 QFD 瀑布式分解模型示意图

实施 QFD 的关键是获取顾客需求并将顾客需求分解到产品形成的各个过程，将顾客需求转换成产品开发过程具体的技术要求和质量控制要求。通过对这些技术和质量控制要求的实现来满足顾客的需求。因此，严格地说，QFD 是一种思想，一种产品开发管理和质量保证与改进的方法论。对于如何将顾客需求一步一步地分解和配置到产品开发的各个过程中，需要采用 QFD 瀑布式分解模型。但是，针对具体的产品和实例，没有固定的模式和分解模型，可以根据不同目的按照不同路线、模式和分解模型进行分解和配置。

🔑 小知识

质量屋是实施 QFD 展开的基本工具，瀑布式分解模型则是 QFD 的展开方式和整体实施思想的描述。

下面是几种典型的 QFD 瀑布式分解模型。

(1) 按顾客需求→产品技术需求→关键零件特性→关键工序→关键工艺及质量控制参数将顾客需求分解为 4 个质量屋矩阵，如图 6.2 所示。

(2) 按顾客需求→供应商详细技术要求→系统详细技术要求→子系统详细技术要求→制造过程详细技术要求→零件详细技术要求，分解为 5 个质量屋矩阵。

(3) 按顾客需求→技术需求(重要、困难和新的产品性能技术要求)→子系统/零部件特性

(重要、困难和新的子系统/零部件技术要求)→制造过程需求(重要、困难和新的制造过程技术要求)→统计过程控制(重要、困难和新的过程控制参数)，分解为 5 个质量屋矩阵。

(4) 按顾客需求→工程技术特性→应用技术→制造过程步骤→制造过程质量控制步骤→在线统计过程控制→成品的技术特性，分解为 6 个质量屋矩阵。

下面以图 6.2 所示的 QFD 瀑布式分解模型为例进一步说明 QFD 的分解步骤和过程。

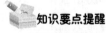知识要点提醒

顾客需求是 QFD 最基本的输入。顾客需求的获取是 QFD 实施中最关键也是最困难的工作。要通过各种先进的方法、手段和渠道搜集、分析和整理顾客的各种需求，并采用数学的方式加以描述。之后，进一步采用质量屋矩阵的形式，将顾客需求逐步展开，分层地转换为产品的技术需求、关键零件特性、关键工艺步骤和质量控制方法。在展开过程中，上一步的输出是下一步的输入，构成瀑布式分解过程。

6.2.2 QFD 的分解步骤

QFD 从顾客需求开始，经过 4 个阶段，即 4 步分解，用 4 个质量屋矩阵——产品规划矩阵、零件规划矩阵、工艺规划矩阵和工艺/质量控制矩阵，将顾客的需求配置到产品开发的整个过程。

(1) 确定顾客的需求。由市场研究人员选择合理的顾客对象，利用各种方法和手段，通过市场调查，全面收集顾客对产品的种种需求，然后将其总结、整理并分类，得到正确、全面的顾客需求，以及各种需求的权重(相对重要程度)。在确定顾客需求时应避免主观想象，注意全面性和真实性。

(2) 产品规划。产品规划矩阵的构造在 QFD 中非常重要，满足顾客需求的第一步是尽可能准确地将顾客需求转换成为通过制造能满足这些需求的物理特性。产品规划的主要任务是将顾客需求转换成设计用的技术特性。通过产品规划矩阵，将顾客需求转换为产品的技术需求，也就是产品的最终技术性能特征，并根据顾客需求的竞争性评估和技术需求的竞争性评估，确定各个技术需求的目标值。

资料卡

QFD 具体在产品规划过程要完成下列任务：完成从顾客需求到技术需求的转换；从顾客的角度对市场上同类产品进行评估；从技术的角度对市场上同类产品进行评估；确定顾客需求和技术需求的关系及相关程度；分析并确定各技术需求相互之间制约关系；确定各技术需求的目标值。

(3) 产品设计方案的确定。依据上一步所确定的产品技术需求目标值，进行产品的概念设计和初步设计，并优选出一个最佳的产品整体设计方案。这些工作主要由产品设计部门及其工作人员负责，产品生命周期中其他各环节、各部门的人员共同参与，协同工作。

(4) 零件规划。基于优选出的产品整体设计方案，并按照在产品规划矩阵所确定的产品技术需求，确定对产品整体组成有重要影响的关键部件/子系统及零件的特性，利用失效模型及效应分析(FMEA)、故障树分析(FTA)等方法对产品可能存在的故障及质量问题进行分析，以便采取预防措施。

(5) 零件设计及工艺过程设计。根据零件规划中所确定的关键零件的特性及已完成的产品初步设计结果等，进行产品的详细设计，完成产品各部件/子系统及零件的设计工作，

选择好工艺实施方案，完成产品工艺过程设计，包括制造工艺和装配工艺。

(6) 工艺规划。通过工艺规划矩阵，确定为保证实现关键产品特征和零部件特征所必须给予保证的关键工艺步骤及其特征，即从产品及其零部件的全部工序中选择和确定出对实现零部件特征具有重要作用或影响的关键工序，确定其关键程度。

(7) 工艺/质量控制。通过工艺/质量控制矩阵，将关键零件特性所对应的关键工序及工艺参数转换为具体的工艺/质量控制方法，包括控制参数、控制点、样本容量及检验方法等。

案例 6-1

小麦公社："最后一公里"的切入点

小麦公社是全国最大的专业的校园物流公司，也是国内最大的电商校园渠道服务商。公司计划在全国高校集中的城市，300 所高校内建设"最后一公里"校内物流快递服务平台。通过在校内建设物流营业厅，整合主流电商、快递的物流公司，在学校内搭建统一的运营管理平台，使得师生可以享受到优质、安全、便捷的校内物流服务。

小麦公社物流项目为高校搭建校内物流网点的同时，帮助高校学生自主创业、提供实习的机会。通过对校内资源、校外企业的各项资源整合，实现收益，成为一家可以覆盖全国所有核心高校最专业的校园物流公司；将物流与营销完美结合，形成校园 O2O 产业链，成为优质的电商校园渠道服务商。

案例分析：与传统快递公司相比，小麦公社提供的"最后一公里"快递服务，对于大学生而言，属于基本型需求、期望型需求还是兴奋型需求？

(资料来源：小麦公社官网.http://www.imxiaomai.com/.)

6.3 QFD 中的顾客需求的获取及整理

6.3.1 顾客需求的 KANO 模型

卡诺(Noriaki Kano)将顾客需求分为三种类型：基本型、期望型和兴奋型。这种分类有助于对顾客需求的理解、分析和整理。一般将卡诺所提出的描述顾客需求的质量模型称为 KANO 模型，具体如图 6.3 所示。

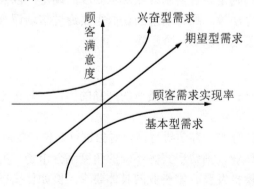

图 6.3 顾客需求的 KANO 模型

1. 基本型需求

基本需求是顾客认为产品应该具有的基本功能，是不言而喻的，一般情况下顾客不会专门提出，除非顾客近期刚好遇到产品失效等特殊事件，牵涉到这些需求或功能。基本需求作为产品应具有的最基本功能，如果没有得到满足，顾客就会很不满意；相反，当完全满足这些基本需求时，顾客也不会表现出特别满意。例如，汽车发动机在发动时的正常运行就属于基本需求，一般顾客不会专门提出这种需求，因为他们认为这是理所当然的。然而，如果汽车不能发动或经常熄火，顾客就会感到非常生气和不满。

2. 期望型需求

在市场上顾客经常谈论的通常是期望型需求。期望型需求在产品中实现的越多，顾客就越满意；相反，当不能满足这些期望型需求时，顾客就会不满意。企业要不断调查和研究顾客的这种需求，并通过合适的方法在产品中体现这种需求。如汽车的耗油量和驾驶的舒适程度就属于这种需求。满足得越多，顾客就越满意。

3. 兴奋型需求

兴奋型需求是指令顾客意想不到的产品特性。如果产品没有提供这类需求，顾客不会不满意，因为他们通常就没有想到这类需求；相反，当产品提供了这类需求时，顾客对产品就会表现出非常的满意。

> **资料卡**
>
> 企业开发新产品时，关心的是该产品能否让用户接受，所以首先必须了解掌握用户的需求。理想的问卷调查应该可能达到以下目的。
>
> 能够断定产品是否满足用户的需要；能够了解到与竞争对手的差距；能够了解市场容量；能够从中获得策划进入市场战略的启示。
>
> 在考虑关于对象产品的质量要求时，要详细观察实际在使用时的状况。问卷调查和访谈主要是面对个人进行的，获得的情报和资料对今后的设计将起到重要作用。

6.3.2 顾客需求的获取

如前所述，顾客需求的提取是 QFD 实施过程中最为关键也是最难的一步。顾客需求的提取具体包括顾客需求的确定、各需求的相对重要度的确定，以及顾客对市场上同类产品在满足他们需求方面的看法等。顾客需求的获取主要通过市场调查，然后整理和分析而得到。顾客需求的获取一般包括以下几个步骤。

1. 选择调查对象

对于新产品，重点调查与该产品相类似的产品的用户；对于现有产品的更新换代，重点调查现有产品用户。

为了把握调查情报的分布，有必要对调查对象进行定位，要从地理位置、年龄、性别、收入水平、家庭构成、职业、消费形式等不同的角度细分市场。如果产品是通过不同的途径进入市场的，必须了解批发商、零售业的具体要求，例如什么样的产品好销，怎样才能好销，最近顾客对该类产品有什么意见等。

另外，调查对象要以全部的目标消费者为对象，不能仅以购买产品的用户为对象，这样就无法将未买产品的用户纳入到该产品的消费群中来。

2. 进行市场调查并收集情报

用户对产品的质量要求用文字表达出来就是原始情报，而提出这些质量要求的用户特征(年龄、性别、职业等)数据就是属性资料。对于现有改进型产品，原始情报的属性资料通过问卷调查、访谈研究或收集用户意见、投诉获得。对于全新的产品，向用户了解这些资料就太困难了，甚至根本不可能。这时就要采用一些特殊的技术来达到要求。常用的做法之一是不直接询问顾客，而是通过定点拍摄顾客行动等各种方法，分析调查结果，得出潜在的顾客消费需求。

市场调查的基本方法有两大类：一类是向用户直接了解的问卷调查和访谈研究方法；另一类是利用企业现有的情报，这些情报主要包括用户投诉意见、企业内部行业信息等。这几种方法各有优缺点，必须结合实际情况合理地选择。一般为了收集直接的来自顾客声音，倾向于采用问卷调查和访谈研究。

案例 6-2

宝洁公司：市场调查提升了尿布的销量

1956 年，宝洁公司开发部主任维克·米尔斯在照看其出生不久的孙子时，深切感受到一篮篮脏尿布给家庭主妇带来的烦恼。洗尿布的责任给了他灵感。于是，米尔斯就让手下几个最有才华的人研究开发一次性尿布。

一次性尿布的想法并不新鲜。事实上，当时美国市场上已经有好几种牌子了。但市场调研显示：多年来这种尿布只占美国市场的 1%。原因首先是价格太高；其次是父母们认为这种尿布不好用，只适合在旅行或不便于正常换尿布时使用。调研结果：一次性尿布的市场潜力巨大，美国和世界许多国家正处于战后婴儿出生高峰期。将婴儿数量乘以每日平均需换尿布次数，可以得出一个大得惊人的潜在销量。

宝洁公司产品开发人员用了一年的时间，最初样品是在塑料裤衩里装上一块打了褶的吸水垫子。但在 1958 年夏天现场试验结果，除了父母们的否定意见和婴儿身上的痱子以外，一无所获。

1959 年 3 月，宝洁公司重新设计了它的一次性尿布，并在实验室生产了 37 000 个样子，拿到纽约州去做现场试验。这一次，有 2/3 的试用者认为该产品胜过尿布。降低成本和提高新产品质量，比产品本身的开发难度更大。到 1961 年 12 月，该项目进入了能通过验收的生产工序和产品试销阶段。

公司选择地处美国最中部的城市皮奥里亚试销这个后来被定名为"帮宝适"(Pampers)的产品。发现皮奥里亚的妈妈们喜欢用"帮宝适"，但不喜欢 10 美分一片尿布的价格。在 6 个地方进行的试销进一步表明，定价为 6 美分一片，就能使这类新产品畅销。宝洁公司把生产能力提高到使公司能以该价格在全国销售娇娃尿布的水平。娇娃尿布终于成功推出，直至今天仍然是宝洁公司的拳头产品之一。

(资料来源：三亿文库. http://3y.uu456.com/.)

3. 顾客需求的分析与整理

收集到的顾客需求是各种各样的，有要求、意见、抱怨、评价和希望，有关于质量的，有涉及功能的，还有涉及价格的，所以必须对从用户那里收集到的情报进行分类、整理。

通过对调查信息的分析与整理，形成QFD配置所需的顾客需求信息及形式。对顾客需求信息的分析整理主要包括以下工作。

1) 概括合并顾客需求

顾客对其需求的描述经常很长，为了便于在QFD矩阵输入，必须对它们进行概括。在概括顾客需求时，注意不要歪曲顾客原意。这样，当产品设计人员在阅读QFD产品规划矩阵时就像在同顾客交谈一样。

在用简洁明了的语言概括顾客需求后，应将表达同一含义或相似含义的顾客需求进行合并。因为顾客需求总数越少，管理QFD矩阵就越容易。建议将总顾客需求数最好控制在25个以下，最多不要超过50个。

2) 将原始资料变换成顾客质量要求

原始情报本来是用户的声音，要对用户发出的信息进行翻译，将其变换成规范的质量要求。通常是先将原始资料变换成为要求项目，然后再将要求项目转换为要求质量。

> **资料卡**
>
> 下面以这一产品为例，简要说明将原始资料变换成为要求项目，再将要求项目转换为要求质量的过程。
>
> 1. 将原始资料转换成要求项目
>
> 变换表包括原始资料、使用场景和要求项目等内容。要求项目是根据原始资料设计或确定的，不拘形式，不局限于抽象的概念，可以是功能，或联想到的、灵机一动的念头，也可以将原始资料直接转记过去。变换的中介是使用场景。从5W1H入手，即从谁使用(Who)、何地使用(Where)、何时使用(When)、为什么要使用(Why)、使用的预期目的是什么(What)，以及如何使用(How)入手，引出要求项目。
>
> 2. 将要求项目转换成要求质量
>
> 在形成要求项目时，重点强调的是让用户有一个宽松的呼声环境，给予用户以充分发表意见的机会，鼓励用户积极提出他们的需求。为了达到这一目的，要求项目的表达可以非常随意和不拘形式。因此，要求项目的条款设置和内容，难免出现表达不清、用词不准和界定不严格等问题，不便于直接用于质量控制，必须通过进一步的分析、整理，转换为要求质量。
>
> 在由要求项目向要求质量转换时，要注意语言的简洁、形象、具体和准确。每一项要求质量不要包含两个以上的质量要求。

6.4 质 量 屋

6.4.1 质量屋结构

质量屋结构如图6.4所示，一个完整的质量屋包括6个部分：顾客需求、技术需求、关系矩阵、竞争分析、屋顶和技术评估。竞争分析和技术评估又都由若干项组成。

1. 技术需求(最终产品特性)，即质量屋的"如何"(How)

各项顾客需求可简单地采用图示列表的方式，将顾客需求1、顾客需求2、……、顾客需求n_c，填入质量屋中。也可采用类似于分层式调查表的方式，或采用树图表示。

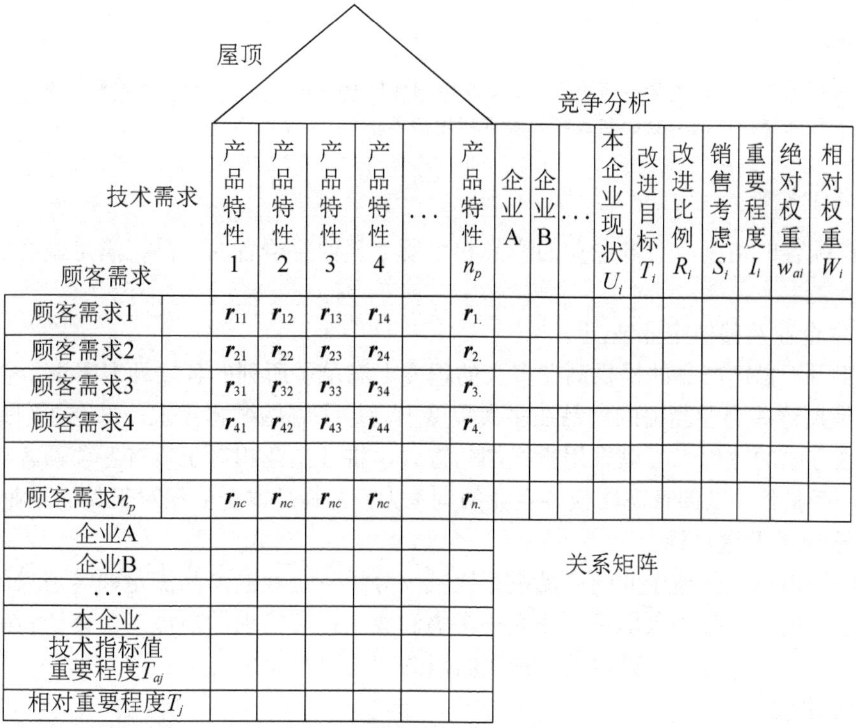

图 6.4 质量屋结构形式示意图

注：① 关系矩阵一般用"◎、○和△"表示，它们分别对应数字"9，3 和 1"，没有表示无关系，对应数字 0；

② 销售考虑用"●和○"表示，"●"表示强销售考虑；"○"表示可能销售考虑，没有表示不是销售考虑。分别用对应数字 1.5，1.2 和 1.0。

2. 技术需求(最终产品特性)，即质量屋的"如何"(How)

技术需求也可采用简单的列表、树图、分层调查表或系统图的方式描述。技术需求是用以满足顾客需求的手段，是由顾客需求推演出的，必须用标准化的形式表述。技术需求可以是一个产品的特性或技术指标，也可以是指产品的零件特性或技术指标，或者是一个零件的关键工序及属性等。根据质量屋用于描述的关系矩阵不同而不同。在图 6.2 所示的产品规划矩阵中，它是指产品技术需求；同样在图 6.2 所示的零件规划矩阵中，它是指关键零件特性。

3. 关系矩阵，即顾客需求和技术需求之间的相关程度关系矩阵

这是质量屋的本体部分，它用于描述技术需求(产品特性)对各个顾客需求的贡献和影响程度。图 6.4 所示质量屋关系矩阵可采用数学表达式 $R = \left[r_{ij} \right]_{nc \times np}$ 表示。r_{ij} 是指第 j 个技术需求(产品特性)对第 i 个顾客需求的贡献和影响程度。r_{ij} 的取值可以是数值域[0，1]内的任何一个数值，或从{0，1，3，9}中取值。取值越大，说明第 j 个技术需求(产品特性)对第 i 个顾客需求的贡献和影响程度越大；反之，越小。

小知识

在实际应用中,视具体要求的不同,质量屋结构可能会略有不同。例如,有时可能不设置屋顶;有时竞争分析和技术评估这两部分的组成项目会有所增删等。

4. 竞争分析

站在顾客的角度,对本企业的产品和市场上其他竞争者的产品在满足顾客需求方面进行评估。

1) 本企业及其他企业情况

主要用于描述产品的提供商在多大的程度上满足了所列的各项顾客需求。企业 A、企业 B 等是指这些企业当前的产品在多大程度上满足了哪些顾客需求。本企业则是对本企业产品在这方面的评价。可以采用折线图的方式,将各企业相对于所有各项顾客需求的取值连接成一条折线,以便直观比较各企业的竞争力,尤其是本企业相对于其他企业的竞争力。

2) 未来的改进目标

通过与市场上其他企业的产品进行比较,分析各企业的产品满足顾客需求的程度,并对本企业的现状进行深入剖析,在充分考虑和尊重顾客需求的前提下,设计和确定出本企业产品未来的改进目标。确定的目标在激烈的市场要有竞争力。

3) 改进比例

改进比例 R_i 是改进目标 T_i 与本企业现状 U_i 之比。

4) 销售考虑

销售考虑 S_i 用于评价产品的改进对销售情况的影响。例如,可以用 {1.5, 1.2, 1.0} 来描述销售考虑 S_i。当 S_i=1.5 时,指产品的改进对销售量的提高影响显著;当 S_i=1.2 时,指产品的改进对销售量的提高影响中等;当 S_i=1.0 时,指产品的改进对销售量的提高无影响。质量的改进必须考虑其经济性问题。如果要改进某一特性,以便更好地满足这一顾客需求,改进之后,产品的销售量会不会有所提高,究竟能提高多少值得认真考虑。片面地追求质量至善论是不正确的。

5) 重要程度

顾客需求的重要程度 I_i 是指按各顾客需求的重要性进行排序而得到的一个数值。该值越大,说明该项需求对于顾客具有越重要的价值;反之,则重要程度越低。

6) 绝对权重

绝对权重 I_{ai} 是改进比例 R_i、重要程度 I_i 及销售考虑 S_i 之积,是各项顾客需求的绝对计分。通过该计分,提供了一个定量评价顾客需求的等级或排序。

7) 相对权重

为了清楚地反映各顾客需求的排序情况,采用相对权重 I_i 的计分方法,即 $(I_{ai} / \sum I_{ai}) \times 100\%$。

5. 技术需求相关关系矩阵和质量屋的屋顶

技术需求相关关系矩阵主要用于反映一种技术需求,如产品特性对其他产品特性的影响。它呈三角形,又位于质量屋的上方,故被称为质量屋的屋顶。例如,在图 6.4 中,如果某一零件特性 i 与另一零件特性 j 之间存在一种制约关系,即如果提高零件特性 i 指标,

零件特性 j 指标必然下降；反之，亦然。可以用一个符号如 X 来表示这种情况，并称之为负相关。如果某一零件特性 i 与另一零件特性 j 之间存在一种促进关系，即如果提高零件特性 i 指标，零件特性 j 指标必然是跟着提高；反之，亦然。可以用一个符号如 ○ 来表示这种情况，并称之为正相关。也可进一步采用不同的符号或数值来描述相关(正相关和负相关)的强弱程度。

6. 技术评估

技术评估对技术需求进行竞争性评估，确定技术需求的重要度和目标值等。

1) 本企业及其他企业情况

针对各项技术需求，描述产品的提供商所达到的技术水平或能力。企业 A、企业 B 等是指这些企业针对各项技术需求，能够达到的技术水平或具有的质量保证能力。本企业 U 则是对本企业在这方面的评价。可采用折线图的方式，将各企业相对于所有各项技术需求所具有的能力或技术水平的取值连接成一条折线，以便直观评估各企业的技术实力和水平，尤其是本企业相对于其他企业在技术水平和能力上的竞争力。

2) 技术指标值

具体给出各项技术需求，如产品特性的技术指标值。

3) 重要程度 T_{aj}

对各项技术需求的重要程度进行评估、排序，找出其中的关键项。关键项是指：如果该项技术需求得不到保证，将对能否满足顾客需求产生重大消极影响；该项技术需求对整个产品特性具有重要影响；是关键的技术；或是质量保证的薄弱环节等。对确定为关键的技术需求，要采取有效措施，加大质量管理力度，重点予以关注和保证。

技术需求的重要程度 T_{aj} 是指按各技术需求的重要性进行排序而得到的一个数值。该值越大，说明该项需求越关键；反之，则越不关键。T_{aj} 是各项技术需求的一个绝对计分。通过该计分，提供了一个定量评价技术需求的等级或排序。

4) 相对重要程度 T_j

为了清楚地反映各技术需求的排序情况，采用相对重要程度 T_j，即 $(T_{aj}/\sum T_{aj})\times 100\%$。

以上是针对 QFD 瀑布式分解过程中的第一个质量屋，即产品规划矩阵(见图 6.4)来描述质量屋的结构。对于 QFD 瀑布式分解过程中的其他配置矩阵，其结构完全相同。不同的是顾客需求中的顾客已变成了广义的顾客，技术需求也进一步扩展为引申了其他技术方面的需求，但仍是质量屋中的"什么"和"如何"。这时，QFD 瀑布式分解过程中的上一级质量屋，如图 6.4 中的产品规划矩阵，就变成了其下一级质量屋——零件规划矩阵的顾客，相应地，下一级质量屋——零件规划矩阵的技术需求也就具体地变为关键零件特性，以此类推。

📇 资料卡

质量屋(House of Quality, HoQ)是 QFD 的核心，它是由美国学者豪泽(J.R.Hauser)和唐·克劳辛(Don Clausing)在 1988 年提出的，是一种确定顾客需求和相应产品或服务功能之间联系的图示方法。

6.4.2 质量屋参数的配置及计算

下面以产品规划矩阵为例说明质量屋中参数的配置及计算。

1. 顾客需求及权重

首先，对顾客需求按照性能(功能)、可信性(包括可用性、可靠性和维修性等)、安全性、适应性、经济性(设计成本、制造成本和使用成本)和时间性(产品寿命和及时交货)等进行分类，并根据分类结果将获取的顾客需求直接配置至产品规划质量屋中相应的位置。然后，对各需求按相互间的相对重要度进行标定。具体可采用数字1～9分10个级别标定各需求的重要度。数值越大，说明重要度越高；反之，则说明重要度越低。

2. 技术需求

在配置技术需求时，应注意满足以下3个条件。

(1) 针对性。技术需求要针对所配置的顾客需求。

(2) 可测量性。为了便于实施对技术需求的控制，技术需求应可测定。

(3) 宏观性。技术需求只是为以后的产品设计提供指导和评价准则，而不是具体的产品整体方案设计。对于技术需求，要从宏观上以技术性能的形成来描述。

例如，当顾客提出"希望使用的汽车在必要时能立即制动"这一需求时，相应的技术需求应配置为"制动时间"。汽车的制动时间越短，顾客就越满意。又如，当顾客提出"希望产品的使用寿命长"时，对应的技术需求要配置为"使用寿命"。

3. 关系矩阵

通常采用一组符号来表示顾客需求与技术需求之间的相关程度。例如，用双圆圈来表示"强"相关，用单圆圈来表示"中等"相关，而用三角来表示"弱"相关。顾客需求与技术需求之间的相关程度越强，说明改善技术需求会越强烈地影响到对顾客需求的满足情况。顾客需求与技术需求之间的关系矩阵直观地说明了技术需求是否适当地覆盖了顾客需求。如果关系矩阵中相关符号很少或大部分是"弱"相关符号，则表示技术需求没有足够地满足顾客需求，应对它进行修正。

对关系矩阵中的相关符号可以按"强"相关为9、"中等"相关为3、"弱"相关为1，直接配置成数字形式。也可按百分制的形式配置成 [0，1] 范围内的小数或用其他方式描述。下式是关系矩阵的数学表示式。

其中 nc 和 np 分别指的是顾客需求和技术需求的个数，$r_{ij}(i=1, 2, 3, \cdots, nc; j=1, 2, 3, \cdots, np)$指的是第 i 个顾客需求与第 j 个技术需求之间的相关程度值。

4. 竞争分析

通过对其他企业的情况以及本企业的现状进行分析，并根据顾客需求的重要程度及对技术需求的影响程度等，确定对每项顾客需求是否要进行技术改进及改进目标。竞争能力用1～5五个数字表示，1表示最差，5表示最好。然后根据本企业现状和改进目标计算出对顾客需求的改进程度(比例)，最后再根据改进程度、重要性等计算出顾客需求的权重(绝对值和百分比)。

以下是竞争分析配置计算过程中的各项计算用式。

$$改进比例 R_i = 改进目标 T_i / 本企业现状 U_i \tag{6-1}$$

$$绝对权重 I_{ai} = 改进比例 R_i \times 重要度 I_i \times 销售考虑 S_i \tag{6-2}$$

$$相对权重 I_i = (I_{ai}/\sum I_{ai}) \times 100\% \tag{6-3}$$

式中：i 表示顾客需求的编号。

5. 技术评估

技术评估的配置主要是完成对各技术需求的技术水平及其重要性的计算与评估。其任务之一是通过与相关外企业状况的比较，评估本企业所提出的这些技术需求的现有技术水平；任务之二是利用竞争分析的结果和关系矩阵中的信息，计算各项技术需求的重要程度(绝对值和百分比)，以便作为制定技术需求具体技术指标或参数的依据。

技术需求的重要程度按下面两式计算：

$$重要程度 T_{aj} 的绝对值 = \sum r_{ij} \cdot I \tag{6-4}$$

$$重要程度 T_j 的相对值 = (T_{aj}/\sum T_{aj}) \times 100\% \tag{6-5}$$

式中：i 表示顾客需求的编号；j 表示技术需求的编号；r_{ij} 表示关系矩阵值；I_i 表示顾客需求的权重。

6. 屋顶

屋顶表示出了各技术需求之间的相互关系，这种关系表现为三种形式：无关系、正相关和负相关。在根据各技术需求重要程度等信息确定产品具体技术参数时，不能只单独、片面地提高重要程度高的产品技术需求的技术参数，还要考虑各技术需求之间的相互影响或制约关系。特别要注意那些负相关的技术需求。负相关的技术需求之间存在反的作用，提高某一技术需求的技术参数则意味着降低另一技术需求的技术参数或性能。此外，对于那些存在正相关的技术需求，可以只提高其中比较容易实现的技术需求的技术指标或参数。

屋顶中的内容不需要计算，一般只是用三角符号△表示正相关，用符号×表示负相关，标注到质量屋屋顶的相应项上，作为确定各技术需求具体技术参数的参考信息。

小思考

结合生活中的事件，想想该如何应用质量屋进行实际分析与评价？

6.5 QFD 的工作程序

6.5.1 QFD 组织实施的工作程序

1. 确定开展 QFD 项目

由于 QFD 的实施通常需要跨部门合作，实施中有一定工作量，应根据项目工作范围大小、涉及部门的多少，由适当级别的负责人来确定是否应用 QFD 技术及需要开展 QFD 的项目。

2. 成立多功能综合 QFD 小组

在应用 QFD 时，必须强调矩阵管理，既要加强纵向(专业内部)的联系，也要加强横向(项目内容)的联系。QFD 小组的活动有助于消除不同部门、不同专业之间的隔阂，使产品或服务能更好地满足顾客的需求。

3. 顾客需求分析

顾客需求分析是 QFD 的关键环节，必须给予充分的重视。此处的"顾客"是一个广义的概念，除了产品试用者和潜在使用者，必要时还包括主管部门、分销商、产品维修人员等在产品生命周期内关系密切的组织和人员。获取顾客需求的方法有问卷调查、信息反馈、顾客中小组和电话呼叫中心统计等。

> **资料卡**
>
> 顾客对产品的需求可分为基本型需求、期望型需求和兴奋型需求。结合顾客调查的结果，给出各项顾客需求的量化重要度，鉴于 ASI 模式抓住 QFD 的实质有助于人们理解上游的决策如何影响下游的活动和资源配置。

6.5.2 QFD 实施的基本过程

1. 顾客需求的提取

顾客需求是企业正确指定产品设计战略的基础，是企业进行产品设计的依据和源头。QFD 方法中一个很重要的概念就是顾客之音，因此在 QFD 的实施过程中，顾客需求的提取是产品设计过程中最为关键的也是最为困难的一步，它直接关系到产品设计的成败。要设计出受顾客欢迎的产品，首先要保证收集到的顾客信息真正反映大多数顾客的需求。为了准确获取顾客需求，企业应尽可能地通过各种市场调查方法和各种渠道来收集顾客信息。通过上述方法和渠道获取顾客需求信息后，应采用新全面质量管理七种工具中的亲和法(对处于混乱状态的语言文字资料利用其相互内在关系加以整理、合并，从中找出解决问题的方法)，对这些原始的顾客需求进行分类、整理和分析，形成系统的、有层次有条理的顾客需求表，并用加权来表示顾客需求的相对重要性。它是企业正确制定产品开发战略的基础，是企业进行产品开发的依据和源头。

2. 顾客需求的瀑布式分解过程

QFD 中顾客需求的分解过程是指通过适当的分解模型，将提取的顾客需求转换成产品开发与制造中各个阶段对应的技术需求信息，以使顾客需求贯穿于产品开发的各个阶段。一般采用矩阵(在 QFD 中即质量屋)的形式将顾客需求逐步展开，分层地转换为设计要求(产品总体特征)、零件特征、工艺特征和质量控制方法。在展开过程中，前一个矩阵的输出就是后一个矩阵的输入，构成瀑布式分解过程。QFD 从顾客需求开始，经过四步分解，用四个矩阵，最终得到产品的工艺/质量矩阵，QFD 方法的瀑布式分解具体来说包括以下 4 个阶段。

(1) 产品规划阶段。通过产品规划矩阵，将顾客需求转换为设计要求，并分别从顾客的角度和技术的角度对竞争产品进行评估，在分析质量屋的各部分信息的基础上，确定各个产品总体特征的技术性能指标。

(2) 零件配置阶段。利用前一阶段定义的设计要求，从多个设计方案中选择一个最佳方案，并通过零件配置矩阵将其转换为关键的零件特征。

(3) 工艺设计阶段。通过工艺设计矩阵，确定为保证实现关键的产品特征和零件特征所必须保证的关键工艺参数。

(4) 工艺/质量控制阶段。通过工艺/质量控制矩阵，将关键的零件特征和工艺参数转换为具体的质量控制方法。

在以上 4 个阶段中，尤其要注意以下事项。

(1) 技术特征的确定与瓶颈技术的攻关。根据量化评估方法对各项顾客需求与对应的技术特征的相互关系进行打分，完成质量屋的关系矩阵，计算各项技术特征的重要度。根据重要度的大小找到关键技术特征，作为控制重点。

(2) 各级质量屋的建立。

① 产品规划阶段的 QFD 用于指导产品的总体设计方案，输出关键的产品设计要求及指标。

② 在零件配置阶段，以上一阶段输出的设计要求作为输入，必要时补充这些设计要求未能覆盖的产品功能与性能要求，运用头脑风暴法分析为满足这些设计要求应具备的零件特征，并筛选重要的、对产品最终质量特性影响大的零件特征，建立质量屋。本阶段的 QFD 用于指导产品详细设计和有关技术要求的制定。

③ 工艺设计阶段质量屋反映从设计到生产阶段的转移，其输入是上一级质量屋输出的关键的零件特征，并可根据实际需要加以补充。工艺设计阶段的 QFD 指导了工艺方案的编制，本阶段的输出是重要度高的工艺特征及参数。

④ 在最后一个阶段即工艺/质量控制阶段，QFD 的目的是策划如何减少生产操作的成本，将生产的波动最小化，同时提高产量。

(3) 落实关键环节的稳定性优化设计和强化控制。通过四个阶段的质量功能展开，确定了关键环节，为深入的产品开发指明了方向。对于关键技术攻关，产品和工艺的设计有赖于其他质量和可靠性工具，因此，有必要将 QFD 与其他质量和可靠性工具结合使用，开发出优化的产品。

(4) 质量屋的不断迭代与完善。第一轮四个阶段的质量屋大致在产品初步设计结束时完成。随着产品研制工作的深入，需要对各阶段的质量屋技术及时地、不断地进行迭代、完善，尤其在初步设计结束和投产决策的两个节点，应进行 QFD 的评审。在产品进入市场前形成最终的四个阶段的质量屋，成为产品技术归档资料的一部分。质量屋的迭代与完善可结合设计评审、工艺评审和产品评审进行。在新产品上市后，应继续采用 QFD 方法，开展和优化售后服务，收集和研究顾客的意见，应用 QFD 方法不断改进产品，提高产品质量，推出新的款式和型号，满足市场新的需求。

(5) 计算机辅助质量功能展开。质量屋的绘制、填写、量化计算和修改等工作如果用手工完成，会给 QFD 小组带来一定的负担；另外，对组织而言，不同的 QFD 小组用不同的方式编制质量屋，也会给这些资料在组织内的保存、传递及再利用带来困难。采用计算机辅助 QFD 软件，可以帮助工程人员在计算机上建立工程的质量屋模型，并对其进行一系列的量化评估、迭代分析及运算比较，最终生成一套完整的质量屋，同时生成详尽的可检索调用、可保存修改的工程信息记录，有效地支持了 QFD 的工程应用，并促进了 QFD 技术的规范化。从长远看，计算机辅助 QFD 软件将产生的信息融入组织内部及产品数据和管理信息流，在网络环境支持下，实现在各部门间的传递和共享。

6.5.3 建立质量屋需要注意的问题

1. 选择适当的项目

QFD 的基本原理虽然不难理解，但实施中仍然有一定的技巧，初学者在进行工程实践时，可能会由于顾客需求、工程措施分析不全面或相互混淆，量化评估不够规范等种种原因而遭受挫折，影响 QFD 的效果。这样的问题要通过实践经验的积累逐渐避免。因此，进行 QFD 实践时应遵循由易到难的原则，开始时选择规模适当的项目，如已有产品的改进、改型，所需的时间和精力不太多，效果也易于衡量，通过一个一个成功的小案例加深对这一方法的理解，为在大型复杂产品的开发中应用 QFD 打下基础。

2. 视情况剪裁质量屋

在具体应用中，可以根据实际情况对质量屋进行恰当的剪裁和补充。例如，一般地下室(技术竞争能力评估)和右墙(市场竞争能力评估)在产品规划阶段的质量屋中必须有，但在零件配置、工艺设计、工艺/质量控制阶段可以根据需要决定是否使用；尖屋顶(相关矩阵)也可以根据实际情况决定取舍，用于方案选择的质量屋，可以不考虑相关矩阵。左墙(顾客需求)和天花板(技术需求)根据情况可只建立一级顾客需求和技术需求，也可考虑细分为多级顾客需求和技术需求。

质量屋的部件结构应当灵活应用，例如，左墙和天花板在第一级质量屋中一般为顾客的需求和产品设计要求，但在第二级和以后的质量屋中应当按照上一级质量屋的天花板和地板的重点内容转换为下一级质量屋的左墙的原理进行处理。又如，随着左墙与天花板项目的改变，相应的称谓也可改变，如在第一级质量屋中，左墙与天花板分别被称为"顾客需求"和"技术需求"；在第二级质量屋中，则分别被称为"设计要求"和"零件特征"等。另外。根据需要在右墙的内容中可以加入"顾客投诉频度""销售点"等。

3. 应用质量屋进行设计方案优选

质量屋对于设计、工艺、施工、生产方案的优化与迭代是非常有用的工具。对于多个备选方案进行优化时，关系矩阵(房间)的数值代表的是方案对于实现每项需求的有效性。

当选取一个基准方案，再进行方案改进和优选时，一般可将基准方案的有效度设置为"基准"，候选方案对于某项需求的有效性高于基准方案时设置为"候选方"，低于基准方案时设置为"低于基准"，与基准方案相当时设置为"与基准相当"。

4. 重视权衡研究

当相关矩阵(屋顶)中出现负相关和强负相关时，说明对应的两项工程措施间存在不利的交互作用。处理办法有两个：一种是细化目标顾客群，对于定位更精确的目标顾客群，可能其要求的质量只需其中的一项工程措施即可满足，或者强负相关的工程措施的重要度有很大差别，可根据此开发工程措施侧重点不同的系列产品；另一种是综合权衡，以最大限度地满足顾客需要为目标，对矛盾的工程措施进行深入的权衡分析，以便调整工程措施，减弱其交互作用，或对两项工程措施决定取舍。

5. QFD 小组的组织落实

由于 QFD 小组要在某项工作的整个周期内活动并发挥作用，QFD 小组的负责人应由熟悉该项工作各方面情况的技术或行政负责人，或具有组织能力的资历深、有威望的人士来担任，以便使 QFD 小组卓有成效地工作，QFD 分析结果能迅速付诸实施。在一段较长的时间内，该项工作的技术或行政负责人可能变动，QFD 小组负责人也应视情况相应变动。必须推选或指定一名责任心强、知识面广、熟练掌握 QFD 方法的人作为 QFD 小组的记录员，全面地记录、整理 QFD 小组活动展开中的情况，并形成必要的报告。

案例 6-3

两级质量屋：机油压力传感器的改进

某厂生产的微型汽车发动机机油压力传感器存在以下质量问题。
(1) 在高低温的环境下，不能满足性能要求。
(2) 耐油性不好，使用时间一长，橡胶膜片就会出现老化现象。
(3) 当机油压力高时，出现漏油现象。
(4) 报警器不敏感，有时还会出现虚警。

为了解决上述质量问题，该厂组成 QFD 攻关小组，并按 QFD 的工作程序和评分准则建立了两级质量屋(见图 6.5、图 6.6)。

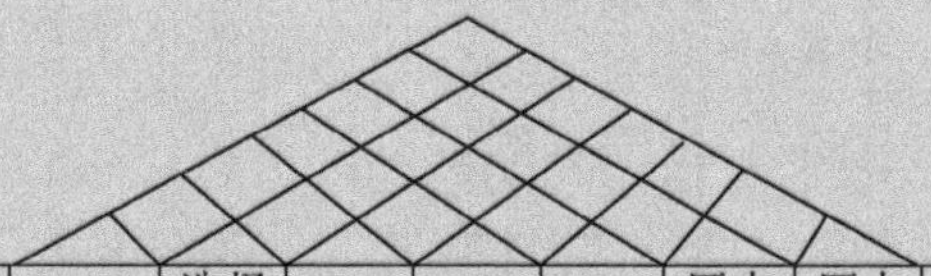

顾客需求(二级)	工程措施(二级) 重要度	选择耐高低温的材料	选择耐油性好的材料	增强膜片强度	机油清洁度	不许漏油	压力不正常时必须报警	压力正常时不得报警	市场竞争力 本产品	改进后	国内对手	国外对手
耐高低温	4	9		6	5	5	5		3	4	3	4
耐油性好	3		7		7	3			3	5	3	5
耐压，不漏油	5		3	9	4	9	3	3	4	5	4	5
无虚警	4			3	1		9	9	3	5	3	5
		选用橡胶材料	在胶料中加入强耐油料	用高强涤纶绢做夹层	Wz符合汽车行业标准	保证连接部位质量	该灯亮时要亮	不该亮灯时不能亮	市场竞争能力指数			
工程措施重要度		36	36	81	65	71	71	71				
技术竞争力	本产品	3	4	3	4	4	4	4	0.68	技术竞争能力指数		
	改进后	4	5	4	4	5	5	5	0.91			
	国内对手	4	4	5	3	4	4	4	0.75			
	国外对手	5	5	5	5	5	5	5	0.96			

图 6.5 微型汽车发动机机油压力传感器改进一级质量屋

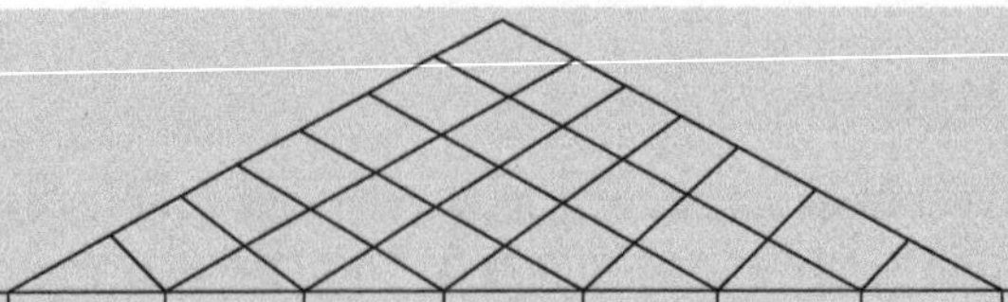

顾客需求(二级) \ 工程措施(二级)	重要度	保证收口质量	膜片组件优化设计	弹簧组件优化设计	报警门限值	机油成分	管螺纹质量	成品厂质量检验	市场竞争力 本产品	改进后	国内对手	国外对手
选择耐高低温的材料	2		2	3			2	3	3	4	3	4
选择耐油性好的材料	2		3	3		2		3	3	4	4	4
增强膜片强度	5		9					1	4	4	4	5
机油清洁度	3					9			3	4	3	4
不许漏油	4	9	3	3	3	5	9	5	4	4	3	5
压力不正常时必须报警	4	1	3	9	9		4	3	3	4	3	4
压力正常时不得报警	4	1	3	3	9		4	3	3	4	3	5
									0.68	0.88	0.72	0.93
		保证施压紧度	保证耐油、耐酸、耐高低温、不破裂、抗老化	合理选择刚度、长度、表面处理、保证性能稳定	3N/cm²	无污染、无腐蚀、性能稳定	做到密封性良好	与工作状态一致	市场竞争能力指数			
工程措施重要度		44	91	96	84	51	72	76				
技术竞争能力 本产品		3	4	3	4	4	3	3	0.69	技术竞争能力指数		
改进后		5	5	5	5	5	4	4	0.91			
国内对手		4	4	4	5	5	4	4	0.78			
国外对手		5	5	5	5	5	4	5	0.97			

图 6.6 微型汽车发动机机油压力传感器改进二级质量屋

在计划阶段质量屋中，将改进上述 4 个质量问题作为顾客需求，得出了 7 项工程措施，建立质量屋，按照加权评分准则进行评估和计算。

QFD 小组经认真分析，认为不漏油对传感器最重要，是关系到安全的基本需求，把需求重要度定为 5；对温度的适应性和报警的准确度直接影响传感器功能的实现，很重要，重要度定为 4；对耐油性的要求重要度则稍次，定为 3。经过认真的评定，算出了工程措施的重要度。通过市场竞争能力和技术竞争能力分析，得出产品改进后的综合竞争能力将比国内同类产品提高 39 个百分点。

考虑到这 7 项工程措施对改进机油压力传感器的质量都起着一定的作用，为全面保证质量，将这 7 项工程措施作为零件展开质量屋的顾客需求，进行了零件特性的展开。得到了影响产品零件特性的 7 项工程措施，其中关键的两项工程措施为：膜片组件优化设计和弹簧组件优化设计。

在这两级质量屋的建立中，还按照加权评分准则，分别对产品的市场竞争能力和技术竞争能力作了比较分析，结果表明，新的传感器竞争能力将有较大的提高。

根据质量功能展开得出的关键措施，对膜片组件和弹簧组件进行了稳定性优化设计。试生产证明，改进后的机油压力传感器完全克服了上述质量问题，整体性能优于国内同类产品。市场竞争能力和技术竞争能力有了较大提高，综合竞争能力也比国内同类产品高。

(资料来源：冉文学. 物流质量管理. 北京：科学出版社，2008.)

6.6 QFD 的应用

近年来，QFD 在美国制造业有广泛的应用，如医疗设备制造等。另外，除了以装配为主的制造业外，QFD 的应用领域还扩展到以下几个方面：连续型流程制造业、服务业、软件工程及信息系统开发、教育业、制造业、企业战略计划、决策、项目管理及问卷设计等。因此，QFD 目前已经广泛应用于产品设计开发、产品生产、服务业、质量改进、计划和管理等方面。随着 QFD 的进一步发展，其潜在的应用领域是没有边界的。

1. 产品设计开发

与传统的质量控制方式不同，QFD 不是通过产品的最终检验，而是在产品设计之初就将质量作为产品设计的考虑因素来进行产品的开发。质量是产品的内在要素，QFD 将产品质量的事后把关转变为事前防范。目前通过 QFD 技术进行的产品设计开发，包括耐高压电子元器件、社会系统和体育用品等。

2. 产品生产

QFD 产生于日本神户造船厂质量控制的实践，目前已经在半导体、电子产品和汽车等产品的制造过程中发挥了重要作用。

3. 质量改进

费根堡姆于 20 世纪 60 年代提出的全面质量管理的思想，强调对始于顾客的质量要求，终于顾客对于他手中的产品感到满意的全过程进行管理，做到顾客满意与持续改进。作为全面质量管理工具之一，QFD 在产品质量管理中的应用主要有过程改进、过程管理、批过程控制和使用阶段的质量保证等。

> **资料卡**
>
> QFD 的主要功能是将顾客需求逐步转化为设计过程中的工程参数，并逐步转化为生产过程的关键控制点，从而实现源头质量管理。QFD 最初应用于新产品开发，而且局限于制造业以装配为主的产品，如汽车制造业中，日本的丰田和美国的福特、通用及克莱斯勒公司都曾成功地将 QFD 技术应用于新产品的开发中。

4. 计划

QFD 是一种积极的"顾客驱动计划过程"，采用 QFD 方法在产品开发之初就可以发现和解决问题，避免了后续阶段质量问题的产生及带来的损失。QFD 思想不仅可以应用于普通产品计划和过程计划，还可以用于综合性计划、战略计划和其他类型的计划，如土木工程、企业资源计划、制造战略计划和投资计划等。

5. 管理

QFD 技术中面向顾客需求的内容和方法也可应用于现代管理技术中，使管理人员无论在决策阶段，还是设计制造阶段，都能对产品的质量、性能、成本和寿命等方面有全局性的认识和把握，从而使管理更具科学性。

QFD 通过对顾客需求的分析和对竞争对手的考虑，决定产品的设计参数和规格，因此它是一种顾客驱动和市场导向型的管理过程，应用在知识管理、供应商选择、成本控制、时间控制、项目管理和标杆管理等方面。

6. 连续型流程制造业

有案例表明，QFD 可应用于房屋建材制造业——房屋外表结构墙板的制造，以及冶金业——铁矿产品的开发。

7. 服务业

20 世纪 90 年代以后，QFD 在服务业的应用逐渐增多。但是由于服务业与制造业相比具有无形性、非存储性、同时性和差异性等特征，对传统的 QFD 进行适当调整就不可避免。很多学者针对 QFD 在服务业的实际应用，提出了自己的改进建议，有学者模仿赤尾洋二提出的全面 QFD 的概念，提出了所谓全面服务 QFD，其核心内容是用"质量—功能—过程—任务"链代替了传统的"质量—零件—过程—任务"链，以期更好地适用于服务业。这种方法主要应用于不是很复杂的服务构成或者是定义好的服务行为子集的项目中，有很大的局限性。后来，又陆续有一些学者在酒店、医院、银行等不同领域对 QFD 的应用进行了研究。美国一家较大规模的公用事业企业 FPL(Florida Power and Light)的客户服务中心，为使客户在与公司的电话接触中对公司产生良好印象，了解如何使客户对公司的电话服务满意，运用 QFD 方法研究了该电话服务系统的最佳顾客等待时间，提高了顾客电话问询服务的质量。

8. 软件工程及信息系统的开发

信息系统的开发是一个复杂的过程，其设计往往是自上而下，或是按一定的层次展开，是一个分阶段、渐进的过程。该过程首先需要把顾客的需求转化为具体的计划书，即把抽象的要求转化为具体的、特别的信息。开发成员来自组织的不同部门，其中也包括顾客，他们需要相互沟通与合作。因此，系统的开发类似于制造业与服务业的产品开发，有必要运用面向质量的软件开发技术。QFD 可以作为信息系统开发过程中提高软件质量的工具。熊伟等提出了软件质量功能展开模型——SQFD。其他学者也对 QFD 在软件开发中的应用进行了研究。

9. 教育业

Wisconsin-Madison 大学的机械工程系用 QFD 方法从满足顾客(内部顾客——教师，外部顾客——学生、企业)的需求出发，设计本科生课程。Grand Valley State 大学运用 QFD

来评价该大学的 MBA 项目。由 30 名 MBA 学生、5 名教师、3 个行政管理人员和一些来自企业的人员组成的小组，运用头脑风暴法确定顾客(学生、用人企业)的需求，对 MBA 现有的课程设置进行评价，并提出改进目标。其宗旨是从顾客需求出发，实现 MBA 教育中的全面质量管理。另有一些学者对 QFD 在课程满意度、课程体系评价等方面进行了研究。

10. 市场调查

以色列 Telrad 通信电器公司试图通过问卷调查确定其产品——桌面电话的声音性能是否满足顾客的要求。由于大多数顾客不能以技术的词汇描述声音的特征，公司运用 QFD 方法设计问卷，进而把问卷中的技术性词汇转换为顾客可以理解的词汇，并保证了有关技术性能与问卷中的问题相对应。

本 章 小 结

本章主要介绍了 QFD(质量功能展开)、QFD 的基本过程、QFD 中的顾客需求的获取及整理、质量屋、质量功能展开的工作程序、QFD 的应用等基本内容。

QFD 是在产品策划和设计阶段就实施质量保证与改进的一种有效的方法，能够以最快的速度、最低的成本和优良的质量满足顾客的最大需求，已成为组织(企业)进行全面质量管理的重要工具和实施产品质量改进有效的工具。

调查和分析顾客需求是 QFD 的最初输入，而产品是最终的输出。实施 QFD 的关键是获取顾客需求并将顾客需求分解到产品形成的各个过程，将顾客需求转换成产品开发过程具体的技术要求和质量控制要求。通过对这些技术和质量控制要求的实现来满足顾客的需求。因此，严格地说，QFD 是一种思想，一种产品开发管理和质量保证与改进的方法论。

卡诺(Noriaki Kano)将顾客需求分为三种类型，即基本型、期望型和兴奋型。顾客需求的提取是 QFD 实施过程中最为关键也是最难的一步。顾客需求的提取具体包括顾客需求的确定、各需求的相对重要度的确定，以及顾客对市场上同类产品在满足他们需求方面的看法等。顾客需求的获取主要通过市场调查，然后整理和分析而得到。

质量屋(House of Quality，HOQ)是 QFD 的核心，它是由美国学者豪泽(J.R.Hauser)和唐·克劳辛(Don Clausing)在 1988 年提出的，是一种确定顾客需求和相应产品或服务功能之间联系的图示方法。一个完整的质量屋包括 6 个部分，即顾客需求、技术需求、关系矩阵、竞争分析、屋顶和技术评估。竞争分析和技术评估又都由若干项组成。

QFD 的工作程序包括 QFD 组织实施的工作程序，QFD 实施的基本过程，建立质量屋需要注意的问题这三部分。其中 QFD 组织实施的工作程序又包括确定开展 QFD 项目、成立多功能综合 QFD 小组、顾客需求分析。QFD 实施的基本过程包括顾客需求的提取、顾客需求的瀑布式分解过程，后者又由若干项组成。建立质量屋需要注意的问题包括选择适当的项目、视情况剪裁质量屋、应用质量屋进行设计方案优选、重视权衡研究、QFD 小组的组织落实。

QFD 的应用在产品设计开发、产品生产、质量改进、计划、管理、连续型流程制造业、服务业、软件工程及信息系统的开发、教育业、市场调查等方面的发展还有很大的空间。

雷兹-卡尔通旅店公司：应用 QFD 提高服务水平

雷兹-卡尔通(Ritz-Carlton)是一家跨国旅店公司，1992年曾获美国波多里奇国家质量奖。为了向顾客提供更加优质的服务，其在密歇根州的下属公司针对房间整理这一课题，运用 QFD 进行了分析研究，优化服务过程，以最大限度满足客房的要求，从而取得成功经验后，再加以标准化，向全公司推广。图 6.7 是该公司针对顾客需求所做的质量屋。根据这一质量屋，明确了努力的目标，经过对目标的讨论，得出问题的关键在于安排好服务的流程。最后，确定每套客房由 3 个服务员同时整理，分工合作，其中一人监管处理优惠卡服务事项。该方案降低了失误率，减少了对客房的打扰时间和打扰次数等，获得了成功。

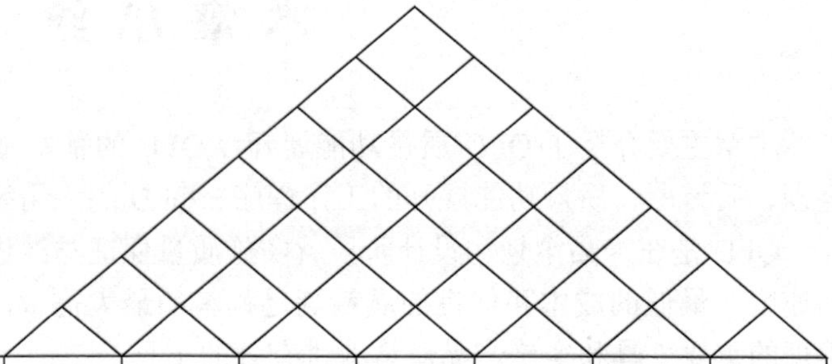

顾客需求 \ 措施	重要度	失误率(随机抽样)	房间整理时间	可能的打扰次数	固定的打扰次数	优惠与折扣率处理	房客不在时不一打开房间的次数	房间整理效率
房间充足	4	○				○		
及时服务	5	○		○	○	○		
打扰次数尽量少	3			○	○			
打扰时间尽量短	4							△
服务质量始终如一	5	○				○		
到达时房间已经准备好	5		○					○
在客房方便时及时清扫	4		○					○
优惠事项准确及时兑现	5	△				○		
随身物品安全	5			△	○			
房间整理劳动力和成本降低	5		○		△			○
技术特征目标		?次失误	?分钟	每日?次	每日?次	每千顾客比	开?扇房门	每人?间房

图 6.7 旅店业的质量功能配置

(资料来源：MBA 智库百科. QFD 法. http://wiki.mbalib.com/wiki/%E9%A6%96%E9%A1%B5.)

关键术语

质量功能(Quality Function)　　　　　　　价值分析(Value Analysis)
质量功能展开(Quality Function Deployment)　质量屋(House of Quality)

习　题

1. 选择题

(1) 质量功能展开是一种( )的质量策略。
　　A. 生产导向　　B. 产品导向　　C. 市场导向　　D. 推销导向
(2) 在质量表中用"◎""○""△"表示需求质量与质量要素的相关强弱强度，其赋值分别为( )。
　　A. 3、5、1　　B. 5、3、1　　C. 5、1、3　　D. 1、5、3
(3) 质量功能展开起源的国家和地区是( )。
　　A. 美国　　　　B. 中国　　　C. 韩国　　　　D. 日本
(4) (注册六西格玛黑带考试真题)在质量功能展开(QFD，Quality Function Deployment)中，首要的工作是( )。
　　A. 客户竞争评估　　　　B. 技术竞争评估
　　C. 决定客户需求　　　　D. 评估设计特色
(5) (注册六西格玛黑带考试真题)下面列举的工具中，( )一般不是在项目选择时常用的工具。
　　A. 排列图(Pareto)　　　B. 实验设计
　　C. QFD　　　　　　　　D. 因果矩阵
(6) (注册六西格玛黑带考试真题)在质量功能展开中，质量屋的屋顶三角形表示( )。
　　A. 工程特征之间的相关性
　　B. 顾客需求之间的相关性
　　C. 工程特性的设计目标
　　D. 工程特征与顾客需求的相关性

2. 判断题

(1) 质量功能展开于 20 世纪 70 年代初起源于美国。　　　　　　　　　　( )
(2) QFD 的最显著的特点是要求企业不断地倾听顾客的意见和需求，并通过合适的方法、采取适当的措施在产品形成的全过程中予以体现这些需求。　　　　　　　　　( )

3. 简答题

(1) 结合瀑布式分解模型，说明 QFD 的基本工作原理。
(2) KANO 模型指的是什么？它对分析顾客需求有什么指导意义？
(3) 试论述获取顾客需求在 QFD 中的重要意义。
(4) 要成功地应用和实施 QFD，应重点解决好哪些关键问题？

(5) 一个完整的质量屋包括哪几个部分？试说明各部分的作用和相互间的关系。

(6) 某自动饮料销售机，若顾客的要求质量是：凉、味纯、味佳、色美、价廉和量足。质量要素为饮料的交付温度、香味的浓度、色素成分、饮料成分、饮料浓度、咖啡因含量、价格和容量。试绘制其质量屋。

案例分析

质量功能展开应用：汽车4S店售后服务满意度评价

售后服务环节是汽车4S店的主要利润来源，同时又是关联影响汽车销售业绩的重要因素，作为售后服务晴雨表的顾客满意度高低是决定汽车4S店的生存与发展的关键指标。将质量功能展开引入到4S店售后服务满意度测评中，建立4S店售后服务满意度评价质量屋模型，诊断其售后服务环节中存在的问题，并提出相应提高售后服务满意度的措施建议。现以无锡福特汽车为例进行距离说明。

1. 4S店售后服务满意度测评指标体系建立。

为了建立完善的4S店售后服务满意度测评指标体系，对4S店售后服务满意度测评构成重要影响因素分析是研究的关键问题。通过开放式问卷法结合专家访谈，得出5个一级指标和20个二级指标，利用两阶段测评模型质量屋对4S店售后服务满意度进行评价。同时邀请无锡市福特4S店的两名售后服务经理，6名一线售后服务人员及20名拥有5年以上驾龄的车主组成专家团，按照0~9的等级给出5个一级指标与顾客满意度之间的关系度（j=1，2，…），以及20个二级指标与5个一级指标之间的关系度（i=1，2，…，5；j=1，2，…，20）。根据每个二级指标与一级指标之间的最大关系度，将20个二级指标与5个一级指标相对应，如图6.8和表6-1所示。

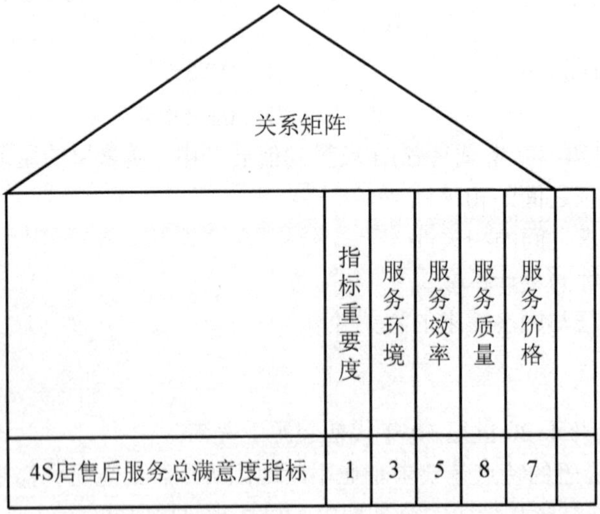

	关系矩阵				
	指标重要度	服务环境	服务效率	服务质量	服务价格
4S店售后服务总满意度指标	1	3	5	8	7
一级指标重要度		0.1	0.18	0.29	0.25	0.18
总满意度CSI=7.55		8.07	7.63	7.69	7.06	7.66

图6.8 福特4S店第二阶段评测模型质量屋

表 6-1　4S 店售后服务满意度测评指标

一级指标	服务环境	服务效率	服务质量	服务价格	服务规范
二级指标	交通便利 维修区整洁 休息区舒适 设备现代化	及时提供服务 准时完成维修 零件供应及时 及时处理投诉	服务态度热情 正确诊断故障 技工维修水平 零件质量可靠 合理换件	工时费合理 配件价格合理 收费透明性	保持车辆整洁 提供接送车 定时回访

2. 福特 4S 店售后服务满意度实证研究

1) 数据采集

2010 年 9 月，针对江苏省无锡市福特 4S 店的售后服务满意度进行问卷调查，共发放 250 份问卷，回收 227 份，有效问卷 183 份，有效回收率 73.1%，问题数与样本数满足 1∶5 的需求，能够反映出所要测量的真实情况。受访者中男女所占比例为 69.3% 和 30.7%；年龄主要集中在 "25～35" 和 "35～50" 这两个阶段，分别占 47.2% 和 45.3%；学历以大专和本科为主，分别为 41% 和 33%；职业分布以机关事业单位和企业职员为主，分别为 37% 和 34%；39.6% 的人月收入在 "5 000～8 000 元" 这个收入段。调查问卷按 1～10 打分标准，由具有维修经历的车主对二级指标中的各个指标给出满意度判断打分，将打分结果的平均值记为最终结果，得出满意度评判矩阵，如图 6.8 所示。

2) 评测过程

由专家团给出的 5 个一级指标与顾客满意度之间的关系度，确定一级指标对顾客总满意度的重要度，如图 6.8 所示，5 个一级指标重要度分别是 0.10、0.18、0.29、0.25 和 0.18。在一级指标中，服务质量和服务价格是影响 4S 店售后服务满意度的最主要因素。由各二级指标与一级指标之间的关系度，结合各一级指标重要度，确定各二级指标的重要度。二级指标中维修区整洁、休息区舒适和设备现代化是影响服务环境的主要因素；及时提供服务、准时完成维修和零件供应及时是影响服务效率的主要因素；技工维修水平和零件质量可靠是影响服务质量的主要因素；工时费合理和配件价格合理是影响服务价格的主要因素；而提供接送车是影响服务规范的主要因素。结合各二级指标重要度和满意度评判矩阵，得出各一级指标的满意度，分别是 8.07、7.63、7.69、7.06 和 7.66 分。由此得出福特汽车 4S 店售后服务满意度为 7.55 分。根据测评，可以看出一级指标中，服务环境顾客满意度得分较高，而在服务价格、服务效率、服务规范和服务质量方面的满意度实际得分偏低。二级指标中，"维修区整洁""现代化设备""服务态度热情"，以及 "零件质量可靠" 顾客满意度相对较高，这也是汽车 4S 店相对于其他汽车维修企业的优势所在。"及时处理投诉""正确诊断故障""技工维修水平""工时费合理""配件价格合理" 和 "安排接送车" 等二级指标满意度偏低。

3. 提高顾客满意率的措施

1) 加强对维修人员的技能培训

新技术的不断更新、维修人员自身文化程度低，以及维修经验的缺乏是技工维修水平不高的主要原因，4S 店应定期开设维修培训班，重视维修人员基础理论知识培训和常用车型的维修培训。

2) 规范服务价格标准，延伸售后服务产业链

4S 店的品牌化和专业化使得其服务费用昂贵，这迫使众多车主在保修期后转投别店，从而大量顾客流失。4S 店应努力规范服务价格标准，做到服务工时费和配件费合理透明；同时延伸售后服务产业链，如汽车装潢、汽车美容、二手车交易、汽车信贷保险等业务，努力开发个性化服务，带给车主利益的同时也增加 4S 店利润来源。

3) 及时处理车主投诉

车主投诉是反映 4S 店售后服务过程中存在不足的有效方式，是 4S 店改善售后服务质量的重要依据。4S 店应完善投诉处理机制，授权于相关人员，第一时间处理客户投诉，改善服务质量，提高顾客满意度。

4) 加强 4S 店与车主之间的情感互动

情感互动是维护客户关系的重要技巧，是提高顾客满意度的有效措施之一。4S 店应加强与客户的情感交流，鼓励服务人员与车主交流养车护车的经验心得，为车主在维修期间提供代步车，同时 4S 店也可以定期免费举办用户驾驶、保养方面的培训，组织联谊、自驾游等活动，为车主带来增值服务的同时也增进了车主与 4S 店之间的感情。

本次案例将功能质量展开应用于汽车 4S 店售后服务满意度评测中，结合问卷调查和专家访谈，设计了针对 4S 店售后服务顾客满意度测评的质量屋模型，对于评测汽车 4S 店售后服务满意度有良好的实用性和推广价值。

(资料来源：单洁锋，吴相利. 基于质量功能展开的汽车 4S 店售后服务满意度评价研究——以江苏无锡福特汽车 4S 店为例[J]. 江苏商论，2011，3:141～143.)

第7章 质量检验中的抽样技术

【本章教学要点】

知识要点	掌握程度	相关知识
抽样检验基础	掌握	抽样检验、批质量的表示方法
抽样检验特性曲线	重点掌握	接收概率及计算方法、OC 曲线、百分比抽样方案的评价
计数型抽样检验	重点掌握	计数标准型抽样检验、计数调整型抽样检验
计量型抽样方案	了解	以不合格品率衡量批质量的计量型抽样方案、计量型一次抽样方案的设计

【本章技能要点】

技能要点	掌握程度	应用方向
抽样检验	掌握	了解抽样检验的特点、适用场合、分类方法、抽样检验常用术语、抽取样本的方法和时间
批质量的表示方法	掌握	批不合格品率，批不合格品百分数
OC 曲线	重点掌握	熟悉抽样特性曲线的概念，重点掌握实际的 OC 曲线与两类风险、OC 曲线与 N、n、Ac 之间的关系
抽样检验方案	掌握	了解方案的设计原理、抽样检验的特点和检验方案的抽检程序，会进行方案的设计

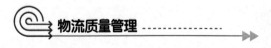

【知识架构】

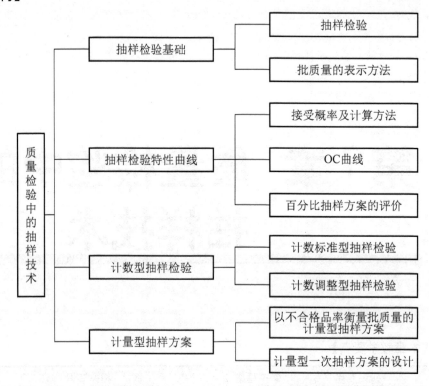

三鹿引发质检问题：奶粉抽检结果透露出的信息

据国家质检总局网站消息，中国国家质检总局 2008 年 10 月 4 日下午公布的最新抽查结果显示，市场销售新生产的主要品种液态奶未检出三聚氰胺。中国国家质检总局对全国市场供应液态奶进行了第六批三聚氰胺抽样检测。该批抽检的 75 个品牌的酸乳、巴氏杀菌乳、灭菌乳等液态奶，占据了液态奶市场的主导地位。样品分别从北京、上海、天津、重庆、山西、辽宁、吉林、黑龙江、江苏、浙江、安徽、福建、江西、山东、河南、湖北、湖南、广东、陕西这 19 个省(市、区)的 27 个城市市场抽取，共 609 批次样品。结果显示，均未检出三聚氰胺。

透过上述这条新闻可知，自三鹿奶粉事件爆发后，各生产厂家都加强了生产管理和质量检测。这表明这样的质量事故厂家在技术上是完全可控的，仅仅数天时间各厂家即毫不费力地把三聚氰胺踢出厂门。这条新闻还告诉我们，出现这样的质量问题，要么是厂家疏于管理，没有真正落实严格的质量标准，要么就是故意大规模投放三聚氰胺。像这种大规模连续地生产含有同一种元素化工产品的奶粉，厂家质检部门不可能长期检测不出来。

思考题：
抽样检验的必要性如何理解？

抽样检验是从一批产品或一个过程中抽取一部分单位产品，进而判断产品批或过程是否接收的活动。它不是逐个检验批中的所有单位产品，而是按照规定的抽样方案和程序从一批产品中随机抽取部分单位产品组成样本，根据样本测定结果来判定该批产品是否接收。

现代企业活动是一个极其复杂的过程，由于主客观因素的影响，产品过程质量具有一定的波动性，要绝对避免不合格品的产生是很难做到的。为此保证产品质量，必须要采用质量检验的手段，防止不合格品流向顾客(或下道工序)。本章将介绍质量检验的基本概念，企业中质量检验的基本内容和组织方式，抽样检验理论以及几种常用的抽样检验方法。

7.1 抽样检验基础

7.1.1 抽样检验

1. 抽样检验的特点

因为抽样检验不是检验批中全部产品，因此，相对于全数检验，它具有以下特点。
(1) 检验的单位产品数量少、费用少、时间省、成本低。
(2) 检验对象是一批产品。
(3) 接收批中可能包含不合格品，不接收批中也可能包含合格品。
(4) 抽样检验存在两类错判的风险，即存在把接收批误判为不接收批，或把不接收批误判为接收批的可能。但从统计检验的原理可知，这两类错误都可以被控制在一定的概率以下。

知识拓展

抽样检验假定产品中有一定比例的缺陷或不良(称为可接受的质量水平或接收质量限，Acceptable Quality Level，AQL)，然而某些人认为这种假设与戴明的持续改进观点不符。但事实上，抽样检验在以下情况下仍有存在的必要。
(1) 与新的供应商或未经验证的供应商合作时。
(2) 生产启动阶段和开发新产品时。
(3) 产品可能在运输过程中损坏。
(4) 对待极易损坏的非常敏感的产品时。
(5) 产品可能在运输过程中腐蚀。
(6) 得知某供应商在生产过程出现问题，而对其产品质量产生怀疑时。

2. 抽样检验的适用场合

(1) 破坏性检验。
(2) 数量很多，全数检验工作量很大的产品的检验。
(3) 检验对象是连续体的检验。
(4) 检验费用比较高时的检验。

3. 抽样方案分类

抽样检验分类方法有很多，主要包括按数据的性质不同分类、按实施方式不同分类、按抽样次数不同分类等。下面分别叙述这几种分类方法。

1) 按数据的性质不同分类

按数据的性质不同分类，可以将抽样检验分为计数抽样检验和计量抽样检验两种。

(1) 计数抽样检验是指对检验批中每个个体，检验其有无某种属性并累计的检验方法。它是以不合格品数作为判断依据，根据样本的不合格品数来判断检验批是否合格。

(2) 计量抽样检验是指对检验批中每个个体，测量其某个质量特性的检验方法。它是以计量值数据作为判断依据，通过对样本质量特性的统计分析来判断检验批是否合格。

2) 按实施方式不同分类

按实施方式不同分类，可以将抽样检验分为标准型抽样检验、挑选型抽样检验、调整型抽样检验和连续生产型抽样检验。

(1) 标准型抽样检验是指在抽样方案中供、需双方都规定质量保证值，能够满足供、需双方要求的抽样检验。标准型抽样检验是一种最基本的抽样检验，它适合对产品质量不了解的场合，如从新的单位购入的产品或偶尔在市场上购买的产品的验收等。

(2) 挑选型抽样检验是指按事先规定的抽样方案对产品进行抽检，如果产品达到判定基准就接收，达不到判定基准就对整批产品进行全数检验。这种抽样检验适用于不能选择供方时的收货检验、工序间半成品检验和产品出厂检验。

(3) 调整型抽样检验是指根据以往多批同类产品质量的好坏来调整检验的宽严程度。调整型抽样检验包括放宽检验、正常检验和加严检验三种基本检验方式。当从许多批的检查结果可以相信产品质量较好时，即从正常检验转向放宽检验；检验结果显示产品质量较差时，即从正常检验转向加严检验。这种检验一般从正常检验开始，根据数批的检验结果再决定放宽或加严。

(4) 连续生产型抽样检验是指适用于流程性材料类产品的检验，不要求检验对象形成批。其抽检方法是先从连续检测开始，当产品连续合格累计达到一定数量后，即转入每隔一定数量抽检一个产品。如果出现不合格品则要恢复到连续逐个检验，并立即采取措施解决质量问题。

3) 按抽样次数不同分类

按抽样次数不同分类，可以将抽样检验分为一次抽样检验、二次抽样检验和多次抽样检验。

(1) 一次抽样检验是指从检验批中只抽取一个样本的抽样方式。计划该样本的样本统计量，并将样本统计量与抽样方案中的标准进行比较，从而作出拒绝或接收该批产品的判断。一次抽样检验的基本程序如图 7.1 所示。

(2) 二次抽样检验是指最多从检验批中抽取两个样本，最终作出拒绝或接收该批产品的判断的一种抽样方式。这种抽样方式需根据第一个样本提供的信息，决定是否抽取第二个样本。二次抽样检验的基本程序如图 7.2 所示。

(3) 多次抽样检验是指允许通过三次以上的抽样，最终对检验批作出是否接收判断的一种抽样方式。多次抽样检验相应地规定了最多抽样次数，如表 7-1 所示。

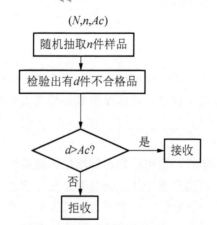

图 7.1　一次抽样检验程序

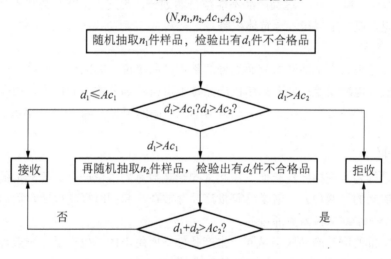

图 7.2　二次抽样检验程序

表 7-1　五次抽样检验方案

样本号	样本容量	样本容量累计	累计接收数 Ac	拒收数 Re
1	50	50	*	3
2	50	100	0	3
3	50	150	1	4
4	50	200	2	5
5	50	250	4	5

*表示不允许抽检第一个样本后就作出接收的决定。

🔑 **小知识**

一次抽样检验的优点包括：方案的设计、培训与管理比较简单；抽检量是常数；有关批质量的情报能最大限度地被利用。一次抽样检验的缺点包括：抽样量比其他类型大；仅凭一次抽样结果就作判定不太稳妥。

二次抽样检验的优点包括：其平均抽样量少于一次抽样；心理上易于接受。二次抽样检验的缺点包括：抽样量不定，管理复杂一些，需做一定的培训。

4. 抽样检验常用术语

1) 总体

总体是指研究对象的全体。总体也可称为母体、总体。总体单位总数常用 N 来表示。作为总体必须同时具备三个特点：总体单位数必须是大量的、有某种共同的属性和总体单位之间有数值差异。

2) 个体

个体是构成总体的基本单位，也可称为总体单位。按检验产品的类别不同，常可分为两大类：离散个体和散料。所谓离散个体是指具有特定形状的可分离的有形产品，这类产品可以按自然单位划分，如一只螺钉、一支笔、一双鞋等；散料是通过将原材料转化成某一预定状态所形成的有形产品，这类产品的状态可以是液态、气态及形状不同的固态(如块状、板状、线状、粒状等)。这类产品不能按自然划分，常结合工艺包装和人为规定，如一匹布、一吨煤，或一定容积、一定体积等。

3) 单位产品

单位产品是指为实施抽样检验而划分的基本产品单位。有的单位产品是可以自然划分的，如电视机、电冰箱等；而有的单位产品是不可自然划分的，如铁水、布匹等。对不可自然划分的单位产品必须根据具体情况给出单位产品的定义，如 1 升自来水、1 平方米玻璃等。

4) 检验批

检验批是指为实施抽样检验而汇集起来的一定数量的单位产品。检验批的形式有"稳定的"和"流动的"两种。前者是将整批产品存放在一起同时提交检验，而后者的各个单位产品是一个一个地从检验点通过的。

构成检验批的所有产品应当是同一生产条件下所生产的单位产品。一般地，当产品质量较稳定时，宜组成较大的批，以节约检验费用。

5) 批量

批量是指检验批中单位产品的数量，常用 N 表示。

批量的大小，应当因时、因地制宜地确定。体积小、质量稳定的产品，批量宜大些，但是批量不宜过大，批量过大，一方面不易取得具有代表性的样本；另一方面，这样的批一旦被拒收，经济损失也大。

6) 不合格

不合格是指单位产品的任何一个质量特性不满足规范要求。根据质量特性的重要性或不符合的严重程度分为以下 3 类。

(1) A 类不合格：被认为应给予最高关注的一种类型的不合格，也可以认为单位产品的极重要的质量特性不符合规定，或单位产品的质量特性极严重不符合规定。

(2) B 类不合格：关注程度稍低于 A 类不合格，或者说单位产品重要的质量性不符合规定，或单位产品的质量特性严重不符合规定。

(3) C 类不合格：单位产品的一般质量特性不符合规定，或单位产品的质量特性轻微不符合规定。

7) 不合格品

有一个或一个以上不合格的单位产品称为不合格品。通常分为以下 3 类。

(1) A 类不合格品：有一个或一个以上 A 类不合格，也可能有 B 类和 C 类不合格的单位产品。

(2) B 类不合格品：有一个或一个以上 B 类不合格，也可能有 C 类不合格，但没有 A 类不合格的单位产品。

(3) C 类不合格品：有一个或一个以上 C 类不合格，但没有 A 类、B 类不合格的单位产品。

8) 抽样方案

规定了每批应检验的单位产品数和有关批接收准则的一个具体的方案。

9) 接收质量限(AQL)

接收质量限是指可接受的连续交验批的过程平均不合格品率上限值。抽样检验时使用 AQL 和样本量字码(简称"字码")检索抽样方案和抽样计划。样本量通过字码确定。对给定的批量和规定的检验水平使用附录表 1 检索适用的字码。AQL 是抽样计划的一个参数，不应与反映制造过程操作水平的过程平均相混淆。在本抽样系统中，为避免过多的批不被接收，要求过程平均比 AQL 更小。但是，指定 AQL 并不意味着供方有权故意供应任何不合格品。

当为某个不合格或一组不合格指定一个 AQL 值时，它表明如果质量水平(不合格品百分数或每百万单位产品不合格数)不大于指定的 AQL 时，抽样计划会接收绝大多数的提交批。抽样方案有以下特点：在给定的 AQL 处的接收概率依赖于样本量，一般来讲，大样本(样本量大)的接收概率要高于小样本(样本量小)的接收概率。

5. 样本的抽取

(1) 抽取样本的方法。应按简单随机抽样从批中抽取作为样本中的单位产品。但是，当批由子批或(按某个合理的准则识别的)层组成时，应使用按比例配置的分层抽样，在此情形下，各子批或各层的样本量与其大小成比例。

(2) 抽取样本的时间。样本可在批生产出来以后或在批生产期间抽取。两种情形均应按以上方法来抽取样本。

(3) 二次或多次抽样。使用二次或多次抽样时，每个后继的样本应从同一批的剩余部分中抽取。

7.1.2 批质量的表示方法

批质量是指检验批的质量。由于质量特性值的属性不同，衡量批质量的方法也不一样，计数抽样检验衡量批质量的方法有：批中不合格单位产品所占的比重(即批不合格品率)；批不合格品百分数，即批中每个单位产品平均包含的不合格个数。

1. 批不合格品率

批中不合格的单位产品所占的比例，称为批不合格率 p。即

$$p = \frac{D}{N} \tag{7-1}$$

式中，N 表示批量；D 表示批中的不合格品数。

例如，有一批电视机，批量 $N=1\ 000$ 台，已知其中 996 台是合格品，不合格品数 $=(1\ 000-996)$台$=4$ 台；则批不合格品率为 $p=4/1\ 000=0.004$。

上述 P 的计算假定总体中的不合格品数为已知，现实生活中通常无法或不便获知总体中的不合格品数。

某养鸡场的鸡群在通常情况下患病率为9%。现在从鸡群中随机地抽取50只鸡，发现有5只病鸡。是否有理由断定，该养鸡场的病鸡率高于9%($\alpha=0.05$)?

(1) 选择"统计→基本统计量→单比率"选项，如图7.3所示。

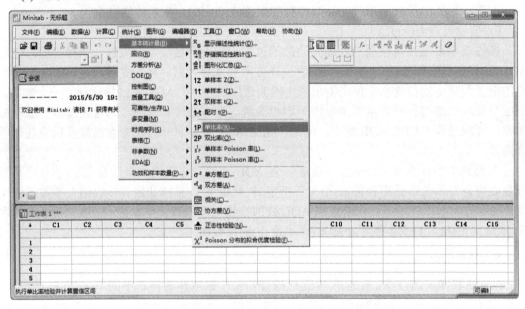

图7.3　选择"统计→基本统计量→单比率"选项

(2) 选中"汇总数据"单选按钮，在"试验数:"中输入 50，在"事件数:"中输入 5，选择"进行假设检验:"复选框，"假设比率:"设为 0.09，如图7.4 所示。

(3) 单击"选项"按钮，在"置信水平:"中输入 95.0，在"备择:"中选择"大于"选项，如图7.5 所示。

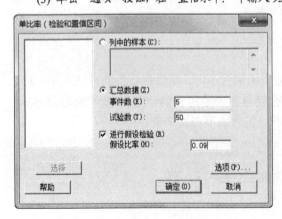

图7.4　"单比率"对话框

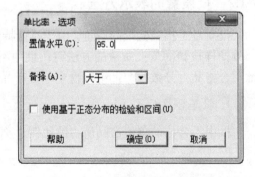

图7.5　"单比率-选项"对话框

(4) 单击"确定"按钮，弹出检验结果，如图7.6所示。

单比率检验和置信区间

p = 0.09 与 p > 0.09 的检验

样本 X   N   样本 p   95% 下限   精确 P 值
1   5   50   0.100000   0.040237   0.472

图 7.6 检验结果

结果表明，p值=0.472>0.05，不能否定原假设，即不能认为该养鸡场病鸡率明显高于9%。

思考：(1) 现在从鸡群中随机地抽取 500 只鸡，发现有 50 只病鸡。是否有理由断定，该养鸡场的病鸡率高于 9%（α=0.05）?

(2) 现在从鸡群中随机地抽取 5 000 只鸡，发现有 500 只病鸡。是否有理由断定，该养鸡场的病鸡率高于 9%（α=0.05）?

(3) 从上述结果的差异上，可以得出什么结论？

2. 批不合格品百分数

批中不合格品数除以批量，再乘以 100，称为批不合格品百分数。即

$$100p = \frac{D}{N} \times 100 \tag{7-2}$$

式中：p 表示批不合格品率；D 表示批内不合格品数；N 表示批量。

以上两种方法常用于计件抽样检验。

例如，设批量为 500 件的产品批中，15 件产品上有 1 个不合格，4 件产品上有 2 个不合格，1 件产品上有 3 个不合格。则对该批产品来讲，不合格品率 $p = \frac{15+4+1}{500} = 0.04 = 4\%$，这表示每 100 个产品中平均有 4 个不合格品，其批不合格百分数为 $0.04 \times 100 = 4$。

批每百单位产品不合格数 $= \frac{15 \times 1 + 4 \times 2 + 1 \times 3}{500} \times 100 = 5.2$，这表示每百单位产品中平均有 5.2 个不合格数。

7.2 抽样检验特性曲线

7.2.1 接收概率及计算方法

样本反映总体时可能存在一定的误差，从而使得具有一定质量的批次通过抽样检验时，一般不可能 100% 被接收或 100% 被拒收。

例如，某批产品共 10 000 件，实际不合格品有 80 件。按规定，不合格品率超过 1%，则批次质量不合格。因此实际该批产品为合格批。抽样检验时抽取 500 件产品作为样本，这 500 件样品中，有一定的概率抽取到 5 件以上的不合格品而被拒收，也有一定的概率抽取到 5 件或 5 件以下的不合格品而被接收。

这样就有了接收概率和拒收概率的概念。所谓接收概率，就是具有一定质量的检验批，按给定的抽样方案接收的概率，接收概率通常记为 $L(p)$；所谓拒收概率，就是具有一定质

量的检验批，按给定的抽样方案拒收的概率。

接收概率表示检验批被接收的可能性。正常情况下，检验批质量越好，一次抽样中被接收的可能性越大，接收概率就越大；反之，检验批质量越差，一次抽样中被接收的可能性越小，接收概率就越小。因此，接收概率与批次质量是正相关关系。计算接收概率时，可以根据概率统计的有关知识直接计算，也可以通过查相应的统计表得出。假设检验批产品不合格率为 p，随机抽取 n 件产品，其中得到 r 个不合格品的概率为 $C_n^r p^r (1-p)^{n-r}$。

如果接收数为 Ac，则检验批接收概率可计算式为

$$L(p) = \sum_{r=0}^{Ac} C_n^r p^r (1-p)^{n-r} \tag{7-3}$$

小思考

已知检验批产品合格率为 95%，现进行一次抽样，抽样方案为 $n=20$，$Ac=2$，批产品的接收概率有多大？如果检验批产品合格率为 80% 时，接收概率又为多少？

解：当检验批产品合格率为 95%，即不合格率为 5% 时，接收概率为

$$L(5\%) = \sum_{r=0}^{Ac} C_n^r p^r (1-p)^{n-r} = \sum_{r=0}^{2} C_{20}^r 0.05^r (1-0.05)^{20-r} = 92.46\%$$

当检验批产品合格率为 80%，即不合格率为 20% 时，接收概率为

$$L(20\%) = \sum_{r=0}^{Ac} C_n^r p^r (1-p)^{n-r} = \sum_{r=0}^{2} C_{20}^r 0.2^r (1-0.2)^{20-r} = 20.60\%$$

从计算中可以看出，检验批质量越差，一次抽样中的接收概率越小。

7.2.2 OC 曲线

1. 抽样特性曲线的概念

背景同上例，分别计算不合格品率 $p=0.5\%$、10%、15%、20%、25%、50%、100% 时，检验批的接收概率 $L(p)$，并将 $L(p)$ 与 p 之间的关系用图形表示出来。

解：$L(0\%) = \sum_{r=0}^{2} C_{20}^r 0^r (1-0)^{20-r} = 100\%$，$L(5\%) = 92.46\%$，$L(10\%) = 67.70\%$，$L(15\%) = 40.49\%$，$L(20\%) = 20.60\%$，$L(25\%) = 9.12\%$，$L(50\%) = 0.02\%$，$L(100\%) = \sum_{r=0}^{2} C_{20}^r 1^r (1-1)^{20-r} = 0\%$。

以 p 为横坐标，以 $L(p)$ 为纵坐标，作出曲线图，如图 7.7 所示。

图 7.7 中的曲线表示了接收概率和质量特性(不合格品率)之间的函数关系，称为抽样特性曲线，简称 OC 曲线(Operating Characteristic Curve)。根据接受概率的计算公式可知，抽样特性曲线与抽样方案一一对应。一个抽样方案对应于一条抽样特性曲线；每条抽样特性曲线又反映了它所对应的抽样方案的特性。

什么是理想的 OC 曲线呢？如果规定，当批不合格品率不超过 p_t 时，这批产品可接收，那么一个理想的抽检方案应当满足：当 $p \leq p_t$ 时，接收概率 $L(p)=1$；当 $p > p_t$ 时，接收概率 $L(p)=0$。对应的理想 OC 曲线如图 7.8 所示。

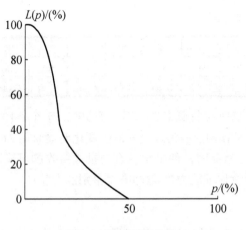

图 7.7 抽样特性曲线　　　　　　图 7.8 理想的 OC 曲线

但是，理想的 OC 曲线(见图 7.8)实际上是不存在的，只有在 100%检验且保证不发生错检和漏检的情况下才能得到。

当然，也不希望出现不理想的 OC 曲线。如方案(1，0)的 OC 曲线为一条直线，如图 7.9 所示。从图 7.9 可以看出，这种方案的判断能力是很差的。因为，当批不合格品率 p 达到 50%时，接收概率仍有 50%，也就是说，这么差的两批产品中，有一批将被接收。

典型的抽样特性曲线如图 7.10 所示。该图能够反映接收概率的特点：对于给定的 Q 而言，如果只进行一次抽样，则检验批有一定的可能被接收，接收概率为 $L(Q)$；也有一定的可能被拒收，拒收概率为 $1-L(Q)$。检验批质量越好(Q 值越小)，接收概率越高；反之，接收概率则越低。

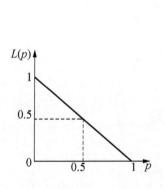 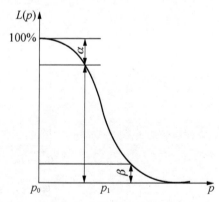

图 7.9　线性的 OC 曲线　　　　　图 7.10　典型抽样特性曲线及风险率

 小思考

设有一批 $N=10$ 的产品批，用(1/0)的抽样方案进行检验。即随机从 $N=10$ 的产品中抽取 1 个，如果检验合格，就接受；反之就拒收，这样可得如表 7-2 所示的数据，根据表 7-2 作出方案(1/0)的曲线，具体如图 7.9 所示。

表 7-2　抽样结果

批不合格品数 d	0	1	2	3	4	5	6	7	8	9	10
不合格品率 $p/(\%)$	0	10	20	30	40	50	60	70	80	90	100
接收概率 $L(p)$	1.0	0.90	0.80	0.70	0.60	0.50	0.40	0.30	0.20	0.10	0.00

从上例中，如果认为当 $p\leqslant 10\%$ 时是合格批，这时接收概率 $L(p)$ 不小于 90%。但当 $p>10\%$ 时，如 $p=50\%$ 时，仍有 0.5 的概率接收率，这说明 ($n=1/Ac=0$) 方案 p 值的变化明显时而 $L(p)$ 的变化不明显，当批产品质量已差到一半为不合格品时，两批中就有一批被接收的可能，可见这种方案对批质量判别的能力和对用户的质量保证能力极差（即方案鉴别能力差）。

2. 实际的 OC 曲线与两类风险

理想的 OC 曲线实际上做不到，不理想的 OC 曲线判断能力又很差，实际需要的 OC 曲线应当是什么样的呢？一个好的抽样方案或 OC 曲线应当是：当批质量好（$p\leqslant p_0$）时能以高概率判它接收；当批质量差到某个规定界限 $p\geqslant p_1$ 时，能以高概率判它不接收；当产品质量变坏，如 $p_0<p<p_1$ 时，接收概率迅速减小。其 OC 曲线如图 7.10 所示。

在实际的 OC 曲线中，当检验批质量较好（$p\leqslant p_0$）时，由图 7.11 可见，不可能 100% 地接收交验批（除非 $p=0$），而只能以高概率接收、低概率 α 不接收这批产品，这种由于抽检原因把合格批错判为不合格批而不接收的错判称为第一类错判。这种错判给生产者带来损失，这个不接收的小概率 α，叫作第一类错判概率，又称为生产方风险率。它反映了把质量较好的批错判为不接收的可能性大小。

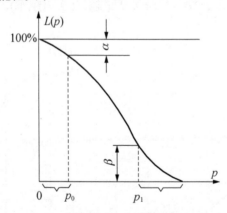

图 7.11　实际需求的 OC 曲线

另外，当采用抽样检验来判断不合格品率很高的劣质批（$p\geqslant p_1$）时，也不能肯定 100% 不接收（除非 $p=1$）这批产品，还有小概率 β 接收的可能。这种由于抽检原因把不合格批错判为接收的错误称为"第二类错判"。这种错判使用户蒙受损失，这个接收的小概率 β 叫作第二类错判概率，又称为使用方风险率。它反映了把质量差的批错判为接收的可能性大小。

知识拓展

学生在准备 GRE 作文考试时，由于都在同一所英语培训机构接受了英文作文的训练，采用的句式较为近似，如果 ETS 阅卷人员以此为理由，把上述学生的英文作文判为"抄袭"，影响了考试分数，就犯了第一类错判。

同样是学生在准备 GRE 逻辑考试时，一名学生的确抄袭了另外一名学生的答案，由于逻辑部分均为客观选择题，如果 ETS 阅卷人员未发现该"抄袭"现象，这种疏漏就犯了第二类错判。

理论上而言，样本量固定时，第一类错判减少，第二类错判会增大；反之亦然。只有增大样本量，才能使第一类、第二类错判都减小。第二类错判通常用 β 表示，而 $1-\beta$ 则称为相应检验方案的"功效"(Power)。一个较好的抽检方案应该由生产方和使用方共同协商，对 p_0 和 p_1 进行通盘考虑，使生产者和使用者的利益都受到保护。

小思考

设有一批产品，$N=1\,000$，现用 $(30, 3)$ 的抽样方案对它进行检验，试画出此抽样方案的 OC 曲线。

解：利用接收概率的计算公式，分别求出 $p=5\%$，$p=10\%$，$p=15\%$，$p=20\%$ 时的接收概率。然后用表中的数据画出该抽样方案的 OC 曲线，如图 7.12 所示。

表 7-3 接收概率($N=1\,000$，$n=30$，$Ac=3$)

d \ p/(%)	5	10	15	20
0	0.210	0.040	0.007	0.001
1	0.342	0.139	0.039	0.009
2	0.263	0.229	0.102	0.032
3	0.128	0.240	0.171	0.007
$L(p)$	0.943	0.648	0.319	0.119

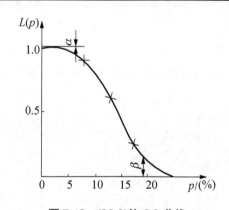

图 7.12 (30,3) 的 OC 曲线

从这个例子可以看出，当 $p \leq 5\%$ 时，接收概率为 94% 左右，但是随着批不合格率 p 的增加，接收概率 $L(p)$ 迅速减小，当 $p=20\%$ 时，接收概率就只有 12% 左右了。因此 $(30, 3)$ 是一个较好的抽样方案。

3. OC 曲线与 N、n、Ac 之间的关系

OC 曲线与抽样方案 (N、n、Ac) 是一一对应的。因此，当 N、n、Ac 变化时，OC 曲线必然随着变化。以下讨论 OC 曲线怎样随着 N、n、Ac 三个参数之一的变化而变化。

1) n、Ac 不变，N 变化

图 7.13 从左至右分别是三个抽检方案(50，20，0)、(100，20.0)、(1 000，20，0)所对应的 3 条 OC 曲线，从图 7.13 可以看出，批量大小对 OC 曲线影响不大，所以当 $N/n \geqslant 10$ 时，就可以采用不考虑批量影响的抽检方案，因此，可以将抽样方案简单地表示为(n，Ac)。但这决不意味着抽检批量越大越好。因为抽样检验总存在犯错误的可能，如果批量过大，一旦不接收，则给生产方造成的损失就很大。

2) N、Ac 不变，n 变化

图 7.14 从左至右分别是合格判定数为 2，而样本大小 n 分别为 200、100、50 时所对应的 3 条 OC 曲线，从图 7.14 可以看出，当 Ac 一定时，样本大小 n 越大，OC 曲线越陡，抽样方案越严格。

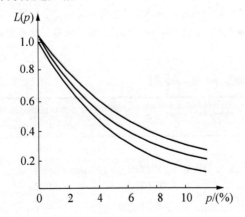

图 7.13 n，Ac 不变时，N 对 OC 曲线的影响 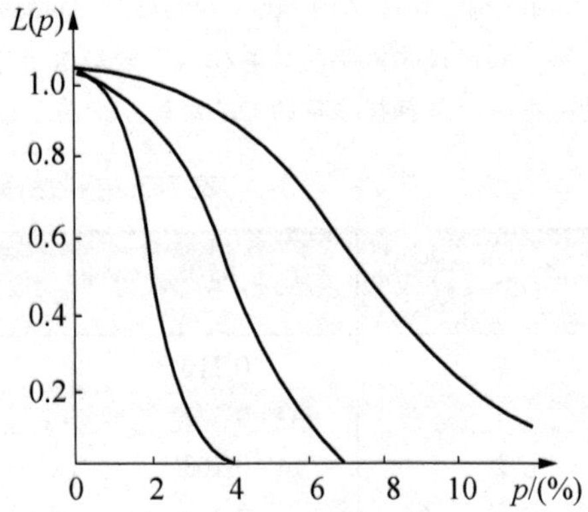　　图 7.14 N、Ac 不变，n 对 OC 曲线的影响

3) N、n 不变，Ac 变化

图 7.15 从左至右分别是当 $n=100$，Ac 分别为 2、3、4、5 时所对应的 OC 曲线。从图 7.15 可以看出，当 n 一定时，接收数 Ac 越小，则 OC 曲线倾斜度就越大，抽样方案越严格。

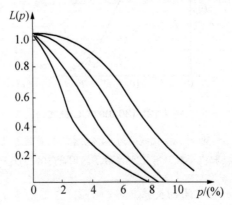

图 7.15 N、n 不变，Ac 对 OC 曲线的影响

7.2.3 百分比抽样方案的评价

检查样本的不合格品数为 r，规定接收数 Ac，拒收数 $Re = Ac+1$。如果 $r \leqslant Ac+1$，认为批产品合格，接收；如果 $r \geqslant Ac+1$，认为批产品不合格，拒收。

下面通过实例来说明百分比抽样的不合理性。

设供方有批量不同但批质量相同的 3 批产品，其批量分别为 1 000、300 和 100，它们均按 10%抽取样本，并规定样本中不允许有不合格品(即 $Ac=0$)。因此，所形成的 3 个抽样方案分别为(100，0)，(30，0)，(10，0)。这 3 个抽样方案的抽样特性曲线如图 7.16 所示。

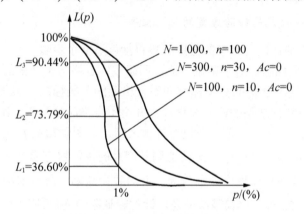

图 7.16　百分比抽样的不科学性

从图 7.16 可以看出，由于批量的影响，对于质量相同的各批产品，被接收的可能性却不同。对于检验批合格率为 1%时，分别按 3 个抽样方案进行检验，接收概率分别为 36.60%、73.97%、90.44%。这是不科学的，因为对于批次质量相同的产品，总希望它有相同的概率被接收。很显然，接收数不变时，样本容量越大，被接收的可能性越小。

资料卡

在我国质量检验的长期实践中，经常采用百分比抽样方案。所谓百分比抽样，就是不论产品的批量 N 如何，均按固定的百分比 K 抽取样本进行检验，即抽取 $n=KN$ 个产品构成样本。

7.3　计数型抽样检验

7.3.1　计数标准型抽样检验

1. 计数标准型抽样检验方案的设计原理

计数标准型抽检是指为了保证生产方和需求方双方利益，事先把生产方风险和需求方风险固定为某一特定数值的抽样检验方案。其设计原理是给定接受上限 p_0、拒收下限 p_1 以及两种错判概率 α、β，控制优质批($p \leqslant p_0$)错判为不合格批的概率不得超过 α、劣质批($p \geqslant p_1$)错判为合格批的概率不得超过 β。即计数标准型抽检方案的 OC 曲线必须通过预先规定的两个点(p_0，$1-\alpha$)和(p_1，β)。因此，要使一个计数标准型一次抽检方案(n，C)的 OC 曲线通过预先规定的这两个点，只要 n 和 C 满足下列联立方程组即可

$$\begin{cases} \alpha = 1 - L(p_0) \\ \beta = L(p_1) \end{cases} \tag{7-4}$$

大多数情况下上述联立方程有很多组解，一般应取 n 为最小的那一组解。

2. 计数标准型抽样检验的特点

计数标准型抽样检验的好处是能事先控制两种风险，可保护供需双方利益；不足之处是一般抽取样本数量较大，经济上不合算。其主要适用于孤立批、不要求生产方提供过程平均质量及以前检查结果等形式的状况。

3. 计数标准型一次抽样检验方案的抽检程序

计数标准型一次抽样检验方案的程序一般包括以下 9 个步骤。

(1) 确定检验质量标准。对于单位产品，明确规定合格与不合格的标准界限。

(2) 确定质量特性不合格的分类标准和不合格品的分类标准。根据对产品功能影响程度的不同，确定质量特性缺陷的概念及程度，并将不合格品分为 A、B、C 三个不同等级。

(3) 确定 p_0，p_1，α，β 值。在进行抽检之前，需明确指定 p_0，p_1 及 α，β 的值。通常，取 $\alpha=0.05$；$\beta=0.1$，而 p_0，p_1 的值则需产品的供需双方通过平等协商确定。首先，确定 p_0 时，应根据缺陷严重程度分别考虑，针对致命缺陷、严重缺陷，p_0 值应尽可能小些，如取 $p_0=0.1\%$，0.3%，0.5% 等；反之，针对轻缺陷 p_0 值可取大一些，如取 $p_0=3\%$，5%，10% 等；此外，p_0，p_1 必须满足 $p_0 \leqslant p_1$，$p_1/p_0 \geqslant 3$，一般取 $4 \leqslant p_1/p_0 \leqslant 10$。

(4) 确定批量 N。在同一生产条件下生产出来的一批产品应尽可能直接取作检验批，因为批量越大，平均检验费用越少，经济性越好；但同时也应注意批量过大，导致出现错判时造成的损失也越大的后果。因此，批量确定要适当，当批量过大时，也可划分为小批后作为检验批，以降低错判风险和损失。

(5) 确定抽检方案(n，C)。确定样本大小 n 及合格判定数 C 有现成抽样表可查，具体有以下用法。

① 按照事先确定的 p_0，p_1，在附录表 7 中先找到 p_0 所在的行和 p_1 所在的列，其相交栏即为抽样方案，对应的相交栏左边数为样本量 n，右边数为合格判断数 C。

② 如果相交栏内为箭头，则应顺箭头指向连续追寻下去，直至有数值栏得到 n 和 C，如果遇到"*"栏，则应利用表 7-4，求 n 和 C。

③ 如求得的 n 值大于批量 N，应进行全数检验。

④ 求得 n，C 后，应用标准的 OC 曲线对照复查，或研究一下检查费用必要时可修正 p_0，p_1，并重新求 n，C 值。

表 7-4 抽检设计辅助表($\alpha=5\%$，$\beta=10\%$)

p_1/p_0	C	n
17 以上	0	$2.56/p_0 + 115/p_1$
16～7.9	1	$17.8/p_0 + 194/p_1$
7.8～5.6	2	$40.9/p_0 + 266/p_1$
5.5～4.4	3	$68.3/p_0 + 334/p_1$

续表

p_1/p_0	C	n
4.3～3.6	4	$98.5/p_0+400/p_1$
3.5～2.8	6	$164/p_0+527/p_1$
2.7～2.3	10	$308/p_0+770/p_1$
2.2～2.0	15	$502/p_0+1\,065/p_1$
1.99～1.86	20	$704/p_0+1\,350/p_1$

(6) 抽取样本。按已确定的样本容量，采用随机抽样法从交验批中抽取样本。

(7) 检测样本质量特性值。根据规定的质量标准，对样本中的每一个产品进行检测，并统计不合格数 d。

(8) 判定合格与不合格。如果样本中的不合格数小于或等于合格判定数，即 $d \leqslant C$，则判定交验批合格；如果 $d > C$，则判定交验批为不合格。

(9) 处理交验批。对已判定为合格的交验批，应予以接受；而对于判定为不合格的交验批，则应予以拒收。不论哪种情况下，已判定为不合格的批，都不得直接提交下次检查。至于样本中已发现的不合格品是直接接受、退货还是换成合格品，这要按照事先签订的合同来确定。对于判定为不合格的检验批，是全部退换、有条件地(例如降价)接受，还是进行全部挑选仅收合格品，这也是由预先签订的合同来确定。

 资料卡

批与批之间质量关系密切(待检批可利用最近已检批提供的质量信息)的连续提交检查批称为连续批。如在同一生产过程中，连续生产的一系列批只要产品的设计、结构、工艺、主要原材料、元器件等生产条件基本相同，一般可视为连续批。对于连续批，实际工作中通常可采用计数调整型抽样检验方案来进行产品检验，即如果产品连续几批抽样检查的结果都较好，则考虑有无可能减少抽样的样本量以减少抽检费用；反之，如果产品从抽检结果来看质量可能不大理想，则考虑是否应加严下几批的抽检以保证接收质量。

7.3.2 计数调整型抽样检验

1. 计数调整型抽样检验方案的设计原理

计数调整型抽样检验方案是根据已检验过的批的质量信息，随时按一套转移规则"调整"检验的严格程度的检验过程。具体设计原理为：当批质量正常时，采用一个正常的抽检方案，以保护供方利益；当批产品质量下降或生产不稳定时，改用加严方案进行检验，以减小需求方承担的风险；当批产品质量上升时，改用一个放宽方案进行检验，以加强对供方的保护；如果供方不能保持优质产品的历史，在抽检中稍发现有质量下降的趋势，就应立即由放宽转为正常检验。计数调整型抽样检验方案的设计原理也就是根据批产品质量的变化，适时调整方案的宽严程度，使整个检验过程达到一种既能防范达不到质量要求的批漏网，又能使达到质量要求的批轻易通过。

2. 计数调整型抽样检验方案的特点

计数调整型抽样检验方案具有以下几个特点。

(1) 对比其他抽检方案，它能充分利用产品检验历史数据提供的质量信息。

(2) 在同样质量保证的前提下，它比不可调整抽检方案能节约更多工作量和费用。

(3) 调整型抽检方案能促进供方为提高产品质量而努力。

3. 计数调整型抽样检验方案的抽检程序

计数调整型抽样检验方案抽检一般包括以下几个程序。

(1) 确定质量标准。在订货合同中必须明确规定单位产品的质量特性，并明确规定区分合格品与不合格品的标准。当产品比较复杂时，还可以对质量特性进行分类和分组。

(2) 规定合格质量水平 AQL。合格质量水平(AQL)是指可接受的连续交验批的过程平均不合格品率上限值。AQL 是调整型抽检方案的基本参数，也是选择方案时依据的质量标准。因此，采用计数调整型抽样检验在设计抽检方案时，首先要考虑 AQL 多大。规定了 AQL，如果供应者的产品质量水平接近 AQL，则运用正常检查。对质量水平比 AQL 好的生产者运用放宽检查，对质量水平比 AQL 差的生产者则加严检查。

AQL 可根据需方的要求、供方生产能力和单位产品本身的价值等因素，由双方协商确定。主要有以下几种确定方法。

① 按需方的质量要求决定 AQL 值。当需方根据使用要求、经济条件提出必须保证的质量水平(不合格品率或百单位不合格数)时，则应将其质量要求规定为 AQL 值。一般根据使用要求规定 AQL 时，可参考表 7-5 所列经验数据。

表 7-5　按照使用要求确定 AQL 值参考表

使用要求	特高	高	中	低
AQL/(%)	<0.1	<0.65	<2.5	≥4.0
适用范围	关键工业产品	重要工业产品	一般工业产品	一般农业产品

② 根据不合格级别确定 AQL 值。根据不合格级别确定 AQL 值，就是按照 A 类不合格品、B 类不合格品和 C 类不合格品，分别规定 AQL 值。越是重要的检验项目，验收后的不合格品所造成的损失越大，AQL 值应更严格。此种方法多用于多品种、小批量生产及产品质量信息不多的场合。按照不合格品类确定 AQL 值可参考表 7-6 所列的经验数据。

表 7-6　按照不合格类别确定 AQL 值参考表

不合格类别	一般企业									
	原料进厂检验				成品出厂检验					
	A	B，C			A	B，C			A	B	C
AQL/(%)	0.65	1.5	2.5	4.0	6.5	1.5	2.5	4.0	6.5	0.25	1.0	2.5

③ 根据检验项目数量确定 AQL 值。检验项目越多，AQL 值越大。根据项目数量确定 AQL 值可参考表 7-7 所列经验数据。

表 7-7　按照项目数量确定 AQL 值参考表

A 类不合格	项目数	1～2	3～4	5～7	8～11	12～19	20～48	>48
	AQL/(%)	0.25	0.40	0.65	1.0	1.5	2.5	4.0
B 类不合格	项目数	1	2	3～4	5～7	8～18	>18	
	AQL/(%)	0.65	1.0	1.5	2.5	4.0	6.5	

④ 根据过程平均值确定 AQL 值。用过程平均值作为 AQL 的方法多用于单一品种大批量生产，且已掌握大量供方产品质量信息的场合。一般要求 AQL 值高于过程平均质量，以有利于促进提高产品质量。

⑤ 依据益损平衡点值确定 AQL 值。以供方为检出一个不合格品所需费用与需方因接受一个不合格品所造成的损失费用的比例大小来确定 AQL 值，它能同时反映出生产方与使用方的要求，该比值叫作益损平衡点，即

$$益损平衡点 = \frac{供方检出一个不合格品所需费用}{需方使用一个不合格品所造成的损失费用} \times 100\% \tag{7-5}$$

求出益损平衡点后，可按表 7-8 所列经验数据确定 AQL 值。

表 7-8 按照益损平衡点确定 AQL 值

益损平衡点	0.5～1	1～1.75	1.75～3	3～4	4～6	6～10.5	10.5～17
AQL/(%)	0.25	0.65	1.0	1.5	4.0	6.5	10

(3) 确定检查水平。检查水平是用来决定批量与样本大小之间关系的等级。GB/T 2828.1—2012 标准中规定了三个一般检查水平（Ⅰ，Ⅱ，Ⅲ）和四个特殊检查水平（S-l，S-2，S-3，S-4），如表 7-9 所示。一般检查水平Ⅱ是标准检验水平，无特殊要求时采用水平Ⅱ。当需要的判别能力比较低时，可规定使用一般检查水平Ⅰ；当需要的判别能力比较高时，可规定使用一般检查水平Ⅲ。四种特殊检查水平适用于破坏性检验或检验费用高而且能够或必须允许较大的误判风险的情况，由于其抽取样本大小比较小，又称小样本检验。在三个一般检查水平中，当批量给定后，样本大小随检查水平而变化。一般情况下，检查水平Ⅰ，Ⅱ，Ⅲ需要抽取的样本大小关系为：水平Ⅲ大于水平Ⅱ，水平Ⅱ大于水平Ⅰ。检查水平Ⅰ，Ⅱ，Ⅲ样本大小比例为 0.4∶1∶1.6。同时，检查水平的规定直接影响对需方的保护程度，检查水平Ⅲ的保护程度最高。

表 7-9 样本大小字码表

批量范围	特殊检查水平				一般检查水平		
	S-l	S-2	S-3	S-4	Ⅰ	Ⅱ	Ⅲ
1～8	A	A	A	A	A	A	B
9～15	A	A	A	A	A	B	C
16～25	A	A	B	B	B	C	D
26～50	A	B	B	C	C	D	E
51～90	B	B	C	C	C	E	F
91～150	B	B	C	D	D	F	G
151～280	B	C	D	E	E	G	H
281～500	B	C	D	E	F	H	J
501～1 200	C	C	E	F	G	J	K
1 201～3 200	C	D	E	G	H	K	L
3 201～10 000	C	D	F	G	J	L	M
10 001～35 000	C	D	F	H	K	M	N
35 001～150 000	D	E	G	J	L	N	P
150 001～500 000	D	E	G	J	M	P	Q
500 001～	D	E	H	K	N	Q	R

(4) 确定检查批量。根据 GB/T 2828.1—2012 的设计原则，批量越大，样本量越大，区分优质批与劣质批的能力越强；但是，批量越大，检查费用就越高，由错判给双方带来的损失也越大。批量大小及其组成应由供需双方协商确定。

(5) 确定检查严格度。检查严格度是指交验批所接受检查的宽严程度。在上述严格度中，加严检查是强制性的，放宽检查是非强制性的，当无特殊要求时，验收批产品一般从正常检查开始。根据 GB/T 2828.1—2012 规定，三种严格度的调整可按图 7.17 所示转移规则进行。

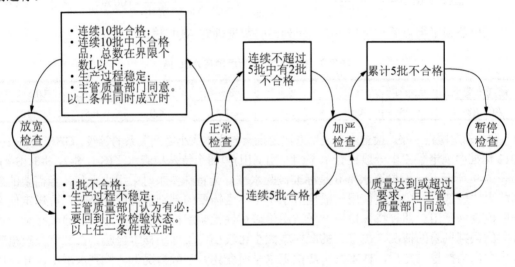

图 7.17 检查严格度转移规则

小知识

GB/T 2828.1—2012 中规定了正常检查、加严检查和放宽检查三种不同严格度。正常检查是当过程平均质量接近合格质量水平时所进行的检查；加严检查是当过程平均质量显著劣于合格质量水平时所进行的检查，是为保护需求方的利益而设立的；放宽检查是当过程平均质量显著优于合格质量水平时所进行的检查。

(6) 确定抽检方式。GB/T 2828.1—2012 给出了一次、二次、五次三种类型的抽检方式，其特点如表 7-10 所示。通常情况下，抽样方式的确定需要通过比较各种不同类型对应抽样方案的管理费用和平均检查费用的大小来决定。因此，一般情况下多采用二次抽检方式。但对于费时的检验和管理费用比检验费用高的检验，则宜采用一次抽样检验。

表 7-10 三种抽检方式的特点比较

抽检方式	供方接受程度	平均样本含量	管理费用
一次	只给一次机会就拒收，欠妥	N	最低
二次	易于接受	$(0.6\sim0.9)n$	适中
五次	犹豫不决，员工产生厌烦	$(0.3\sim0.8)n$	最高

小思考

需检验一批库存产品，检验方法是抽取一定数量的产品在试验室里做 4 周的试验才能得出结论，问：采用哪种抽查方式好。

解：在保证 OC 曲线基本一致的条件下，可采用一次抽查方式。取 $N=80$ 个产品试验，则 4 周后得出结论。如果采用二次抽查，则 $N=50$ 的两个样本，做两次试验，少则 4 周，多则 8 周得出结论。如果采用五次抽样，取 $N=20$ 的五个样本，做 5 次试验，最长要在 20 周后才能得出结果。显然在产品不是非常昂贵的情况下，采用一次抽样方案最好。

(7) 确定抽检方案。抽检方案的确定一共包括以下 4 项内容。

① 读取样本字码。应根据批量和检查水平从 GB/T 2828.1—2012《样本量字码表》(见附录)AQL 中读取字码。在表中找到批量大小所在的行及制定检查水平所在的列，从相交栏中可得样本大小的字码。

② 确定抽样方案。根据样本大小字码、合格质量水平(AQL 值)、抽样方式，以及宽严程度，在 GB/T 2828.1—2012 所提供的抽样检验表中检索四种抽检方案。在标准中列有三组(一次、二次和五次抽样)共计 12 个抽检方案表，本书只取一次抽样的四个表。

③ 查表确定抽检方案。在所选用的抽检方案表中，由样本大小字码所在行的样本大小栏内读出样本大小，再从这一字码研在行和所指定的 AQL 值所在列的相交栏，读出合格判定数 Ac 和不合格判定数 Re。如果相交栏是箭头，则沿箭头方向读出箭头所指的第一个合格判定数 Ac 和不合格判定数 Re，然后由此判定数组所在行向左，在"样本大小"栏读出相应的样本大小 n。

如果按上述查表方法，对不同类别的不合格得到不同的样本大小时，可以采用样本大小的最大者所对应的抽样方案。

由于合格判定数 Ac 为零的抽检方案的抽检特性曲线较平坦，即产品质量不仅在 AQL 附近时合格品率较高，而且在远低于 AQL 时合格品率依然很高，因此，采用判定数组[0, 1]的一次抽检方案对供需双方都不利。对于此种情况，在需方同意的情况下，可以使用判定数组[1, 2]的一次抽检方案代替判定数组[0, 1]的一次抽检方案。

④ 抽检方案的调整。按上述步骤初步确定抽样方案后，如果没有使用一般检查水平Ⅱ或Ⅲ，特别是使用特殊检查水平时，一般应检查该方案的抽检特性曲线，以了解对需方的保护是否足够。这是因为，合格质量水平 AQL 并不是消费者(使用者)要求质量的本身，而是为了进行抽样检查的方便，因此只规定 AQL 并不能保证需方不接收低质量的批。同样的 AQL，因检查水平不同，对需方保护的程度也不同。由于产品质量较差时应转移到加严抽检，因此在对需方进行保护检查抽检特性曲线时应检查加严方案的 OC 曲线尾部。

此外，有时查表求得的抽检方案不够理想，如样本量太大，也需要重新调整 AQL 和检查水平，以寻求供需双方都满意的方案，这就需比较不同方案之间抽检特性的差异，以论证调整的合理性。GB/T 2828.1—2012 提供了 25 个正常、加严、放宽检验方案的 OC 曲线及其数值，可供使用时查阅。

(8) 抽取样本。采用随机抽样法，从批量中按抽样方案规定抽取样本。采用二次和五次抽检方案时，每次样本也必须从批的全体中抽取。

(9) 样本的检测。检测样品，按确定的质量标准判定不合格品或合格品数。

(10) 判定批是否合格。统计样本中出现的不合格数或不合格总数，与抽样方案中规定的合格判定数和不合格判定数比较，判定批合格或不合格。如果样本中不合格品数等于或小于合格判定数 Ac，则判定该批合格；如果不合格品数等于或大于不合格判定数 Re，则判定该批不合格。

(11) 批的处置。合格批接受，不合格批原则上全批退给供方。合格批中发现的不合格品可根据供需双方事前约定进行处置。

由上文抽样检验方案的分类可知，除计数标准型抽检方案和计数调整型抽检方案之外，在实际应用中还存在其他类型的抽检方案。为了帮助供需双方正确选择抽样检验方案国家制定了有关标准：GB/T 2828.1—2012《抽样检查导则》。因此，在实际应用中常采用查表法。附录中收录了样本量字码表(表1)、正常检验一次抽样方案(主表)(表2-A)、加严检验一次抽样方案(主表)(表2-B)、放宽检验一次抽样方案(主表)(表2-C)、正常检验的生产方风险(表3)、正常检验的使用方风险质量(表4)、正常检验的平均检出质量上限(一次抽样方案)(表5)、正常检验一次抽样方案(辅助主表)(表6)、不合格品率的计数标准型一次抽检表(表7)。

知识链接

啤酒瓶质检

关键指标检验：爆瓶率 p。假定生产标准容许的爆瓶率 $p<1\%$。

检测方案1：

假定实际测量 p 值：$p=1\%$，即整批瓶子的质量接近质量标准要求。

测量精度
$$\sigma_p = 0.005$$

样本容量 n 的估算
$$\sigma_p = \sqrt{\frac{pq}{n}}, \quad n = \frac{pq}{\sigma_p^2} \approx \frac{0.01 \times 0.99}{0.005^2} \approx 400$$

检测方案2：

抽取 20 个瓶子，如果没有爆瓶，即判合格，否则判不合格。

该方案检测精度如何？

假定某批啤酒瓶实际爆瓶率 $p=2\%$，即事实上是不合格的，用该方案检验误判为合格的概率是多大？

误判为合格的概率：
$$r_1 = (1-p)^{20} = (1-0.02)^{20} = 0.67$$

假定某批啤酒瓶实际爆瓶率 $p=0.8\%$，即事实上是合格的，用该方案检验误判为不合格的概率是多大？
$$r_2 = 1-(1-p)^{20} = 1-(1-0.008)^{20} = 0.15$$

7.4 计量型抽样方案

7.4.1 以不合格品率衡量批质量的计量型抽样方案

抽样检验的对象是一批产品，而不是单个产品。在提交检验的一批产品中允许有一些不合格品，一般用批不合格品率 p 作为衡量其好坏的指标。不合格率就是指特性数据中超过公差标准部分的面积。当给定了公差上限 S_U 后，可规定不合格品率 p_0 和 p_1。当产品批的 $p \leq p_0$ 时，则该批产品为优质批；当 $p \geq p_1$ 时，该批产品为劣质批。抽样检验的目的就是通过对样本的检验来判断总体的优劣。对于计量型方案来说，就是要确定一个判别界限。对于上述情况，即应该确定一个 $\bar{x}_u$，这个值是由给定的 p_0，p_1 及 α，β 计算出来的，显然它应该位于 BC 之间。当被验收的样本的质量特性的值的平均值为 $\bar{x} \leqslant \bar{x}_u$ 时，应以高概率 $(1-\alpha)$ 判断其为优质批；当 $\bar{x} > \bar{x}_u$ 时，应以高概率 $(1-\beta)$ 判断其为劣质批。如图 7.18 所示，B、C 两点为不合格品率 p_0 和 p_1。

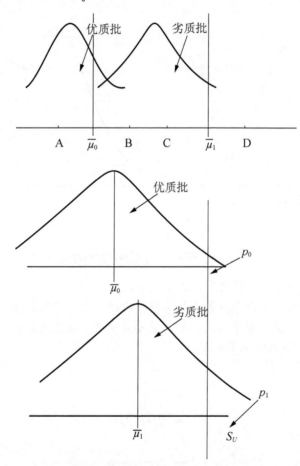

图 7.18 优质批和劣质批的判定

7.4.2 计量型一次抽样方案的设计

对不同质量要求有不同的接收判断准则。

(1) 对于仅有下规格限的情况：由于要求指标值越大越好，因此可以定一个 k_L，当 $\bar{x} \geqslant k_L$ 时接收该批产品，否则就拒收该批产品。这时计量一次抽样检验方案可以用 (n, k_L) 表示。

(2) 对于仅有上规格限的情况：由于要求指标值越小越好，因此可以定一个 k_U，当 $\bar{x} \leqslant k_U$ 时接收该批产品，否则就拒收该批产品。这时计量一次抽样检验方案可以用 (n, k_U) 表示。

(3) 对说测规格限的情况：由于指标值不能太大也不能太小，要求其接近某规格值 μ_0，

一次可以确定 k_L 与 k_U，当 $\bar{x} \leq k_L$ 或 $\bar{x} \geq k_U$ 时拒收该批产品，否则就接收该批产品。这时计量一次抽样检验方案可以用 (n, k_L, k_U) 表示。

在设计抽样方案之前，需要先确定 p_0, p_1, α, β（抽样误差）及 S_U（单侧公差上限）或 S_L（单侧公差下限）或 S_U 和 S_L（上下双侧）。

由前知，产品的计量特性一般是服从正态分布的，为了计算方便，先对其进行标准化，如图 7.19 所示。

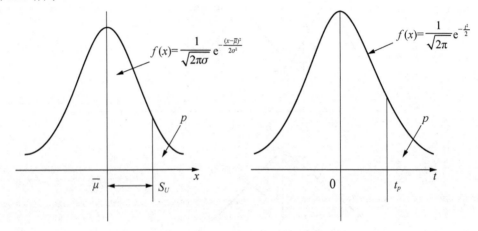

图 7.19 计量特性正态分布的标准化

标准化后，进行样本量 n 的推导，如下所示。

注意：这里假设来自生产条件基本相同的批的 σ 相等。实践证明，这是合理的，因为生产条件相同，意味着随机因素相同，而 σ 主要是由随机因素决定的。

如图 7.20 所示，可得以下关系式。

对 x 的分布：

$$S_U = \overline{U_0} + t_{p_0}\sigma \tag{7-6}$$

$$S_U = \overline{U_1} + t_{p_1}\sigma \tag{7-7}$$

对 $\bar{x}$ 的分布：

$$\overline{x_U} = \overline{U_0} + t_\alpha \frac{\sigma}{\sqrt{n}} \tag{7-8}$$

$$\overline{x_U} = \overline{U_1} - t_\beta \frac{\sigma}{\sqrt{n}} \tag{7-9}$$

由式(7-6)、式(7-8)得

$$S_U - \overline{x_U} = t_{p_0}\sigma - t_\alpha \frac{\sigma}{\sqrt{n}} \tag{7-10}$$

由式(7-7)、式(7-9)得

$$S_U - \overline{x_U} = t_{p_1}\sigma + t_\beta \frac{\sigma}{\sqrt{n}} \tag{7-11}$$

由式(7-10)、式(7-11)得

$$t_{p_0}\sigma - t_\alpha \frac{\sigma}{\sqrt{n}} = t_{p_1}\sigma + t_\beta \frac{\sigma}{\sqrt{n}} \tag{7-12}$$

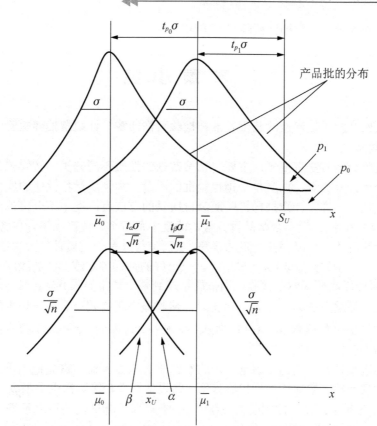

图7.20 样本量 n 的推导

整理得

$$n = \left(\frac{t_\alpha + t_\beta}{t_{p_0} - t_{p_1}}\right)^2 \tag{7-13}$$

将式(7-13)代入式(7-7)或式(7-8)得

$$\overline{x_U} = S_U - \frac{t_\alpha t_{p_1} + t_\beta t_{p_0}}{t_\alpha + t_\beta}\sigma \tag{7-14}$$

同理，可推出 n 和 $\overline{x_L}$ 的表达式为

$$n = \left(\frac{t_\alpha + t_\beta}{t_{p_0} - t_{p_1}}\right)^2 \tag{7-15}$$

$$\overline{x_L} = S_L + \frac{t_\alpha t_{p_1} + t_\beta t_{p_0}}{t_\alpha + t_\beta}\sigma \tag{7-16}$$

注意：其中的 t_α，t_β，t_{p_0}，t_{p_1} 都取绝对值。

计量抽样检验与前面介绍的计数抽样检验的根本区别在于计数抽样检验只将抽取到的产品划分为合格与不合格，或仅计算产品的不合格数。而计量抽样检验是以样本中各单位产品的计量质量特性为依据，可以用不合格品率来衡量批质量，也可以用产品某一质量特性平均值来衡量。能提供更多、更详细的产品质量信息。同时，在同样质量保护下，计量

抽样检验的样本量比计数抽样检验要小得多。

本 章 小 结

本章主要介绍了抽样检验基础、抽样检验特性曲线、计数型抽样检验、计量型抽样方案等基本内容。

抽样检验分类方法有很多，主要包括按数据的性质不同分类、按实施方式不同分类、按抽样次数不同分类等。批质量是指检验批的质量。由于质量特性值的属性不同，衡量批质量的方法也不一样，计数抽样检验衡量批质量的方法有：批中不合格单位产品所占的比重(即批不合格品率)；批不合格品百分数，即批中每百个单位产品平均包含的不合格个数。

样本反映总体时可能存在一定的误差，从而使得具有一定质量的批次通过抽样检验时，一般不可能100%被接收或100%被拒收。一个好的抽样方案或OC曲线应当是：当批质量好($p \leqslant p_0$)时能以高概率判它接收；当批质量差到某个规定界限$p \geqslant p_1$时，能以高概率判它不接收；当产品质量变坏，如$p_0 < p < p_1$时，接收概率迅速减小。检查样本的不合格品数为r，规定接收数Ac，拒收数$Re=Ac+1$。如果$r \leqslant Ac+1$，认为批产品合格，接收；如果$r \geqslant Ac+1$，认为批产品不合格，拒收。

计数标准型抽检是指为了保证生产方和需求方双方利益，事先把生产方风险和需求方风险固定为某一特定数值的抽样检验方案。其设计原理是给定接受上限p_0、拒收下限p_1以及两种错判概率α、β，控制优质批($p \leqslant p_0$)错判为不合格批的概率不得超过α、劣质批($p \geqslant p_1$)错判为合格批的概率不得超过β。计数调整型抽样检验方案是根据已检验过的批的质量信息，随时按一套转移规则"调整"检验的严格程度的检验过程。

抽样检验的对象是一批产品，而不是单个产品。在提交检验的一批产品中允许有一些不合格品，一般用批不合格品率p作为衡量其好坏的指标。不合格率就是指特性数据中超过公差标准部分的面积。在设计抽样方案之前，需要先确定p_0，p_1，α，β(抽样误差)及S_U(单侧公差上限)或S_L(单侧公差下限)或S_U和S_L(上下双侧)。

关键术语

接收质量限(Acceptable Quality Level)　　抽样检验(Sampling Inspection)
标准化(Standardization)　　正态分布(Normal Distribution)
抽样误差(Sampling Error)　　百分比抽样(Proportional Sampling)

习　题

1. 选择题

(1) 按检验的质量特性值划分，检验方式可以分为(　　)。
　　A．记数检验和计量检验　　　　　　B．全数检验和抽样检验
　　C．理化检验和感官检验　　　　　　D．破坏性检验和非破坏性检验

(2) 在抽样检验中,可接收的和不可接收的过程平均的分界线,称为( )。
   A. 抽检水平   B. 接收质量限
   C. 平均出厂质量极限   D. 抽检方案
(3) 破坏性检验不宜采用( )。
   A. 免检   B. 全检   C. 抽检   D. 部分检验
(4) 计数检验方案中,下列( )指标越小 OC 曲线越陡。
   A. N B. n C. D D. Ac
(5) 在下面列出的数据中,属于计数数据的是( )。
   A. 长度   B. 不合格品数   C. 重量   D. 化学成分
(6) 适合于对产品质量不了解的孤立批的抽样检验方案是( )。
   A. 标准型抽样方案   B. 挑选型抽检方案
   C. 调整型抽检方案   D. 连续生产型抽检方案

2. 判断题

(1) 计数标准型一次抽检方案中 p_1/p_0 越小,方案的辨别能力越强。( )
(2) 标准型抽样检验适合于对产品质量不了解的孤立批的检查验收。( )
(3) 计数抽验中 n 越小,使用者风险越小。( )
(4) 抽样检验的主要目的是挑选每个产品是否合格。( )

3. 计算题

(1) 当 N=500 时,求相应于 AQL=0.4% 的一次抽样方案。
(2) 试绘出一次抽样方案(100,10,0)的 OC 曲线。
(3) 某公司拟用 ISO 8422—1991 验收购进的一批产品,批量为 300,以不合格品百分数表示批质量。今对产品质量影响较大的某特性进行验收,经双方协商,α=0.05,β=0.10,p_0=4.0%,p_1=32.0%,试设计计数型抽样检验方案,并对批接受性作出判断。

4. 简答题

(1) 什么是 OC 曲线?在抽样检验中存在哪两种错判?一般在实践中应采取怎样的对策?
(2) 什么是抽样方案和抽样方案的操作特性?说明实际抽样方案的 OC 曲线中 α 和 β 的含义。
(3) 计数调整型抽样检验一共规定了几种检验水平?确定检验水平主要应考虑哪些因素?

案例分析

计数抽样检验在自航水雷中的应用

自航水雷是一种介于鱼雷和传统水雷之间的新武器。过去在自航水雷产品交验过程中,一般采用全数检验的方法,即对每一个产品都进行检验,这种方法虽然可以最大限度地保障使用方的利益,却造成了试

验费用及时间上的极大浪费。随着我国自航水雷研制和生产能力的不断提高，不仅生产的自航水雷越来越多，其质量也随之提高，全数检验的抽样方法逐渐不能适应产品的这种状况。

而抽样检验可利用有限的子样对整个自航水雷的质量水平作出合格与否的判定，正适合目前自航水雷的生产情况。因此在自航水雷行业中逐步引入抽样检验方法势在必行。而在自航水雷研制和生产中普遍应用成败型试验进行验证，这使得计数抽样检验在自航水雷可靠性鉴定和验收中得到了广泛的应用。

1. 自航水雷一次抽样检验方案仿真结果

批量分别为30，60的一批水雷，制定合格质量水平 p_0=0.20，不合格质量水平 p_1=0.50，并满足生产方风险 α=0.20，使用方风险 β=0.30 条件下的一次抽样方案。计算机仿真结果如表7-11、表7-12所示。

表7-11　　N=30 一次抽样方案仿真结果

(n, c)	α	β
(13,4)	0.099 131	0.133 423
(14,4)	0.129 840	0.089 783
(16,5)	0.081 688	0.105 057
(17,5)	0.105 701	0.071 732

表7-12　　N=60 一次抽样方案仿真结果

(n, c)	α	β
(13,4)	0.099 131	0.133 423
(14,4)	0.129 840	0.089 783
(16,5)	0.081 688	0.105 057
(17,5)	0.105 701	0.071 732
(18,6)	0.051 271	0.118 942
(19,6)	0.067 600	0.083 534
(20,6)	0.086 693	0.057 659
(22,7)	0.056 145	0.066 900

从以上试验结果可以看出，批量不同、抽样方案也不同。并且合格判定数 c 相同情况下，抽样量 n 越大，生产方风险率越高而使用方风险率会降低。因此，在批量和合格判定数相同的条件下，增大抽样方案的样本量有利于使用方。随着合格判定数 c 增大，生产方风险减小，而使用方风险增大。因此，在批量和样本量相同的条件下，增大抽样方案的合格判定数有利于生产方。而批量对抽样方案的影响不大。

2. 自航水雷二次抽样检验方案仿真结果

假定分别有10条和20条样雷可供试验，p_0=0.20，p_1=0.60，α=0.20，β=0.30，试确定二次抽样方案。计算机仿真的部分结果如表7-13、表7-14所示。

表7-13　　N=10 二次抽样方案仿真结果

(n_1, n_2, c_1, R_1, c_2)	α	β
(7,3;2,4,3)	0.089 3	0.108 6
(6,4;2,4,3)	0.065 3	0.186 3
(5,5;1,3,2)	0.195 6	0.089 4
(4,4;1,3,2)	0.117 9	0.188 1
(5,3;1,3,2)	0.157 9	0.107 9

续表

$(n_1, n_2, c_1, R_1, c_2)$	α	β
(9,4;2,4,3)	0.189 6	0.100 1
(8,5;2,4,3)	0.155 0	0.151 4
(7,6;2,4,3)	0.118 0	0.230 8
(7,5;2,4,3)	0.110 5	0.235 1
(10,5;3,5,3)	0.120 9	0.171 9

表 7-14 $N=20$ 二次抽样方案仿真结果

$(n_1, n_2, c_1, R_1, c_2)$	α	β
(9,4;2,4,3)	0.189 6	0.100 1
(8,5;2,4,3)	0.155 0	0.151 4
(7,6;2,4,3)	0.118 0	0.230 8
(7,5;2,4,3)	0.110 5	0.235 1
(10,5;3,5,3)	0.120 9	0.171 9

可以看出，二次方案的制定及实施较一次抽检麻烦。但一次抽样检验比二次抽样检验满足要求的方案所需的样本容量较大，这就要求较大的检验费用(包括破坏性检验的样本费用及运用贵重设备的设备费用)，对于小批量高价值的产品而言，尤其是需进行破坏性抽样试验的产品而言，这个样本量和试验成本还是过大。对于自航水雷等高可靠性要求的产品和系统，二次抽样较更适合其小子样的特点。

(资料来源：宋保维，李彩霞，梁庆卫，董博超. 计数抽样检验在自航水雷中的应用[J]. 计算机仿真，2009，8(26)，72~74.)

第8章 物流质量管理体系

【本章教学要点】

知识要点	掌握程度	相关知识
ISO 9000 族标准	了解	ISO 9000 的产生和发展、ISO 9000 标准概述
质量管理体系概述	了解	质量管理体系的概念、质量管理的基本原则
物流质量管理体系概述	掌握	物流质量管理体系的组成、物流企业质量管理体系的建立
物流质量管理体系文件	了解	质量手册、物流质量管理程序、作业指导书、质量记录、质量计划
物流质量体系的审核与认证	了解	物流质量管理体系审核、质量管理体系认证

【本章技能要点】

技能要点	掌握程度	应用方向
ISO 9000 族标准	了解	了解 ISO 9000 标准的由来、发展和组成
质量管理的基本原则	掌握	以质量管理的基本原则为指导进行项目的质量管理
物流质量管理体系组成和物流企业质量管理体系的建立	重点掌握	以物流质量管理体系组成和物流企业质量管理体系的建立方法为依据进行物流企业质量管理
物流质量管理体系文件	了解	以物流质量管理体系文件作为指导手册和参考书进行物流质量管理工作
物流质量管理体系审核、质量管理体系认证	了解	以物流质量管理体系审核指标和质量管理体系认证流程作为工作指导

物流质量管理体系　第 8 章

【知识架构】

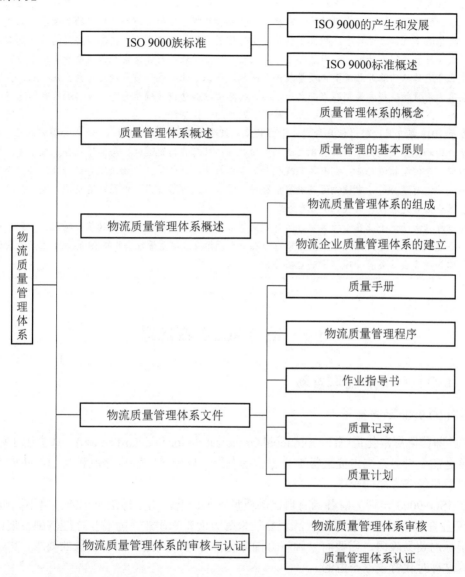

ISO 9001 标准：保障和提高企业质量管理水平的重要手段

我国物流业处于初级发展阶段，现有的物流企业一是由传统的运输、仓储和货代企业转型而来的，以大中型国有企业为典型代表；二是生产制造企业在供应链流程再造中打造的第三方物流服务公司，如海尔物流；三是按照现代物流理念和经营模式建立的新型物流服务企业；四是国外资本合资或独资建立的物流企业。目前大多数物流企业内部管理方法存在许多不规范的因素，物流作业方式落后，物流服务水平低，没有形成规范化。标准化的服务流程和规则，难以满足用户多样化需求；企业内部物流信息化水平低，难以与现代工商企业的信息化要求同步。

为了提高市场竞争力，加强公司的管理水平，就必须贯彻 ISO 9000 系列标准。少数优秀的物流企业在这方面取得了成绩，如宝供物流，它将美国食品和药物管理局颁布的"良好的制造管理实践"质量保证思想运用到物流运作中，确立了物流质量管理的 10 个关键要素，将每项要素的具体标准及要求汇编成《质量管理手册》。公司总部还专门设立了质量管理部具体落实贯彻《质量管理手册》，使每一项业务运作从作业开始就实施质量控制和跟踪，保证了业务运作质量稳定可靠。几年来，宝供物流的铁路运输货物缺损率控制在万分之一左右，公路运输和仓储缺损率为零，铁路运输时间达标率在 95%以上，公路运输达标率在 98%以上，获得了客户的一致赞许。

截至 2013 年 2 月，经过认真评定，中国物流与采购联合会累积公布了 15 批 A 级物流企业名单。这些参评的物流企业包括不同所有制形式的股份企业：既有在传统运输、仓储等业务基础上发展起来的运输型、仓储型物流企业，也有按照现代物流要求提供一体化第三方物流服务的综合服务型企业。中国远洋物流有限公司、中铁快运股份有限公司、远成集团有限公司、中国外运集团、宝供物流企业集团有限公司等先后被评为 5A 级物流企业。

通过评估的物流企业在管理体制、运作模式等方面体现了现代物流企业的基本特征，达到了评估指标的规定性要求。这表明我国许多优秀的物流企业开始重视质量管理，并将 ISO 9001 质量管理体系作为保障和提高企业质量管理水平的重要手段。

8.1 ISO 9000 族标准

8.1.1 ISO 9000 的产生和发展

1. ISO 9000 的产生

ISO 即国际标准化组织(International Organization for Standardization)，成立于 1947 年。其宗旨是在全世界范围内促进标准化工作的发展，以便国际物资交流和互助，并扩大在文化、科学和经济方面的合作。

在 ISO 9000 出现之前各国有自己的质量管理标准，由于标准不一致，给不同国家(地区)的企业在技术合作、质量认证和贸易往来等方面带来困难。随着全球经济的发展，为了消除国际的贸易障碍，需要有一种符合国际化的标准来满足各国对质量的要求，ISO 9000 就是在这种时代背景下产生的。

ISO 于 1987 年正式发布了第一套质量管理和质量保证国际标准，这是借鉴了世界主要工业发达国家质量管理的方法、原则和程序而制定的，它标志着质量管理规范化、程序化的新高度。

2. ISO 9000 的发展

ISO 9000 自 1987 年颁布以来，被世界上 110 多个国家和地区共同采用为国家或地区标准，产生了良好的宏观经济效益和社会效益。我国也于 1988 年开始等效采用 ISO 9000 系列标准。

ISO 9000 系列标准于 1994 年经过第一次修订，形成 1994(年)版 ISO 9000 系列标准；2000 年经过完善修订，形成 2000(年)版 ISO 9000 系列标准。经过修订的 ISO 9000 系列标准由最初的 5 个标准增加到数十个。

接下来，ISO 9000 族标准进行了多次修改：2002 年 ISO 19011—2002 标准；2005 年 ISO 9000—2005 标准；2008 年 ISO 9001—2008 标准；2009 年 ISO 9004—2009 标准等。通过 ISO 9000 族标准的不断修改与补充，使其得到进一步完善，并且扩大了 ISO 9000 族标准的使用范围，增强了其实用性。

8.1.2 ISO 9000 标准概述

1. ISO 9000 族标准的构成

根据 2008 年 12 月发布的 ISO/TC176N817R8 文件，目前 ISO 9000 族质量管理体系标准的构成如表 8-1 所示。

表 8-1　ISO 9000 族标准文件结构

核心标准		ISO 9000	《质量管理体系——基础和术语》
		ISO 9001	《质量管理体系——要求》
		ISO 9004	《质量管理体系——业绩改进指南》
		ISO 19011	《质量和环境管理体系审核指南》
支持性标准和文件	其他标准	ISO 10012	《测量控制系统》
	技术报告	ISO/TR 10006	《质量管理——项目管理指南》
		ISO/TR 10007	《质量管理——技术状态管理指南》
		ISO/TR 10013	《质量管理体系文件指南》
		ISO/TR 10014	《质量经济性管理指南》
		ISO/TR 10006	《质量管理——培训指南》
		ISO/TR 10017	《统计技术指南》
	小册子		《质量管理原则》
			《选择和使用指南》
			《小型组织实施指南》

2. 核心标准的介绍

ISO 9000—2005《质量管理体系——基础和术语》。ISO 9000—2005 标准主要包括三部分内容：第一部分确认了质量管理的八项原则；第二部分提供了建立和实施质量管理体系应遵循的 12 个方面的质量管理体系基础，并建立了以过程为基础的质量管理体系模式；第三部分是术语和定义，规定了 85 个词条，为全世界具有不同文化背景、使用不同语言的所有需要使用 ISO 9000 族标准的组织和人员，提供了对质量管理的基本原理和基本概念的共同理解。

ISO 9001—2008《质量管理体系——要求》。ISO 9001—2008 标准更加明确地表述了 2000 版 ISO 9001 标准的内容，并增加了与 ISO 14001—2004 标准的相容性。该标准为各种类型、不同规模和提供不同产品的组织规定了质量管理体系的通用要求，以证实其具有稳定地提供满足顾客要求和适用法律法规要求的产品的能力，并通过体系的有效应用，包括体系持续改进过程以及保证符合顾客要求和适用的法律法规要求，增强顾客的满意度。该标准是用于质量管理体系第三方认证的标准。

ISO 9004—2009《质量管理体系——业绩改进指南》。该标准与 ISO 9001—2008 有相同的理论基础,采用相同的术语和以过程为基础的模式结构,是一对相互协调的标准。但它提供了超出 ISO 9001—2008 要求的指南和建议,以便提高质量管理体系的有效性和效率,进而满足改进组织业绩的需要。该标准将顾客的满意度和产品质量的目标扩展为包括相关方的满意度和组织的业绩。

ISO 19011—2002《质量和环境管理体系审核指南》。该标准为审核原则、审核方案管理、质量管理体系审核和环境管理体系审核的实施提供了指南,也为提高质量和环境管理体系审核员的能力提供了指南,适用于需要实施质量与环境管理体系内部和外部审核或需要管理审核方案的所有组织。

知识拓展

伍尔弗汉普顿大学:一所 ISO 9000 大学

1994 年 8 月 1 日是伍尔弗汉普顿(Wolver Hampton)大学的员工永远不会忘记的大喜之日。就在那一天,这所大学成为英国或许全世界第一所获得 ISO 9000 认证的大学。大学的核心业务是设计与传授学习经验,并提供研究与咨询服务。

8.2 质量管理体系概述

"体系"是若干有关事物或某些意识相互联系而构成的一个整体,是"相互关联或相互作用的一组要素"。在英文中,"体系"和"系统"同出一词,即"system"。按照系统论的观点,无论是体系还是系统,都由若干要素组成,要素又分为子要素、子子要素。这些要素相互间存在着有机的联系,相互作用、相互依赖。

任何系统都具有结构。所谓结构是指组成系统的诸要素在该系统范围内的秩序,即相互联系、相互作用的内在方式。系统论认为,并列性和层次性是系统结构存在的一种普遍形式。通常,可采用多种多样的形式描述一个系统的结构。一个好的描述形式,不仅仅是将组成系统的各要素机械式地简单排列,而应强调并着重反映其各要素间的内在联系。

8.2.1 质量管理体系的概念

知识要点

管理体系是建立质量方针和质量目标,并实现这些目标的相互关联和相互作用的一组要素。通常由组织结构、策划活动、职责、惯例、程序、过程和资源所组成。一个组织的管理体系中,包括质量管理体系、环境管理体系、职业健康安全管理体系,以及生产管理体系、技术管理体系、财务管理体系、设备管理体系、人力资源管理体系等。

质量管理体系是在质量方面指挥和控制组织的管理体系,它致力建立与实现质量方针和质量目标。

1. 组织

组织是指职责、权限和相互关系得到安排的一组人员及设施(只适用质量管理体系标准)，可以从以下几个方面加深理解。

(1) 组织是一个系统，其安排是按序进行的。

(2) 不论所有制形式如何，不论规模的大小怎样，不管产品的类型是什么，只要符合标准定义，便可称之为组织。

(3) 组织可以作为公司、集团、企事业单位、科研机构、社会团体、慈善机构、商行等上述组织的一部分或组合。

2. 质量方针

质量方针是指一个组织的最高管理者正式发布的该组织的总的质量宗旨和方向。质量方针应与组织的总方针相一致(如果组织是一个经济实体，则应同组织的经营方针相一致)。质量方针的制定应参照质量管理原则的要求，结合组织的实际情况，确定出组织在质量管理工作方面中远期的发展方向。质量方针还需反映组织在管理和产品上的要求，为质量目标的展开提供条件。质量方针是一种精神，是企业文化的一个组成部分，应与组织的全体员工的根本利益相一致，体现出全体员工的愿望和追求的目标，以便为全体员工所理解，并加以贯彻执行。

对于任何一个组织，要推行全面质量管理，首先必须建立质量方针，制定质量目标，并且要在质量方针的指导下，为所制定的质量目标，对组织中所有与质量有关的活动和工作内容进行有效管理。所有这些面向质量的管理活动和管理内容构成了管理体系的基本要素。建立质量管理体系的目的是在质量方面帮助组织提供持续满足要求的产品，以满足顾客和其他相关方的需求。

3. 质量目标

质量目标是"组织在质量方面所追求的目的"。组织应依据质量方针的要求制定质量目标，与其保持一致。组织可以在调查、分析自身管理现状和产品现状的基础上，与行业内的先进组织相比较，制定出经过努力在近期可以实现的质量目标。组织应将质量目标分别在横向上按相关职能(部门或岗位)、在纵向上按不同的管理层次加以分解展开。质量目标的这种分解和展开，应同组织管理上的需要及其复杂程度和产品上的要求以及与可实现的条件相适应。质量目标应当量化，尤其是产品目标要结合产品质量特性加以指标化，从而达到便于操作、比较、检查和不断改进的目的。

4. 质量管理

质量管理是"在质量方面指挥和控制组织的协调的活动"。通常包括制定质量方针、质量目标，以及质量策划、质量控制、质量保证和质量改进。质量管理应是各级管理者的职责，但应由组织的最高管理者领导和推动，同时要求组织的全体人员参与和承担义务，只有每个职工都参加有关的质量活动并承担义务，才能实现所期望的质量。当然，在开展这些活动时还应考虑到相应的经济性因素，因为质量管理的目的就是为了最大限度地利用人力、物力资源，尽可能地满足顾客的需求，以提高经济效益。

5. 管理体系要素

质量管理体系由一系列质量管理体系要素组成，并通过质量管理体系要素的结构来描述。每一个质量管理体系要素，都是从一个特定的侧面规定和描述如何实施组织的质量管理工作或活动。对质量管理体系进一步分析应该包括以下要素。

(1) 体系要素必须涉及产品形成的各要素。组织要向市场或顾客提供产品，产品质量要满足顾客需求和期望。产品是过程的结果。过程是一种增值转换，要用到资源。组织为了使过程产生最大增值，必须识别和管理构成过程的相互联系着的诸多活动。由此，必需的资源、有效的管理及产品实现过程本身共同构成产品形成的三要素。质量管理体系作为一个组织围绕着如何使它的产品满足顾客需求而开展质量管理的系统，必须涉及产品形成的三要素。

(2) 体系要素必须涉及组织存在的各要素。一个完整的组织，首先，必须建立一套有效的组织机构，并通过组织机构实施组织的各项管理职能，包括生产经营和质量管理等；其次，必需具有一定的资源，不存在没有资源的组织；最后，组织是为了向顾客提供产品而存在的，提供产品的前提是形成产品。因此，有效的组织机构和高效的管理、必需的资源及其对产品的形成的有理支持以及贯穿于组织的整个产品实现过程三者相互作用、有机结合，构成组织存在的三要素。组织通过这三要素间的作用而形成一个有机的整体。

(3) 体系要素要考虑组织的持续发展和质量改进。生存和发展问题是任何一个组织都必须认真考虑和对待的战略性问题。对于一般的组织而言，其目的是通过市场竞争和向顾客提供产品而获取收益。为了赢得竞争和持续地获取利益，组织必须坚持持续发展的战略，必须进行质量改进，包括产品质量、产品实现过程、管理职责和资源管理的改进等。

8.2.2 质量管理的基本原则

🔑 小知识

ISO/TC 176 在总结 1994 年版 ISO 9000 标准的基础上提出了质量管理八项原则，并以此作为 2000 年版 ISO 9000 族标准的设计思想。

因此，这八项质量管理原则不仅是 2000 年版 ISO 9000 族标准的理论基础，而且应该成为任何一个组织建立质量管理体系并有效开展质量管理工作所必须遵循的基本原则。八项基本原则的中心是以顾客为关注焦点，其他七项基本原则都是围绕该项基本原则展开的。

1. 以顾客为关注焦点

组织总是依存于其顾客。组织的变革和发展都离不开顾客，所以组织应充分理解顾客当前和未来的需求，满足顾客需求并争取超过顾客的期望。

对于企业而言，必须做好以下工作。

(1) 通过全部而广泛地市场调查，了解顾客对产品性能的要求。

(2) 谋求在顾客和其他收益者(企业所有者、员工、社会等)的需求和期望之间达到平衡。

(3) 将顾客的需求和期望传达到整个企业。

(4) 测定顾客的满意度，并为提高顾客的满意度而努力。

2. 领导作用

领导作用的原则强调了组织最高管理者的职能是确立组织统一的宗旨及方向,并且应当创造并保持使员工能充分参与实现组织目标的内部环境,使组织的质量管理体系在这种环境下得以有效运行。

就企业而言,企业最高管理者应该发挥以下作用。

(1) 制定并保持企业的质量方针和质量目标。

(2) 通过增强员工的质量意识、参与质量管理的积极性,在整个企业内促进质量方针和质量目标的实现。

(3) 确保整个企业关注顾客要求。

(4) 确保实施适宜的过程以满足顾客和其他相关方要求并实现企业的质量目标。

(5) 确保企业建立、实施和保持一个有效的质量管理体系以实现企业的质量目标。

(6) 确保企业的质量管理活动能获得必要的资源。

(7) 定期评审质量管理体系。

(8) 决定企业有关质量方针和质量目标的措施。

(9) 决定改进企业质量管理体系的措施。

3. 全员参与

组织的质量管理不仅需要最高管理者的正确领导,还有赖于组织全体员工的参与。只有全体员工的充分参与,才能充分发挥他们的才干,为组织带来收益。

对于企业而言,应鼓励全体员工积极参与质量管理工作,具体包括以下内容。

(1) 承担起解决质量问题的责任。

(2) 不断增强技能、知识和经验,主动地寻找机会进行质量改进。

(3) 在团队中自由地分享知识和经验,专注为顾客创造价值。

(4) 在生产过程中对企业的质量管理目标进行不断的改进和创新,通过产品所具有的质量和个人行为向顾客与社会展示自己的企业。

(5) 从工作中能够获得满足,并为是企业的一名成员而感到骄傲和自豪。

案例 8-1

范比伦市爆米花公司:没有改变世界的机器

迈克·维尔是印第安纳州范比伦市某爆米花公司的总经理,他一直相信如果顾客对一份订单不满意,他唯一能做的就是将货物收回。但是一次事故让他对所坚持的理念产生了动摇:这是一份来自东京的订单,总价值为 7 万美元,但由于混杂物超标,维尔不得不承受着高昂的成本将货物召回。这次事件对于维尔本人和他的公司来说都是难以接受的,不仅仅是由于召回货物所付出的沉重的代价,更由于他们都认为能打入日本市场表明公司有能力将爆米花销售给任何人和任何地区。现在,面对这样的情况,公司如何重新挽回它的质量声誉呢?

几个月后,卡车将价值 100 万美元的高速光学扫描仪拉入了维尔工厂。这种新机器将对经过它电子眼的所有物品进行严格的检查,任何容易混入爆米花中的杂草种子、脏泥块和黄豆都将被筛入垃圾堆。

然而，持续改进很少有只靠购进新技术就能圆满完成的。事实上，问题产生在经营的每一个环节，包括未加工的材料、加工方法和员工。解决方案自然也就蕴藏在这些环节中。

在一次质量会议上，来自操作部门的玛蒂指出：假如维尔公司不按规则(例如湿度方面)严格检测爆米花，那么讨论质量完全是没有意义的。原因是玛蒂意识到如果购进的未加工材料不好，即便有高科技机器辅助，输出的产成品也不可能好。

这件事情极大地改变了维尔经营业务的思维模式。迈克·维尔开始大规模地提高厂内员工的质量责任意识，从车间中选出了7个领导团队充当工厂的管理者，员工开始参与聘用员工的过程，甚至包括聘用经理。现在，大家对于质量的重要性很敏感。员工们作了数百个小的变革，使质量得到了不断地提高。经验是什么呢？用迈克·维尔的话说："机器摆在那里，每个人开始意识到要采取比机器更多的办法。没有什么比这些人对玉米的质量产生的影响更大了。"

员工才是一个企业的财富，企业管理者需要注意不断提高员工的参与性，才能最终完成一个良好的企业质量管理体系的构建。

思考：在案例中，为什么先进的设备没有完全解决公司的问题？

4. 过程方法

将活动和相关的资源作为过程进行管理，可以更高效地得到期望的结果。任何使用资源将输入转化为输出的活动或一组活动就是一个过程。系统地识别和管理组织所应用的过程，特别是这些过程之间的相互作用，称为"过程方法"。

质量管理体系的四大过程：管理职责、资源管理、产品实现及测量、分析和改进。

过程方法的优点是对诸过程之间的相互作用和联系进行系统地识别与进行连续的控制，以便可以更高效地得到期望的结果。在质量管理体系中，过程方法强调以下内容。

(1) 对整个过程给予界定，以理解并满足要求和实现组织的目标。

(2) 从增值的角度考虑过程。

(3) 识别过程内部和外部的顾客、供方和其他受益者。

(4) 识别并测量过程的输入和输出，获得过程业绩和有效性的结果。

(5) 基于客观的测量进行持续的过程改进。

5. 管理的系统方法

所谓系统管理，是指将相互关联的过程作为系统加以识别、理解和管理，有助于组织提高实现目标的有效性和效率。

在本原则实施的过程中，应注意以下几点。

(1) 正确识别相关过程。

(2) 以最有效的方式实现目标。

(3) 正确理解各过程的内在关联性及相互影响。

(4) 持续地进行评估、分析和改进。

(5) 正确认识资源对目标实现的约束。

实施系统管理的原则可达到以下效果。

(1) 有利于组织制定出相关的具有挑战性的目标。

(2) 使各过程的目标与组织设定的总目标相关联。

(3) 对各过程的有效监督、控制和分析，可以对问题产生的原因有比较透彻的了解，并及时地进行改进和防止。

(4) 协调各职能部门，减少部门之间的障碍，提高运行效率。

6. 持续改进

改进是指产品质量、过程及体系有效性和效率的提高，持续改进质量管理体系的目的在于改善顾客和其他相关方的满意度。为此，在持续改进过程中，首先要关注顾客的需求，努力提供满足顾客的需求并争取超出其期望的产品。另外，一个组织必须建立起一种"永不满足"的组织文化，使得持续改进成为每个员工所追求的目标。

持续改进是一项系统工程，它要求组织从上到下都有这种不断进取的精神，而且需要各部门的良好协作和配合，使组织的目标与个人的目标相一致，这样才能使持续改进在组织内顺利推行。持续改进应包括以下内容。

(1) 分析评价现状，识别改进区域。
(2) 确定改进目标。
(3) 寻找、评价和实施解决办法。
(4) 测量、验证和分析结果，以确定改进目标的实现。
(5) 正式采纳更改，并把更改纳入文件。

7. 基于事实的决策方法

有效决策是建立在基于事实的数据和信息分析的基础上。有两点需要说明：首先，所提供的数据和信息必须是可靠和翔实的，必须是建立在组织活动的基础上获得的事实，错误的信息和数据，必然会导致决策的失误；其次，分析必须是客观的、合乎逻辑的，而且分析方法是科学的和有效的，比如统计方法的运用和计算机等信息工具的支持。

实施本原则至少可以为组织带来以下结果。
(1) 客观把握组织的质量状况，减少错误决策的可能性。
(2) 有利于优化资源配置，使资源的利用达到最优化。
(3) 充分发挥科学方法的作用，提高决策的效率和有效性。

8. 与供方互利的关系

组织与供方是相互依存的，互利的关系可增强双方创造价值的能力。在当今社会分工越来越细的情况下，选择一个良好的供方和寻找一个良好的顾客同等重要。因此，如何保证供方提供及时而优质的产品，也是组织质量管理中一个重要的课题。

(1) 供需双方应保持一种互利关系。只有双方成为利益的共同体时，才能实现供需双方双赢的目标。
(2) 供方也需要不断完善其质量管理体系。
(3) 积极肯定供方的改进和成就，并鼓励其不断改进。

8.3 物流质量管理体系概述

质量管理体系的主要内容：推行全面质量管理，必须设置组织机构、明确隶属关系和管理职责、理顺从事各种质量活动的渠道；必须对产品的形成过程要用到的所有资源进行有效控制和科学管理，通过程序的制定使各项质量活动有章可循、有法可依。组织机构的设置及管理职责、资源管理活动及内容、产品寿命各环节的质量活动，以及制定出的工作程序和管理模式，形成的质量文件，组成了质量管理体系的质量管理体系的主要内容。

纵观国内的物流企业，服务质量已经成为约束企业进一步发展的瓶颈，如何提高物流服务质量成为新的讨论热点。现代质量管理思想指出，质量的持续提升，需要通过企业内构建合适的物流质量管理体系来获得，这就将质量管理从早期的只能管理某一部分提升到管理整个企业的高度。因此，良好的企业质量管理环境才能保证物流服务质量控制和改进的顺利进行。而创建这样的环境，需要引入全面质量管理的思想，构建适合物流企业发展的服务质量管理体系。

8.3.1 物流质量管理体系的组成

作为建立质量方针和质量目标并实现这些目标的相互关联、相互作用的一组要素，质量管理体系整体上应分为四大部分：管理职责，资源管理，物流质量形成的过程管理，实施物流质量提升所需的测量、分析和改进。它们构成了质量管理体系的四大整体要素。质量管理体系的四个整体要素的相互间关系如图 8.1 所示。

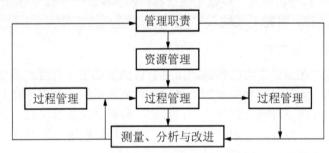

图 8.1　质量管理体系的四个整体要素的相互间关系

1. 管理职责

管理职责作为质量管理体系的一大整体要素，从组织的机构设置、领导者的职责和权限、质量方针和质量目标的制定，以及如何有效地在一个组织实行质量管理进行了规定。目的是通过组织机构的合理设置、领导者职责和权限的有效分配与控制，制定切实可行的质量方针和目标，指导开展各项质量管理活动。通过使质量管理科学化、规范化，使组织的质量管理达到要求并获得持续改进。

管理职责的基本内容是制定质量方针，确定质量目标，并积极进行质量策划。管理职责还涉及文件和质量的有效控制。对质量管理体系进行评审，确保质量管理体系的适宜性、充分性和有效性，是管理职责的另一项必不可少的内容。通常，管理职责的实施和运作通过组织机构的设置和运作来实现。

1) 管理承诺

质量管理是一项综合性的系统工程，涉及几乎组织的所有部门、人员及其所有的工作或活动，以及资源的合理配置等，是事关全局的重要工作，必须由组织的最高管理者负责并推动。为搞好质量管理工作，最高管理者应做好以下工作。

(1) 向组织传达满足顾客和法律法规要求的重要性。

(2) 制定质量方针。
(3) 确保质量目标的制定。
(4) 进行管理评审。
(5) 确保资源的获得。

 小思考

某建筑施工企业的总经理在公司内部会议上说:"今后本企业外雇的劳务工,对外一律宣称是本企业的职工,这样可以避免许多麻烦。"你怎么看待这件事?

2) 以顾客为关注焦点

以顾客为关注焦点是现代质量管理的基本原则之一。组织依存于顾客,因此,组织应当理解顾客当前和未来的需求,满足顾客要求并争取超越顾客期望。最高管理者应以增强顾客满意度为目的,确保顾客的要求得到确定并予以满足。

对于任何一个组织,顾客都是其存在的基础,所以组织应把满足顾客的需求和期望放在第一位。将其转化成组织的质量要求,采取措施使其实现;同时还应测量顾客的满意度,处理好顾客的关系。

(1) 顾客及相关方。每个组织都有相关方,而每个相关方都有各自的需求和期望。相关方包括:顾客和最终用户;组织的员工;所有者和投资者(如股东、个人或团体);供方和合作者。

(2) 需求和期望。与组织的产品有关的顾客和最终使用者的需求与期望可包括符合性、可信性、可用性、交付能力、产品实现后的活动、价格和寿命周期的费用、产品安全性、产品责任和环境影响。为了理解和满足顾客及各相关方的需求和期望,组织应当:识别顾客和其他相关方的需求和期望;将所有的需求和期望转化为产品的技术要求,确定产品的关键特性;确定并评价市场竞争能力,识别市场机会、弱点及未来竞争的优势;建立产品实现过程并注重过程改进。

(3) 法律和法规要求。管理者应确保组织具有与其产品、过程和活动相适应的法律和法规方面的知识。组织还应考虑超出法律法规要求而给相关方带来的收益,组织在保护公共利益方面所起的作用,以及遵循伦理道德的社会习惯并严格遵守当前和预期的要求。

 小思考

某四星级饭店的外部保安工作是委托保安公司进行的,宾馆虽然对保安公司的质量保证能力进行了评审,但是在日常工作中常发现有些保安员对宾馆的管理规定知之甚少,保安部经理说很难办,这些保安员很多是从农村招工来的,文化水平不高,往往很多事情都不知道。你怎么看待这件事情?

3) 质量策划

最高管理者应针对质量方针、质量目标、管理职责、产品的实现、资源管理及质量改进等进行策划。质量策划是质量管理体系的组成部分。在进行质量策划时应依据:顾客和其他相关方的需求和期望、有关的法律法规、产品实现过程的水平与能力、产品的性能与结构、产品的发展方向和市场占有率、组织的需求和利益目标、过去的经验教训、可能的改进机会,以及风险评估。

4）职责、权限和沟通

（1）职责和权限。最高管理者应明确制定组织内的职责、权限及其相互的关系等的相关规定。所有的员工都应被赋予相应的职责和权限，从而使他们为实现质量目标作出贡献，并使他们树立参与意识，提高能动性和作出承诺。

（2）管理者代表。最高管理者应指定一名管理者作为管理者代表，并赋予管理者代表以下职责和权限：确保质量管理体系所需的过程得到建立、实施和保持；向最高管理者报告质量管理体系的业绩和任何改进的需求；确保在整个组织内提高满足顾客要求的意识。

（3）内部沟通。最高管理者应规定并建立一个顺畅、有效的沟通渠道，以便组织不同层次、职能部门及员工之间就质量方针、要求、目标及完成状况进行详细地沟通。常用的沟通方式包括小组简报和会议、布告栏、内部刊物(杂志)、声像和电子媒体如电子邮件和网址等。

5）管理评审

最高管理者应按策划的时间间隔进行管理评审，确保质量管理体系持续的适宜性、充分性和有效性。评审应包括评价质量管理体系改进的机会和变更的需要，也包括对质量方针和质量目标的评价。管理评审是一个过程，评审的输入应包括以下信息：审核结果、顾客反馈、过程的业绩和产品的符合性、预防和纠正措施的状况、以往管理评审的跟踪措施、经策划的可能影响质量管理体系的变更。

2. 资源管理

产品的形成过程是利用资源实施增值转换的过程。资源是产品形成的必要条件；离开资源，就形不成产品。资源的优劣程度及资源管理水平的高低，对产品质量的形成有十分密切的关系。对于一个组织，资源通常指以下内容。

1）人力资源

人是管理的主体。质量管理体系要求所有从事影响产品质量符合性的工作人员应有能力胜任所在岗位的工作，这种能力基于适当的教育、培训、技能和经验。组织要重视工作人员的教育和培训，做好上岗资格认证工作；同时，组织还要运用各种激励措施，充分调动广大员工的能动性和参与精神，要为员工营造出良好的工作环境，激励他们不断创新，并不断提高自身职业素养。

小思考

某公司质量手册规定由办公室负责企业人力资源的控制。审核员要求办公室主任介绍这方面管理的有关情况，办公室主任说："我们只管公司员工的培训工作。"并出示了公司培训年度计划及按计划完成的情况。

审核员要求了解公司特殊工种和关键工序人员的名单。办公室主任说："这些应该归人事科管理。"

审核员请陪同人员到人事科取有关人员的名单材料。人事科长说："我们不管这些事，我们只管人事档案和人员招聘。"

你怎么看待这件事情？

2）基础设施

基础设施是组织运行的根本条件。基础设施是指组织运行所必需的设施、设备和服务的体系。这里所说的基础设施特指为达到产品符合性所需要的基础设施，包括建筑物、工作场所和相关设施，过程设备(硬件和软件)，支持性服务(如运输、通信或信息系统)。如制造型企业中那些具有特定能力的加工和检测设备。

货运物流行业：车辆管理处工作职责

货运物流行业的质量管理体系是根据 ISO 9001—2000 标准建立的，其中质量手册规定了车辆管理处的工作职责。

车辆管理处包括调度室、维修组、运输队。主要负责：运输调度、运输设备、运输工作中各环节的控制；服务过程、工作质量的监控；过程的策划、协调和监督；基础设施的控制；将顾客要求和运输指令及时准确地传递。

1. 调度室

(1) 负责编制传递运输计划或相关指令，关注运输任务的完成情况。
(2) 负责运输计划的组织实施及组织对特殊过程的确认。
(3) 负责运输过程的货物标识、安全防护控制。
(4) 负责运输服务过程的监视和测量控制。
(5) 负责安全运输的控制。

2. 维修组

(1) 负责运输设备的登记建账等基础管理工作。
(2) 负责新购设备的申购、验收工作。
(3) 负责制定运输设备的维护修理要求和控制方法。
(4) 负责安排运输设备的维护保养及修理工作。

3. 运输队

(1) 负责准时、保质、安全地完成调度室下达的运输任务。
(2) 做好运输途中的标识、安全和预防工作。
(3) 做好装车、运输、卸车，以及货物的搬运和防护工作。

3) 工作环境

工作环境是指工作时所处的一组条件。这里所说的工作环境强调的是为达到产品符合性所需的工作环境。工作环境涉及人的因素和物理因素两个方面。这些因素直接或间接影响员工的能动性、满意度和业绩，同时，也对组织业绩的提高具有潜在的影响。影响工作环境的人的因素包括：如何通过建立良好的工作环境，使所有的员工都能发挥其潜在的创造性；建立科学的工作方法，使员工有更多的参与机会；安全规则和指南；人体工效学等。物理因素包括热、噪声、光、卫生、湿度、清洁度、振动、污染和空气流动等。

Google："小公司"的工作氛围

尽管自 1998 年创立以来，Google 的规模已经扩大了很多，但 Google 仍坚持营造一种小公司的氛围。

午餐时,几乎所有人都在公司的餐厅随意就座用餐,与各个不同部门的同事一起愉快地畅谈。Google 秉承一贯的创新理念,而这有赖于每位员工都能够毫无顾忌地交流想法和观点。这就意味着每个员工都是功不可没的贡献者,而且每个人都要在公司身兼数职。由于每个人都知道自己对于 Google 的成功同等重要,因此在周五例会上每个人都会毫不犹豫地向拉里(Larry Page)提出尖锐的问题,在排球场上也会毫不犹豫地战胜公司高管。工作之余,Google 员工会投身各种趣味活动中,比如自行车越野、品酒、飞行,以及飞盘游戏等。

思考题:管理人力资源与管理其他资源有什么不同点?

4) 信息资源

组织的知识积累、持续发展,以及创新活动都离不开信息这一资源。信息对以事实为依据作出决策也是必不可少的。为了对信息进行有效的管理,组织应识别对信息的需求,识别内部和外部的信息来源,及时获得足够的信息,利用信息来满足组织的战略和目标,并应确保适宜的安全性和保密性。此外,组织应评审信息管理的有效性和效率,并实施任何可能的改进。

小思考

全方物流:物流信息化赢得客户

上海全方物流有限公司为上海百事食品公司提供了从工厂的采购物流、生产物流、销售物流、流通加工、回收物流到废弃物流在内的全方位的物流服务。全方物流使用了优良的物流信息系统软件,使百事食品降低了在库量,不但杜绝了因食品过期而引起的大量浪费,同时快速高效的物流配送,也大大降低了物流费用。全方物流因此受到了百事食品公司的好评。如今全方物流成为百事食品的全国配送中心,并已成为百事食品公司的战略合作伙伴。上海全方物流有限公司由于采用先进的物流信息化系统,在业界引起轰动,上海市商委把它作为上海市商业物流的典范进行广泛推广。在不到两年的时间中,来自华北、东北等地区的 60 多个考察团前来参观并在当地进行推广。

思考题:具体来说实施物流信息系统建设有什么好处?

5) 供应商和协作企业

所有组织都通过与供应商和协作企业建立合作关系而获益。通过合作,双方能进行坦诚明确地交流,并促进对创造价值过程的改进。通过下列方式与供方和合作者一起工作,组织可以获得各种增值机会。

(1) 保持供应商和协作企业的数量处于最佳水平。

(2) 双方在最合适的层次上进行双向沟通,从而促进问题的迅速解决,避免造成费用增加、支付延误或其他争议。

(3) 与供应商和协作企业合作,确认供应商和协作企业的过程能力。

(4) 对供应商和协作企业交付合格物流产品或服务的能力进行监控。

(5) 鼓励供应商和协作企业实施持续的改进计划并参与联合改进。

(6) 让供应商和协作企业参与组织的设计和开发活动,共享知识,并对合格产品的实现和交付过程进行改进。

(7) 让协作企业参与采购需求的识别及确定共同的发展战略。

(8) 对供应商和协作企业获得的成果进行评价并给予承认和奖励。

资料卡

戴尔的命根：超级供应链

戴尔公司之所以能围绕直销实现准时生产，就是因为它有一个组织严密的供应商网络。公司95%的物料来自这个供应网络，其中75%来自30家最大的供应商，20%来自规模略小的20家供应商。在生产运营中，如果生产线上某一部件由于需求量突然增大导致原料不足，主管人员就会立刻联系供应商，确认对方是否可能增加下一次发货的数量。如果问题涉及硬盘之类的通用部件，主管人员就会立即与后备供应商协商。如果穷尽了可供选择的所有供应渠道后，仍然没有收获，主管人员就会与公司内部的销售和营销人员磋商，通过他们的"直线订购渠道"与客户联系，争取把客户对于某些短缺部件的需求转向那些备货充足的部件。所有这些操作，都能在几个小时内完成。

6) 财务资源

财务资源管理包括将资金的实际使用情况与计划相比较并采取必要的措施。物流质量管理体系的有效性和效率可能对组织的财务结果产生影响，包括内部影响和外部影响。内部影响如物流产品或服务的形成过程、商品的故障或材料和交货期滞后；外部影响如由于物流产品或服务而导致的赔偿费用以及因失去顾客和市场所造成的损失等。

3. 物流质量形成的过程管理

产品是过程的结果。没有过程，就没有产品。最高管理者应策划和开发产品实现所需的过程，并对过程及过程网络进行优化、控制和管理，以确保产品实现过程及其过程网络有效和高效地运行，从而使组织具备提供满足顾客及相关方需要的能力。

物流质量是供应链物流活动过程的结果。没有物流过程，就没有物流质量。物流质量实现过程的任何一个阶段和环节，都对物流质量产生直接的和至关重要的影响，必须对直接影响物流质量的物流实现过程进行策划和控制。

物流质量管理体系的目的是实行全过程的质量控制。在进行物流质量控制时，应根据企业的特点确立产品寿命周期或者服务过程的长短，并将质量形成的全过程划分为若干个阶段，明确每一阶段的质量分目标，确定合理的工作程序和开展必要的质量活动，以确保物流质量在每一个过程环节中都处于受控状态。

在一个企业内，物流过程整体上可分为三种类型的过程，它们相互联系、相互作用。

(1) 形成物流服务的过程。该过程包括物流企业质量环中的各个环节，是物流及其质量形成的基本过程，对物流的质量有直接的影响，起着决定性的作用。

(2) 支持物流的过程。该过程是那些对物流业务的形成起着支持或辅助作用的过程，如各种促销手段、各种检验和试验设备的控制、不合格服务的控制、纠正措施的采取、人员的培训、资格认定、统计方法的选择和应用等。这些过程虽然不直接影响形成物流业务，但它们对物流的质量有重要的支持性、辅助性或基础性作用。

(3) 管理性的过程。该过程是指对物流的形成及其支持过程进行管理的过程，包括物流管理组织的设置。物流管理组织主要负责安排企业物流人员的活动，鼓励员工更好地相互协调、相互合作，解决在物流规划和运作过程中经常出现的各种问题。

企业在采取措施，实施整个物流业务实现过程之前，应充分理解顾客或其他相关方对物流整个实现过程的要求。这种理解及其可能的影响应为所有的参与者所共同接受。

顾客要求及相关信息通常来源于合同要求、市场调查、顾客或其他相关方规定的过程或活动、对竞争对手的分析、水平对比的结果以及法律和法规要求等。为使相关方的需求和期望得到充分理解而必须开展这些活动，构成了质量管理体系中与顾客或相关方有关的过程。组织应对这些过程作出规定并加以实施和保持，并能使顾客和其他相关方积极参与。具体包括以下规定。

(1) 顾客要求的识别。顾客要求包含顾客对物流质量明示的和隐含的要求。企业应识别和确定顾客的要求。顾客要求一般分为三种类型：一是顾客规定的物流服务要求，包括对有效性、交付性和支持方面的要求；二是非顾客规定的要求，包括预期的和规定用途所必需的物流服务要求；三是所涉及物流业务的责任，包括法规和法律的要求。

(2) 物流业务要求的评审。企业应对已确定的顾客要求连同企业确定的附加要求一起进行评审。这种评审应在向顾客作出提供物流业务的承诺之前(如在投标、接受合同和订单之前)进行。通过评审，以确认物流业务的要求，并确认企业具有满足顾客需求的能力。评审的结果和随后的跟进活动应予以记录。当物流业务要求更改时，组织应确保及时修改相关的文件，并应确保有关人员知晓更改后的要求。

(3) 与顾客沟通。及时地与顾客及相关方进行沟通，对于理解顾客和相关方对物流整个过程的要求是十分重要的。组织应积极地安排这种沟通活动，确定要沟通的内容，并实施与顾客的沟通。沟通内容通常涉及物流业务信息、价格和订单处理，包括变更、顾客反馈、顾客投诉。

4. 测量、分析和改进

企业应以适当的时间间隔对物流业务、过程能力、顾客满意度等进行测量和评价，以证实物流服务的符合性，确保质量管理体系的符合性，实现质量管理体系有效性的持续改进。主要包括监控和改进企业业绩对所需数据的记录、收集、分析、汇总和沟通。测量结果应能反映企业获得的成就。企业应依据测量结果分析被测对象的趋势和变化，同时还应识别趋势和变化的原因。企业应确定使用统计技术的需求，以便对数据进行分析；所选择的统计技术应便于使用。企业还应对所选择的统计技术的应用进行监控。

物流质量管理体系测量和监控的方法有顾客满意度的测量和监控、其他相关方满意度的测量和监控、内部审核、财务方法和自我评价这 5 种。

1) 顾客满意度的测量和监控

企业应监控作为质量管理体系业绩测量指标之一的顾客满意度或不满意信息，并确定获得和使用这种信息的方法。

为了有效地实现测量和监控，企业要认识到有许多与顾客有关的信息来源，能够识别这些信息来源，并应建立收集、分析和利用这些信息的过程。

与顾客有关的信息包括有关产品的反馈信息、顾客要求和合同信息、市场需求、企业提供的数据，以及竞争方面的信息。

2) 其他方面满意度的测量和监控

企业应收集员工对组织能否满足其需求和期望的意见，应评定个人和集体的业绩，以及他们对企业的贡献。

企业应评定其过程达到规定目标的能力,应测量财务业绩,应测量外部因素对结果产生的影响,并识别采取措施后带来的价值。

企业应监控供方的业绩,检查其是否符合企业的采购方针,测量或监控采购的质量,测量采购过程的业绩。

企业应针对与社会的相互影响,规定与其目标有关的一些测量,定期评价其采取措施的效率以及社会有关方面对其结果的感受。

3) 内部审核

企业应定期进行内部审核,以确定质量体系是否与相应国际标准的要求一致以及是否已得到有效地实施和保持。企业建立内部审核过程,以评价其质量管理体系的强项和弱项。内部审核过程也可评价企业其他活动和支持过程的效率和有效性。

内部审核要考虑的事项包括:是否存在足够的文件、过程是否得到有效实施、不合格的识别、结果的记录、人员的能力、改进的机会、过程能力、统计技术的应用、信息技术的应用、质量成本数据的分析、职责和权限的分配、业绩的结果和期望、业绩测量的充分性和准确性、改进活动和相关方(包括内部顾客)的关系。

4) 财务方法

物流质量管理体系是否有效,对于企业盈亏的影响至关重要。任何质量管理体系都必须考虑企业的利益。

从财务的角度衡量质量管理体系的有效性,对于企业的经营管理,对于物流业务形成过程中减少因失误造成的损失以及对于提高顾客的满意度均具有十分重要的意义。通过对物流质量管理体系的财务化度量,为识别企业内无效活动和发起内部改进活动提供了手段。

5) 自我评价

企业应考虑建立和实施自我评价过程,并应依据企业的经营目标和各项活动的重要性来确定评价的范围和深度。自我评价方法应简单易懂、易于使用、所使用的管理资源最少并能够为提高企业的质量管理体系业绩提供信息。

案例 8-2

满意度调查表:顾客满意程度的信息来源

饭店大厅内在信息展览架上有征求客人意见的《满意度调查表》,供客人自由提取、填写。

审核员询问服务员:"《满意度调查表》回收率如何?"

服务员说:"不清楚,此事由销售部负责。"

审核员又问销售部经理,经理说:"回收很少,客人如果没有意见一般也就不填写了。"

审核员查看《满意度调查表》中有客人建议栏,审核员问经理:"最近客人对于饭店有什么好的建议?"

经理说:"不清楚。"

审核员问:"是否采取什么措施确保调查表有一定的回收率?"

经理说:"客人不填写,我们也没办法。"

审核员问:"你们还采取其他什么措施来了解客人的满意程度呢?"

经理说:"暂时没有。"

分析:《满意程度调查表》的目的是为了对饭店的质量管理体系业绩进行测量。既然要做,就应采取相关的措施保证其效果。实际上,对顾客满意程度的调查方式是多种多样的,这些信息的获得可以是主动的也可以是被动的。上述案例中,把调查表放在架子上供客人自由提取的方式属于比较被动的方式,其效果很难保证,只能作为一种辅助的方式。顾客满意程度的信息来源可以是顾客的抱怨、与顾客的直接沟通、问卷和调查、委托收集和分析数据、对行业和社会的调查、消费者协会的报告等。

8.3.2 物流企业质量管理体系的建立

1. 建立物流质量管理体系的基本要求

1) 强调物流质量策划

物流质量策划,是指确定物流质量以及采用物流质量管理体系要素的目标和要求的活动。策划的结果一般应形成计划。为提高产品或服务的质量,增强物流质量管理体系的有效性,需要精心地策划和周密地计划。任何一项新的工作和质量经营活动,取得成功的第一步就是做好物流质量策划,并制订物流质量计划。

2) 强调整体优化

物流质量管理体系如同别的体系一样,是由若干个有关的事物相互联系、相互制约而构成的整体。建立物流质量管理体系必须树立系统的观念,采取系统工程的方法,其核心则是为了实现整体优化。企业在建立、保持和改进质量体系的各个阶段,包括物流质量管理体系的策划、物流质量管理体系文件的编制、各要素质量活动的接口与协调等,都必须以整体优化为原则。

3) 强调预防为主

预防为主,就是将物流质量管理的重点从管理"结果"向管理"因素"转移。不是等出现了不合格才去采取措施,而是应当采取适当步骤消除产生现存或潜在不合格的原因,按问题的性质来确定采取措施的程度,避免不合格现象再次发生,做到防患于未然。

4) 强调满足顾客对物流质量的要求

满足顾客和其他受益者对物流质量的需求是建立物流质量管理体系的核心。任何物流企业首先关心的应是其产品和服务的质量。

5) 强调过程的概念

ISO 9001 标准指出:"所有工作都是通过过程来完成的。"每一过程都有输入、输出。输出是过程的结果,是有形的或无形的产品。过程本身应当是一种增值转换。每一个过程以某种方式包含着人力资源和其他资源。企业的物流质量管理就是通过对企业内各种过程进行管理来实现的。

6) 强调质量与效益的统一

为实现质量与效益的统一,必须从顾客和组织两个方面权衡利益、成本和风险诸因素的关系。一个有效的质量体系,应该是既能满足顾客的需要和期望,又能保护组织的利益,成为使质量最佳化及对质量加以控制的有价值的管理资源。ISO 9004 提出"质量体系的财务考虑"就是要求以财务用语来度量质量体系的有效性,并以质量体系活动的财务报告等方法作为提供识别无效活动和发起内部改进活动的手段,从而促进质量体系的完善和产品质量水平的提高，实现质量和效益的统一。

7) 强调持续的物流质量改进

致力使顾客满意和实施持续的物流质量改进，是组织的各个职能和各个层次的管理者始终追求的目标。

小知识

ISO 9001 标准指出：质量管理的一个主要目的就是改进体系和过程，以便能达到不断改进质量的目的，一个组织应根据质量要求，达到、保持寻求不断改进其产品质量以及应改进其自身的工作质量，以持续满足所有顾客和其他受益者明确和隐含的需要。当实施质量体系时，组织管理者应确保质量体系能推动和促进持续的质量改进。质量改进是指为向本组织及其顾客提供更多收益，在整个组织内所采取的旨在提高活动和过程的效益与效率的各种措施。

2. 建立物流质量管理体系的总体设计

物流质量管理体系总体设计是按 ISO 9000 族标准在建立质量管理体系之初对组织所进行的统筹规划、系统分析、整体设计。并提出设计方案的过程。

(1) 领导决策，统一认识。建立和实施质量管理体系的关键是组织领导要高度重视，将其纳入领导的议事日程，在教育培训的基础上进行正确的决策，并亲自参与。

(2) 组织落实，建立机构。首先，最高管理者要任命一名管理者代表，负责建立、实施和改进公司质量管理体系。然后，根据组织的规模，建立不同形式、不同层次的贯彻机构。

(3) 教育培训，制订计划。除了对领导层的培训外，还必须贯彻对骨干及全体员工分层次进行教育培训。

(4) 质量管理体系策划。质量管理体系策划是组织最高管理者的职责，通过策划确定质量管理体系的适宜性、充分性和完善性，以保证体系运行结果有效。质量管理体系策划的具体工作内容为：识别产品，识别顾客，并确定与产品有关的要求，制定质量方针和目标；识别并确定过程；确定为确保过程有效运行和控制所需要的准则和方法；确定管理体系范围；合理配备资源等。

3. 物流质量管理体系建立的程序

物流企业进行全面质量管理是一项极为复杂的过程，它不仅要求企业的领导者，而且全体员工也必须在领导合理的组织下开展质量管理活动。按照 ISO 9000 标准建立或更新完善物流质量管理体系，通常包括以下 5 个阶段。

1) 组织策划

(1) 组织管理层次统一认识和决策。物流企业高层管理者的决心和信心来源于对贯彻和实施质量体系重要性的认识。贯彻执行全面质量管理正是一个组织积极参与市场竞争，努力提高组织经济效益、社会效益和信誉的重要手段。物流企业的高层管理者，特别是一把手，应认识到建立一个完善的质量管理体系的重要性，并以此作出相应的决策。最高管理层正确的认识和决策是贯彻全面质量管理体系的基本条件。

(2) 建立工作机制，进行骨干培训。当高层管理者决定在本组织中贯彻质量管理后，首先要解决的问题是建立并落实一个精简的骨干领导小组。该小组的首要任务是发动、组织、协调、控制和管理本组织的贯彻标准和质量体系工作。小组成员需要热心于质量工作，有一定理论修养和实践经验，有较强的综合分析问题、解决问题和组织协调能力，同时又有较强的语言和文字表达能力。

(3) 制订工作计划和程序。这是物流企业执行 PDCA 循环中的 P 阶段，必须认真做好，为认真贯彻标准和全面质量管理工作打下基础。

2) 总体设计

(1) 制定质量方针和质量目标。质量方针是物流企业总的质量宗旨和质量方向，是企业精神的重要体现。由企业最高管理者亲自策划和指导，按照组织确定的质量方针和目标，分析产品寿命周期的质量性能，以便确定质量职责和权限，做到质量工作人人有责，同时利用各种形式广泛宣传本组织的质量方针和目标。

(2) 调查现有质量体系现状。在贯彻标准和质量管理体系的建立中，一个非常重要的阶段就是质量体系要素的选择和活动的确定，而其基础又在于对本组织现状的调查。因此，依环境特点选择质量体系类型、对质量体系现状进行充分的认识和评价，是产生一个完善的、适合本组织需要的、有效质量的关键所在。

(3) 选择质量体系要素。选择质量体系要素是在充分研究 ISO 9000 系列的基础上进行的，选择时必须结合本组织现状调查的结果，对照 ISO 9000 列出的要素，分析差异，找出差距和不足，选择组织有关部门和人员集思广益，根据实际需要来确定要素，进行适当修改、删减和补充，从而更好地结合本组织的实际实施标准，同时要正确处理好风险、成本和利益之间的关系。要素的数量和每个要素采用程度的选择是与顾客、本组织所承担的风险、成本和费用密切相关的，应进行统筹考虑。对顾客来讲，包括产品的安全性、可靠性、适用性、时间性和费用等因素；对一个组织来讲，包括市场占有、财务因素、产品责任、损失和索赔等。

3) 体系建立

(1) 建立组织结构。当质量体系要素已经确定并把每个要素展开为若干活动后，就应考虑怎样把这些活动落实下去。显然，这也就必然涉及一个组织的全部组织机构及其相互关系。因此，质量职责的分解和资源的配置的先决条件就是必须健全服务与组织机构及其运作情况、工作习惯、部门和人员之间的关系等，力求在满足质量运作体系运作需求的情况下，按照本组织特点来进行重新设计或进行必要调整。与此同时，组织机构应尽量精简层次和人员，并注意各部门之间的接口关系，做到协调通畅。

(2) 规定质量职责和权限。当一个组织根据质量体系运作需要并结合本组织实际情况将组织结构确定后，就可以把开展的各项活动的职责分解到组织中去，即分解给各个部门。质量职责的分解应遵循职、责、权、利统一的原则，做到职、责、权、利清楚，使各个部门和有关人员在执行质量职责时保持清醒的头脑。质量职责的分解应考虑本组织发展的需求，从长远规划着眼，有利于本组织向更高的管理水平迈进。质量职责的分解是关系到各个部门和有关人员的切身利益的事，因此分解和确定质量职责时应让相关人员参与，使职责分解更加切合实际并有利于执行。

(3) 配备质量体系所需基本资源。质量职责的分解和资源的合理配置是紧密联系在一起的。任何质量活动的实施都要建立在一定的人力和物力资源基础上，并消耗一定的人力和物力资源。因此，组织在满足活动需要的基础上应避免浪费，真正做到人尽其才、物尽其用。任何组织的活动都是一个有机整体,资源的配置应首先考虑到整体的利益,有时应在组织内部进行必要的调整。这时,局部应服从整体。

4) 编制质量体系文件

质量体系文件包括质量手册、作业指导书、质量计划、程序和质量记录,其中质量手册是质量体系文件中的统帅性文件、纲领性文件和总体性文件。质量手册的全面性体现在对质量方针、质量目标、质量要素与活动的基本要求和方法作出规定,对组织结构和职责分配等作出概括而准确的描述。通过质量手册可对一个组织的质量管理状况有比较清晰和全面的了解,但质量手册的内容又要重点突出、思路清晰、简明扼要、控制篇幅、避免烦琐。编制质量手册时,可使用要素说明方式或程序编绘方式:前者是对选择确定的每一个要素所包含的主要活动的基本程序内容的概括和重点的描述,以期对这个要素能有全面的了解;后者是把选择的每一个要素的基本程序直接汇编入质量手册。

其他的体系文件将在 8.4 节中详细阐述。

5) 实施和运行

(1) 质量管理体系实施的教育培训。物流质量管理体系的建立和完善的过程,是始于教育培训、终于教育培训的过程,也是提高认识、统一认识的过程。

(2) 质量管理体系的实施和运行。物流企业质量管理工作成败的关键在于质量体系的运行过程。物流质量体系文件编制完成后,质量体系将进入试运行阶段。其目的,是通过试运行考验质量体系文件的有效性和协调性,并对暴露出的问题采取改进措施和纠正措施,以达到进一步完善物流质量体系文件的目的。

目前建立物流质量管理体系在我国有以下两种情况。

(1) 新成立的企业。对于新成立的企业,可以按照体系内容的具体要求,在生产技术准备工作时,就应当纳入各项准备工作计划中去进行准备,待新成立的企业投入运营时,就按体系要求进行物流质量管理。

(2) 已存在的企业。对于已经运营的企业,可根据体系要求逐步充实完善各项内容,并充分分析当前生产的薄弱环节,根据需要的程度,提出先建什么后建什么的规划。可以先建子体系,然后在各子体系建立过程中,逐步充实、修改和建立母体系。

在体系的建设中,充分应用现代物流管理、物流质量管理,以及其他先进的技术成果。

8.4　物流质量管理体系文件

物流质量管理体系文件是质量管理体系的文字描述,它使组织各项质量活动有法可依,有章可循。质量管理体系文件应足以满足质量管理工作的需要。物流质量管理体系的各个方面,诸如质量方针、质量目标、组织机构、岗位职责、技术规程和质量计划等,都要形成文件,以此作为人们活动的依据。各项活动,也都要形成记录,用于质量追溯。制定物流质量管理体系文件就是质量立法。要建立健全物流质量管理体系文件,把行之有效的质量管理手段和方法给予制度化、法规化。图 8.2 所示是物流质量管理体系文件层次结构,层次 A、B 是通用文件,层次 C 是专用文件。

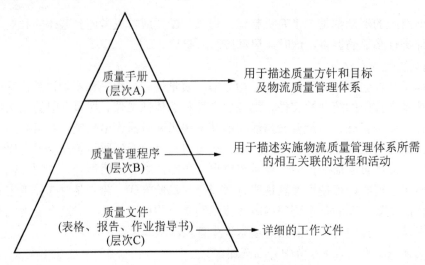

图 8.2 物理质量管理体系文件层次结构

8.4.1 质量手册

1. 质量手册的定义

质量手册(Quality Manual)是"规定组织质量管理体系的文件"(ISO 9000—2000 3.7.4)。

由质量手册的定义,质量手册是建立和实施物流质量管理体系的主要依据。它根据组织的质量方针和目标,规定物流质量管理体系的基本结构,对物流质量管理体系及其各要素作出系统、具体、充分并且纲领性的阐述。质量手册的编制应由组织的最高管理者负责。在编制质量手册时,应参照 ISO 9000 系列标准体系,并在认真分析、总结本组织的产品、服务及质量管理现状的基础上进行。

2. 质量手册的基本内容

质量手册是一个组织各项质量管理活动必须遵循的法规。通常,质量手册至少应包括或涉及以下内容:①质量方针和质量目标;②物流质量管理体系的范围;③物流质量管理体系编制过程中的文件的程序;④物流质量管理体系过程之间的相互作用;⑤质量手册管理办法。

表 8-2 所示为质量手册的一般构成结构和内容。各组织可以根据实际需要,作必要的增删。

表 8-2 质量手册的一般构成和内容

款 项	结构和内容	说 明
封面、前言和目次	封面	手册的名称、版本号、发布日期和单位名称
	批准页	组织的最高领导者对手册发布的简短声明及签名
	目次	手册所含各章节的题目及页码
	修订页	记录对手册所作的修改,描述修改内容
	发放控制页	说明手册的发放流程与分布状况
	前言	组织概况及手册版本标识、修订程序等简要说明
	术语和简写	定义组织使用的有特殊含义的术语和缩略语

续表

款　项	结构和内容	说　明
封面、前言和目次	质量手册的管理	明确说明质量手册的管理部门、发放对象、发放手续和日常管理原则；说明质量手册的修改、变更和换版控制程序；说明质量手册持有者的责任等
质量方针和目标		明确组织对质量的承诺并概述组织的质量方针和目标
物流质量管理体系要素		管理职责；资源管理；物流质量形成的过程管理；测量、分析和改进
支持性文件	质量手册阅读指南	质量手册的阅读和使用指南，其目的是便于查阅质量手册
	支持性文件附录	列入质量手册的支持性文件，如物流质量管理体系程序文件、作业程序、技术标准和管理标准等

注：为了适应组织的规模和复杂程度，质量手册在其详略程度和编排格式方面可以不同。

8.4.2　物流质量管理程序

1. 物流质量管理程序的基本概念

程序(Procedure)是指"为进行某项活动或过程所规定的途径"(ISO 9000—2000 3.4.5)。

为了对一个组织中所有影响质量活动(直接的和间接的)或过程进行有效的控制，组织需要建立起严格的控制程序，以对它们的实现途径作出明确规定。一个组织的质量管理体系程序就是组织为完成其各项物流质量管理活动所规定的实施途径。物流质量管理体系程序也可以理解为一个组织对影响质量的活动进行全面策划和管理所用的基本文件，是一个组织各职能部门为落实质量手册的要求而规定的实施细则。

2. 程序文件的主要内容

一个组织的物流质量管理体系应包括哪些内容以及内容的详细程度，不能一概而论。有的只需对活动或过程的工作方法作原则的规定，而有的却需要对工作进行具体而又详细的规定。若过程复杂、人员的素质又较低，则程序文件应对过程的实施方法作较详细的规定；反之，程序文件的规定可适当简化。典型的物流质量管理体系程序一般包含以下内容。①目的和范围：开展这项活动的目的及这项活动所覆盖的领域；②职责：为达到上述目的，由谁来实施此项程序；③实施步骤：按顺序把细节排列出来，并列出应注意的特殊领域；④文件：列出实施此项程序所需要的文件或格式以及应记录的数据；⑤记录：所形成的记录和报告及其相应的签发手续。

表 8-3 所示为物流质量管理程序的一般内容和各项条款的简要说明。

表 8-3　物流质量管理程序的内容

内　容		说　明
分　类	款　项	
文件编号和标题	封面	通常包含下列一些信息：组织的标志、名称；修改状态/版本号；程序文件的名称和编号；修改状态/保密等级；制定人、审核人、批准人及日期；修改单号及修改内容简述；生效日期；其他说明性文字等
	刊头	
	刊尾	
	修订控制页	

续表

内容		说明
分类	款项	
适用范围和目的	目的	说明程序所控制的活动及控制目的,即为什么要开展该项活动
	适用范围	说明所涉及的有关部门和活动及所涉及的相关人员和产品
相关文件和术语	引用文件	说明涉及的相关的程序文件; 说明引用的作业指导书、操作规程,以及其他技术和管理性文件
	术语定义	开展此项活动需使用的术语和缩写
职责		明确由哪些人实施此项程序以及他们的责权和相互关系
实施程序		按活动的共组流程,列出开展此项活动的各个细节。具体包括:规定应做的事情;规定具体的实施办法;说明如何进行控制;明确活动的实施者应具备的条件;明确所采用的材料、设备、信息和环境等
记录		说明该程序所使用的记录表格和报告格式

8.4.3 作业指导书

作业指导书是一种质量文件。它指导如何做好规定的作业或活动,以使作业的开展得到有效的控制。作业指导文件要对某项活动如何进行作出具体规定,一般可包括作业内容、资源和工具、技术手段、工作方法、操作步骤,以及控制要求等。

作业指导文件一般也分通用和专用:不同产品或项目在此岗位的各种质量活动有其共性的方法指导,可编制通用的作业指导文件,如操作守则;不同产品或项目对此项质量活动的特殊要求,可编制专用的作业指导文件,如工艺卡。文件内容的详略程度应与活动的复杂程度、人员的技能水平及培训内容等相适应,不宜搞得过于烦琐。不同的职能部门可编制适应其需要的不同格式和内容的作业指导文件。

作业指导书没有固定的结构和格式,但是作业指导书通常应包括标题和唯一性标识,描述作业的目的、范围及目标,并引用相关的程序文件。作业指导书还应对所使用的任何材料、设备和文件进行描述。

作业指导书:公司的操作指南

1. 目的:为规范成品仓的物流运输管理作业,确保发出的所有备件及成品,在运输过程中的安全及防止制成品的损伤及单据的遗失,能得到有效的控制和管理,以维护其品质、数量的完好、准确,使其能够保质、保量及时送达顾客手中。

2. 范围:本规定适用于利得丰公司物流全过程。

3. 成品定义:可以直接交付客户的包装成品。

4. 权责

4.1 成品仓:负责成品的发出,保障库存成品的完整和完好,保证出货成品不出错(不多出、不少出、不混装),并开具送货单、电脑账的核销。

4.2 运输车队:配合成品送货及单据的签收,保障所运输的成品能够保质保量地送达顾客手中。

4.3 计划调度室跟单员：负责《出库计划》的下达及成品的跟踪。

4.4 输单员：负责单据签收情况的跟踪。

5. 作业内容

5.1 送货计划的发出：计划调度室跟单员在每天下午 5:00 前发出第二天的出库计划(特殊客户除外)，便于成品出库送货安排。

5.2 发货计划的安排：成品仓在收到计划后，在收到计划部的出货计划后 1 小时内把计划安排到车队，并填《派车单》，以邮件或传真的方式通知车队队长，并打电话确认通知，在车辆允许的情况下可以收到计划后马上填写《派车单》安排装车待次日早上发车，特殊情况下由车队长临时安排发车时间。成品仓并对派车的情况进行跟踪、及时反馈派车异常问题。

5.3 派车：车队长收到邮件或传真后按派车单的时间及装货的数量要求安排发车，如有特殊情况应及时通知相应的部门。

5.4 装货及开单：仓管员根据车队长的派车安排，进行装车，对装车数量及质量实施监控，发现异常问题应以电话通知车队长，并开具《异常情况报告》交主管审核后交行政部处理；装货完成后，仓管员按照《仓库作业流程指导书》作业，输单员收到放行条后按照《仓库作业流程指导书》作业，并要求随车司机本人签名确认送货单，方可盖章方行。

5.5 单据回收确认：送货车辆完成送货作业后，按照相关部门或仓库的要求签回送货单或客户统一的进仓单并统一交到车队长，由车队长登记后派发给相应的部门或仓库，并登记送货单的派发情况及签收人，防止单据的遗失。

5.6 质量保证：送货车组员必须保证产品保质保量地送到客户手中，以签回客户方进仓单或其他客户确认已收货的单据并交到成品仓输单员手中为完成一个交付过程；因运输及交付过程产生质量异常或遗失产品时，按照公司规定的质量异常处罚相关条例执行。

5.7 运输车队必须遵守公司签的计划安排，遵守《运输人员补充守则》，做到洁身自爱。

5.8 人事管理：所有有关物流车队日常事宜均由车队长负责，但人事档案、工资计算及发放工作各自管理。

5.9 附件：

附件一：《派车单》

附件二：《派车异常情况报告》

拟制：

审批：

生效日期：2015-06-15

下发：成品仓、各司机及物流车组员。

报送：牛董、安总、温总

8.4.4 质量记录

质量记录(Record)是在质量活动中"阐明所取得的结果或提供所完成活动的证据的文件"（ISO 9000—2000 3.7.6），以表明程序文件和作业指导书所规定的活动得到了实施，物流质量管理体系的要求和产品的规定得到了满足。质量记录主要用于为可追溯性提供文件，并提供验证、预防措施和纠正措施的证据；通常质量记录不需要控制版本。

按照 ISO 9001—2000 标准要求建立的质量记录，如表 8-4 所示。

表 8-4　ISO 9001 要求建立的记录

序号	ISO 9001 条款号	ISO 9001 所要建立的记录
1	5.6.1	管理评审
2	6.2.2	教育、培训、技能和经验
3	7.1	实现过程及其产品满足要求的证据
4	7.2.2	与产品有关的要求的评审及由评审而引发的措施
5	7.3.2	与产品要求有关的设计和开发输入
6	7.3.4	设计和开发评审结果，以及必要的措施
7	7.3.5	设计和开发验证结果，以及必要的措施
8	7.3.6	设计和开发确认结果，以及必要的措施
9	7.3.7	设计和开发的更改
10	7.3.7	设计和开发更改评审结果，以及必要的措施
11	7.4.1	供方评价结果及由评价而引发的措施
12	7.5.2	组织要求证实对过程的确认
13	7.5.3	产品唯一性标识
14	7.5.4	顾客财产
15	7.6	用以检定或校准测量设备的依据
16	7.6	测量设备不符合要求时对先前测量设备的确认
17	7.6	测量设备校准和验证的结果
18	8.2.2	内部审核结果
19	8.2.4	指明授权放行产品
20	8.3	产品符合性状况及所采取的措施，包括让步措施
21	8.5.2	纠正措施的结果
22	8.5.3	预防措施的结果

安村物流公司的质量记录一览表

质量记录一览表编号：QD0424-1

序号	记录编号	记录名称	责任部门	保存期	备注
1	QD0423-2	受控文件清单	综合部	长期	
2	QD0423-3	文件发放、回收记录	综合部	长期	
3	QD0424-1	质量记录一览表	综合部	长期	
4	QD0506-1	管理评审计划	综合部	3 年	
5	QD0506-2	管理评审报告	综合部	3 年	
6	QD0506-3	会议记录	综合部	3 年	
7	QD0602-1	培训申请单	综合部	3 年	

续表

序号	记录编号	记录名称	责任部门	保存期	备注
8	QD0602-2	培训计划	综合部	2年	
9	QD0602-3	培训记录	综合部	2年	
10	QD0602-4	员工培训档案	综合部	长期	
11	QD0603-3	设备一览表	生技部	长期	
12	QD0603-4	设备维护保养记录	生技部	1年	
13	QD0603-5	设备检修计划	生技部	3年	
14	QD0603-6	设备检修单	生技部	3年	
15	QD0604-1	现场环境检查记录	生技部	1年	
16	QD0702-1	合同评审表	供销部	1年	
17	QD0702-2	订单确认表	供销部	1年	
18	QD0702-3	合同台账	供销部	长期	
19	QD0702-5	顾客档案	供销部	长期	
20	QD0702-6	顾客意见处理表	供销部	2年	
21	QD0704-1	采购物资分类明细表	供销部	长期	
22	QD0704-2	供方调查表	供销部	3年	
23	QD0704-3	供方评定记录表	供销部	3年	
24	QD0704-4	合格供方名录	供销部	长期	
25	QD0704-5	供方业绩评定表	供销部	3年	
26	QD0704-6	采购申请单	供销部	1年	
27	QD0704-7	采购合同台账	供销部	长期	
28	QD0705-1	生产计划	生技部	1年	
29	QD0705-2	关键工序明细表	生技部	长期	
30	QD0705-3	特殊过程确认表	生技部	3年	
31	QD0705-4	库房台账	供销部	长期	
32	QD0705-5	发货清单	供销部	2年	
33	QD0705-6	服务报告	供销部	2年	
34	QD0705-7	库存检查记录	供销部	1年	
35	QD0706-1	监视测量装置一览表	质检部	长期	
36	QD0706-2	检测装置周检计划表	质检部	2年	
37	QD0706-3	内校记录表	质检部	2年	
38	QD0706-4	监视测量装置履历卡	质检部	长期	
39	QD0821-1	客户满意度调查表	供销部	3年	
40	QD0821-2	客户满意度分析报告	供销部	3年	
41	QD0821-3	用户意见反馈表	供销部	3年	
42	QD0822-1	年度内审计划	综合部	2年	

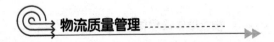

续表

序号	记录编号	记录名称	责任部门	保存期	备注
43	QD0822-2	内审实施计划	综合部	2年	
44	QD0822-3	内审检查表	综合部	2年	
45	QD0822-4	不合格项报告	综合部	2年	
46	QD0822-5	内部审核报告	综合部	2年	
47	QD0822-6	不合格项分布表	综合部	2年	
48	QD0823-1	质量目标测量记录	综合部	2年	
49	QD0824-1	采购入库交验单	质检部	2年	
50	QD0824-2	过程检验记录	质检部	2年	
51	QD0824-3	成品检验记录	质检部	2年	
52	QD0803-1	不合格品处置单	质检部	2年	
53	QD0803-2	不合格品统计表	质检部	2年	
54	QD0804-1	统计技术使用情况表	生技部	3年	
55	QD0805-1	改进计划	综合部	3年	
56	QD0805-2	纠正和预防措施处理单	综合部	3年	
57	QD0805-3	改进、纠正和措施实施情况表	综合部	3年	
58	BG-01	文件发放审批表			
59	BG-02	部门文件发放登记表			
60	BG-03	体系相关部门文件二级发放登记表			
61	BG-04	部门文件变更/审批单			
62	BG-05	部门文件销毁申请表			
63	BG-06	部门文件借阅(留用)登记表			
64	BG-07	外来文件(公文类)登记表			
65	BG-08	外来文件发放登记表			
66	BG-89	体系文件清单			
67	BG-09	部门文件变更/审批单			
68	BG-10	部门文件销毁申请表			
69	BG-11	部门文件借阅(留用)登记表			
70	BG-12	质量记录更改申请单			
71	BG-87	体系文件清单			
72	BG-13	环境因素识别与评价表			
73	BG-14	重要环境因素清单			
74	BG-15	危险源辨识和评价表			
75	BG-16	重大风险清单			
76	BG-17	环境、职业健康安全法律法规和其他要求清单			
77	BG-18	合规性评价报告			

续表

序　号	记录编号	记录名称	责任部门	保存期	备　注
78	BG-19	纠正和预防措施表			
79	BG-20	施加相关方控制一览表			
80	BG-21	合理化建议表			
81	BG-22	会议记录			

编制/日期：　　　　　　　　　　　　　　　　审批/日期：

8.4.5 质量计划

质量计划(Quality Plan)是"对特定的项目、产品、过程或合同，规定由谁及何时应使用哪些程序和相关资源的文件"(ISO 9000—2000 3.7.5)。质量计划只需引进物流质量管理体系文件，说明其如何应用于特定的情况，明确组织如何完成具体产品、过程、项目或合同所涉及的特定要求并形成文件。

质量计划的内容和格式比较灵活，应适合组织的传统和所实施的各项质量活动(如涉及、生产等)的复杂程度。质量计划一般应规定：①应达到的质量目标；②实际运作的各过程、步骤(可以用流程图或类似图表示过程要求)；③组织机构、职责、权限及资源分配；④应采用的书面程序和作业指导书；⑤有关阶段(设计、研制、采购、生产等)的试验、检验和审核大纲；⑥需修改和完善质量计划的书面程序；⑦测量达到质量目标的方法；⑧为达到质量目标必须采取的其他措施。

案例 8-3

中远物流：质量管理文件的改革

2001年，上海中远物流质量体系成功地从1994版转向2000版，并通过了认证。2002年，公司又提出了服务人性化，管理数字化的要求。在2001年的基础上建立公司的全面客户满意管理系统(Total Customer Satisfaction System，TCSS)。

随着对顾客满意状况的不断调查和深入分析，发现客户的需求也发生了很大的变化，且呈多样性、复杂性和不稳定性发展趋势。为了适应这一变化，上海中远物流公司的文件体系逐步变得越来越庞大，文件有效性的脚步赶不上客户需求变化的脚步这一矛盾越来越突出，以前学究式的体系文件已制约了持续改进的步伐，其描述的复杂性和规定的死板性不再适应形势的发展。为了避免文件体系进一步庞大，使其灵活起来，一场文件的改革势在必行。

文件的改革主要集中在第三层文件，即所谓的作业指导书或操作细则等。对于作业指导书的修改要关注的问题是流程，且应从以下4个角度来重新审视流程和记录。

(1) 是否存在过剩管理现象？
(2) 是否存在约束员工操作效率的现象？
(3) 是否存在职责不明确的现象？
(4) 是否存在目标没有向员工明确的现象？

上海中远物流公司全面开展文件改革与流程再识别的活动，并确定了以下4项改革原则。

(1) 文件改革实施以流程描述为主的改革方案，区分培训材料和服务要求，着重简化流程，避免过剩管理的现象。

(2) 改变流程图的形式，实施以职责流程图为主，线形流程图为辅，允许嵌套流程图的形式存在的改革方案。

(3) 流程内容必须包含流程负责人、流程介绍、流程目的、输入与输出、工作过程、相关记录、KPI 指标，以及相关引用等。

(4) 强化对流程的服务意识和加强对流程的 KPI 管理。

分析：通过不同方面的改革，上海中远物流公司建立起了一套符合市场变化和客户需求、具有较强灵活性的质量管理体系文件，保障了对客户需求快速反应机制的有效运作，从而为市场营销提供强有力的服务质量保证，更好地为公司市场开发服务。

8.5 物流质量管理体系的审核与认证

8.5.1 物流质量管理体系审核

1. 物流质量管理体系审核的含义

物流质量体系审核在体系建立的初始阶段往往更加重要。在该阶段，质量体系审核的重点，主要是验证和确认体系文件的适用性和有效性。

审核主要包括以下内容。

(1) 规定的质量方针和质量目标是否可行。

(2) 体系文件是否覆盖了所有主要质量活动，各文件之间的接口是否清楚。

(3) 组织结构能否满足质量体系运行的需要，各部门、各岗位的质量职责是否明确。

(4) 质量体系要素的选择是否合理。

(5) 规定的质量记录是否能起到见证作用。

(6) 所有职工是否养成了按体系文件操作或工作的习惯，执行情况如何。

该阶段体系审核主要具有以下几个特点。

(1) 体系正常运行时的体系审核，重点在符合性，通常是将符合性与适用性结合起来进行。

(2) 为使问题尽可能地在试运行阶段暴露无遗，除组织审核组进行正式审核外，还应有广大职工的参与，鼓励他们通过试运行的实践，发现和提出问题。

(3) 在试运行的每一阶段结束后，一般应正式安排一次审核，以便及时对发现的问题进行纠正，对一些重大问题也可根据需要，适时地组织审核。

(4) 在试运行中要对所有要素审核覆盖一遍。

(5) 充分考虑对产品的保证作用。

(6) 在内部审核的基础上，由最高管理者组织一次体系审核。

应当强调，物流质量体系是在不断改进中加以完善的，物流质量体系进入正常运行后，仍然要采取内部审核、管理评审等各种手段以使质量体系能够保持和不断完善。

2. 物流质量体系审核的分类

物流质量体系审核按审核方的分类可以分为第一方、第二方和第三方审核。

1) 第一方审核——内部审核(组织内部自身的审核)

这是组织用于内部对自身的产品、过程或质量管理体系进行的审核，又称内部审核。审核员通常是本组织的，也可聘请外部人员。通过审核，综合评价自身质量管理体系的运行状态，评价所有活动及其结果。对审核项中的不合格项采取纠正改进措施。

开展第一方(内部)审核，基于以下理由。

(1) 质量管理体系的要求，如判断是否符合 ISO 9001 的要求。
(2) 作为内部管理的重要工具，推动内部管理的改进。
(3) 推动质量管理体系的持续改进，在外部审核之前纠正不合格项。

2) 第二方审核——外部审核(顾客对供方开展的审核)

这是顾客对供方进行的审核，叫外部审核。顾客在众多的供方中要进行选择，挑选合格的供方，总是要对新的潜在的供方进行审核，以此作为最终选择的依据。该审核由顾客派出审核人员或委托外部代理机构对供方的质量管理体系进行审核评定，对供方来说，这就属于第二方审核。

第二方审核的标准，通常由顾客根据自身需要提出。目前，国内外一些顾客委托代理机构对供方的质量管理体系进行审核，既可避免审核因自身力量薄弱而产生的质量问题，也可保证审核的客观件、公正性。进行第二方审核基于以下理由。

(1) 质量管理体系标准的要求。
(2) 选择、评定合格、优秀的供方的需要。
(3) 为改进供方的质量管理体系服务。
(4) 促成供需双方对质量要求的一致理解。

3) 第三方审核——外部审核(审核机构审核)

第三方是相对于第一方、第二方而言的，它与受审核方既无行政上的隶属关系，也无经济上的利益关系，而是由具有一定资格并经一定程序认可的第三方审核机构派出审核人员对组织的质量管理体系进行审核。

第三方审核是有偿服务的，审核机构将按照商定的标准对供方的产品或质量管理体系进行审核。审核结果如果符合标准要求，受审核方将会获得合格证明并被登记注册，这就表明受审核方在审核有效期内，其产品或体系具有审核范围规定的能力。一般情况下，不需要再次进行审核；特殊情况下只需对特殊要求再进行评价。注册登记后，第三方审核机构还将在国际或国内发布公告，宣布被登记的组织的名称，这样顾客就将视其为合格的供方。

三种审核方审核的比较如表 8-5 所示。

表 8-5　三种审核方式的比较

比较项目	审核方	第一方审核	第二方审核	第三方审核
审核类型		内部审核	顾客对供方的审核	独立的第三方对组织的审核
执行者		组织内部或聘请外部审核人员	顾客自己或委托他人代表顾客	第三方认证机构排除审核员
审核目的		推动内部改进	选择、评定或控制供方	认证注册

续表

比较项目 \ 审核方	第一方审核	第二方审核	第三方审核
审核依据	适用的法律、法规和标准，顾客指定的标准，组织质量管理体系文件，顾客投诉	顾客指定的产品标准和质量管理体系标准适用的法律	组织适用的法律、法规和标准，组织质量管理体系文件，顾客投诉以及 ISO 9001—2008 等
审核范围	可扩大到所有的内部管理要求	限于顾客关心的标准和要求	限于申请的产品及其相关的质量管理体系
审核时间	时间灵活、充裕	审核时间较少	审核时间短，按计划执行

质量资料：由企业控制还是由员工掌握？

某公司新产品研制均由产品设计工艺负责人负责，从研制到投产所有技术问题均由他一个人负责。

审核员想了解对产品工艺的有关规定，开发部经理说："这些东西都在产品设计工艺负责人脑子里，为了保密仅在个人的笔记本里有记录，没有整理成文件。"

审核员要求索看笔记本，经理拿来一个项目的笔记本，审核员看到上面密密麻麻写了很多的内容，多是平时做试验的记录，没有一定的格式。

审核员问开发部经理："你看得明白吗？"

经理说："都是当事人自己记的，我一般不看他们的记录，一切由产品设计工艺负责人自己负责。"

审核员看到该公司多数的研制人员都是原来从研究所出来的，平均年龄大概50岁以上。

审核员问："这些笔记本以后上交吗？"

经理："没有明确的规定。"

审核员："如果设计人员不在了怎么办？"

经理："不知道，好多年来都是这么规定的，没考虑以后的事。"

思考题：公司这样的做法对吗？

根据审核对象的不同，质量审核又可以分为产品质量审核、工序质量审核和质量体系审核这3类。

(1) 产品质量审核又称产品审核，是指从顾客的观点出发，抽取少量样品并对其质量进行检查和评价，以确定可能达到的顾客满意度。产品质量审核的对象是组织的产品或服务，其作用是为了能及时地掌握产品质量水平和质量动态，研究并预计其发展趋势，并对审核中暴露出来的有关设计、工艺、标准和检验等诸方面问题，及时反馈信息，以便采取有效措施，改进和提高产品质量。

(2) 工序质量审核又称过程质量审核，是指为了研究和改善工序质量控制状态，独立地、系统地、有计划地对工序控制计划的质量、实施效果检查和评价的活动。工序质量审核的对象是组织中处于质量控制计划中并且正在运行的、处在统计控制状态的工序、其目的是研究和改善工序质量控制的现状，提高工序质量控制的有效性。

(3) 质量体系审核简称体系审核，是指企业本身实施的，或外部对企业实施的质量体系能否有效地达到所规定的质量目标，所进行的有计划的、独立的、定期的检查和评价活动。质量体系审核的对象是整个组织的质量体系，它包括产品和过程及其他所有体系要素，其目的是审核、评价质量体系的运行情况和实施质量体系诸要素的有效性，为组织提供改进质量体系的机会。

3. 物流质量管理体系审核的程序

物流质量管理体系审核与评审的程序包括内部审核、管理评审和自我评价。

1) 内部审核

内部审核是指以组织自己的名义所进行的自我审核，又称为第一方审核。ISO 9001 标准 8.2.2 条款对内部审核的要求是通过定期审核，确定组织的质量管理体系活动及其有关结果是否符合计划安排，确定质量管理体系是否符合计划安排，以及确定质量管理体系的符合性和有效性。

内部审核主要包括以下几个程序。

(1) 准备与策划。主要工作有编制审核计划、任命审核组长、指定审核员、编制检查表等。

(2) 实施。审核员到达审核部门，通过提问、验证、观察进行质量管理体系运行客观证据的收集，并做好现场审核记录。

(3) 审核结果评价。现场调查、取证以后，根据审核发现判断审核内容是否符合标准或文件的规定。判定不合格项，编制不合格报告，并提交审核报告。

(4) 制定和确认纠正措施。受审核部门针对审核中发现的不合格项制定纠正措施，审核员可以参加受审核部门对纠正措施的讨论和对有效性的评价。这一点与外部质量审核有较大的差异，外审核员在审核时不能参加受审核方咨询性的活动。

(5) 改进与评价效果。这是内部审核的后续工作。受审核部门要逐项落实纠正措施，并对采取的纠正措施进行评价。审核员要对前次审核中不合格项的纠正措施是否有效进行审核，并提交报告。只有内部审核不合格项的纠正措施得到有效跟踪，审核才告结束。

2) 管理评审

管理评审是"为了确保质量管理体系的适宜性、充分性、有效性和效率，以达到规定的目标所进行的活动"，是由最高管理者就质量方针和目标，对质量管理体系的适宜性、充分性、有效性所进行的正式评价。管理评审可以包括对质量方针和质量目标的评审，审核还应包括评价质量管理体系改进的机会和变更的需要。

ISO 9001 标准 5.6.2 "评审输入"规定了管理评审输入包括以下几项信息。

(1) 审核结果，包括内部审核、顾客审核和第三方审核。

(2) 顾客反馈，包括顾客的意见、投诉，以及对顾客满意度的测量和分析。

(3) 过程的业绩，包括过程能力分析、过程的受控和改进状况、资源配置情况、设备设施的利用率分析、质量活动的效率和有效性分析。

(4) 产品的符合性，包括产品合格率、返工率、废品率等统计分析。

(5) 预防和纠正措施的状况，运行质量管理体系过程中持续改进能力的分析。

(6) 以往管理评审的跟踪措施，跟踪措施的实施状况和效果评价。

(7) 可能影响质量管理体系的变更，质量管理体系内外部环境因素的变化情况。

(8) 改进的建议，需要改进的领域和措施建议。

3) 自我评价

ISO 9004—2000 标准中明确指出：自我评价是一种仔细认真的评价。评价的目的是确定组织改进的资金投向，测量组织实现目标的发展；评价的实施者是组织的最高管理者；评价的结论是组织有效性和效率以及质量管理体系成熟水平方面的意见或判断。

ISO 9004—2000 标准中自我评定方法是针对标准的每个条款从 1 级(没有正式方法)到 5 级(最好的运作级别)共 5 个等级来评价质量管理体系的成熟程度。

ISO 9004—2000 标准的附录中，提供了依据标准第 4~8 章的 27 个主条款，评价组织成熟程度的 54 个典型问题。但每个组织在具体应用时要针对标准的每个条款，提出一套适合于自身需求的问题。针对组织依据自我评定的结果决定采取哪种措施提供了一种方法，即自我评价的输出与潜在收益做出比较，使组织能识别并启动那些对组织有优先需求可能带来最大收益的改进项目。

小思考

小松公司(Komatsu)是一家大型的建筑设备制造商。该公司创建于 1921 年，其年销售额高于 70 亿美元。该公司自 1961 年开始实施质量管理，那时小松公司的质量非常差，所以开始改进质量，以便满足合作伙伴的要求。

公司管理者逐渐认识到要想提高声望就要改进质量。于是该公司求助于石川馨博士(Kaoru Ishikawa)，他首先致力于"正确地了解问题"，并实施质量审核。以下是小松公司前任董事长提供的有关质量审核的亲身经验：

"以前，当我想了解工厂的状况时，我会给厂长打电话。但与石川馨交换意见后，我发现其中存在细节问题，这并不是说厂长的报告是错误的，症结是厂长只报告我想听的信息。现在，我通过两种途径来了解工厂的真实情况。因此，我可以更迅速地作出正确的决策。"

思考题：前任董事长的亲身经验说明了一个什么问题？

8.5.2 质量管理体系认证

1. 质量认证的定义

质量认证也称合格性认证，具体包括产品质量认证和质量体系认证两个方面的内容。产品质量认证是指依据产品标准和相应技术要求，经权威机构确认并发放合格证书或合格标志，以证明某一产品或服务符合相应标准和技术规范的活动。质量管理体系认证是指根据国际标准化组织颁布的 ISO 9000 族质量管理体系国际标准，对供方(对产品或服务负责，并能确保质量保证实施的一方)的质量体系进行的第三方评定和注册，并颁发证书以证明企业质量保证能力符合相应要求的活动。习惯上，把产品质量认证和质量体系认证统称为"质量认证"。

2. 质量认证的内涵

理解"质量认证"这一概念，必须明确以下几点。
(1) 质量认证的对象是产品和/或质量管理体系。
(2) 质量认证的依据是相关的标准和法律法规。
(3) 质量认证是独立的、系统的、由具有权威性的第三方所从事的活动。
(4) 质量认证的证明方式为认证证书和认证标志。

为了正确理解质量认证的内涵,可以从对象、依据、主体、方式和作用五个方面来进行阐述。

(1) 对象。质量认证的对象是"产品、过程或服务",也可以是质量体系。

(2) 依据。产品质量认证的依据是产品标准和技术规范,质量体系认证的依据是 ISO 9000 系列标准及其支持性文件。

(3) 主体。这里讲的主体是指质量认证的执行机构或人员。根据定义,质量认证是由独立于第一方(厂家、卖方、供方)和第二方(顾客、买方、需方)的经国家主管部门认可的第三方认证机构进行的。其目的是保证认证的客观性、公正性和权威性。

(4) 方式。对一般产品和民用企业,质量认证一般由企业自愿申请,但进行安全认证的产品应符合标准法中有关强制性标准要求,实行强制认证。对军工企业和军工产品,在由上级主管部门确定的情况下,一般也应实行强制性认证。

(5) 作用。对被认证的企业而言,其进行质量认证的作用表现在通过取得合格证书或合格标志向顾客证实自己的产品水平或企业的质量保证能力,从而提高企业信誉度和美誉度,增强市场竞争力;对于顾客而言,可以通过识别合格标志,在市场上选购满足自己需求的产品,从而起到"导购"作用。此外,由于质量认证实施的是统一标准、统一程序,并由认证机构进行统一管理,因此质量认证的另一作用就是可以做到相互认可,从而减少重复性检查。

3. 质量认证的分类

1) 根据认证对象不同划分

根据认证对象的不同,可以将质量认证分为产品质量认证和质量管理体系认证。

(1) 产品质量认证。产品质量认证可以分为安全认证和合格认证。安全认证是指根据安全标准进行的认证或只对商品标准中有关安全的项目而进行的认证,它是对商品在生产、储运、使用过程中是否具备保证人身安全与避免环境遭受危害等基本性能的认证,属于强制性认证;合格认证是依据商品标准的要求,对商品的全部性能进行的综合性质量认证,一般属于自愿性认证。

(2) 质量管理体系认证。该认证是通过第三方(认证机构)审核来实现的,是一种自愿行为。

产品质量认证与质量管理体系认证的区别是由各自的特点决定的,其比较如表 8-6 所示。

表 8-6 产品质量认证与质量管理体系认证的比较

项 目	产品质量认证	质量管理体系认证
目的	证明供方的特定产品符合规定的标准要求	证明供方质量管理体系有能力确保其产品满足规定的要求
对象	特定产品	企业的质量管理体系
认证的标准	产品指定的标准要求;与产品有关的质量管理体系符合指定的质量管理体系标准要求;特定产品的补充要求	ISO 9000 族标准要求和必要的补充要求
认证标准的适用性	根据地区、产品等的不同,认证的标准不尽相同。即使同一产品,各国也不一样	统一按照 ISO 9000 族标准进行
性质	自愿性、强制性	自愿性

续表

项目	产品质量认证	质量管理体系认证
证实的方式	按特定标准对产品实施检验和质量体系审核	质量管理体系审核
证明的方式	产品质量认证证书、认证标志。标志可用于产品的包装和表面上,但证书不可	质量管理体系认证证书、注册并公布。可使用证书和注册标志做宣传,但不能用在产品的包装和表面上

2) 根据认证自愿与否划分

根据认证自愿与否的不同,可以将质量认证分为强制性认证与自愿性认证。

(1) 强制性认证。强制性认证是为了保护广大消费者的人身健康和安全、环境安全、国家安全,依照法律法规实施的一种产品评价制度。它要求产品必须符合国家标准和相关技术规范。凡列入强制性产品认证目录内的产品,没有获得指定认证机构颁发的认证证书,没有按规定加施认证标志,一律不得出厂、销售、进口或者在其他经营活动中使用。

(2) 自愿性认证。当产品不在强制性产品认证目录内时,组织可以申请产品自愿性认证。对于强制性认证制度管理范围之外的产品或产品技术要求,按照国家统一推行和机构自主开展相结合的方式,结合市场需求,推动自愿性产品认证制度的开展。企业可根据需要自愿向认证机构提出认证申请。

强制性认证与自愿性认证的程序基本相同,但它们具有不同的性质和特点,如表 8-7 所示。

表 8-7 强制性认证与自愿性认证的比较

项目	强制性认证	自愿性认证
对象	设计人身健康和安全、环境安全、国家安全的产品	非安全性产品
目的	证明产品安全并合格	证明产品合格
标准	国家标准化法发布和强制性标志	国家标准化法发布的国家标准和行业标准
法律依据	按国家法律、法规或联合规章所作的强制性规定	按国家产品质量法和产品质量认证条例的规定
证明方式	法律、法规或联合规章所指定的安全认证标志	认证机构颁发的认证证书、认证标志
制约	未获得认证证书、未加施认证标志的产品,一律不得出厂、销售、进口或者在其他经营活动中使用	即使产品未获得认证,也可以销售、进口或使用

4. 企业质量认证的步骤

企业要取得质量体系认证,主要应做好两方面的工作:一是建立健全的质量保证体系,二是做好与体系认证直接有关的各项工作。关于建立质量保证体系,仍应从质量职能分配入手,编写质量保证手册和程序文件,贯彻手册和程序文件,做到质量记录齐全,程序和做法与建立质量管理体系相同。下边介绍了如何做好与体系认证直接有关的各项工作。

1) 全面策划，编制体系认证工作计划

为了使体系认证工作能做到有计划、协调地进行，企业质量部门在调查和收集有关体系认证信息的基础上，对体系认证工作进行全面策划，编制"企业质量体系认证工作计划"作出总体安排。"计划"应包括体系认证应做好的工作(项目)、主要工作内容和要求、完成时间、责任部门、部门负责人和企业主管领导。"计划"编好后，应经企业主管认证工作的领导批准，由质量部门印发。

2) 掌握信息，选择认证机构

(1) 企业在申请认证之前，首先应掌握两方面的信息：一是企业质量管理水平的信息。应组织人员按选定的质量保证模式对企业现有的质量体系进行全面审核，通过审核报告来掌握企业质量管理水平的信息，判定是否基本具备申请体系认证的条件；二是社会第三方认证机构的信息。通过派出人员进行调查，收集认证机构的资料，掌握认证机构的有关信息，其中主要是认证机构的合法性、公正性和权威性，审核人员的资历和水平及收费标准等，以便为选择认证机构提供依据。

(2) 选定认证机构。根据掌握认证机构的信息来选择认证机构，应选择那些收费合理、具有合法性、公正性和权威性的认证机构。选定的认证机构并不是越多越好，关键是它们的合法性和权威性。由于我国已与世界上10个主要国家签署互认协议，一张证书可以通行互认的国家，因而一般只需选定一家。

3) 与选定认证机构洽谈，签订认证合同或协议

(1) 与选定的认证机构洽谈。根据领导决策(批准的报告)，质管部门与选定的认证机构进行初次洽谈，提出申请体系认证的意向，了解申请体系认证的程序，商讨认证总体时间安排，以及认证费用等。不管是初次洽谈，还是以后的谈判，企业应明确"认证是市场行为，申请认证的企业是认证机构的用户"这一观念。

初次洽谈后，申请认证企业应向认证机构索取申请认证用的申请表和协议书或合同书。

(2) 正式提出申请，签订合同或协议。企业在做出质量体系认证工作总体安排和提出整改工作要求后，就可向认证机构提出质量体系认证的正式申请，递交申请表。当认证机构接受申请委托后，企业即可与认证机构签订合同或协议。

有的认证机构要求在提出正式申请交申请表的同时，应提交企业的质量保证手册或其他有关文件，例如认证体系覆盖产品的介绍、企业营业执照等。此时，正式申请则应在质量手册编好后再提出，在送申请表的同时送交质量保证手册，然后签订合同或协议。

4) 送审质量保证手册

企业申请质量体系认证，必须要经过认证机构的两次审核：第一次是对企业的质量保证手册的审查，针对的是审查手册内容是否达到所选用质量保证标准的要求，是否能满足企业保证产品质量的需要。这是对企业质量保证体系适宜性的审查；第二次审查是对企业现场进行检查，针对的是检查实际质量活动是否有程序文件，是否符合质量保证手册和程序文件的规定。现场检查是对企业质保体系实施性的检查。

由于质量保证手册审查是体系认证审核的第一关，因而申请体系认证的企业应该充分重视手册的编写，使质量保证手册的编写能符合要求，争取审查一次通过。送审的质保手册应该经过企业最高管理者的批准。

认证机构对质量保证手册审查后会正式提出书面的审核意见，企业对所提意见应进行

研究分析，对不符合所选用质量保证标准内容要求的意见，必须依据所提意见对质量保证手册进行修订；对属于建议性的意见(认证机构一般不提这类意见)，企业则应根据本企业实际情况决定是否对手册进行修订。根据审查意见修订质量保证手册时，应按规定程序办理修订手续。修订后的质量保证手册即是认证机构对现场检查的依据。

5) 做好现场检查迎检的准备工作

(1) 资料准备。做好现场检查迎检的准备，不但关系到认证能否一次通过，同时也关系到现场检查能否顺利进行。为此，企业质量管理部门应编制印发"迎接认证现场检查准备资料清单"，提出各部门应准备资料的目录，经审查后交各部门进行准备。质管部门对各部门准备好的资料应进行抽查，以保证准备好的资料能符合要求。对各部门准备资料应提出以下要求。

① 为做到有备无患，准备的资料应该尽量的翔实。

② 资料准备应按每项体系要素准备，准备好的资料应按不同的体系要素分别存放。

③ 每个要素的资料应分为提供和备用，凡与认证所选质量保证标准或质量保证手册直接有关的，均为提供的资料，凡间接有关的为备用资料。

④ 准备的资料应编号、编目录，以便于检索。

(2) 人员准备。迎接现场检查的人员准备，应分公司(总厂)和车间(分厂)两级进行。公司(总厂)应负责选定陪同人员和发言人，人员一经选定即不再变动，检查时必须在场，企业其他工作应为检查工作让路。对选定人员，企业质量管理部门应负责组织培训，使人员应掌握接受检查的必备条件和应掌握的信息，以及注意事项。为了搞好人员培训，质管部门应编写"培训提纲"。

各车间(分厂)应对本车间(分厂)、班组迎检人员和参加迎检的工人进行培训，培训内容可参照公司(总厂)的培训提纲和学习手册。

为了搞好企业所有迎检人员的学习，企业质管部门应编写《质量体系认证学习手册》，提供各部门学习使用。

(3) 成立迎检组织机构。为了使企业迎检工作能做到有条不紊地进行，企业应成立迎接现场检查的组织机构。一般设立迎检办公室或迎检领导组，下设接待组和业务组。

(4) 编制迎检计划。认证机构会提前告知企业现场检查的计划。该计划应介绍负责企业检查的审核人员，以及他们的简历、审核人员分组和各组活动的日程安排，安排要具体到小时。

认证企业在接到认证机构提交的现场检查计划后，质管部门应针对计划的安排编制企业的迎检计划。迎接计划应包括日期、时间、审核的要素和部门、发言人、参加人员、需准备的资料、检查活动的地点等。

6) 接受现场检查，及时反馈信息

(1) 接受检查，做好介绍。在认证机构审核人员去各部门检查时，企业指定的发言人和陪同人应根据审核人员所提问题做好介绍，提供所需资料。介绍情况是否全面并符合所提问题、所提供的资料是否齐全对能否产生不合格项将产生重要影响，因而应重视并做好这项工作。

(2) 掌握检查中发生的信息，及时反馈。在审核人员进行检查过程中，迎检的领导组或迎检办公室每天下班前应召集陪同人员开会，汇报当天检查情况，以便向审核人员提供新的资料并进一步说明情况，使审核人员根据新情况和新的资料重新判定，力争不产生重大不合格项。

(3) 组织参加末次会议。末次会议是认证机构审核人员向认证企业汇报现场检查情况的会议，会上除报告检查中发生的不合格项外，还要提出体系认证是否通过的初步意见。

7) 对不符合项进行整改

对发生的不符合项，能立即整改的，力争在检查结束前整改完成，并向审核人员提供整改后的情况；当不符合项不能立即整改时，认证企业应制订不符合项整改计划，并将计划在检查完成时提供给审核人员，以便作为审核人员判定认证能否通过的依据。

当发生的不符合项对企业通过体系认证没有影响时，也可在审核人员离开企业后制订"不符合项整改计划"并报送给认证机构，作为认证机构跟踪检查时的检查内容。

8) 通过体系认证取得认证证书

当对企业现场检查未发现重大不符合项，且一般不符合项都较少时，认证机构审核人员即可判定企业通过体系认证，并在末次会议上宣布通过认证的初步意见，待审核人员向认证机构的领导组织(一般是技术委员会)汇报审定后即正式通过体系认证，并在一个月内向申请认证企业颁发体系认证证书。

9) 防止松劲思想不能倒退，继续健全质量体系

企业要坚决防止事过境迁一阵风的思想，不能认证通过后就万事大吉了，又恢复到认证前的做法。企业领导和企业员工不但应将已整改提高的质量活动坚持下去，还应继续健全质量体系，提高体系运行的高质量性和高效性。

10) 进行整改，迎接跟踪检查

根据认证机构认证程序的规定，对通过体系认证的企业，每年需进行 1~2 次的跟踪检查。为此，企业对认证机构现场检查提出的问题(即不符合项)，应按已制订的整改措施计划进行整改，以便迎接认证机构的跟踪检查。

企业应对认证工作认真进行总结，并在已取得体系认证的基础上，以产品实物质量为目标，继续贯彻系列标准，实施《质量管理手册》及有关的程序文件，从广度和深度上深化质量管理，提高管理水平，以确保企业在激烈市场竞争中永远立于不败之地。

本 章 小 结

本章主要介绍了 ISO 9000 族标准、质量管理体系、物流质量管理体系、物流质量管理体系文件与物流质量管理体系的审核与认证等基本内容。

ISO 9000 族质量管理体系标准由一系列文件组成用来规范指导企业生产的质量管理流程。

质量管理是"在质量方面指挥和控制组织的协调的活动"。通常包括制定质量方针、质量目标以及质量策划、质量控制、质量保证和质量改进。质量管理体系是在质量方面指挥和控制组织的管理体系，它致力于建立和实现质量方针和质量目标。

作为建立质量方针和质量目标并实现这些目标的相互关联、相互作用的一组要素，物流质量管理体系整体上应分为四大部分：管理职责，资源管理，物流质量形成的过程管理，

物流质量管理

实施物流质量提升所需的测量、分析和改进。

物流企业质量管理体系是企业根据质量管理和物流质量管理体系进行设计建立的,要求企业的领导和全体员工也必须在领导合理的组织下开展质量管理。

物流质量管理体系文件是质量管理体系的文字描述,它使组织各项质量活动有法可依,有章可循。质量管理体系文件应满足质量管理工作的需要。物流质量管理体系的各个方面,诸如质量方针、质量目标、组织机构、岗位职责、技术规程和质量计划等,都要形成文件,以此作为人们活动的依据。

质量体系认证是指对供方(对产品或服务负责,并能确保质量保证实施的一方)的质量体系进行的第三方评定和注册,并颁发证书以证明企业质量保证能力符合相应要求的活动。

关键术语

质量管理(Quality Control)　　　　　　　　质量计划(Quality Plan)
质量管理体系(Quality Control System)　　　质量认证(Quality Certificate)
物流质量管理(Quality Management of Logistics)　　审核(Examine and Verify)

习　题

1. 理解概念

ISO 9000 族标准、1994 版 ISO 9004 与 2000 版 ISO 9004、质量体系、质量体系认证、质量评审与质量审核、八项质量管理原则、过程管理、质量体系五大版块、质量改进

2. 判断题

(1) ISO 9000 是在总结各国经验的基础上产生的。　　　　　　　　　　(　)
(2) ISO 9000 既是管理标准,也是技术标准。　　　　　　　　　　　　(　)
(3) ISO 9001—2000 是追求改进与卓越的标准。　　　　　　　　　　　(　)
(4) ISO 9004—2000 是建立健全质量体系和进行认证的标准。　　　　　(　)
(5) 建立质量体系时应以过程管理为指导思想,以五个版块为核心。　　(　)
(6) 质量体系的各要素是通过责、权、利的形式规范的。　　　　　　　(　)
(7) 其实任何企业都有质量过程控制,只是有些企业质量控制各方面的衔接不是很好。
　　　　　　　　　　　　　　　　　　　　　　　　　　　　　　　　(　)
(8) 质量体系就是企业在质量方面进行全过程控制的管理系统。　　　　(　)

3. 选择题

(1) ISO 9000 标准从 20 世纪 80 年代发展到今天,其基于的思想是(　　)。
　　A. 以顾客为关注焦点　　　　B. 全面质量管理
　　C. 全员参与　　　　　　　　D. 持续改进
(2) 1988 年,中国对 ISO 9000 的要求是(　　)采纳。
　　A. 等同　　　B. 等效　　　C. 类似　　　D. 参照

(3) ISO 9000 从产生到现在经历了(　　)次改版。
   A. 1　　　　B. 2　　　　C. 3　　　　D. 4
(4) 1992 年，中国对 ISO 9000 的要求是(　　)采纳。
   A. 等同　　　B. 等效　　　C. 类似　　　D. 参照
(5) 1987 版 ISO 9000 族标准的核心标准有(　　)个。
   A. 5　　　　B. 6　　　　C. 7　　　　D. 8
(6) 1994 版 ISO 9000 族标准中的 ISO 8402 标准中的术语有(　　)个。
   A. 22　　　B. 67　　　C. 80　　　D. 88
(7) 我国是(　　)等同采用 ISO 9000 国际标准。
   A. 1988 年　B. 1987 年　C. 1992 年　D. 2000 年
(8) 由内部管理者对企业质量体系的有效性进行的评价是(　　)。
   A. 质量评审　B. 质量审核　C. 质量认证　D. 质量检验

4. 简答题

(1) 质量体系的概念、意义及运作程序。
(2) 质量体系认证的概念、意义及程序。
(3) 质量评审与质量审核的区别与联系。
(4) 1994 版 ISO 9004 与 2000 版 ISO 9004 的区别。
(5) 简述 ISO 9000 标准中的过程管理思想。

 案例分析

西南医院的"ISO 9000"认证

过去，西南医院在肝病、烧伤、康复整形等技术方面拥有自己的优势。相比之下，基础管理明显滞后，不能适应医院的发展趋势。主要表现在以下几个方面。

(1) 凌乱不整的文档管理。医院规模庞大，科室齐全，对内实行院、科三级管理制，对外门诊量大，收治病人多。医院内部沟通和对外沟通非常重要，然而医院的文件传递因缺乏科学程序而不及时、不畅通；文件归档又因传递渠道不畅而不完整、不健全、不规范，远远不能满足医院的现代沟通需求，这在很大程度上成为医院发展的"瓶颈"。

(2) 模糊不清的服务意识。虽然西南医院一直在推崇"以病人为中心"的服务意识，但不少医务人员对怎样才能做到"以病人为中心"这个问题找不到答案，使得"以病人为中心"这个宗旨流于形式和口号，使医院服务有好的愿望却收不到好效果。

(3) 居多不减的患者投诉。由于医务人员服务意识不够，各项服务很难满足患者的不同需求，导致了患者的抱怨和投诉。解决和答复这些投诉，往往要耗费大量的时间、精力，甚至财力，因此也在一定程度上磨损了医务人员的热情和积极性，也影响了社会和群众对医院的信任，削弱了医院在人们心目中的良好形象。

(4) 效率低下的过程管理。由于受传统的"终末管理"影响，对服务过程质量监控严重缺乏，使一些好的决策方案在具体执行过程中常常发生走样、变样，达不到预期目标，甚至不了了之，这样不仅浪费了财力、物力、时间、精力，还错失了发展时机，给医院带来巨大损失。

建立和实施 ISO 9001—2000 这一先进科学的质量管理体系后，西南医院的各项管理工作明显比过去系统、规范，效率也明显提高。ISO 9001 质量管理体系标准几乎涉及医院各管理层次和各项医疗服务过程。能通过英国标准协会(BSI)高水平的认证审核，并获得 BSI 认证证书，说明 ISO 9001 质量管理体系在西南医院得到了成功应用，并显示了科学效应。认证审核时，BSI 审核人员对存在的上述四个主要问题，进行了重点考察和审核。这种有重点的审核方法，得到西南医院领导层的充分肯定，并留下了深刻印象。

如今，西南医院各管理层已熟练掌握 PDCA 循环的闭环工作方法，对建立起来的 ISO 9001 质量管理体系正在进行有效实施和持续改进。医院的基础管理已真正步入了科学化，实现了预想的"管理出效益"的目标。特别是上述四个问题得到了有效改善。

规范完整的文档管理：曾经存在的种种问题，例如文件内容前后矛盾、文件零散、丢失、甚至被毁坏、文件使用不当等，现在由于可以将各种文件传递和管理规范编织在 ISO 9001 体系文件架构之上，上述现象得到改观。具体表现在以下几个方面。

清楚可及的服务意识："以顾客(病员)为中心"不再是口号，这种服务意识已变成可量化的具体工作，融入了各个环节，真正落到了实处。顾客需求可以在任何医疗服务过程和结果中得到反映和满足；而且有关部门在调查和处置顾客需求时，不再千篇一律，而会因人而异：先识别顾客的不同需求，再努力为其提供差异化、个性化的满意的服务。

明显减少的患者投诉：经分析，过去的投诉大多是因为一些小的细节没有及时进行很好地沟通而导致问题升级。建立和实施标准管理体系后，这样的事情基本不再发生，投诉也明显减少。对于较严重的医患纠纷投诉，一经出现便立即处于受控状态之中，使其得到有序有效的处置。建立了科学有序的投诉处理程序后，院长不再像过去那样直接接待投诉人员，而由有关部门按 PDCA 循环方式，妥善处置，这样就可以帮助以院长为代表的决策层能够专注于医院的宏观、重大的管理和紧急事务，时间、精力资源得到合理配置。

明显加强的过程管理：ISO 9001 质量管理体系是通过控制过程来控制结果的。医疗服务总过程是一个由各专科、部门子过程编织起来的过程网，在各过程间的接口处明确了所涉及部门、责任人的管理职责，消除了过去的推诿现象。由于质量管理体系有效地控制住了接口管理，使团队精神在院内形成风气。

除解决存在的问题以外，ISO 9001 质量管理体系还为医院建一个常规的、有序有效的基础运作平台，它可以承载、运行、实施、实现医院发展进程中陆续出台的各种策划、思路、设想、计划、目标。

总之，西南医院对 BSI 的认证评审非常满意。他们认为，BSI 对 ISO 9001—2000 质量管理体系标准和医院行业的结合把握得比较准确、贴切，对医院系统的了解下了很大工夫，同时对 BSI 世界领先的第三方认证的公正性给予了充分信任和赞赏。

(资料来源：兰州商学院案例集.运营管理精品课程. www2.lzcc.edu.cn.)

参 考 文 献

[1] [美]埃文斯，林赛. 质量管理与质量控制[M]. 7版. 焦叔斌，译. 北京：中国人民大学出版社，2010.

[2] 韩福荣. 现代质量管理学[M]. 3版. 北京：机械工业出版社，2012.

[3] 韩之俊. 质量管理[M]. 3版. 北京：科学出版社，2011.

[4] 何桢. 六西格玛绿带手册[M]. 北京：中国人民大学出版社，2011.

[5] 洪楠. MINITAB统计分析教程[M]. 北京：电子工业出版社，2007.

[6] 梁工谦. 质量管理学[M]. 2版. 北京：中国人民大学出版社，2014.

[7] 马逢时. 六西格玛管理统计指南——MINITAB使用指导[M]. 2版. 北京：中国人民大学出版社，2013.

[8] 马林，何桢. 六西格玛管理[M]. 2版. 北京：中国人民大学出版社，2014.

[9] 秦现生. 质量管理学[M]. 2版. 北京：科学出版社，2008.

[10] 冉文学，李严锋，宋志兰，刘胜春. 物流质量管理[M]. 北京：科学出版社，2008.

[11] 苏秦. 质量管理[M]. 北京：中国人民大学出版社，2011.

[12] 吴令云. MINITAB软件入门——最易学实用的统计分析教程[M]. 北京：高等教育出版社，2012.

[13] 杨军. 统计质量控制[M]. 北京：中国标准出版社，2012.

[14] 尤建新. 质量管理学[M]. 3版. 北京：科学出版社，2015.

[15] 远平. 六西格玛管理学[M]. 长沙：湖南人民出版社，2013.

[16] 张驰，张永嘉. 精益六西格玛：精益生产与六西格玛的完美整合[M]. 深圳：海天出版社，2010.

[17] 张翠华. 供应链质量控制理论与方法[M]. 北京：科学出版社，2012.

[18] 张公绪，孙静. 新编质量管理学[M]. 2版. 北京：高等教育出版社，2003.

[19] 中国人民共和国国家质量监督检验检疫总局，中国国家标准化管理委员会. GB/T 2828.1—2012 计数检验抽样程序 第1部分：按接收质量限(AQL)检索的逐批检验抽样计划[S]. 北京：中国标准出版社，2012.

[20] 周晓晔，刘鹏，余维田，李传博. 物流质量管理[M]. 北京：清华大学出版社，2012.

北大版·物流专业规划教材

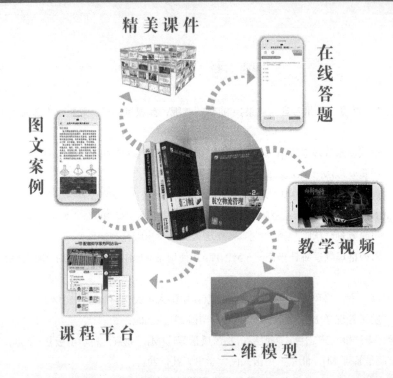

精美课件　在线答题　教学视频　三维模型　课程平台　图文案例

本科物流

物流信息管理　物流项目管理　物流运作管理　物流运筹学　供应链管理　交通运输工程学

第三方物流　国际物流管理　采购管理与库存控制　物流配送中心规划与设计　航空物流管理　现代物流信息技术

高职物流

物流信息技术与应用　采购管理实务　物流案例与实训　采购与仓储管理实务　采购与仓储管理实务　企业物流管理

扫码进入电子书架查看更多专业教材，如需申请样书、获取配套教学资源或在使用过程中遇到任何问题，请添加客服咨询。